本书为2023年舟山市社会科学界联合会著作资助项目

日出东方
丽海山

皋泄村志

夏志刚　王静飞　何丽丽 编著

浙江工商大学出版社
·杭州·

▼皋泄片鸟瞰

▲ 富强弄口片鸟瞰

▲ 朱缀绒先进事迹陈列馆

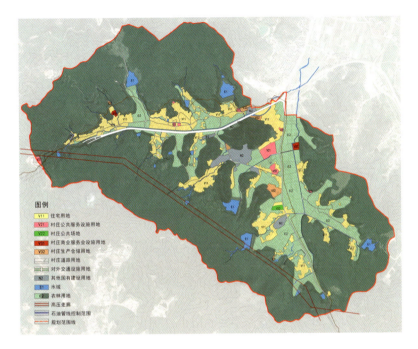

▲皋泄村用地规划图（2019）

▲定海东区抗日游击根据地示意图

▲现任村"两委"班子合影

▲现任村干部集体合影

▲村民代表议事

▲乡贤会成立大会

▲村民服务中心

◄"我们的村晚"文艺活动

◄村民艺术团表演节目

▲党员庆"七一"活动

▲庙后庄水库

▲打支岙水库

▲ 贾施岙水库

▲ 第一个水库——唐鑑岭山塘

▲ 毛洋周水库

◀童家园河道

▼朱家太平池

冷潭水厂

特别声明

本村志的编纂,是一次基于口述采访资料与相关文献收集的实践和探索,有不少内容凭借的是部分村民的口述,虽然编入的内容原则上经过本人的审查或确认,但难免涉及对人事的评价、议论之主观色彩或存在公允与否之争议,甚至来自档案、报刊、网络的资料,也会存在历史真实性或人物姓名的正确性问题,但这些都纯属个人观点或当时条件的制约,不代表皋泄村委及课题组的意见观点。

村志内涵的解释权在村志编写课题组,不在利益相关方。

编　委　会

主　任:苏明英

委　员:舒军杰　陈　勇　庄　逸　朱燕芬

　　　　庄若婷　朱应德

著　者:夏志刚　王静飞　何丽丽

采访者:夏志刚　孙　峰　王静飞　何丽丽

　　　　陆程盛　吴海霞　陈　琦

序一

  中国是世界上一个典型的农耕文明体,由此诞生了无数的农业聚落点,这就是村落。由多个自然村而成的行政村,成为当下乡村社会的主体。现在又经70多年的努力,中国成功地转型为工商文明,许多村落也在转型之中,成为现代化社区,这也是时代的必然选择。

  去年一个讲座,今年就有村志成果了,先为夏校长的出手快而呼。他选择了一个工作过的熟悉村为案例,组织团队,加以口述与文献的双重实践。尤其可贵的是,此村的文献积累雄厚,相关的报道十分多。地方志体沿袭官书传统,偏重数据说明,有时难免枯燥。本志将相关文献作为链接处理,也算是一大创新。如此,增加了阅读性。

  为什么要修村志?如何从百姓角度回答何以修村史村志?这是当下思考不足的。

  每个村庄都是一段过往,有着自己的独特文化和品格。每个村庄的变迁,都印证着一个时代社会、历史发展的轨迹。这个乡村快速变化的时代,迫切要求我们把各个乡村的人文风情保留下来。在美丽乡村建设过程中,所有的行政村都应编纂一本村志,以延续文脉、记住乡愁。编纂村志,记录乡村状况及变化,已成为挽救村落的一种方式。

  天女散花般的信息需要汇总起来,才能成一本可观的书。村志能使分散收藏在各家各户的零星文本得以汇总,使之成为公共文化产品一部分。这是一项文化大整理活动,没有这个抓手,信息是分散的,价值是体现不出来的。个体的价值,只有放在整体上,才能体现出来。村史在村民记忆中,只要通过采访不同的村民,就可获得过往的信息。不用担心没有东西好写,要担心的是采访工作有否做到位。村志可以扩充村民的见闻。村史村志提供的是整体史知识,即使生活在村中之人,有时也不知道其他人的故事。这是弥补个人记忆不足的途径,可将读者从有限的小众群体拓展到最广大的人民群众,这是今日村史村志要承担的使命。

  要把村人村貌在各方面的内在美、外在美发掘出来,这是村史编修的任务所在。自己的东西是有情感的东西,是会珍惜的东西,就是值得书写下来的。他们有情感,可以参与。有时不知如何入手,有时不知道写下来。一旦通过培训,唤醒他们的历史意识,提供技术手段与路径,他们就会参与进来,成为公众写史专家了。公众写史,是指当代公众史。过往的史,仍比较专业,他们有时不适合。他们做当代身边人历史的微记录,是可以胜任的。在国家历史一花独放时代,他们是参与不了,即使说了,也是野史笔记。但现在有了公众历史,直接写民间历史人物,讲身边人的往事,他们就可参与了。这样的公众史,就是百姓正史,不是野史。这就是公众史学开拓的全新想象空间。

微观层面的当代乡村史没有成为历史研究对象,这才是最大的问题所在。因为村史进入研究视野,会由粗而细,由传说而真人真事,最后越来越细,旧的东西进入关注视野,都会被写进村史。我们要唤醒普通人的历史意识,让他们知道,村史并不神秘。所有人的私人之物、私人活动的记忆,都可以转化为公共文化。没有人来唤醒百姓,他们日用而不知,不会关注身边人事。一旦唤醒,他们就会关注了。一关注,他们就会有成果。进入智能手机时代,技术没问题了,关键是缺乏历史意识,变成文本,成为历史的意识就是历史意识。也就是说,生活世界的一切都可以文本化,从而成为历史。

村史村志编修,是一个文字化、文本化的过程。譬如地名,那些熟悉的小地名、人名如何写,它的前世今生如何,这些是一般人不知道的。文本化,是一个精准化的过程。有了文本,才有精确的信息记录。

站在当下,回顾百年或几十年,建构历史,这是一种非常前卫的历史编纂法。这种回顾式编修,正是人类前进中要停留下来想想之处,可以传承什么遗产给后人。如果不加整理,信息会十分散零,最后可能不存在。

一村一志,更有利于传承,责任清楚。一旦各村各家族各单位修史,就建立了各自的历史编修传统。人心节节高,人不会满足,会不断超新,希望达到更为理想的状态。有了这个好传统,会不断地续下来。如此,他们就有永不断续的历史记录了。有了第一版,未来会有第二版、第三版,内容不断丰富,这就是文化自身的生产周期。

历史文化整理有自身的规律。搜集,有一个由少而多、由隐而显的过程。研究有一个由粗而细、由浅而深的过程。编修有一个由无而有、由好而更好的过程。我们期望舟山地区有更多的村加入村志村史编纂活动中来。

宁波大学公众史学研究中心主任、教授　钱茂伟

2022年11月20日

序二

　　盛世修志,功在当代,读史览志,温故知新。《皋泄村志》以皋泄村的人、事、物为对象,全面记述皋泄村的历史和现状,将史与志融为一体,突出思想性、资料性、知识性,努力还原了皋泄村的历史风貌,揭示了生命延续、时代变迁的历史规律,为今人乃至后人了解、研究皋泄村提供了可靠的依据和借鉴。相信对于这本村志的问世,无论是天天坚守在皋泄村这片古老热土的父老乡亲,还是走出皋泄村的游子,以及关心关怀皋泄发展的各位贤达,都会为之心潮澎湃。

　　作为土生土长的皋泄人,我从朱缀绒书记手里接生出来到小学时代都在皋泄生活、成长,大学毕业后又通过当时的大学生村官考试回到皋泄工作,可以说我的每一步足迹都与皋泄紧密相连。生于斯、长于斯,并为这片土地上的百姓服务,是多么荣幸的一件事情。这片土地孕育了一位党的好女儿——朱缀绒书记,她如此"无我""忘我""舍我",百姓为她留下了"一心为民百姓共爱戴,一身正气万众为楷模"的颂词。这片土地上的我们,传承着这种精神,深耕着这片土地,继承着这份事业,为了我们所共同热爱的这片故土——皋泄。

　　《皋泄村志》聚焦由昔日的新建、富强、弄口3个村合并而成的皋泄村,在做第一手实地调查和收集二手资料等诸多方面都下了很大的功夫,全书资料翔实、体例规范、类目合理、行文流畅,不仅体现了浙江国际海运职业技术学院课题组较高的编纂水准,也有突出的海岛农村特色,这本村志的"延伸链接"更是给皋泄村的后代留下了珍贵史料。从朱应德先生的《古今皋泄》到现在的《皋泄村志》,以村委会和原3个村的老干部们为主的编委会,历经两年多时间十易其稿,以这样的方式自觉承担起一代人的责任,这不啻是一份特殊的礼物。

　　皋泄村历史悠久、民风淳朴、百姓勤劳,以王、朱、周、袁、陈、庄等各大姓氏为主的先辈,筚路蓝缕、不竭劳作,在这方土地上繁衍生息、奋发图强,为建设美好家园奉献智慧和力量,在创造了大量物质财富的同时,也积淀下厚实的历史和多彩的文化。《皋泄村志》全面记述了皋泄的昨天和今天,为人们了解皋泄的社会构成、历史演化、自然地理、民俗风情以及文化底蕴,提供了翔实的资料。正是皋泄村人历代对培根基、清本源、克振家声、德传万古的朴素追求,加上中国共产党人"全心全意为人民服务"的信仰,才能培育和造就朱缀绒书记那样的人。

对《皋泄村志》的问世,我相信其意义深远而无穷,将会成为皋泄村推进乡村振兴的好载体和开展传统教育的好教材。如今的皋泄村"两委"将带领全村,以实际行动来传承朱缀绒书记"一心为民"的精神,用每一天的行动在这片热土上书写属于未来的"村志"。史籍会随着时间的流逝而变得珍贵,现在看《皋泄村志》所记之事没有太多奇特之处,但再过50年或更少时间,后人看书中所记事物就会感到新鲜无比。同样,今天的村党委和村干部所做的一些工作,看起来微不足道,但当若干年后我们回首总结时,特别是在一些重大历史时段所做的贡献,一定会成为研究评判的有力证据。

党的二十大报告已经吹响了"以中国式现代化全面推进中华民族伟大复兴"的新号角,皋泄村党委将带领全体党员,牢记习近平总书记做出的"时代是出卷人,我们是答卷人,人民是阅卷人"精辟论断,在新征程上与全体皋泄村民风雨同舟、心心相印,不断实现人民对美好生活的向往。祝愿我们皋泄村人更加精诚团结,更加奋发进取,更加繁荣富裕,恰如日出东方丽我海山。

是为序。

皋泄村党委书记、村委会主任　苏明英

2023年1月8日

目 录

凡例

一、指导思想

以马克思列宁主义、毛泽东思想、邓小平理论、"三个代表"重要思想、科学发展观、习近平新时代中国特色社会主义思想为指导,坚持辩证唯物主义和历史唯物主义的立场、观点和方法,真实客观地记述皋泄村的自然、政治、经济、文化和社会的发展演变历程、改革创新成果、资源产业优势、地域文化特色,为传承和抢救乡土历史文化,激发爱国爱乡情怀,推进乡村振兴,建设美丽宜居乡村,助力建设现代海洋城市,提供历史智慧和现实借鉴。

二、质量要求

参照国务院《地方志工作条例》、中国地方志指导小组办公室《地方志书质量规定》《浙江省市、县(市、区)志书审查验收和出版管理办法》执行。重点记述域内自然、政治、经济、文化、社会的历史与现状,突出皋泄村的"历史沿革""人口姓氏""历史遗存"及"农业生产""林业生产""牧副工商"等方面的独特内涵与名特优势,从而达到执简驭繁、文约事丰、易于阅读、利于普及的目的,以实事求是、继承历史、有益后世、服务当代为宗旨,客观真实地记述现皋泄行政村内各个历史时期的发展与变化,力求做到真实性、全面性、科学性和资料性的统一。

三、记述范围

为全面反映入志事物发展脉络,本志《大事记》上限追溯至春秋、战国时期的"甬东"所属时期,下限断至2021年,个别事项可延至搁笔,主要是以新中国成立后为主体而编写的。以下限年份的行政区划为主,即以现定海区白泉镇皋泄行政村范围之内原皋洩(新建)、富强、弄口3个行政村为基本范围,部分内容因难以区分或叙述需要扩展至原皋洩乡范围内,企业介绍则因乡贤关系而有所延伸。

四、总体结构

横排门类,纵述史实,门类主要根据突出时代特色和皋泄村实际自行安排。统一采用章节体,部分特别分散难以统辖的内容参照条目,各取所长。章节体总体上序列清楚、层次明晰、领属严密、结构规范,符合系统分类原理,便于检索查阅,有助消除"资料拼盘"弊端。为加强志书的整体性,本志广泛采用了"延伸链接"的方式,将相关资料分别附列于各章节之后。全志正文设12章36节,另有"皋泄村概述""大事记"。

五、体裁形式

本志综合运用述、记、志、传、图、表、录等各种体裁,以志、述为主,同时鉴于原始资料的缺乏,适当运用了口述采访整理或实录,有单独成文的,也有入正文以作说明佐证的。除引用文字外,统一使用规范汉字及现代语体文记述体。记事坚持秉笔直书、述而不作,只记事实,不做评论,寓观点于材料之中。

六、数据计量

语言文字、标点符号、数字用法等遵从国家相关标准和行业规定。计量单位采用法定计量单位,仅涉及耕地面积时保留部分市制计量单位"亩",涉及重量单位时保留"担"的传统用法。村志所用数据一般采用政府统计部门数据或其他档案数据,无政府统计部门数据时,选用皋泄村村委提供的数据。

七、纪年

中华民国以前的纪年,先书历史纪年,其后括注公元纪年。自中华民国成立后的纪年,均使用公元纪年。志书中"××年代",凡未加世纪者,均指20世纪的年代。志中所称"解放前(后)",以1950年5月17日定海解放日为界;"新中国成立前(后)",以中华人民共和国成立日1949年10月1日为界;"改革开放前(后)",以1978年12月中共十一届三中全会召开为界。

八、人名地名

以第三人称记述。人名直书其姓名,必要时冠以职务职称。地名以现行标准地名为准,地名中的生僻字,按《通用规范汉字表》相关规定使用历史字形,不以偏旁类推法自造简化字,部分历史地名或未确定标准地名的小地名,则采用村民日常约定或古代文献曾经使用过的名称，如用"唐鑑岭"统一指"唐高岭""唐皋岭"，"东皋岭"指"东高岭"，但相关资料或叙述中的说法仍因其旧，如"茅洋周""茅底陈"等。使用历史地名时一般说明或标注现行地名。各个历史时期的党派、团体、组织、机构、职务等，均以当时名称为准。对于称谓过长而又频繁使用者，于首次出现时使用全称并同时括注简称，之后使用简称。"皋泄"包含原"皋洩乡"、现"皋泄行政村"、原"皋洩行政村"或原"皋泄社区"、现"皋泄自然村"等多个概念，可能引起歧义时，一般用"皋泄村"指代现"皋泄行政村"，"皋泄"或"皋泄片"指代原"皋洩行政村"或现"皋泄自然村"等，具体还需要结合内容加以理解。"富强村"与"富强""富强片"，"弄口村"与"弄口""弄口片"均存在这些情况。"皋洩"二字直到2005年成立新型渔农村社区时才改用"皋泄"，本志以2005年为界，此前用"皋洩"，此后用"皋泄"。本志不设人物列传，历史名人、先进人物、社会主义建设中做出突出贡献者均记个人简介，不面面俱到。人名一般也采用相对公认的曾用名，如"朱缀绒"曾用名"朱最绒"等，现统一用"朱缀绒"，部分人名一字之差的做括注处理。相关资料或叙述中的地名人名与现行标准或实际情况有出入的，仍因其旧。

九、参考注释

为体现学术规范，志书所用重要资料尽量以文中标注等形式注明出处，注释方式因文因事而异，本志不采用页下注或尾注，统一在书后列明本志编撰过程中用过的主要参考文献。附载文章于篇后注明资料来源。

皋泄村概述

　　"皋洩"之名,取自东皋岭与洩潭,后因"洩"字书写不便而取用"泄","皋"字也曾在一段时间改用"高"字代替。"皋"即东皋岭,指东面的山丘,定海区城东街道东湾村明朝永乐年间的宿州太守王永隆在《三老堂村居吟》中就有"布谷催耕农事忙,负耒东皋趁天晓",清代皋岭下的王亦赋作《东皋岭下小记》也言"东皋岭下乃吾祖父世居习熟之地也"。"洩潭"在毛竹山村龙堂岭,其得名更早。宋《乾道四明图经》载:"洩潭,在县东北三十六里,万寿院境内,其潭在山腰石上,深浅莫测。凡遇旱涸,祷请辄应。"宋宝庆《昌国县志》载:"宣和中,旱,簿尉刘佖投以诗,曰:'未跃天衢卧寂寥,碧潭流溢海山腰。埋藏头角虽多日,鼓动风雷在一朝。既若有心成变化,岂能无意泽枯焦?神纵许为苍生起,愿击香车上九霄'。诗沉而雨,时人异焉。"元《大德昌国州图志》载:"又薛主簿寘有诗云'秋高水壮雪飞涛,岩木招风怒窍号。不是玉虹低涧饮,白龙拖雨下山腰'。"传说有白龙乘云而下,双睛注地,遂成龙渊。

　　在清康熙之前,并不见"皋洩"于方志。明天启《舟山志》中的地图只有"茅洋岙""陈家岙",另有"王家桥,在城东北二十五里",距城东北三十里的万寿寺仅五里。清代海禁解除后,富都乡七图称皋洩岙,统辖蔡家岙、王家岙、洩岙、寺岙、东湖岙、小茅洋岙、闻家岙7岙,其范围应指1992年与白泉镇合并前的皋洩乡,"好看姑娘里洞岙,好吃杨梅皋洩岙"的民谣说的也应当是这个范围。

　　1999年《舟山市定海区地名志》分别载有作为"片村"和"行政村"的皋洩。皋洩片村含青龙山、舒家、庙山头、黄泥坎、弄口王、糖坊、苏家、庙后庄、童家园、魏家、毛洋周等34个自然村,辖皋洩、富强、弄口、和平等村。皋洩行政村则辖14个自然村,曾称高岭下,新中国成立初为皋洩乡六、七村,合作化时建新建合作社,公社化时称新建大队,1981年改皋洩大队,1984年建皋洩村。事实上,可能在新中国成立前还存在皋洩自然村,1925年出生的庄友法在去台湾之前就自称皋洩村人。

　　现在的皋泄村形成于2005年,在全市新渔农村社区建设中,原皋洩、富强、弄口3个村合并成为皋泄新渔农村社区,村民逐步适应皋泄这个"大村"的称呼。2019年,全市社区村体制改革中,皋泄社区改为皋泄行政村,原皋洩、富强、弄口3个村级股份合作社也合而为一,总体相当于原皋洩乡的三分之一,也就是原皋洩片村少了一个和平村。

在清代,皋洩村与盐仓的汉河岙是全舟山仅有的两个纯内陆村,地处海乡而不见海。康熙缪燧撰《定海县志》之《皋洩岙图说》载,"自叠石而来,屹起东皋岭,为此地发脉祖。西折而黄虎岗,又折而万壁山、苦竹岭,中有皋洩焉,此岙之所有名也。距城仅十五里,西南界甬东,南界吴榭,北至董公桥,则与白泉田洋接界矣。他岙皆近海,各有涂荡,惟此岙环山,四山之水俱流入白泉浦,故地窄而田稀。止有河碶头、管家洋一带,稍称丰腴。若茅地陈及寺岙前后之田,皆苦硗瘠地,则地利之入,逊于他岙可知矣。洩岙之顶为龙堂岭,岭有龙潭,祷雨辄应",然而这之前的沧海桑田无人可知。俯瞰皋泄村的地势,总体是由西南向东北略倾。南半部西北—东南走向地区,系溪流冲积而成的河谷平原。弄口附近的平原则多系港湾凹处,海积平原,地势较平坦。村民口耳相传,乌贼山嘴地方传说乌贼可以"随便撩",毛洋周地方是船只抛锚之处,里王地方是"海尾巴"。宋代以前富强毛洋周附近可能仍是滩涂,而潮水可以直到潮面、冷潭位置。20世纪70年代童家园地方发现的沉船、唐代"开元通宝"、青龙山宋代古窑址,无一不在揭示着此地的神秘过往。

因为悬居海外的关系,自唐宋以至元明清,舟山的历史就是一部海禁史。托庇于紫微乡王国祚兄弟的卓绝努力,皋泄逃过了明代的海禁,也由此为后人留下了可通过代际上溯的历史传承。目前已知的最早居民很可能是后山的周氏,在明初毛洋周周氏迁入前已存在,然后是来自奉化的舒氏,于明洪武年间在和平舒家落脚,现本村内主要在富强有分支。明成化三年(1467),皋岭王氏自镇海入赘殷家岙老屋定居,后播迁到弄口。同时期,镇海庄氏迁至庙后庄,鄞县陈氏迁入富强茅地陈。清顺治十三年(1656),舟山居民再次迁徙,境内居民被驱迁所剩无几,后山周与和平顾家均有人躲入深山未迁。清康熙二十二年(1683)展复后,召民回乡开垦,始陆续有人返回或来此定居生息。周氏、舒氏、王氏、庄氏、陈氏陆续回迁旧地,慈溪袁氏、朱氏和鄞县张氏也于康熙年间迁入形成聚落。乾隆年间为居民迁入的鼎盛时期,奉化张氏、鄞县王氏、鄞县周氏、慈溪魏氏、奉化唐氏、镇海周氏相继迁入富强,河南张氏、慈溪潘氏、慈溪金氏相继迁入皋泄。嘉庆年间又有宁波景氏至富强,道光年间定海夏氏、慈溪苏氏入皋泄,同治年间普陀史氏、杭州钱氏、宁波鲍氏入富强,晚至宣统和新中国成立前又有20余姓入村,逐步形成今天较稳定的姓氏格局。

农民是向土地为基础的自然条件要生存、找生存的人群。归结几千年来生息在这片土地上的农民们的社会理想,无非"四海升平,万民乐业,风调雨顺,君正臣良","人人辛苦力田,个个尽忠守职,男重贤良,女务贞洁",总而言之,就是"安居乐业"。

舟山清末的进士王修植家有别业在毛洋周,当地人基本就是他家的佃农,童家园则传说为别村童氏的家业,所以整个皋泄村的祠堂、庙宇都显得非常简陋,全村鲜有大户高第之家,连地主、富农都是靠"推举"才得以产生。新中国成立后的皋洩、富强、弄口,分田到户也仅为人均0.4亩,以亩产800斤、一年两熟计算,丰收之后每人也仅能获得不到600斤口粮,如除去赋税、租佃等项,能剩下一半已是万幸。今天看来,"安居乐业"这四个字是不能满足许多人愿望的,然而在并不遥远的过去,却又是如此难以实现,只有一直种到山顶的番薯才聊以解决果腹问题。

新中国成立之后,皋泄的农民精神振奋,在党组织的领导下,将克勤克俭的传统应用到集体经济的发展之中,积极发展农业、林业、副业、牧业生产,投工投钱、日夜奋战修筑水库、平整土地,涌现了张杏梅、舒瑞宽、袁万忠、周国钧、朱有土等先进典型,杨梅、香柚、蔬菜、柑橘、花木、茶叶等特产也在全市开始冒尖,但受限于土地的投入产出有限和偏狭的地理环境,千辛万苦也仅得以满足温饱。望着一山之隔的定海城区,20世纪70年代的皋洩村党组织向县领导郑重提交了打通东皋岭隧道的请求,限于当时的经济技术条件而未遂。

皋泄村从偏僻贫穷走向富裕小康,离不开皋泄村党组织的核心堡垒作用,离不开原皋洩村党支部书记——朱缀绒。1987年,时任村支部委员、妇女主任的朱缀绒当选定海区第十届人大代表,年年向区、市提交关于修建东皋岭隧道的议案。1993年7月4日,祖籍皋洩村的香港恒富地产代理公司洪全福先生向定海区人民政府递交"独资开发东皋岭隧道申请书",决定投资1200万元独资开发东皋岭隧道,又因故而未遂。2000年初,舟山市终于同意立项建设隧道,10月29日正式开工之时,皋洩村村民又主动为工程建设捐款38万元,其中朱缀绒率先捐款3000元,又抵押借贷10万元用于政策处理。本村本土成长的朱缀绒到村里工作就像是为家里工作,为了村民早日脱贫致富,几十年如一日,几乎到了忘我的境地。党建、计生、科普、文化,杨梅、香柚、草莓、香菇,水利、交通、助贫、抗台,皋洩村的一切无不浸透着她的全部心力。"脱去三层皮,我就不信老百姓富不起来!"她和村委班子带领村民苦干实干,将皋洩村由一个偏僻的穷山村,改变成一个产业特色明显的小康村、全国造林绿化"千佳村",省级各类先进经验现场会开到了村里。2001年10月18日下午,她在规划果木基地途中遭遇车祸,抢救无效,不幸因公殉职,全村男女老少洒泪列队为她送行。2002年浙江省委追授她"一心为民的模范村党支部书记"荣誉称号,全国妇女联合会追授她为"全国三八红旗手",中共舟山市定海区委批准建立朱缀绒先进事迹陈列馆。"农民的好女儿、山村的好书记"朱缀绒走了,她用短暂的一生诠释了一位共产党人"与时俱进,勇于开拓;艰苦奋斗,真抓实干;心系群众,无私奉献;清正廉洁,鞠躬

"尽瘁"的高尚品格,更将这个品格化为皋泄的村魂,她的名字已经永远镌刻在皋泄人的心中,更化为东皋岭上无尽的注视和无价的财富。

20年后,村里一批又一批的干部群众追寻着朱缀绒的脚步,以党建引领,数字化赋能,带领全体村民继续高质量发展,实现乡村振兴和共同富裕。如今,不仅皋泄香柚飘香四溢,更有皋泄杨梅远销全国各地,这里孕育着一批又一批舟农先锋、致富带头人、科技领头人、农业达人……近几年来,皋泄村又先后获得省级科普示范村、省级文明村、省级全面小康建设示范村、省五星级农村文化礼堂、省级卫生村、省返乡创业考核优秀村、市级小康建设示范村、市级文明村、市级民主法制村等荣誉称号。村里的年轻人还建起皋泄村"筑梦空间"网创服务驿站,致力于打造百姓身边的网创孵化器、舟山特色农产品就业创业服务基地、朱缀绒省级红色教育基地,为村民创业致富提供助力。随着舟山"高铁时代"的到来,这一片田园之家将更深入地融入舟山的高质量发展和中华民族的伟大复兴进程之中。

王永隆告老还乡后建了个"三老堂",曾写下《三老堂村居吟》,这可能就是他徜徉在东皋岭上对两侧乡邻"安居乐业"的美好祝愿,也应该是历代曾经生活在这片土地上的人们的共同心声。时移势易,踵事增华,其为皋泄村民祝。

村居好,村居好。
竹篱茅舍清溪绕,山深地僻无尘埃。
幽居尽日闻啼鸟,布谷催耕农事忙。
负耒东皋趁天晓,携篮江上买鱼苗,稚子村庄凿池沼。
鸡猪鹅鸭与牛羊,晚来院中闹吵吵。
春垂杨,夏萱草,冬白梅,秋红蓼。
不须图画觅良工,妆点四时景致好。
邻翁赊酒频相邀,老瓦盆边沉醉倒。
不须炮凤与烹龙,淡饭黄虀只要饱。
堂前鹤发寿延长,眼底儿孙离襁褓。
男婚女嫁不出村,步步相随直到老。
不礼兜率宫,不寻蓬莱岛。但得二税完,心中无烦恼。
教儿孙,莫弄巧,广栽桑,多栽稻。
衣食足而礼义生,饥寒至而多奸狡。
眼前富贵片云轻,身外功名一芥小。
古今事,曾稽考,败者多,成者少。

可叹韩彭不知几,唯有范张归去早。

富贵贫穷出自然,荣辱安危当慎保。

写下此篇村居吟,雅兴风光真可表。

客来问我甚生涯,犁锄世世传家宝。

延伸链接

皋泄村落文化解读

孙和军

村落文化是指以自然村落的血缘关系和家庭关系为繁衍基因而产生的能够反映村落群体人文意识的一种社会文化,它是信仰、价值取向、生活方式、风俗习惯、行为规范等文化现象的总和。村落文化也是乡风文明建设的重要背景和现实基础,在社会主义新农村乡风文明建设中具有重要作用。重视村落文化的建设,以先进的文化引导村落文化,提高农民现代文明素质,从而促进乡风文明发展。

皋泄村位于白泉镇西南部的皋泄社区,东邻弄口村,南傍富强村,西至东皋岭,北靠黄虎岗。村域面积7.5平方公里,自2001年东皋岭隧道贯通以来,便有"定海后花园"之称。

清康熙二十七年(1688),皋泄属定海县富都乡七图;道光二十一年(1841),属定海直隶厅皋泄庄。新中国成立前为皋泄乡第六、七保,1950年8月为皋泄乡第六、七村,1953年到1954年民主建政时,成立皋岭小乡,1956年复归皋泄乡,合作化时建新建合作社,公社化时初称第二生产大队,后称新建生产大队,1981年改称皋泄大队,1984年6月改为皋泄村。2005年5月,皋泄村与富强、弄口2村合并而建皋泄社区。

随着2006年元月白沈线这一交通大动脉的贯通,皋泄村更成为舟山本岛东北部干榄、北蝉、白泉、临城、东港、展茅等乡镇街道进出定海的必经之地,特殊的区域位置和依山而建的地势决定了皋泄村落作为交通主干道线上的一道必不可少的文化景观。

地名文化

皋泄为历史地名,取"皋岭"与"洩潭"各一字得名,今皋泄村旧称皋岭下。

皋泄村委会驻地叫糖坊,相传以前村内曾开过糖坊。10余个曾经的自然村落,以姓氏命名的有朱家、苏家、夏家、上袁、下袁、张本岙、张夹岙,以地形地貌命名的有隔山里、半岭里,以建筑命名的有洞桥头、老屋、高坟头,以植物命名的有柿树湾,以姓氏结合地形命名的有岭下王,以姓氏结合建筑命名的有庙后庄。其中,高坟头因生产生活不便,早于1987年就迁居隔山里,高坟头就此成为废村。另外,还有一个颇有研究价值的地名,叫贾施岙。贾即商人,古时特指设店售货的坐商。难道这么一个偏僻的小山坳,古时会以商贾或商贾施善而命名?联想到糖坊可以开在此处,开个其他商铺也未必不可。皋泄《王氏宗谱》跋中有王亦赋作的《东皋岭下小记》:"……柿树湾外围贾施岙……由贾施岙而上为殷家岙,即吾祖父相继以居之地也。岙颇深,明嘉靖间多虎患,故其苎麻园外设琼御之,今犹名其地为老虎琼。逮吾祖父以来,虎患已息,由是树梅植竹……"在这篇小记里,王亦赋至少又提供了梅花湾、费家园、翁家园、千家湾、殷家岙、老虎琼、三峰山、经堂山、木龙桥、老庵基、尼姑湾、响水岩、猢狲坑、宋平岗、椅子岩、象鼻山、狮子岩等人居地名或地理实体名。

皋,为水岸的高地之意,从白。清代文字学家朱骏声在《说文通训定声》中解释曰:"白者,日未出时,初生微光也。旷野得日光最早,故从白,从本声。俗字作皋。"有皋渚(水边地)、皋陆(水边平地)、皋隰(水边低湿地)、皋浒(高岸和水边)、皋壤(泽边洼地)、皋泽(沼泽地带)、皋薮(水草丛生的沼泽地带)、皋原(沼泽和原野)等组合。《诗经•小雅》有"鹤鸣于九皋,声闻于天",潘岳《秋兴赋》有"耕东皋之沃壤兮",陶潜《归去来兮辞》有"登东皋以舒啸,临清流而赋诗"等诗句。

泄,旧志作"洩"。洩是泄的异体字。曳,从申,伸展,本义作拖拉、牵引。加上"氵",便是水流伸引倾泻而出的意思。这个洩,指的是洩潭,在毛竹山社区爱国村龙堂岭上。由于行政区划变更的关系,原属白泉镇的毛竹山社区今归临城街道管辖。

东皋岭,在康熙《定海县志》皋泄岙图中,写作东高岭;在光绪《定海厅志》中皋泄庄图中,标作东皋岭。因皋有"日未出时,初生微光"之解,东皋组合,自然也就成为古代许多县城东郊山麓的统一称呼。所以,在定海城区(今城东街道)之东郊日照寺所在山岭,便为东皋岭。皋,作形容词时,也通"高",与下、卑相对。故而也不奇怪康熙《定海县志》会写作东高岭。

地名文化,包含了地名语词文化和地名实体文化。地名语词揭示了地名的语源文化内涵,地名实体体现了其所指代实体的地理、历史和乡土等。二者共同构成了一个地名文化的全貌。村落地名文化记录着村落形成、发展的历程,人口的变迁与融合,村民生活环境的发展变化,是一个村落最重要的乡愁记忆和文化遗产。

生态文化

当今社会,经济发展的生态化趋势日益凸显,生态与经济的协调发展,成为社会普遍关注的重大问题,也是人类生存和社会进步的永恒主题。党的十七大首次把"生态文明"写进党的行动纲领,党的十八大从新的历史起点出发,做出"大力推进生态文明建设"的战略决策,2015年10月起,增强生态文明建设首度被写入国家五年规划。生态文明建设以其和谐共生、良性循环、全面发展的宗旨,必将在美丽中国建设过程中产生重大影响。生态文明观的核心是"人与自然协调发展"。在这个刚刚崛起的涉及生产方式、生活方式和价值观念的新时代理念中,皋泄村将其独特的生态环境、生态经济孕育成了独具一格的生态文化。

1998年,皋泄村在获得"全国绿化造林千佳村"荣誉时,就拥有耕地1100亩,林地2680亩,有市一线蔬菜商品基地1000亩,钢制大棚253套,优质高效皋泄香柚示范基地1115亩,晚稻杨梅900亩。尤其是皋泄香柚,为常绿树种,有村庄绿化和经济效益双重价值,荒山地坡、庭前院后,处处绿树成荫,果园飘香,成为皋泄村的生态标志。作为皋泄香柚的发源地和主产区,皋泄村被人们认识就是从皋泄香柚开始的。

庙后庄有棵被尊为皋泄香柚"始祖"的百年柚树,被列为三级保护树木。树的主人在新中国成立前曾经撑过远洋船,香柚种由他从南洋带入。经嫁接后,所结出的文旦鲜甜可口,非常好吃,被大家称为"宝川"文旦、"宫宝"文旦。今天皋泄村所有的皋泄香柚都是这棵"始祖"繁衍的子孙后代。皋泄香柚漂洋过海从南洋来到皋泄,鹤立鸡群地成为舟山的地方名柚,皋泄村的生态文化被注入了传奇般的历史渊源。

1998年11月,在浙江省名特优新农产品展销会上,皋泄香柚被评为浙江省优质农产品银奖。而同时获奖的,还有皋泄晚稻杨梅,它获得的可是金奖。皋泄杨梅栽培历史悠久,元《大德昌国州图志》就把皋泄杨梅列为"佛国仙乡"之特产果品。清光绪《定海厅志·物产志》载:"杨梅种类甚多,以颗大核细为上","杨梅以泉泄庄为上"。"乡村五月芳菲尽,惟有杨梅红满枝。"每年一到夏至,皋泄山坡上的杨梅林就缀满了圆滚滚、红紫紫的杨梅。舟山民谚说:"好吃杨梅皋泄岙。"1985年7月初,经省内外专家品评,皋泄晚稻杨梅被鉴定为浙江省名特优品种,列为四大著名杨梅品种之一。1988年4月,被中国农科院果树研究所作为舟山唯一水果珍品,编入中国第一部果树栽培专著《中国杨梅志》。

在富有特色的村落文化中,有以历史悠久而闻名遐迩的,有以风景名胜而令人叫绝的。而在皋泄村,山坡青,香柚黄,杨梅红,在绿意盎然中,你感觉到的就是一幅三原色涂染的山水画。你见得最多的、听得最多的就是生态。山花烂漫、鸟鸣蝉叫之中,两道顺山势而下的溪坑,如两曲欢快的山谷交响乐,绕村而淌,让人心旷神怡。那源自东皋岭注入弄口村的2.6公里的溪流,构成村里的景观轴线。站在溪畔,远看那依山而建的别墅式民宅、郁郁葱葱的果园、千姿百态的梯田,一幅绝美的生态文化长卷就这样精致地泼洒在田园山水中了。

公仆文化

公仆是指在人民成为社会主人的基础上社会管理机关及其公职人员必须全心全意为人民服务的一种社会政治关系。孙中山在《建国方略》中称:"国中之百官,上而总统,下而巡差,皆人民之公仆也。"毛泽东把革命干部称为"人民勤务员",刘少奇说自己是为人民当"长工",邓小平称自己是"中国人民的儿子",胡锦涛当选为国家主席时表示要"始终做人民的公仆"。温家宝说:"政府必须秉持一种精神,这就是公仆精神。政府工作人员除了当好人民的公仆以外,没有任何权力。"习近平向湘西苗族大妈介绍自己说"我是人民的勤务员"。

皋泄村从偏僻贫穷走到今天的富裕小康,有一个人的名字是不能忘的:朱缀绒。虽然她已经离开她热爱着的村民有十五六个年头了,但是她身上这种公仆的精神,需要一代代传承和发扬。朱缀绒用一生的实践再次证明了那条永恒的真理:共产党人只要大公无私、全心全意为人民谋利益,深深地扎根在群众中,与时俱进地带领人民不断开创新的事业,就能永远赢得人民群众的拥护和爱戴。朱缀绒不应淡出舟山市全体公仆的记忆,朱缀绒纪念馆不应随着岁月流逝而逐渐被冷落,山林中朱缀绒安息的墓地不应只有朱家人瞻奠的身影。

当公仆意识形成一种文化,皋泄村就是定海的当之无愧的公仆文化村落。"脱掉三层皮,我就不信老百姓富不起来!"朱缀绒留下了一个公仆的执着。"只有自己走得正,群众才能听你的。"朱缀绒留下了一个公仆的嘱托。"几户富不算富,全村富才算富。有致富菜,还得有致富果。"朱缀绒留下了一个公仆的心愿。"不打通东皋岭隧道,我愧对乡亲们,愧对子孙后代!"朱缀绒留下了一个公仆的承诺。

"忧民之忧者,民亦忧其忧",皋泄村为我们塑造了山村女公仆那血肉相连肝胆相照的忠诚为民情怀、与时俱进富民强村的勇于创业精神、锲而不舍顽强奋斗的扎实工作作风和干净干事胸怀坦荡的无私奉献品德。朱缀绒的人格,照亮了皋泄村民的心坎,也照亮了皋泄村民致富的道路。葱葱郁郁的东皋岭,给我们留下了关于"甘为公仆,善为公仆"的思考。

孝慈文化

在自然山岙生活和生存方式之内产生的村落文化是中国农耕文化的基床和根脉,也是农民安身立命的精神生活的基础。几百年以来,世居于皋泄村的以朱姓为主的村民,受自给自足的自然经济和民族心理等因素的潜移默化的影响,自发形成以家庭为本位、以情感和血缘关系为基础的伦理规范和礼俗体系。在家族文化和中国传统儒家文化的襁褓下诞生的孝慈文化,成为这个村落最具灵魂、最具原生态的文化环境。

皋泄村朱氏相传为明鲁王朱以海遗族,即安徽凤阳朱氏留在舟山的一支,"三"字辈六兄弟于清顺治年间从宁波瓦爿滩迁居皋泄乡皋泄村,至今已繁衍14代。村民朱明权保存着1924年北蝉姚道坤整理总纂的《五凤堂朱氏宗谱》,内容包括谱序、凡例、排行、修谱任事名单、世系图、年表等。五凤堂朱氏宗祠位于黄虎岗,内有"孝哉集誉"匾。据朱明权介绍,此匾表彰的是朱氏第五世"宁"字辈五兄弟康宁、志宁、昌宁、泰宁、和宁(本为六兄弟,其中老二启宁幼夭)的孝道事迹:某冬日母亲庄氏得病,特别想吃西瓜,六子明知冬日根本无西瓜,还是漫山遍野四处寻求,功夫不负有心人,终于在山上寻得一只小小的野西瓜,摘来给母亲尝用。母亲长年吃素,临死之前渴望吃遭肉。五兄弟商量,母亲修行一世,不能功亏一篑。于是长兄朱康宁学古人"割股肉以供君亲食用"之举,刘臂煎汤,奉母尽孝。结果,庄氏活了80岁。

东皋岭下历史上发生过老虎伤人事件,据《定海厅志•列女传》记载,康熙年间,定海初展,皋泄村朱士凤妻舒氏,18岁守寡,其继子(朱士凤侄子过继)上山打柴,在归家途中被虎咬伤,舒氏嚼涂蛄,敷其创伤。乡里人赞曰:"侄子打老虎,伯母嚼涂蛄。舒氏孝慈女,朱家贞节妇。"

"孝老慈幼"是儒家伦理思想的核心,是千百年来中国社会维系家庭关系的道德准则。"孝慈文化"更是中华民族的传统美德,也是今天我们建设社会主义精神文明、弘扬乡风文明的基石。在推进市场经济和社会转型过程中,"孝慈文化"对过度膨胀的利己思想具有一定的抑制作用,使乡民形成淳朴善良、尊老爱幼、崇尚礼仪、邻里和睦等美德。

有人说,公路抵达的地方,就是现代文明抵达的地方。农村村落,更应是现代文明抵达的地方。作为中国乡土最基本的组织形式和农民繁衍发展的生存空间,村落确保了农民内部经济联系的地理条件,以及语言文化、价值观念、风俗习惯、社会心理等共同意识形成和发展的人文环境。皋泄村自发形成的村落文化,给了我们一个启示:土生土长的村落文化是一种"家门口"的文化,是农村群众文化的基石,是直接面对农村群众的文化前沿阵地,因而能为农村精神文明建设"打头阵",因此,因地制宜挖掘村落文化的潜力,创建更多的文化村落,扶持村落文化朝着健康良好的方向发展,这也是后来创建农渔村文化礼堂的初衷。

编者按:此文收入2017年1月编印的《流韵白泉》,孙和军是舟山著名的地方文史研究专家。

大事记

春秋、战国

舟山历属越国、吴国、越国（勾践复国）、楚国，称"甬东"（甬江之东），又喻称"海中洲"，皋泄属之。

秦、汉

属鄞县。

唐

开元二十六年（738）　置明州翁山县，设富都、安期、蓬莱3乡，皋泄属富都乡。

天宝元年（742）　改明州为余姚郡，翁山县属之。

乾元二年（759）　复改余姚郡为明州。

大历六年（771）　因袁晁率起义军，废翁山入鄞县。

五代

后梁开平三年（909）　吴越王避朱温曾祖父朱茂琳名讳，改鄮县为鄞县，皋泄属之。

宋

熙宁六年（1073）　以废翁山县置昌国县，皋泄属昌国县富都乡鼓吹里。

庆元元年（1194）　升明州为庆元府，昌国县属之。

元祐八年（1093）　海风驾潮水，害民田。

绍熙五年（1194）　大饥，人食草木。

嘉定二年（1209）　秋，大雨驾潮，飘没庐舍。

元

至元十三年（1276） 元将哈刺觞提师压境，昌国县归附元朝，皋泄属之。

至元十五年（1278） 升昌国县为州，属富都乡鼓吹里，皋泄可能为东茅洋岙、水泉岙、西湖岙。

明

洪武二年（1369） 改昌国州为县。

洪武二十年（1387） 废昌国县，设定海卫中中、中左二千户所，舟山各海岛居民被迁内陆，因紫微王国祚之力，皋泄村民等五百余户得以留存，属定海县（现镇海县）。

成化三年（1467） 皋洩老屋、弄口王氏始祖王金夫自镇海五里牌迁来东皋岭定居。

弘治八年（1495） 大旱，馑殍载道。

弘治十七年（1504） 大饥，朝廷遣都御史王璟赈灾。

正德三年（1508） 旱，自正月不雨，至十月民间草木食尽。

正德四年（1509） 大饥。

嘉靖二十四年（1545） 大荒，谷价腾贵，道殣相望。

嘉靖三十五年（1556） 四月，东皋岭王家山大石横于山麓者，滚掷如飞。

嘉靖三十六年（1557） 倭寇遍境内，大被杀掠。

嘉靖三十七年（1558） 四月，王直带同徐明山、叶麻等导引倭寇数百，寇掠四郊。

万历十五年（1587） 七月二十日，龙卷风潮，禾黍一空，居民采草木食，既而鬻男女以食。

万历十六年（1588） 大饥，游离遍野，瘟疫继之，道殣相望。明末，鄞县陈氏迁入富强（一说为奉化迁入）。

崇祯六年（1633） 始建白鹤庙。六月，飓风，大雨如注，民房尽塌。

崇祯十三年（1640） 大旱，哄传地出观音粉，饥民竞取食焉，食之者多病、腹胀。

崇祯十五年（1642） 大旱。

清

顺治八年（1651） 舟山的南明鲁王政权被清廷攻克,清兵屠城,死难一万八千余人,史称"辛卯之难"。

顺治十二年（1655） 大旱。

顺治十四年（1657） 正月,宁海大将军伊尔德以舟山"不可守"为由,强令徙民,查村搜岙,见人就驱,将各岛居民尽迁内地,仅少数人逃入深山,后山周氏可能躲入深山未迁。

康熙四年（1665） 七月初五飓风拔木,淫雨淹禾。

康熙初年 朱氏六兄弟迁居到定海,成为皋洩朱氏六支始祖。

康熙二十三年（1684） 十月,颁"展海令",召民回乡开垦,陆续有人返回或来舟山定居生息。

康熙二十七年（1688） 重设县治,改舟山为定海县,改原定海县为镇海;各岙分别设图,皋洩岙为富都乡七图,辖蔡家岙、王家岙、寺岙、洩岙、东湖岙、小茅洋岙、闻家岙。

康熙三十年（1691） 定海知县周圣化劝农至皋泄,与袁氏祖秀才廷臣谈论竟日,作有《春日劝耕至各岙归途即事》诗一首。

雍正元年（1723） 五月不雨,禾黍一空。

乾隆十六年（1751） 大旱。

乾隆十八年（1753） 定海知县庄沧渭题赠王成章妻邢氏孺人联语"抚藐孤,抚犹子,舐犊维均,思将黄口报黄泉,未遂淑媛之志,遗孀媳,遗女孙,劳薪终独,守到白头完白璧,永为巾帼之型",并题匾额"松筠劲节"。

乾隆二十二年（1757） 皋岭下村民王成贵创办"三峰书屋"私塾,聘慈水贡士冯元焘（号义斋）执教。

乾隆五十二年（1787） 建唐梓老庙。

乾隆五十五年（1790） 皋洩王氏宗谱修成,咸丰八年（1858）重修,光绪十三年（1887）再修,刊印全一册。

嘉庆七年（1802） 五月十三日,大水,田成巨浸,禾尽伤。

嘉庆九年（1804） 弄口《四明槎潭百忍堂张氏宗谱百忍堂支谱》修成,全1册。

道光十三年（1833） 大雨水,禾黍一空,瘟疫继之,道殣相望。

道光十四年（1834） 皋岭下王名佩次子王圣裁考中岁贡生,字亦赋,号兰斋,考名理全,名见光绪《定海厅志》。

道光十八年（1838） 皋岭下王名佩长子王圣超考中岁贡生,字修三,号耐庵,考名万全,名见光绪《定海厅志》。

道光二十年（1840） 英军侵占定海,皋洩村人朱氏康宁公合家避难于外乡,父母染疾在床,家贫如洗,既无食物充饥,又无药物疗疾,康宁公刈臂疗双亲,其孝行广为乡人称颂。

道光二十一年（1841） 四月,升定海县为直隶厅,隶宁绍台道。六图改白泉庄,七图改皋洩庄。

道光三十年（1850） 毛洋周周氏祠堂重修。

咸丰二年（1852） 大旱,饥。

同治五年（1866） 里人为朱士凤妻舒氏请旌,"侄子打老虎,伯母嚼涂蛄。舒氏孝敬女,朱家贞节妇"。

同治七年（1868） 皋岭下王名佩孙、王圣裁子王宝洽考中岁贡生,字也农,号拙荞,考名稼堂,名见光绪《定海厅志》。

光绪十一年（1885） 富强毛洋周王修植考中举人。

光绪十六年（1890） 富强王修植中进士及第,授翰林院编修。

光绪十九年（1893） 大旱。

光绪二十五年（1899） 天花流行。

光绪二十八年（1902） 村民朱安利、王来兴、王继生等人捐地筹资重建藏经寺,主持和尚为颙道禅师,系湖州安吉县灵峰寺帝印大和尚徒弟。约此年,庄功银从泰国带回皋泄香柚母树。

光绪二十九年（1903） 毛洋周人周裕坤在武汉郭茨口开办裕记机制砖瓦厂,是辛亥革命前少有的私营砖瓦厂。新中国成立后改为中南建工部第四砖瓦厂,1954年并入武汉市国营第一砖瓦厂。

光绪三十年（1904） 天花流行。

光绪三十一年（1905） 因光绪二十九年（1903）皋洩庄贡生张显哉等人联名,定海厅同知杨小荔（字志濂）同意在白泉崇圣宫立碑,重申以往庄书规费标准,后因庄书聚众求情而悔约,引发西乡八庄农民暴动案。

光绪三十四年（1908） 撤富都等4乡,设10个选举区,皋洩庄隶属定海厅第三选举区。

宣统元年（1909） 天花流行。

宣统二年（1910） 定海第三选举区划分三安、干览、景陶3乡,三安乡辖皋洩、白泉、北蝉。路经商旅立"万寿亭记"碑。

中华民国

1913年

在皋泄的村界路中建永福亭。

1916年

无为教在富强万寿庵传教,后因其教义不规,纠集坏人,扰乱民众,1951年被取缔。

1917年

霍乱流行。

1918年

当年大旱,"风瘟"传染病流行。

1919年

县下设区,三安乡属三区,皋泄属之。当年又有传染病流行,定海旅沪巨绅朱葆三等发起时疫医院。

1922年

当年5次台风过境或严重影响,受灾奇重。

1924年

乡民朱宝丰(峰)、王海利、王菏生等筹资购地在皋岭下修建私立"启蒙学校",庄民集资1000元银洋,存白鹤庙,每年由庙提息120元,作为小学常年经费。皋洩《五凤堂朱氏宗谱》修成,全1册。

1926年

皋洩《全城堂庄氏宗谱》修成,全1册。

1927年

朱宝丰(峰)任定海旅沪同乡会第五届会董,多次为皋洩庄乡风致会函给定海县政府。

1928年

秋,白鹤庙庙会期间无业游民设赌抽头,并贿警察包庇,导致民怨。

1930年

始设皋洩乡,在白鹤庙置乡公所。推行"邻闾制",百户以上村设乡,不满百户者联合近邻村庄编乡;乡以下25户为一闾,5户为一邻。

1931年

浙江省土壤研究所委托定海县政府在三安乡三区皋洩甲村取样,后在《浙江省建设月刊》1931年第4卷第10期发表《定海县土壤化验报告》。富强《存本堂周氏宗谱》增修,共5册,现存最后1册《定海茅洋周氏宗谱续编》,该谱自清嘉庆十三年(1808)前始修,咸丰十一年(1861)王万全、光绪十年(1884)陈忠翰、光绪三十三年(1907)陈道元均有续编。

1934年

改"邻闾制"为保甲制,10户为一甲,10甲为一保;同时调整乡建制,原皋洩乡析为皋洩甲、皋洩乙、皋洩丙、皋洩丁4乡。

1936年

《袁氏家谱》修成,全1册。

1938年

万寿庵僧开银挂单普陀山,由尼惟觉接住,由此改为女众寺院,1992年7月批准为开放寺院。

1939年

6月,日军侵占定海城,县政府迁大榭岛,舟山本岛设东(洞岙)、西(小沙)两区署,皋洩乡属东区。国民党定海县县长苏本善组织一支抗日队名为"国民党定海模范队",活动于白泉皋泄一带。6月24日,日军火烧乡公所驻地白鹤庙,将一儿童用刺刀活活挑死,击杀在黄虎山岗上捡柴的一名农妇。

1940年

秋,日军分东、中、西三路对舟山全岛清乡,中路清乡范围包括皋洩、洞岙、吴榭、甬东一带,指挥部设在白泉。清乡队将各乡山谷僻野中的居民强行驱逐,集中居住,并烧毁他们原来的房屋,实行十户联保连坐法,强迫居民保证不和抗日人员来往,火烧富强村文夹岙等处。同年,日军打通城乡间公路。冬,中共定海县工委在东区警察队(后改称五大队)设东区税务稽查组,负责白泉、皋洩一带征税工作,主要征收运往城区和沈家门售卖之酒类、粮食、竹木柴炭、猪羊屠宰等工商税,税率5%,至1943年10月"五大队"撤离舟山时止。定海邮局在皋洩设村柜。

1941年

国民党定海县党部派员来皋泄一带,秘密发展国民党党员,未建立组织。

1942年

5月,东区警察队从城区诱捕日伪特高科行动组长陈厢夫妇,押至毛洋周红毛冲处决。由当地村民集资,重新建造白鹤庙。

1943年

10月,徐朗接任中共定海县工委特派员,驻在和平,全面负责舟山本岛地下党组织工作,1944年10月,特派员机关为甩掉国民党顽固派追踪,转移到敌占区城厢道头。

1946年

霍乱流行。

1947年

国民党在皋泄设区分部,时有国民党党员21人,王凤祥任区分部书记。成立"皋白教育会",时境内有乡中心国民学校2所,保国民学校8所。3月,境内流脑流行,儿童死亡较多。城乡霍乱流行。

1949年

4月,国民党75军和52军先后从大陆撤至舟山,各村各户基本都被征收入驻,师部驻在毛洋周周氏祠堂。始建简易军用公路毛洋周——高岭下,长3公里,宽3～5米,沥青、碎石路面;弄口至白鹤庙,长0.6公里,宽3～5米,砂石路面。7月,始通汽车,从县城发车至马岙,停靠毛洋周,日行2班。

中华人民共和国

1950年

5月,国民党军队撤往台湾,境内袁信才等60多名青壮年被抓去台湾。5月17日,舟山解放。是月,中国人民解放军22军所属65师所部进驻。8月,废除保甲制,建立皋洩乡人民政府。秋,境内各村恢复小学。12月,开展抗美援朝运动,境内青年积极光荣参军,村民广泛参加了游行示威和"保卫世界和平"签名。是年10月,朱缀绒出生。

1951年

1月15日,县委工作组进驻皋泄,开始土地改革。年初,各村先后成立农民协会、妇女会、民兵队、儿童团等群众团体。2月,开展拥军优属活动,发动群众捐款捐物,优抚烈军属。春,县委工作组在皋洩四村进行互助合作试点。夏,普遍组成农业互助组。5月,皋洩乡供销合作社成立。乡成立冬学委员会,各村兴办冬学,开展扫盲识字,要求3年内学会1000个常用字,达到粗具读、写、算能力的水平。拆唐梓庙旧料建新校舍,创皋洩乡中心小学。

1952年

皋洩乡农村信用合作社成立。掀起第一次爱国卫生运动,清扫垃圾,清除露天粪缸,清理阴沟,订爱国卫生公约,灭杀"四害"(蚊、蝇、臭虫、蟑螂)。

1953年

皋洩村与富强村合建皋岭乡。境内推行速成识字法,试办工农速成初等学校,采用拼音识字。10月,中共中央通过《关于实行粮食的计划收购与计划供应的决议》,开始实行粮食统购统销制度;通过了《关于发展农业生产合作社的决议》。

1954年

在互助组基础上普建初级农业生产合作社,建立村党支部。2月,实行粮食统购统销。秋,各农业社推广脚踏打稻机。

1955年

7月,耕牛"跷脚痧"疫病大流行。儿童普发麻疹,经定海县防疫站巡回治疗,全村近百名儿童无一死亡。

1956年

建立高级农业合作社。开始建设贾施岙水库,1960年、1967年两次扩容,1972年竣工。

1957年

3月,彭德怀元帅、刘伯承元帅视察袁家仓库(检查南京军区战备工作)。

1958年

6月,广泛宣传"三面红旗"(鼓足干劲、力争上游,多快好省地建设社会主义的总路线;"大跃进";人民公社),提出"农业八字宪法",号召兴建水利设施,富强村的唐鑑岭山塘完工,为全市第一座水库。9月,成立政社合一的红旗人民公社。10月,村村办食堂,吃饭不要钱。"放开肚子吃饱饭,鼓足干劲搞生产"。皋洩村更名为新建大队。是年,普及村级医疗保健网,皋洩公社卫生院成立。全民动员"大办钢铁",各村轮流派人到定海飞机场支援。平整土地,田间旧墓尽迁山坡或就地深埋。全县社会主义积极分子大会在皋洩乡召开,600多名社长以上干部参观了新建农业社的沼气池。11月3日,中共中央副主席、全国人大常委会委员长刘少奇到皋洩乡视察驻军和水利、实现粮食生产自给等情况,还挥毫为舟山军民书写了"建设舟山群岛,巩固国防前线"和"为共产主义事业奋斗到底"两幅题词。

1959年

当年,出现"大跃进"运动所导致的全国性的粮食短缺和饥荒。4月,吕泗洋海难,舟山数千渔民在江苏省吕泗洋渔场生产时突遭10级以上大风袭击,共沉船230艘,死亡1178人,损失1170余万元。6月22日,舟山县人民委员会发布《关于保留社员自留地》布告,恢复社员自留地。

1960年

9月，富强生产队办起业余学校，设初中、高小、初小三班，课程有语文、算术、政治和农业技术知识等，每星期上课5夜，每夜2小时。农业实行"三包一奖"责任制。

1961年

6月12日起，3个月无雨，农田遇严重旱灾，饮水困难。12月4日，大风侵袭，暴雨成灾，农田大面积受淹。春，全县4000余人患浮肿病，县人委拨17.5吨粮食供应患者，重病人集中治疗。全县公社化期间办的2392个渔农村食堂停办。开始精简职工、压缩城镇人口，部分原村民返乡。

1962年

5月，撤销舟山县，恢复舟山专区和定海、普陀、岱山县，增设大衢县；嵊泗列岛从上海市划归舟山专区管辖并恢复嵊泗县建置。当年，中共中央作出了《关于改变农村人民公社基本核算单位问题的指示》，要求人民公社核算单位下放到生产队。

1963年

1～8月少雨，农田遇严重旱灾，稻谷歉收，居民溪底挖坑取水饮用。9月11～13日，遭遇20号台风、暴雨侵袭，农田受淹，部分房屋坍塌。新建魏家新夹岙水库，2016年重修加固。

1964年

2月5日，皋洩公社新建大队共青团支部全体团员以团日活动形式为团员朱文斌与姑娘袁如妹举办婚礼，成为青年结婚移风易俗的样板。3月，皋洩公社皋岭小学教师王汉斌、朱应国等到皋洩公社新建大队苏家开办半耕半读小学。春，新建、富强大队种植薪炭林80多万株，同时还培育了杨梅、桃子等果树5000多株，嫁接杨梅树4000多株。7月，渔农区进行四项欠款（1961年以前银行贷款、赊销款、预购定金、预付款）豁免工作。

1965年

3月，皋洩村民兵袁万忠，在全省第一次民兵比武大会上荣获省"神枪手"称号。当年，利用积肥，各村普遍开展"两管五改"活动，即管理饮水、粪便，改良水井、厕所粪缸、畜圈、炉灶、环境。

1966年

4月20日，驻舟山陆军部队"勤俭创业修理连"命名大会在定海召开，各村派人与会。8月下旬～11月，各学校先后建立"红卫兵"组织，走向社会，大破"四旧"（旧思想、旧文化、旧风俗、旧习惯），一些家庭被查抄。10月，"文化大革命"波及农村，各大队党支部被迫停止活动。

1967 年

皋岭小学停课。1月5~6日,定海县城关镇发生工厂停工、商店停业事件,部分进城农民与城关部分学生在辩论中发生冲突。10月26日,全区中、小学校先后复课。是年,自夏季开始连续4个月无雨,年降雨量比常年少50%左右,上海市先后派大庆油轮4艘航行40次,为舟山运淡水20万吨。

1968 年

2~3月,部分社队干部去山西省昔阳县大寨大队参观学习,回来后推广"大寨经验"。12月21日,定海县东湾发生武斗,双方动用枪支和手榴弹,死6人,伤13人,皋泄受波及。当年,号召知识青年上山下乡,全国掀起知识青年上山下乡的热潮。

1969 年

9月,选举产生新建大队生产领导班子。

1970 年

11月生产队长、贫下中农代表选举成立新建大队"革命领导小组"。富强大队办苗圃20亩。是年,全市培训1400余名渔农村赤脚医生,推行合作医疗制度。

1971 年

4月6日,舟山地区革命委员会(简称地革委会)成立,舟山地区军管会撤销。5月,建立中共舟山地区革命委员会核心小组,各村也随之改革。新建大队兴办第一家队办企业(新建陶器厂),30年后停办。成立新建大队农村合作医疗站,配4名赤脚医生;富强、弄口也相继成立。9月,提出"初中不出队,高中不出社",在富强小学内设皋洩一中,时设3个班,学生100余人,教师6人。当年,国务院召开全国林业工作会议,号召绿化荒山荒地和村庄。

1972 年

4月,选举产生新建大队党支部,重新恢复党支部活动。始建于1958年的贾施峇水库,扩建竣工,蓄水量增至15万立方米。开始建设庙后庄水库,1982年竣工。皋洩公社新建陶器厂土法上马,烧出了第一批氨水埕,有力地支援了农业生产。是年起,全市建设以杉木、毛竹为主的用材林基地,至1977年,共营造杉木林3.43万亩,毛竹林1.23万亩。

1973 年

1月11日,舟山地区电视转播台在定海县蚂蟥山建立。2~3月,地、县抽调649名干部到166个渔、农业大队,进行"思想和政治路线教育"。富强大队建立林木苗圃,学习湖南全垦撩壕整地经验,率先营造杉木林,其经验在全市推广。学习"天津小靳庄政治文化夜校经验",境内每个生产大队均办政治文化夜校,教学内容皆为

"斗私批修""评法批儒"之类。9月,设毛洋周邮电所。

1974年

皋洩一中开设"五·七"高中班(1979年停办)。8月19~20日,遭13号台风袭击,损失惨重。

1975年

皋洩建公社放映队,有放映员1人,8.75毫米放映机1台(1980年改16毫米放映机)。公社放映队均在各村巡回放映,每村每月轮流放映2~3场,每场放映2部影片,经费由村集体支付。在毛洋周创办富强隧道窑厂。新建大队缸厂因洪水影响亏本。11月,根据邓小平同志关于在各方面实行整顿的指示,全地区开始全面整顿。是年,白泉镇十字路出土新石器时代文物。

1976年

1月8日,周恩来总理逝世。干部、群众自发集会悼念。7月1日,持续7小时的暴雨冲垮了多处溪坑坎,洞桥头住宅被淹,居民被迫撤离。7月6日,朱德委员长去世。干部、群众自发集会悼念。9月9日,毛泽东主席逝世,18日万人到白泉集会收听北京追悼会实况广播。10月23日,全镇群众集会游行,庆祝党中央粉碎"四人帮"。在弄口建770平方米二层教学楼,皋洩一中迁入新址,皋洩二中初三段并入,1983年8月,中小学体制分设,皋洩一中易名为"定海县皋洩乡初级中学"。定海副食品公司与富强大队签订杨梅采购协议,当年采购2000担,分甲、乙、丙和等外级4级。

1977年

8月16日,成立舟山地区招生领导小组,大中专院校恢复招生考试制度。8月,舟山地震台在定海东湾建成。12月,全地区开展"一批双打"(揭批江青反革命集团,打击贪污盗窃,打击投机倒把),联系实际,清查与江青反革命集团阴谋活动有牵连的人和事。

1978年

1月,白泉、皋洩2公社合并为白泉公社(1979年4月又分为2社)。农业学大寨运动中,改建弄口至上弄大溪坑一条,同时建成沿溪公路。童家园在平整土地挖河时,发现有古船桅杆。

1979年

年初,富强大队在大尖头山岗上开山整地发展30亩新茶园。4月,军民联防单位驻军汽车修理所和皋洩公社弄口大队互相支援,共同攻关,解决了弄口大队五金厂生产汽车车厢板螺丝帽浇铸模子的技术难题。11月,富强大队党支部在全县林牧业工作会议上作"林业有位置,旧貌换新颜"的经验介绍。当年,引进推广农用地膜覆盖技术。

1980年

全国联产承包责任制迅速发展,推动了"包产到户""包干到户"。皋泄中心小学舒芬萍老师被评为"全国学赖宁活动优秀指导老师",学生王方鹏分别获"全国好儿童""全国学赖宁先进队员"称号。富强山林队从兰溪引进乌柏良种。新建大队开展群众性农业科学实验活动,大力推广番薯藤越冬作种新技术获得了成功,皋泄公社组织全社各大队干部到新建大队参观了番薯藤育苗现场。富强大队茶园办兔场,既增加了集体收入,又为茶园增积了肥料。11月,富强大队牧场在全县三级干部会议作"责任到人办场两年,扭亏转盈超过四千"的经验介绍。9月,富强大队党支部在县委工作会议作"发挥山林优势,建设富裕农村"的典型发言。

1981年

全面建立农村土地家庭联产承包责任制。自1972年底始建的庙后庄水库全部竣工,蓄水量为30万立方米。白泉供销合作社皋泄生产资料门市部在弄口成立。

1982年

2月,和平大队青龙山发现北宋古窑址。2月18日,开始落实去台湾人员家属政策。3月6～16日,开展义务植树突击周活动。3月,全地区开展第一个文明礼貌月活动,重点治理"脏、乱、差"。

1983年

农村经济体制改革,合作医疗解体,"赤脚医生"经甄别考试改称"乡村医生";医疗站由乡村医生承包,改称乡村保健站或卫生站,自负盈亏,社员看病自费。由新建大队与区教育局共同出资,在新建大队村中心地段糖坊里,建成三层楼新建小学,后改为皋泄小学。7月,地区林科所副研究员宋孜光会同白泉林科员对皋泄杨梅资源进行调查研究,研究成果载《中国杨梅志》。富强村张杏梅被授予全国"三八红旗手"称号。是年,中共定海县委在皋泄乡进行政社分设试点。5月,皋泄公社富强大队第十七生产队社员方阿合在承包地出土一罐古钱币,计2500余枚,3枚"乾元重宝",余皆"开元通宝",部分钱背有月纹、指甲纹,内5枚钱孔呈八角状、梅花状,极罕见。"定海县皋泄公社弄口农机修配厂"重新开业。

1984年

皋泄恢复乡政权建置,原生产大队建制被撤销,改建皋泄村、富强村、弄口村,各村实行联产承包责任制。当年推行新经济联合体,鼓励发展农村工商业,如皋泄大队袁善良和周信忠联户开办皮蛋加工厂,富强大队陈恒天等四农民联办"益民"李子加工厂。当年,国家允许农民自带口粮在城市务工,允许农民进入集镇落户,乡镇企业开始起步。

1985年

取消粮食统购统销,实行议价收购粮食。是年,皋泄中心小学体育达标率达90%以上,被评为全省达标先进集体。弄口村王忠财开办家庭织袜厂生产市场畅销的丙尼毛巾袜。皋泄乡新建村养鸭专业户王国富从温州采购多功能电子捕鼠器,8天捕鼠400只,帮助洋岙乡饲料厂3小时捕鼠120多只,促动舟山电讯器材厂及时仿制。毛底陈陈氏发起重修宗祠,于1991年完工。

1986年

5月22日,皋泄乡童家园退休工人张玉文家3间平屋火灾,县皮革总厂组织捐款近500元帮助其渡过难关。当年,杨梅树出现产果后大批死亡现象,定海县科委拨出专门科研经费组织科技人员进行攻关。12月20日,皋泄乡科协组织养菇专业户一行八人,赴杭州、富阳考察、学习当地食用菌生产形成产供销"一条龙"的经验,并引进食用菌良种和先进栽培技术,村养菇户发展到40余家,成了全县有名的"平菇村"。皋泄中学分部合并到本部,驻军将毛洋周某部大礼堂借给学校,帮助解决100多名学生住宿问题。

1987年

2月,皋泄村幼儿园开园。7月成立皋泄杨梅协会。10月,以皋泄工程队为基础组建的皋泄建筑工程公司宣告成立,皋泄第二砖瓦厂成立。周根年等村民从象山引入两三千株草莓苗,试种草莓成功,并开始大面积推广。皋泄乡富强橘场在市首届早熟柑橘品质评比会获三等奖。当年,皋泄村支部书记朱大阔为早日启动东皋岭隧道建设,奔走于市、区各有关部门。

1988年

全国实施"菜篮子"工程。1月,成立皋泄食用菌协会。8月,浙江省人民政府命名金山、金星、浪西、万寿、爱国、新建(皋泄)、富强、和平、弄口、潮面村为革命老区村,命名皋泄乡为革命老区乡。受多种因素影响,花木市场上出现了罕见滑坡,办苗圃已有15年历史的富强苗圃,销售额也只有1987年的20%。

1989年

皋泄初级中学试行毕业生"3+X"分流教育,开设杨梅果木栽培技术、食用菌栽培技术、土木建筑制图基础知识等,每届培训半年。村民王胜利在富强村创办富强胶塑制品厂。皋泄乡中心小学四年级学生王方鹏,在全国好儿童评选活动中获"好儿童勤俭奖"。皋泄村党支自1988年10月整顿改选后,村级副业蒸蒸日上,人均收入在全乡7个自然村中名列前茅,被评为定海区先进党支部。

1990年

1月,皋泄村农民朱阿最获准赴台探病,是台湾当局放宽赴台奔丧、探病限制后,我市首批赴台的公民。村民在弄口创办弄口预制场。弄口村开办定海康福电子玩具厂。创办皋泄农机厂,后改上海压缩机厂配件经营公司定海联营厂。皋泄乡设邮电所,结束了邮政业务需到其他乡镇中转办理的历史。1988年6月受过《人民日报》《舟山日报》批评的参赌严重的部分皋泄村妇女,经教育学习,已革除赌博恶习,积极参加"三学三比"活动。皋泄乡新建村几位农民反映在长岗山上发现野猪。

1991年

4月,皋泄乡科协被评为省农村科普工作先进集体,富强村人周国钧时任乡科协主席。皋泄村办公大楼落成。富强村成人学校和定海区科委联合,创办农业大学函授果木班,58名学员全部结业。富强村周信阳主动辞去企业领导的职务,自学农技植保知识和兽医专业知识,筹资开办了农技知识咨询和农资供应服务站。

1992年

2月,富强村投资4万元在童家园前面建成一条用水泥浇面的1000米排灌渠道,安家在富强村的皋泄乡离休干部、共产党员丁建福每天和大家一道参加挖河治水劳动。4月,富强村新建科技活动室,是全市第一家村级科技活动室。6月,皋泄乡撤销,辖区并入白泉镇。10月1日,各村组织队伍参加规模盛大的白泉振兴会游行活动。朱缀绒获省"三八"红旗手称号。定海区教委授予皋泄初级中学"文明学校"称号,1992年起,连续3年创初中六科会考合格率全区第一。12月,建办"白泉镇弄口村营山轧石场"。

1993年

2月,舟山市民政局根据撤区、扩镇、并乡后的境域变化情况,提请省民政厅批准,重新认定白泉镇为革命老区(乡)镇。7月3~5日,定海区政府在白泉举行首届杨梅节。7月4日祖籍皋泄村的香港恒富地产代理公司洪全福先生向定海区人民政府递交"独资开发东皋岭隧道申请书",决定投资1200万元独资开发东皋岭隧道。8月,驻军"洛阳营""炮营"等每天派出70多名官兵来到皋泄村,帮助平整还耕早年因窑厂取土而荒芜的20亩水稻田。是年,省人民政府命名富强村为"星火示范村"。村民朱梅素开办本村第一家私营服装加工厂。村民周国汉在毛洋周创办腾达制衣厂。村民集资重修日照禅寺、茅洋庵、唐梓庙。庙后庄庄氏宗祠重修。美籍华人周秀文先生捐资6万元修建毛洋周路,周国钧董其事。是年,国家建立粮食收购保护价制度。当年,俗称"宝川文旦"改名为"宫宝文旦",第二次在全市柚类评比中夺冠,

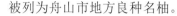

被列为舟山市地方良种名柚。

1994 年

1月,皋泄村老年协会朱寅昌、朱应德组织了20多人的老年文艺演出队,队员绝大多数都在20世纪70年代当过村文宣队员。皋泄村建立起全区第一个农村妇女"三学三比"示范基地。10月下旬,松材线虫病蔓延。村民集资重修万寿庵,参与重修和平村高庙。是年,毛洋周建成富强水果蔬菜集散市场,投资11万元,占地1650平方米,玻璃钢栅架1440平方米。村民舒和平在弄口村创办天元色织厂。白泉镇投资50万元,在皋泄、弄口、潮面3村建立市一线蔬菜基地1350亩,在富强村建立二线蔬菜基地1000亩,发展钢架塑料大棚180只,竹材大棚20只。

1995 年

朱缀绒被中共舟山市委、市政府评为"舟山市十大杰出女性"。1月15日,是日零时起,全市启用统一新长途区号0580,电话号码同时由6位升7位。9月30日完成第二轮农村土地家庭联产承包责任制,村经济合作社统一。

1996 年

8月3日,皋泄村农贸集运菜场正式投入使用,是我市第一个村级农贸集运蔬菜专用市场。皋泄村进一步调整"联产承包责任制",上洋田全面丈量后,承包到户经营,下洋田实行存档流转,由集体统管,分租给蔬菜专业户,租金按存档人口分配。富强、弄口2村全面丈量后,承包到户经营。日照寺当年重建,该寺原称东皋岭庵或日照庵,20世纪40年代重修称寺,2002年扩建。

1997 年

3月,皋泄村列入省级现代农业示范园区试点。6月16日,全省市(地)计生协会会长会议在皋泄村召开现场会,中国计生协会常务副会长刘汉彬等领导观看了村计生协会会员表演的《计生协会好》等文艺节目,并顶着烈日上山参观了皋泄村计生协会创办的文旦基地,向皋泄村计生协会赠送了题词条幅。皋泄村当年村民人均收入2549元,被区政府命名为"小康村"。皋泄香柚荣获省柑橘类评比二等奖。白泉镇投资150万元,完成年可利用水量达20万吨的皋泄冷潭地下水开发工程,日出水量达2000余吨,解决全镇总用水量的三分之一。

1998 年

11月,晚稻杨梅注册了"普陀山"牌,被省政府评为浙江省优质农产品金奖。全国绿化委员会授予皋泄村"全国造林绿化千佳村"。浙江省计划生育协会授予皋泄村"计划生育百佳协会"。皋泄香柚荣获省首届优质农产品展销会银奖。由定海区农经委、定海区白泉镇皋泄村共同承担的"皋泄香柚良种资源开发研究"科研项目,通过市科委组织的专家评审。当年,国家实行村务公开和民主管理制度,大规模发展节水灌溉。

1999年

4月,作为全区试点,皋泄村直选村委会主任,朱云业和王伟康参选,朱云业以1124票多数票再次当选新一届村委会主任。当年,杨梅丰收,在张本岙的山坡上,村民在杨梅树下"抬杨梅",一株有10多年树龄的杨梅采摘权最终被村民潘林山以205元高价获得。

2000年

在区农林部门指导下,组织实施了皋泄香柚系列标准化生产技术,《皋泄香柚》地方标准通过省审定。9月,开展"尊老赡养"行动,以村民小组为单位,挨家挨户动员子女与老人签订养老协议,村验收评议小组逐户逐项检查协议实施情况,召开评议会,并通过广播通报"孝敬户"名单且张榜公布,村民敬老尊老蔚然成风。被总政治部评为"全军先进电影组"的73235部队电影组,每月免费为驻地的皋泄中、小学各放映电影两场。10月29日,市重点工程——东湾至皋泄公路工程正式开工,皋泄村村民积极主动配合并为工程建设捐款38万元。

2001年

皋泄晚稻杨梅通过实施标准化生产,打响了品牌,有人到北京试销,每500克卖到50元。8月23日,千荷实验学校在原定海皋泄中学奠基兴建,该校是我省第一所全免费义务教育公办民助学校,由市政府主办,市教育局主管,专为解决全市家庭经济收入在最低生活保障线以下的学龄儿童少年完成九年制义务教育而建,在校就读的学生免缴学杂费、书簿费、住宿费、餐费、服装费等一切直接费用。10月18日,皋泄村党支部书记朱缀绒在规划香柚基地途中遭遇车祸,不幸因公殉职。出殡之日,1500多人为她送行。12月1日,东皋岭隧道毛洞贯通。12月28日,由省委宣传部牵头,7家省级新闻媒体组成的联合采访团,到村采访"山村好支书"朱缀绒同志的先进事迹。同月,在中国浙江国际农业博览会上,海宁硖石镇求购皋泄香柚苗木2000株;经政协定海工委牵线搭桥,凝结着"山村好支书"朱缀绒生前无数心血的皋泄香柚进入浙江天天惠定海千岛超市。中国加入世界贸易组织(WTO)。

2002年

1月10日,全国启动退耕还林工程。第一条东皋岭隧道建成通车。第二届浙江省马寅初人口奖遴选委员会授予朱缀绒马寅初人口奖特别荣誉奖。东皋岭日照寺被批准为对外开放的佛教活动场所,并建成长岗山森林公园风景区。3月,中共定海区委在皋泄村建立朱缀绒先进事迹陈列馆,成立爱国主义教育基地,她的事迹成为

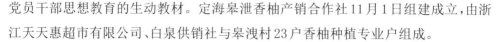

党员干部思想教育的生动教材。定海皋泄香柚产销合作社11月1日组建成立,由浙江天天惠超市有限公司、白泉供销社与皋洩村23户香柚种植专业户组成。

2003年

皋洩中心小学被撤销,原在校学生全部到白泉中心小学求读。9月30日73省道定海至西码头公路建成通车。工程全长12千米,总投资8300万元。"普陀山"牌晚稻杨梅和皋泄香柚通过省级无公害基地、绿色农产品认证。7月,白泉镇杨梅专业合作社选送的"普陀山"牌晚稻杨梅经省农业厅组织的专家评审,被授予"浙江省精品杨梅"称号。11月,在省农业博览会上,皋泄香柚获银奖。持续高温少雨、发生严重干旱,全区梅雨量比历年减少六至八成,定海遭受了50年一遇的特大干旱,全年降雨量仅为806.2毫米。皋洩香柚产销合作社至2003年末,有社员37户,股金3.23万元(其中供销社参股4户,股金1.3万元),种植基地面积1150亩。2003年实现产值50万元,净利5万元,助农增收4万元,带动当地农户280户,带动产值约200万元。皋洩村党支部2003年被评为区先进基层党组织。国家管网岙山输油站岙册线经过,各村积极配合。

2004年

5月19日,浙江省委副书记乔传秀到白泉调研农村基层组织"先锋工程"建设,走访皋洩村"三培养"对象王伟康,并与基层干部群众进行面对面交流。当年有9个台风、1个热带风暴、1个热带低压影响舟山,比常年偏多7个,比2003年偏多5个,为历年来台风影响最频繁的一年。是年,继续干旱少雨,梅汛、台汛均无大范围强降水,导致继2003年50年一遇严重干旱后又一个特大干旱年,为历史上所少见。外来物种加拿大"一枝黄花"的大面积繁殖,10月底开展集中剿灭工作。当年,国家确立进入"以工促农,以城带乡"发展新阶段,启动实施农村劳动力转移培训"阳光工程",舟山启动"暖人心、促发展"工程。皋洩村被命名为"浙江省科普示范村",列为省"千村示范、万村整治"村、市"生育文化示范村",皋洩村支部被评为区先进基层党组织,庄忠凯评为区优秀共产党员,王伟康评为区先进生产(工作)者,金正飞家庭为第二批定海区文化示范户。当年,完成第二轮土地承包工作,打支岙水库除险加固,换发第二代居民身份证并实现网上户口迁移,皋洩村殡葬火化率100%,皋洩小学撤并入白泉中心小学。

2005年

年初,按照定海区委的统一部署和要求,开展以实践"三个代表"为主要内容的保持共产党员先进性教育活动。5月1日,《定海区新型农渔村合作医疗制度管理办法(试行)》正式实施。《办法》实行个人缴费、集体扶持和政府资助相结合的筹资机制,人均筹资48元(各级政府补助28元,村集体资助及个人缴费20元),其中无力参加新型合作医疗的农村五保户、低保户由区政府代缴个人基金。新型渔农村社区建立,按照区委、区政府《关于建立农渔村新型社区的实施意见》(定委〔2005〕8号)文件精神,6月底完成皋洩、富强、弄口3村合建皋泄社区,并选聘产生了社区领导班子和社区工作人员。7月起,开展"文明家庭"评审、"以奖代保金"发放等工作,老年农民领到每月30元的"以奖代保"金,进一步激发了农民参与新社区建设的热情。9月,舟山市泉芽蔬菜食品有限公司成立,主要经营豆芽生产、销售,改善了本地小作坊生产的食品安全隐患。弄口村营山轧石厂废弃矿山完成复绿治理工作。农渔村新型社区文化健身设施建设成为一大亮点,皋泄社区新安装全民健身路径,兴建文体活动中心。全国启动农村安全饮水工程建设。被命名为"浙江省科普示范村"。

2006年

1月1日,我国全面取消农业税。皋泄社区被中共浙江省委、省人民政府命名为"文明村"。皋泄社区被舟山市绿化委员会命名为"绿化示范社区"。1月26日,起于弄口村的市重点工程白沈线公路建成通车。打支岙水库加固工程通过验收,秧田弄水库除险加固工程进入施工阶段。5月21日,在白泉中心小学操场举办"建设新农村"农民运动会,全镇9个社区(村)均组织代表队参加。9月下旬,举行"迎国庆、建社区"文艺巡演活动,分别在全镇各社区进行巡回演出,文艺节目全部由9个社区的农民、机关干部及幼儿园的师生们自编自导自演。皋泄无公害蔬菜示范基地的上市蔬菜加贴"白泉镇无公害蔬菜基地"标识。

2007年

1月9日,皋泄社区皋泄村被评为省级"文明村镇"。1月25日,市委通报表彰皋泄社区党总支为"渔农村党员联系和服务群众工作先进基层党组织"。7月24日,区委命名朱缀绒先进事迹陈列馆为首批"党员教育基地"。实施"小康社区"创建工程,11月被中共舟山市委、市人民政府命名为"舟山市小康建设示范村"。皋泄社区入选省级"村庄整治示范村"。白泉镇投资对秧田岙水库除险加固。国家将农村义务教育全面纳入公共财政保障范围,并启动政策性农业保险补贴机制。全村居民全部用上自来水。

2008年

1月,皋泄社区被省委、省政府命名为浙江省第五批"全面小康建设示范村"。5月,定海—镇海"山海协作工程"对接仪式举行,皋泄社区列入"百村经济发展促进计划"活动帮扶项目1项,各自然村全部安装路灯。6月,定海被中国经济林协会命名为"中国晚稻杨梅之乡"。白泉镇投资改建皋泄社区农贸市场,完成农村饮用水工程,秧田岙、毛洋周水库除险加固竣工。配合完成舟白线110kV电网线路铁塔塔基建设、73省道东皋岭段拓宽工程等政策处理相关工作。国家启动农村危房改造。

2009年

继续实施"千村示范、万村整治"工程,结合全市创建国家卫生城市工作,清理露天粪缸、改造垃圾箱、清除垃圾,村民创卫意识日渐提高。通过文艺骨干带动,广场舞进入农村。7月22日上午,境内发生罕见的日全食,这是自1814年以来国内可看到的持续时间最长的一次日全食。8月,定海区率先在全市开通"12345"区长服务热线。12月,历经10年建设的舟山跨海大桥通车,舟山进入大桥时代。完成毛底陈山塘的除险加固。白泉镇出台关爱基金制度,使社区(村)未进入社保的老干部老有所养。10月16日,经多部门和热心人士接力合作,3次寻访故地故人的原国民党老兵游子萍到弄口村祖堂祭拜干姐翁月仙。村民筹资重修定香庵。国家全面推进集体林权制度改革,开展新型农村社会养老保险试点工作。

2010年

大桥沿线社区擂台赛,皋泄社区获评"舟山环境优美社区"。庙后庄水库除险加固工程完工。8月27日,在白泉中心小学操场举办"唱响定海•家家通杯白泉赛区魅力网格才艺PK大赛"。皋泄社区史小国评为区级年度先进(生产)者。全面完成省林业厅现代农业项目——定海区精品皋泄香柚示范基地建设。当年,藏经寺重修完工。

2011年

6月30日,国务院正式批准设立浙江舟山群岛新区。8月,省农业厅厅长史济锡一行到定海调研省级现代农业园区、粮食功能区和蔬菜基地"两区一基地"建设工作。皋泄张夹岙小公园、弄口村小公园、里王小公园建设全部完成,毛洋周公园建设完成90%。贾施岙水库除险加固工程完工。泗洲灵感庙重建完工,该庙原供"泗洲大圣",为路边小庙,20世纪50年代修路时拆毁。社区被评为2011年度白泉镇"支持发展"先进集体、区级第三批农渔村文明和谐新社区、区级建设"平安定海"年度平安社区、舟山市第五批渔农村小康社区。

2012年

2月23日上午,浙江省委常委、省委宣传部部长茅临生到皋泄社区调研,走访4户村民,并与社区干部、老党员、养殖户代表、大学生村官等进行座谈。10月,皋泄社区集聚小区工程稳步开展。按照"一个社区一个站点"标准,设立建筑垃圾社区统一堆放点,环卫所每隔1~2日将建筑垃圾清运至镇建筑垃圾堆放处进行集中处理。富强"森林村庄"创建通过市级验收。社区被评为白泉镇2012年度先进集体,建设

"平安定海"年度平安社区。

2013年

配合完成329国道至富强唐高岭段燃气管网工程联网建设和73省道白泉段改建工程。皋泄村级农居集聚点规划明确。中石化皋泄加油站通过竣工验收。东皋岭海防执勤道路列入省海防办2013年度海防基础设施建设项目。区政府同意贾施岙宕渣场工程性开采。皋泄社区被评为市级特色社区。5月,市地名办将因附近山上多坟墓而得名的坟家岙(坟夹岙)更名为"文家岙",修建于20世纪60年代的东皋岭下山塘加固完工。6月,舟山粮得丰米业有限公司(舟山市和粒粮油批发市场)落户弄口,镇海庄氏宗亲组团到皋泄庙后庄寻亲访友。村妇联获"浙江省先进妇女组织"荣誉称号。

2014年

当年,深入开展党的群众路线教育实践活动,实施"五水共治""三改一拆",完成全国第六次人口普查。村级组织换届工作完成,村党组织选举采取"两推一选"方式进行,村委会选举为"自荐直选"方式。11月,村民通过"一事一议"修建的夹山、东皋岭道路完工。获评为2014年度定海区平安社区(村)。

2015年

2月12日,藏经寺所在地山林发生大火,过火面积50余亩。6月,完成集体经济股改,皋泄、弄口、富强分别成立股份经济合作社。10月,完成朱家村道建设;市委副书记徐旭调研大学生村官创业项目——白泉镇皋泄村网创服务驿站,是定海区首家农村网创服务驿站,达成初步入驻协议的企业和商户14家,主要提供电商代购、果蔬进城、便民服务、创业孵化四大功能,月销香柚3500公斤。皋泄段生态廊道建设基本完成施工。岙里岙、九月酒休闲农庄分别被认定为区三、四星级渔农家乐。被市爱卫会命名(重新确认)为"舟山市卫生村",2015年度定海区平安社区(村)。王裕松、苏金朗被评为全区"百名优秀村民代表"。白泉镇皋泄社区刘刚获评2015年度浙江省"新农渔村工作优秀指导员"。全国打响扶贫攻坚战。

2016年

皋泄网创驿站累计销售香柚、草莓、晚稻杨梅等各类农产品30000余公斤。2月18日,团省委副书记朱林森到皋泄村网创服务驿站调研。2月24日,成立皋泄社区美丽家园共建理事会。皋泄社区做试点开展网上"妇女微议事"工作。8月,完成张本岙村道建设。11月,朱应德主编的《古今皋泄》内部刊印。皋泄社区开展农村生活垃圾分类收集处理试点工作。329国道舟山岑白段工程白泉组政策处理工作正式启动。全面划定永久基本农田。被评为"2016年度定海区社会工作先进社区""2016

年度定海区优秀社会组织"。

2017年

4月28日,白泉镇开展以"水体清淤、环境清洁"为主题的剿劣集中大行动,主要针对皋泄支河河面漂浮物、河岸垃圾及河底淤泥等进行清理。侯富光等区领导带头,与镇党员干部、部队官兵、青年志愿者、巾帼护河志愿者近200人参与该次剿劣行动。5月,毛底陈海防执勤道路完工。配合保障大东岱岗隧道白泉段、竹尖岗隧道及金林便道的施工建设,金林便道隧道于11月底顺利贯通。顺利完成2017年社区组织换届工作、剿灭劣Ⅴ类水和"两非"车辆(非法营运、非法上路的车辆)整治行动。组建皋泄社区党员义务联防队。8月,后山引进王良红的舟山市定海皋泄呑农家乐有限公司。10月,建成上袁村道。国家全面实施信息进村入户工程。村党组织获"2017年定海区先进基层党组织"称号,被评为"2017年度定海区社会工作先进社区"。

2018年

3月8日,省委宣传部副部长王四清带队到白泉镇调研农村文化礼堂建设,参观皋泄文化礼堂的文化长廊、公民素质讲习所,以及市级爱国主义教育基地朱缀绒先进事迹陈列馆。4月,村民庄红伟患重症因病致贫,左邻右舍和社会各界爱心人士捐款20余万元。6月,苏明英参加中国共产主义青年团第十八次全国代表大会。9月,庙后庄村道建成。是年,由舟山市商贸集团提供园区,与皋泄社区结对推进"皋泄网创服驿站升级项目",计划建立农业产业园区、创业青年仓库、杨梅酒生产区以及大型停车场,将在园区内经营明清式传统民宿和农家乐。打造了皋泄社区"GPS"特色党建阵地。同年,朱氏宗祠、苏氏宗祠相继重修完工。国家设立并举办"中国农民丰收节"。

2019年

在全市社区村体制改革完善工作中,皋泄社区改为皋洩村,原皋泄、富强、弄口3个村股份合作社合并。开展"不忘初心、牢记使命"主题教育。深入推进全国文明城市创建,推进农村"厕所革命"和垃圾分类。大棚房问题专项清理和违建别墅清查整治完成。毛洋周至出海口段综合治理等水利工程完成建设。G329鸭蛋山至皋泄段大中修工程实施,加铺5厘米沥青混凝土,并完善沿线附属设施。成功创建省级美丽宜居示范村。完成皋泄村庄规划编制。串联文化礼堂、朱缀绒先进事迹陈列馆、新风公园和党员先锋林等点位,在皋泄村打造长约500米的"新时代文明实践风景线",展陈优秀家风家训,宣扬社会主义核心价值观和新时代雷锋精神。是年,台风"利奇马""米娜"相继侵袭,农田受灾较重。

2020年

1月12日晚上,于皋泄文化礼堂开展了"我们的中国梦——文化进万家"2020我们的村晚活动,营造出传统节日欢乐喜庆的文化氛围,也增强了邻里之间的感情。6月,皋泄村村级电子商务园——青年筑梦空间开园,并向本村以及全区农产品电商等企业发出"招募令"。8月24日~9月4日,区委巡察组对皋泄村进行巡察。村级组织完成换届,由3年一届改为5年一届,同时实现书记、主任、董事长"一肩挑"。作为2020浙江定海美丽乡村周配套活动之一,皋泄村举行了白泉名特优农产品对接展销会,深受游客欢迎,还通过本地网红现场直播的方式进行品牌推广和销售。皋泄村文化礼堂被省委宣传部、省农村文化礼堂建设工作领导小组办公室验收为五星级农村文化礼堂。派自市纪委市监委驻市发改委纪检监察组的胡海涛获评"2020年度市级优秀渔农村工作指导员"。12月,获"舟山市民主法治村""舟山市市级文明村"称号。继续深入开展新型冠状病毒疫情防控。

2021年

2月22日下午,贾施吞水库东侧森林发生火灾。7月,受强台风"烟花"影响,村党委排摸统计后,在村里设立了3个果蔬收购点,借助"海山农汇"电商平台,帮助农户销售西瓜近6000斤、桃子2000余斤。皋泄村入选2021年度舟山市清廉村居示范点。7月1日,朱缀绒先进事迹陈列馆重新开馆。9月,浙江省农播(舟农先锋)示范基地定海白泉皋泄示范点"朱缀绒"党建直播间成立。9月14日,14号台风"灿都"逼近,"东海渔嫂"分头行动,开展入户通知、危房排查、人员转移等防台工作。继续深入开展新型冠状病毒疫情防控。乡贤王良红、胡继承、周静军、郑英华等筹款10余万元捐建后山路。兴建村便民服务中心。

2022年

稠州银行舟山分行在白泉镇皋泄村委设立首个普惠金融服务点,让广大村民足不出村即可办理小额现金支取、活期定期互转、余额查询、转账汇款等业务。1月21日,皋泄村乡贤年终会上,乡贤纷纷表态,要以乡土乡情为纽带,"组织起来、活动起来、作用发挥出来",为皋泄及白泉发展做出新的更大贡献。5月,被定海区委授予"年度模范集体"称号。7月1日,区委书记侯富光看望老党员朱应德,他对朱应德、朱缀绒兄妹俩"一心为民"的崇高精神表示敬意。7月,外山头村道建成。继续深入开展新型冠状病毒疫情防控。11月,获评为"浙江省卫生村"。

第一章　历史沿革

第一节　建置沿革

　　春秋战国时期,舟山历属越国、吴国、越国(勾践复国)、楚国,称"甬东"(甬江之东),又喻称"海中洲";秦、汉、唐初时舟山属鄮县,皋泄建置不明。唐开元二十六年(738)始以舟山置明州翁山县,下设富都、安期、蓬莱3乡,皋泄属富都乡。至唐天宝元年(742),改明州为余姚郡,乾元二年(759)复改余姚郡为明州,翁山县属之。

宋宝庆《昌国县志》昌国县境图

　　唐上元间台州大疫,死绝户田赋分摊各户。宝应元年(762),官府征收天宝十三年(754)至上元二年(761)所欠租调,引发民众抵抗。袁晁奉命捕捉,因同情农民,遭鞭背刑罚。同年八月,率众在唐兴县(今浙江天台)起义,攻占台州,建号宝胜。"民疲于赋敛者多归之",连克衢州、越州、明州等地,又取温州、处州、信州(江西上饶),占领浙东、浙西广大地域。江西、皖南农民纷起响应,拥众近20万,成为唐中叶规模最大的农民起义。在翁山建立水军基地,自海路进入长江,攻克江阴,占据江东。宝应二年(763)四月,袁晁在唐兴石垒寨(今天台关岭)战败被俘,送到长安后被杀。袁晁起义作为唐代中叶最大的一次农民起义,对统治者的震撼和对社会的影响是巨大的,间接导致翁山县于唐大历六年(771)被废,皋泄随富都乡入鄮县。

　　唐末割据浙江的钱镠建立吴越国,定都杭州。吴越国先后尊后梁、后唐、后晋、后汉、后周和北宋等中原王朝为正朔,并且接受其册封。后梁开平三年(909),为避朱温曾祖父朱茂琳的名讳,钱镠改鄮县为鄞县,皋泄属之。北宋熙宁六年(1073),应原鄮县令王安石奏,析鄮县之富都、安期、蓬莱三乡,以废翁山县重建县治,"意其东控日本,北接登莱,南亘瓯闽,西通吴会,实海中之巨障,足以昌壮国势焉",定名为昌国县,皋泄属昌国县富都乡鼓吹里。南宋庆元元年(1194)升明州为庆元府,昌国县属之。南宋德祐二年、景炎元年,即元至元十三年(1276),元将哈剌觞提师压境,昌国县归附元朝,皋泄属之。至元十五年(1278)升昌国县为州,属富都乡鼓吹里,皋泄地可能为《大德昌国州图志》所载的东茅洋岙、水泉岙、西湖岙地方。

　　明洪武元年(1368),随着割据浙江的元末第一位义军领袖方国珍走投无路投降朱元璋,舟山进入明朝的版图,次年即改昌国州为县。明洪武十九年(1386),汤和奉

天启《舟山志》局部,其中茅洋岙即现富强毛洋周区域

命整治东南沿海防务,说舟山"悬居海岛,易生寇盗",主张"清野之策,而墟其地",奏请遣徙昌国46岛居民入内地,朝廷准其奏。洪武二十年(1387),朱元璋以沿海一带倭患猖獗,地处海中洲的昌国县成为倭寇的跳板和基地,而实施严厉的海禁政策,先徙秀山、岱山、兰山、剑山、金塘"五山"之民入安徽凤阳或入籍当地卫所当兵,再徙舟山本岛居民,废昌国县,徙昌国卫于象山县南天门山。紫微岙(今双桥镇狭门村)人王国祚目睹民逃兵追、打杀焚屋惨状,与弟进京敲"登闻鼓"告御状,面见朱元璋力陈居民内迁之弊,"昌国乃内陆之屏障,守昌国,内陆安,不如留居民且耕且守,团练自保",朱元璋允奏,"看得尔处有好田好地,许尔等搭屋居住,看守犁耙,贼人登岸,自备枪刀,杀了来说,随获赏劳",经再三周折,终使舟山本岛尚存8805人留居故乡,皋泄村民等500余户得以留存。皋泄随富都乡属定海县(现镇海县)管辖。

明崇祯十七年(1644),李自成起义军攻占北京,崇祯帝朱由检在煤山自缢。随后清兵入关,明朝宗室及文武大臣大多逃亡南方,此时淮河以南名义上仍属明朝。同年福王朱由崧监国南京,之后称帝,改元弘光。随后清军快速南下,围攻扬州,扬州城池被破。不久南京陷落,弘光帝被俘。弘光元年(清顺治二年,1645),唐王朱聿键在郑芝龙等人的拥立下,在福州称帝,改元隆武,委任割据舟山的黄斌卿为水陆官义兵马招讨总兵官,封肃虏伯、太子太师,赐尚方剑。同年,张国维、钱肃乐、李长祥等起兵浙东,拥鲁王朱以海在绍兴监国,顺治六年(1649)九月,鲁王麾下张名振袭杀黄斌卿,鲁王政权遂以舟山为复兴基地,此后,双方在舟山等地展开拉锯战。顺治八年(1651),舟山的南明鲁王政权被清廷攻克,清兵屠城,死难18000余人,史称"辛卯之难"。顺治十四年(1657)正月,宁海大将军伊尔德以舟山"不可守"为由,强令徙民,查村搜岙,见人就驱,将各岛居民尽迁内地,仅少数人逃入深山,后山周氏可能躲入深山未迁,皋泄随之成为弃地。

康熙三年(1664),随着永历帝、监国鲁王、郑成功等人相继死去,著名的抗清名将张煌言见大势已去,于象山南田的悬岙岛解散义军,隐居不出,是年被俘,后于杭州遇害,浙东沿海的海禁逐渐放松,周氏、舒氏、王氏、庄氏、陈氏陆续回迁皋泄旧地。

清康熙二十二年(1683)展复后,召民回乡开垦,开始陆续有人来此定居生息,慈溪袁氏、朱氏和鄞县张氏也于康熙年间迁入皋泄形成聚落。康熙二十七年(1688),建定海县,白泉、皋洩分别设图,皋洩岙为富都乡七图,下属蔡家、王家、洩岙、寺岙、东湖、小茅洋、闻家7岙。道光二十一年(1841),改图为庄,富都乡七图改称皋洩庄。光绪三十四年(1908)撤富都等4乡,设10个选举区,皋洩庄隶属定海厅第三选举区。宣统二年(1910)恢复乡建制,第三选举区划分三安、干览、景陶3乡,三安乡辖皋洩、白泉、北蝉。

辛亥革命后袭清制,皋洩为三安乡三区,1930年国民党在基层推行"邻闾制",5

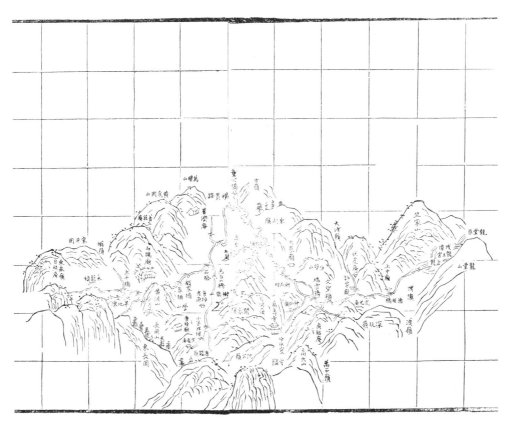

清光绪《定海厅志》皋泄庄图

户为一邻,25户为一间,百户以上设乡,不满百户者联合近邻村庄编乡,皋泄设乡,在白鹤庙置乡公所。1924年实行保甲制,10户为一甲,10甲为一保,并调整乡建制,原皋泄析为皋泄甲、皋泄乙、皋泄丙、皋泄丁4乡,弄口为第六保,皋泄为第六、七保,富强为第十、十一、十二保。1925年7月设乡镇联合办事处,白泉、皋泄属定海第一乡镇联合办事处。1939年6月,日军侵占定海城,县政府迁大榭岛,舟山本岛设东(洞岙)西(小沙)两区署,皋泄乡属东区。抗日战争胜利后,皋泄属洞岙区;1947年,皋泄与白泉乡合并为白泄乡,属定海县直辖;1949年7月,重析为白泉、皋泄2乡。

1950年定海解放后,8月人民政府宣布废除保甲制,实行区、乡、村建制,建立皋泄乡人民政府。皋泄乡属城关区,1951年改属临城区。1953年设舟山专员公署,区、乡建制又有调整,1953年由皋泄村与富强村合建皋岭乡,弄口与和平村属皋泄乡,属白泉区。1956年4月,撤白泉区,皋泄、万寿、皋岭3乡又合并为皋泄乡。1956年原皋泄村的国光、建国、国兴、新建4个初级社,合并建立新建高级农业生产合作社;弄口与和平村的初级社合并建立和平高级农业生产合作社,富强的清和、民主、永久、和平、富强等初级社合并称高级农业生产合作社。1958年10月,白泉、河东、皋洩、北蝉4乡联合建红旗人民公社,实行政社合一体制,下辖8个管理区、28个生产大队,不久改称白泉人民公社。新建合作社改称第二生产大队,后改新建大队;弄口属和平大队,1959年析设弄口大队;富强的清和社、民主社、永久社、和平社、富强社合并称富强大队,以其寓意美好而一致通过。1961年7月,白泉人民公社析为白泉、皋洩、北蝉3个公社,属皋洩公社。1962年12月,复建白泉区,随皋洩公社属之。1963年撤白泉区,皋洩公社由定海县直隶。1978年1月,白泉、皋洩合并为白泉人民公社。

十一届三中全会之后,1979年4月,白泉人民公社重析为白泉、皋洩2社,时皋洩公社下辖红卫、爱国、潮面、和平、弄口、富强、新建7个生产大队。1982年新建大队改称皋洩大队。1983年起,政社分设,恢复皋洩乡人民政府。1984年撤销生产大队建制,富强、弄口、皋洩3个大队均改称村。1987年舟山撤地建市,定海撤县改区,皋洩乡属定海区,乡政府驻和平村,皋洩、富强、弄口均属之。1988年8月,浙江省人民政府命名金山、金星、浪西、万寿、爱国、新建(皋洩)、富强、弄口、和平、潮面村为"革命老区村",命名皋洩乡为"革命老区乡"。1992年6月,舟山实行撤区、并乡、扩镇体制改革,皋洩乡并入白泉镇,镇人民政府驻繁强村,以皋洩片村管理新建、富强、弄口、和平等行政村。2005年,皋洩、富强、弄口3村合建皋泄新渔农村社区。2015年6月定海区推行农村集体经济股份制改革,皋洩、弄口、富强分别成立股份经济合作社。2019年,在全市社区村体制改革完善中,皋泄社区改为皋泄村,原皋洩、富强、弄口3个村股份经济合作社合并。

第二节　世系渊源

　　因为历代海禁和文化断层的关系,明之前皋泄当地的生活痕迹已经基本无存,仅有部分姓氏通过宗谱或地名得以留存。据《王氏宗谱》及现地名留存,有贾施岙、殷家岙、唐鉴岭、唐梓庙、童家园、翁家山、张本岙等地名,在明代王氏迁入前已经无从知晓原住户,可能正是元代及之前的贾、施、殷、唐、童、翁等姓氏家园。

　　明洪武十九年(1386),舟山居民被迁徙浙东、西各个州县,部分富裕者强制迁徙至安徽凤阳,因紫微王国祚之力,皋泄村民得以留存。目前已知的最早居民是来自奉化的舒氏,于明洪武年间在和平舒家落脚,现本村内主要在富强有分支。明成化三年(1467),皋岭王氏自镇海入赘殷家岙老屋定居,后代分迁到弄口;同时期镇海庄氏迁至庙后庄,于崇祯七年(1634)始建白鹤庙;崇祯年间鄞县陈氏迁入富强陈家。

　　清顺治十三年(1656),舟山居民再次迁徙,境内居民被驱迁所剩无几,后山周与和平顾家均有人躲入深山未迁。清康熙二十二年(1683)展复后,召民回乡开垦,始陆续有人返回或来此定居生息。舒氏、王氏、庄氏、陈氏陆续回迁旧地,慈溪袁氏迁入袁家岙(上袁)定居,安徽凤阳朱氏由慈溪迁入朱家定居,鄞县张氏也于康熙年间迁入弄口形成张家聚落。

　　乾隆年间为居民迁入的鼎盛时期,奉化张氏、鄞县王氏、鄞县周氏、慈溪魏氏、奉化唐氏、镇海周氏相继迁入富强,河南张氏、慈溪潘氏、慈溪金氏相继迁入皋泄。嘉庆年间又有宁波景氏至富强,道光年间定海夏氏、慈溪苏氏入皋泄,同治年间普陀史氏、杭州钱氏、宁波鲍氏入富强,晚至宣统年间和新中国成立前又有20余姓入村,逐步形成今天较稳定的姓氏格局。

　　据1994年对67个姓、141个点的调查,定居白泉镇的居民,74.5%来自浙东沿海各县市,其中慈溪(三北)占22%,鄞县占15.6%,镇海占14.9%,奉化占12%,宁波占10%;省内其他县市占6.4%;外省(皖晋豫闽鲁粤和黑龙江)占10.6%;祖籍不详者占8.5%。迁入白泉镇的时间,明时已定居或被徙而复回者占21.3%,康熙至雍正间来定居者占15.6%,乾隆间占31.9%,嘉庆至道光间占20.6%,咸丰至同治间占8.5%,光绪至宣统间占2.1%。皋泄村的情况与此基本相同。

皋泄村主要姓氏世系渊源表

祖籍	迁入年代	主要居地	班辈字派	备注
奉化舒氏	明洪武	富强	钧源森荧奎銮泉霖煌培象(钊)水(滋)文(荣)体(熙)顺(基)昭(钢)名(洪)瑞(榕)国(烜)华(坊)凤(铦)辉(津)扬(桴)玉(炎)宇(增)佩(钟)德(际)亨(喜)	和平村迁入。和平有《舒氏宗谱》,清道光二十六年(1846)修,编撰者不详。明洪武间源字辈从舒家乡后良街迁入,至扬字辈已22代。
镇海王氏	明成化	皋泄老屋、千姑湾、岭下王、下袁、弄口王	(老屋排行)(金玉宏),文甫元成,德明圣治,毓秀其昌,英才进甲,大志以中,忠言允法,在国观光,同家守业,令望庆长,秉心用一,敦本时宁,敬天永吉,晋殿良孚,立朝可必,性有宗恩,仁思汝聿。(弄口排行)金玉宏文,甫元成德,贤圣应期,忠良佐国,家绍远业,世传正式,惟在一心,守之有则。	谱载皋泄村(老屋)王氏与弄口村王氏排行虽有差异,实同一族。始祖金夫于明成化三年(1467)由宁郡小溪(镇海五里牌)定居东皋岭下,现传至甲字辈,已19代(皋泄有谱)。
镇海庄氏	明代	皋泄庙后庄、岭下王、糖坊	安邦定君宰,世承克绍启,圣贤功茂谦,智表喜和美,增福荣华久,富贵胜如前,嘉德宜尔守,文章达经纬。	清初被遣,展复后宰字辈自江南小港迁回,现传至荣字辈,已18代(皋泄有谱)。
鄞县陈氏	明崇祯	富强毛底陈、皋泄小山里	子百颂益绍,继世嘉大庆,良和观恒裕,维以修文行,孝昭培顺本,诗书教义方,象贤绳祖武,宗诸永安康。	子字辈明末从姜山迁入皋随毛底陈,已18代。
慈溪潘氏	清康熙	皋泄上袁、下袁、糖坊	动明臣廷,世德永昌,文星高照,名立功成,显荣乃祖,大真泉声。	动字辈上一代迁入,现传至功字辈已16代。
慈溪袁氏	清康熙	皋泄上袁、下袁、糖坊、皋岭下	世宏邦定,锡必肇盛,昌才俊汇,德行明正,元和永瑞,家国荣庆。	世字辈从慈溪东安乡迁入,现传至明字辈,已15代,皋泄村有谱。
鄞县张氏	清康熙	弄口	□□□,大其启绍,修衡立功,景贤学圣,奕世安荣,万邦元若,再振儒风,新开科第,以孝作忠,良嗣定修,历久兴隆。	大字辈上三代从四明槎潭迁入,至圣字辈,已传15代(弄口有谱)。
安徽凤阳朱氏	清康熙	皋泄朱家、夹山、张夹岙、糖坊、柿树湾、下袁、富强	三士瑞正,宁宗安定,昌明应运,继世咸盛,顺德才生,作肃起敬,治国经邦,兆和有庆,遵礼上人,教乃敦本,宜尔克行,校成大圣,巨鼎占象,家锡百祥,均守永文,嗣统如品。	自宁波瓦爿滩(慈溪市匡堰镇)迁居皋岭下。相传为明鲁王朱以海遗族,住皋泄的始祖为三字辈,现传至世字辈,已14代。水管口、万寿均有分族(皋泄有谱)。

祖籍	迁入年代	主要居地	班辈字派	备注
河南张氏	清乾隆	皋泄殷家岙、糖坊、柿树湾	明照光学松，奕和万邦，文武成行。	明字辈迁入，现传至武字辈，已11代。
鄞县周氏	清乾隆	富强，皋泄岭下王	□□□天德允良，廷献嘉言必裕世，国登硕士可安邦，惟文启学才斯振，积善传宗祚克昌。	廷字辈从姜山迁入，现传至士字辈，已11代。岭下王为清宣统从富强村毛洋周迁入，现已6代（富强有谱）。
奉化竺氏	清乾隆	富强外山头	世新炳兴万家开，宝福长行自善来。	世字辈从奉化迁潮面，后分支到此，已12代。
慈溪魏氏	清乾隆	富强	永，文行忠信，贤良方正，大清家瑞，国泰世荣。	永字辈从慈溪魏家桥迁入，已12代。
镇海周氏	清乾隆	富强、弄口	□□余元国茂登顺行□□。	从黄古岭下迁入，已11代，潮面有族人。
镇海周氏	清乾隆	皋泄洞桥头、张夹岙	汉家声光照永长□□□。	汉字辈从周龙桥迁入，现已11代。
慈溪陈氏	清乾隆	富强陈家	原有排行10辈：闻有为科祖，良森启光和。1994年续编：开宗立基业，正理行道德，学士定宪章，万世安吉祥。	闻字辈从慈溪香陈庙定居白泉河东阮郎桥，现传至开字辈，已10代（河东村有谱）。
鄞县王氏	清乾隆	富强里王、外王	孝友穆英恭，清芳成称忠。	孝字辈从姜山迁入，已10代。或称从宁波张网山（慈溪横河镇梅湖水库周边）来。
奉化张氏	清乾隆	富强	义方诸儒玉于成冠□□。	义字辈从大堰头迁入，已10代。
奉化唐氏	清乾隆	富强	信□□永世仁义□□。	信字辈迁入，现传至义字辈下两代，已10代。
慈溪金氏	清乾隆	皋泄糖坊柿树湾、下袁	国世文昌成启□□□。	国字辈迁入，已10代。
宁波景氏	清嘉庆	富强	再思启仁义礼智信□。	再字辈从北蝉迁入，已9代。
定海夏氏	清道光	皋泄苏家	国大时维尚在德，家和必定继贤良，邦际运怀世传忠，孝荣开瑞显皆逢，泰嗣裕昌，明正锡祥。	在字辈从烟墩夏家迁入，现传至贤字辈，已9代。
慈溪苏氏	清道光	皋泄苏家	成庆元祥光业□□□。	成字辈从龙山下迁入，已9代。
奉化王氏	清道光	皋泄庙后庄	□□□□□贤良方景，秉直制胜，弘德永庆，承史廉政，辅佐朝廷。	贤字辈前五代由溪口大埠迁入弄口，现传至景字辈，已9代。
普陀史氏	清同治	富强	□善知悠久□。	自大展迁入，已7代。

续表

祖籍	迁入年代	主要居地	班辈字派	备注
杭州钱氏	清同治	富强	□□□嘉伟顺。	祖籍钱王寺，嘉字辈上三代从定海迁入，已7代。
宁波鲍氏	清同治	富强	龙凤卿相，荣华富贵，国朝资治维忠孝，盛世宏谟悌圣贤。	国字辈从干览迁入，现传至忠字辈，已7代。
宁波陈氏	民国初	皋泄岭下王		原居半岭里，迁居王家，现传至5代。
奉化陈氏	民国初	皋泄庙后庄		由原居地洞桥头后迁庙后庄，现传至5代。
镇海唐氏	民国初	皋泄庙后庄		无排行，现传至5代。
镇海刘氏	民国初	皋泄千姑湾		由白泉水管口下文迁入，现传至5代。
定海曹氏	民国初	皋泄千姑湾		由定海城内土城墩迁入，现传至5代。
白氏	民国初	皋泄笆弄、下袁、柿树湾		祖籍不明，入赘笆弄袁家，现传至5代，可能是城东黄土岭白家。
镇海刘氏	民国初	皋泄糖坊		由皋泄舒家迁入，现传至4代。
慈溪徐氏	民国初	皋泄朱家		由白泉塘夹吞入居朱家，现传至4代。
鄞县王氏	民国初	皋泄糖坊	学道文忠兴显誉，荣昌行仁家有庆，良善开展延世泽，光明立志肃纲常。	誉字辈由白泉田舍王迁入，现传至行字辈已4代。
奉化孙氏	民国初	皋泄岭下王		由爱国弄堂孙迁入，现传至4代。
象山陈氏	1956年	皋泄老屋		来定打工，入赘刘家，现传至4代。
镇海赵氏	1958年	皋泄柿树湾、下袁	芳昌静培	静字辈由原城关镇迁入，现传至4代。
定海费氏	1958年	皋泄糖坊		由白泉迁入，现传至3代。
虞氏		皋泄千姑湾		不明，待考。
谢氏		富强外山头		不明，待考。
郁氏		富强外山头		不明，待考。
高氏		富强外山头		不明，待考。

第三节　姓氏分布

据2020年开展的全国第七次人口普查资料,皋泄村现有姓氏138个,其中含个别无法识别的少数民族姓氏。100人以上姓氏依次为王、陈、袁、朱、周、张、庄、舒,50～99人间姓氏为苏、魏、刘,30～49人间姓氏依次为金、唐、潘、蒋、夏、何,10～29人间依次为李、林、徐、史、叶、高、鲍、余、虞、杨、曹、景、郑、方、黄、赵、钱、洪、章、邵等姓,9人以下姓共101个。

2020年皋泄村10人以上姓氏统计分布表

姓氏	人数	排名	主要分布地
王	653	1	全村除魏家、打珠岙、小岙里、毛洋新村外基本都有,王家、苏家老屋、弄口、外王、里王相对集中。
陈	612	2	全村到处都有,陈家、毛底陈、打珠岙相对集中。
袁	349	3	集中在以袁家为中心的皋泄片。
朱	347	4	集中在以朱家为中心的皋泄片。
周	324	5	集中在以毛洋周为中心的富强片。
张	266	6	集中在弄口张黄和童家园,外山头、小岙也有分布。
庄	111	7	集中在以庙后庄为中心的皋泄片。
舒	101	8	以富强外山头为多,其他地方也多有散布。
苏	98	9	集中在以苏家老屋为中心的皋泄片。
魏	76	10	集中在魏家、毛洋周周边的富强片。
刘	72	11	以皋泄片王家和富强片魏家为中心,其他地方也有散布。
金	45	12	集中在以新建路周边为中心的皋泄片。
唐	42	13	集中在以小岙里为中心的富强片以及庙后庄。
潘	41	14	集中在以袁家为中心的皋泄片。
蒋	33	15	全村均有分布。

续表

姓氏	人数	排名	主要分布地
夏	32	16	全村均有分布。
何	30	17	全村均有分布。
李	28	18	全村均有分布。
林	26	19	全村均有分布。
徐	26	19	全村均有分布。
史	21	21	集中在以外山头为中心的富强片。
叶	21	21	全村均有分布。
高	19	23	全村均有分布,外山头为多。
鲍	19	23	全村均有分布,毛底陈为多。
余	18	25	全村均有分布。
虞	18	25	全村均有分布,王家为多。
杨	16	27	全村均有分布,皋泄片为多。
曹	16	27	全村均有分布,王家、童家园为多。
景	14	29	全村均有分布,集中在魏家。
郑	14	29	全村均有分布,弄口为多。
方	14	29	全村均有分布,毛底陈为多。
黄	14	29	全村均有分布。
赵	13	33	集中在新建。
钱	13	33	集中在毛洋周。
洪	13	33	散布。
章	11	36	全村均有分布。
邵	10	37	全村均有分布,毛洋周为主。

2020年皋泄村10人以下姓氏统计表

姓氏								人数
安	毕	崩	卞	程	柴	杜	娥	
房	樊	付	干	龚	葛	管	龚	1人
花	贺	季	廖	吕	芒	穆	欧阳	

续表

姓氏								人数
覃	阮	鲁	饶	冉	戎	芦	龙	
寿	施	盛	释	汤	汪	韦	项	
向	宣	殷	尹	尤	喻	岳	臧	
诸葛	邹							
童	瞿	祁	桂	陆	丁	钟	玉	2人
许	裘	郭	孔	田	段	常		
蔡	曾	闻	董	俞	卢	顾	姜	3人
石	任	费						
翁	竺	包	冯	戴	乐	陶	江	4人
倪	邱							
缪	沈	宋	罗	郁	谢			5人
韩	胡	吴	颜					6人
应	傅	毛						7人
马	姚							8人
孙	严	白						9人

延伸链接

皋泄朱氏祠堂、族谱及先祖古墓纪事

翁源昌

　　新修建的朱氏祠堂位于皋泄朱家最高处一山脚下。皋泄朱氏原有上下祠堂两座,下祠堂是清康熙年间朱家的先祖迁居到皋泄安身立命后所造,当时祠堂仅为两间。到了民国初期,朱氏人丁兴旺,原祠堂场地已不能够满足族人"崇宗祀祖"以及办理婚、丧、寿、喜等之用,又可能考虑到原祠堂位于朱家横路登中心地段,不方便族人扩居,于是另择本岙最高处,新建三间祠堂及两边各三间厢房,称为上祠堂。下祠堂于20世纪50年代初被当地政府分给个人,后来被拆除,上祠堂被改作粮库,故而幸存。

祠堂屋顶排列整齐的青灰色小瓦,道道瓦沟整齐划一,屋脊正中灰雕老寿星,两边雕梅兰竹菊四君子,颇具古风。檐下3间宽敞的厅堂,18扇高大锃亮的格扇门。祠堂中堂大门前置有一对石雕麒麟,正中间大门上方悬挂着用高级红木雕成的"朱氏宗祠"牌匾,匾四边雕饰"飞龙戏火球"图纹,雕工极为精细。祠内用大理石铺地,祠堂正堂神龛上方悬挂着"孝哉集誉"牌匾。据《白泉镇志》"人物"篇介绍:清道光二十年(1841),英军侵占定海,皋泄村人朱康宁合家避难于外乡,父母染疾在床,家贫如洗,既无食物充饥,又无药物疗疾,朱康宁以刈臂疗双亲,其孝行广为乡人称颂。

朱氏先祖古墓

朱氏先祖古墓至今已有300多年历史。墓碑表面有一层青苔藓,上面所刻文字还十分清晰,中刻"皇清三槐朱公之墓"八字,左为"同治七年六月",右下是"男士隆孙瑞谟瑞明瑞光"几字。坟墓除墓碑是一块石板外,不见条石等构件,简单得不能再简单,看上去就像一堆乱石。但非常难得,历经300多年整座墓竟然没坍塌,四周又有翠竹守护。细查姚道坤于1924年整理总纂的《五凤堂朱氏宗谱》,发现此墓竟是迁居皋泄朱氏之一支始祖朱三槐太公之墓。

由于朱氏前几代先祖生卒年月无考,只能根据宗谱所记的一些信息进行推断,宗谱中记载三槐太公其孙瑞光生于清康熙四十四年(1705)五月,卒于乾隆八年(1743)八月初八,于此推断三槐太公大概是在顺治末年和康熙初年之间出生(1660年前后),始迁居皋泄朱家的时间大概也就在康熙初年。此墓很有可能是朱氏第八、九代子孙重新而立,墓碑中"同治七年(1868)六月"可能就是指重新而立的时间,否则就难以解释。

皋泄朱氏迁居之谜

皋泄朱氏何时所迁?为何而迁?据1987版《定海县志•姓氏篇》说皋泄朱氏渊源:"安徽凤阳朱氏,于清顺治迁皋泄村,相传为明鲁王朱以海遗族,至'继'字辈已传13代以上。"《五凤堂朱氏宗谱》"朱氏宗谱首序"云:"溯朱氏本古祖在凤阳,大明开国太祖也,至明末时,吾微祖公移居宁波瓦爿滩,建立太庙,人丁蕃衍。至清二世康熙年,吾始祖公'三'字辈受难迁定,不知宁波祖基是何房分,亦无所考。始祖讳微公传下陆房至皋泄庄白鹤庙界居焉,建祠堂于高岭下。"

根据志书、宗谱所载以及近几年几位民间文化专家、学者的考证，再考虑从三槐太公孙瑞光清康熙四十四年（1705）这个出生年份往上推断，我以为，"朱氏宗谱首序"所言的"康熙年迁定""陆房至皋泄庄白鹤庙界居焉"，应当是皋泄朱氏迁居的一个比较能够站得住脚的时间段。即康熙初年，朱氏六兄弟（三槐公、三恩公、三贵公、三益公、三武公、三省公）迁居到定海皋泄，成为皋泄朱氏六支始祖。

至于为何看中皋泄这个"皋岭下"山坳定居，不少学者认为皋泄朱氏是明鲁王朱以海遗族，选择皋泄这个当年极为偏僻山坳就是为了避开清廷锋芒，隐姓埋名，以保朱氏皇族延续。

翻阅《五凤堂朱氏宗谱》，所载300余年族中无一人有进取科举功名的，这种特罕见的情况是否有皋泄朱氏为了隐姓埋名之因素？那个年代通过科举获取功名，走上仕途之路，这可是各氏族光宗耀祖之大事，皋泄朱氏300余年读书科举之"空白"应当有特殊的原因。

编者按：此文发表于2015年7月26日《舟山晚报》，朱家为明鲁王朱以海遗族一说只可作传说，鲁王朱以海子嗣史有明载。文中"朱迎康"应为"朱康宁"。作者是浙江国际海运职业技术学院的副教授。

延伸链接

"金子太公"的避世之地

袁 甲

上周的《舟山地理》介绍了毛洋周这个颇有历史底蕴的村子，而就在毛洋周的北面，翻过两个小山头，有个叫毛底陈的狭长山岙，几百年来，从宁波迁徙而来的陈家一直在这儿聚居。这两个地方都属于白泉皋泄的富强村，又是彼此相邻的自然村落。相比毛洋周，毛底陈少了些奇闻逸事，但多了些闲云野鹤的"避世情怀"，这一切都要从民间所传的"金子太公"开始说起……

明末，"金子太公"来此隐居避世

从电子地图上看，毛底陈在那个没有公路的年代确实是一个几乎"与世隔绝"的地方,西面背靠高大的"大岗山",山岙长而深,东面出口也与外面的山间盆地有一段距离,北面要翻过几个小山头才到皋泄村。

就是这样一块深山冷岙的地方却被陈家的"金子太公"看中了,在三四百年前,他拖家带口渡过大洋,从宁波姜山一带迁移至此。问起毛底陈的老一辈人,大都会和你说这段历史,"金子太公"原本官至四品(明朝的知府是四品官,大约是现在市长的职位),后因为明末乱世,于是有了隐居避世的念头,才来到这里。不过,"金子太公"也算是慧眼识珠,毛底陈虽然"与世隔绝",却是一块风水宝地,从山形上看,三条龙脉汇聚于此,正是福荫后代的好地方。

定居后,陈家第二代分了八房,从此开始枝繁叶茂,建起了一座祠堂。相传这祠堂与宁波宗族的祠堂是一样的形制,规模很大,堂高异常,左右厢房都是走马楼,道地正中还有一条宽2米、长10余米高出地面的石板祭道,这都彰显了"金子太公"的显赫身份。祠堂曾经一场大火,后又如旧重修,如今还能看到最初的照壁、祭道和左侧厢房的走马楼。祠堂正中是"金子太公"及其妻子身穿官服的画像,一副对联"继祖宗一脉真传克勤克俭,教子孙两行正路惟读惟耕"道出了这大户人家的文化传统。

"金子太公"是舟山特有的家族情怀

时隔近400年的世事沧桑,现在的陈家人已经说不出"金子太公"的名字,而"金子"也是后代对陈家太公尊称,并无实意。在舟山的各个村落行走探访,听到了不少家族都称自家的太公为"金子太公",白泉有,小沙有,临城也有……这事实上代表了舟山一种特有的文化现象。

舟山人大多是明清时期从浙东沿海一带移民而来的,到现在,即使是大户人家、大姓聚居的地方也只有多则三四百年,少则100多年的历史,没有大陆上的家族动辄延续上千年的脉络。经过几代人甚至十几代人的艰苦奋斗,一些家族壮大了,建立宗庙祠堂、聚居一方,大陆上的家族观念和传统逐渐回归,但在几百年的社会变革和动荡中,现在的后代大多已经无法得知最初移民而来的"太公"们的身世,唯有在祠堂中寻找一些蛛丝马迹。

因此即使是一幅画像、一块牌匾、一副对联也会给后人带来无限的遐想,各姓人家在舟山发展成为大家族后,总要在祖先身上找出一些亮点来激励后代,给"太公"们安个名号亦是非常重要。也不知"金子"的名号是从哪个家族开始的,如何会成为一些无法得知太公身世的家族对祖先的共同称呼。但有一点可以肯定,在民风淳朴的舟山,"金子"代表了一种美好的情怀,在舟山话中,"金子"是财富、权力、地位的最

"通俗"的象征,谁不想自己的祖先是一位达官贵人或是巨商富贾呢?过去的农村,人们的文化水平普遍不高,因此"金子太公"的称呼也很容易被接受。事实上,这样的家族都是值得舟山尊敬的,在舟山最是蛮荒的时候,"金子太公"们来了,而正是他们后代在舟山几百年的繁衍、奋斗才造就了一个移民城市的美好现在。

大岗上的古道连接定海

"金子太公"选了毛底陈这块宝地定居后,陈家迅速发展壮大了,这个地方也就以陈姓为名了。一条从大岗上流下的溪坑滋润了这个山岙,走进毛底陈,会找到"小桥流水人家"的意境,溪坑上的几座古桥、清代的石屋都是陈家人遵循祖训,依靠双手劳动建起的,从遗留的建筑来看,毛底陈人经历了一段并不富裕的创业时期,虽是宝地,但山岙中还是缺少耕作的农田。总不能一直窝在这里过着"避世生活",后人开始探索外界的道路,一条翻越大岗到达定海小洋岙的古道应运而生。在村子最深处的山脚旁,这条古道依然被完好地保存着。

这是条一米多宽的"石弹路",在当时也算得上"公路"级别了,小石头在中间,大石头在两边,用以区分"车道",看上去像是经过精心设计的。这条路大约建于清朝,毛底陈有了出路,再也不像地名那样"岙垛底"了,虽然翻山越岭仍是不便,但毕竟打开了一条让陈家人通往外面世界的道路。

这里有古老的柿树群

随着陈家人口逐渐增多,毛底陈已经无法容纳,边上的一个山岙"打珠岙"也进入了陈家的"版图"。在打珠岙,最为当地人称道的是陈家先人大约在150年前引进的柿子树群,一共有9棵,有三个品种:点红、方柿、铜盆柿。这个季节,仍有一些柿子挂在枝头,像是红彤彤的一片小灯笼,煞是好看。如果在柿子最多的季节来看,绝对是一道亮丽的风景。

现在生活好了,几乎没人采摘柿子了,而在150年前,陈家祖先正是为了补贴家用,利用山地,种下了这些树,100多年来,正是这些柿子为陈家人带来了不少的欢乐和收入。这些柿子曾经是当地居民的"摇钱树",最多的时候能收获四五百斤,在二三十年前,本地的柿子还是稀罕物,城里人看到了都很乐意购买。在生活条件不算好的过去,柿子几乎成了当地居民的骄傲。前人种树,后人吃果,仅从这里就能看出陈家人的智慧和勤劳,这样的家族能在这块"避世之地"生根发芽也在情理之中。

唐梓庙究竟是何意

在毛底陈还有一座古庙"唐梓庙",是富强村的民间信仰中心。这座庙始建于1787年,几经搬迁,才在这里重建。新建的庙还不到20年,但里面戏台四根柱子下的石墩还是原来的。这四个石墩,前面一对和后面一对并不一样,这里还有个故事。传说建庙时,为了体现各村都出力,毛洋周人和毛底陈人分别要制作一对石墩,并约定谁做得好就放在前面。两村人各自叫来石匠,制作过程被严格保密,立柱子那天,两地人把石头盖上红布抬到庙里,结果毛底陈人赢了,他们的石墩也就放在了前面。

不过,最让人困惑的是庙的名字,为什么叫"唐梓",当地人竟然一无所知。查阅字典发现,梓常用有三种意思:一是梓树(桑梓),二是代表制作木器的人(梓人),三是雕版印刷的木板(付梓)。梓树大多分布在长江以北,舟山不多见,因此后两种解释的可能性比较大,有可能这座庙是为了纪念一位木匠,也可能是当地发现过印刻着一些奇闻轶事的木板,不过这都是猜想了,要真正了解其本意,还需当地人的研究和解读了。

编者按:此文发表于2012年12月14日,"唐梓庙"在富强不在毛底陈。作者袁甲是舟山从事村落文史遗存保护专题的记者。

延伸链接

舟山这一家族,传说是明朝开国功臣的后人……

翁源昌

在海岛舟山,有一家族其姓氏变故以及先祖功绩,为海岛民间一大奇闻。其第二十一世举人明彝公,是抗元名臣、宋右丞相兼枢密使文天祥的妹婿;第二十三世梦延公,任青田县教授,曾是明朝开国元勋刘伯温的老师。他们的后裔在舟山主要居住在勾山蒲岙、皋泄毛洋周等地,这个家族现为周姓,但他们代代相传自己是刘伯温族人的后裔,有"阴刘阳周"之说法。为探究其中缘故,2020年11月我们到皋泄毛洋周、勾山蒲岙等地,对周氏宗谱以及族人进行了寻访。

"阴刘阳周"之迷离传闻

毛洋周周氏原宗谱毁于"文革",蒲岙周氏保存的《周氏宗谱》,前后经过了4次修纂,第一次修于清雍正六年(1728),第三十五世周光益面对旧谱"残缺半逸",从旧家史中整理出一份十分难得的宗谱,秩上下,叙伦次,著里居,表氏族,为后代寻祖敬宗打下了基础。第二次是乾隆四十年(1775)由余老夫子所修,第三次是光绪二十七年(1901)第四十世周大房必绍公修纂,第四次修谱是1943年,修谱者为第四十一世老第二房的裕镇公。1997年3月,第四十三世周国康、周南昌,第四十四世周静波对旧谱进行了整理说明。蒲岙《周氏宗谱》,虽然其世系有断裂之遗憾,但仍不失为一本具有历史价值的谱牒,如宗谱中记载的舟山各地与鄞县、慈溪等浙东地区周氏的族缘关系,蒲岙周氏家族科举人才记录等方面内容,弥补了地方志记载之不足,特别是对于舟山民间广为流传的"阴刘阳周"之传闻,有了一些更为确实的证据。

蒲岙周氏老墙门遗址

皋泄毛洋周、勾山蒲岙等地周姓人家,民国以前有一习俗,族人过世之后,墓碑上所凿姓氏为刘姓,即"阴刘阳周"。此传说,与明太祖朱元璋诛杀开国功臣有关。朱元璋到了晚年,大开杀戒,诛除曾经立下汗马功劳的元老重臣,刘伯温作为朱元璋的重要谋臣,深知"伴君如伴虎",于是主动请辞,返回故乡青田退隐,据说还让一部分族人改为周姓,避匿于浙东一带,偏僻海岛舟山就是其中一地。

毛洋周旧称茅洋,茅洋和勾山蒲岙,几百年前都是深山冷岙之地,是理想的藏匿之所。那么,毛洋周和蒲岙周姓的先祖是不是为了躲避朱元璋杀戮而改姓避匿的刘伯温之族人?从蒲岙《周氏宗谱》所记,发现有可作为证据的一些蛛丝马迹。据宗谱载,第十七世文静公时,周氏主要居住在鄞西新庄、慈溪、奉化庙后、会稽城中等地。二十一世明彝公,约生于1251年,宋景炎间举乡进士(即举人之别称),耻仕胡元,隐居在镇海灵绪河陡村,即今瀚浦镇。二十五世以后各代,都有过居住舟山的记载,如二十五世传公,"生景二,即居舟山东皋岭下茅洋、东湖、杨岙等处,派是也。生景三,即居大蒲岙姚家湾,派是也";"二十九世顺十七公,徙居蒲岙姚家湾";"三十一世中八七公,长子徙大蒲岙西山下"。虽然"其世传俱不及",然移居于茅洋、蒲岙等地的时间,大致就是在明朝建立初期,即1370年前后,这与传说中的刘伯温族人改姓远走他乡避匿时间相吻合。

如今,毛洋周、蒲岙等地周姓人家一直都认为自己与刘伯温是同一氏族,毛洋周周氏祠堂大门上方悬挂的"存本堂"堂号,就有着不忘祖先之义,祠堂内保存的"兄弟登科"牌,背面则为周姓常用的"汝南堂"三个大字,汝南(今属河南)是周姓一大出处。而蒲岙《周氏宗谱》则有更加确实的"阴刘阳周"之记载,清乾隆四十年(1775),余老夫子在修谱时中这样写道:"戊子岁,余课徒于大蒲岙周氏之十经楼,间步山水,见伊墓碣悉载刘姓而不书周,询其故,谓吾族阴刘阳周,相传已久,神主亦然。"余老夫子是周氏第三十七世献濬公的老师,他以为如今时易世变,祸患俱消,建议"返夫真姓",但未被采纳。根据《周氏宗谱》世系所记,清康熙展复之后,周氏第三十四世以后来到蒲岙等地定居的非常之多,如三十四世发六六公,"本朝展复初又转大蒲岙山头郑家湾居焉"。

1958年掘坟平土,蒲岙周氏第四十三世周国康亲眼所见祖坟中三十七世以上墓碑上所刻皆刘姓,三十七世下始凿周。根据《周氏宗谱》世系所记,三十六世生卒时间大多是在清雍正初至乾隆中,如廷赓公,生于雍正九年(1731),卒于乾隆三十七年(1772)。根据毛洋周、蒲岙两地周姓先祖墓碑所刻,以及蒲岙《周氏宗谱》所记,两地一直相传的刘伯温同族后裔之说,非空穴来风。

"兄弟登科"让世人举目

历史上,蒲岙周氏先祖曾是一个书香门第之家族,其第二十一世明彝公,宋景炎间乡进士,宗谱中说他耻仕胡元,"因隐,配文文山妹",文山为文天祥号。明彝公之孙子梦延,曾为青田县教授,明代开国功臣刘伯温即出其门下。避居舟山的族人,虽境遇坎坷,从二十五世至三十八世的300余年间,几经起落,然一直不忘读书之根本,不辱先祖之遗风。特别是乾隆五十三年(1788)至乾隆六十年(1795),第三十八世"嘉"字辈兄弟俩先后登科中举,让地处偏僻山岙的周氏家族名震四方。

清乾隆年间,蒲岙周氏家族风生鹤起,名噪大地。第三十七世"献"字辈邑庠生献濬公,其三子皆有功名,长子嘉棣,29岁由廪膳生中式乾隆乙卯(1795)恩科举人,嘉庆戊辰(1808)大挑一等,引见以知县用,因双亲老改就教职,嘉庆乙亥(1815)以教谕衔管金华府永康县学训导事,敕修职郎,例授文林郎,至道光丁亥(1827)告终回籍奉侍,数年掌教定海景行书院。

次子嘉穗,乾隆戊申科(1788)武举,选河南营守备,调开封营守备,俸满升贵州松桃营都阃,于58岁告退,79岁时恭奉恩旨重赴鹰扬筵宴,敕授三品,诰封匾额,金花袍帽,龙章宠锡,晋封武翼都尉,追赠二代公。在蒲岙《周氏宗谱》保管者周国康、夏莲菊家里,80岁的夏莲菊老人向我们讲述了武举人上京考武举时的一个传说,她听周家上代人讲,在力试中,前几次武举人都顺利完成,但在最后一次力举一个几百斤重的石墩时,武举人运足力气,几乎就要过头顶,但有一种力不能支的感觉,就在这时,好像有外力相托,把石墩举过了头顶,武举人回头一望,似乎看到了一个他眼熟的影子,原来是家乡东荡田泽浦庙菩萨帮忙让他过了这一关。武举回家后,就在泽浦庙庙前竖了两根旗杆。献潘公的三子嘉椿,县丞衔。封建科举年代,考取举人是科举之途的一大难关,兄弟相隔几年,一文举人一武举人,在海岛舟山历史上恐怕十分罕见。

"十经楼"传经授道之所

蒲岙狮子山下,曾经有一处建筑规模很可观的院落,当地人称之为走马楼,这座院落即为《周氏宗谱》中记载的"地平楼",此楼为周氏第三十五世光益公所建。光益公生于清康熙十九年(1680),卒于雍正十三年(1735),享年56岁。光益公克勤克俭持家,为蒲岙周氏家族做了两件大事:一是于清雍正六年(1728)修纂了首部《周氏宗谱》;二是在蒲岙狮子山下建了三进四明二廊的地平楼,地平楼中央正栋为宗祠,供祀祖宗。光益公高瞻远瞩,还特别设置"十经楼"作为传经授道之场所,聘请家师,教授周氏子孙诵读诗书品赏经文。"十经"即《易》《书》《诗》《周礼》《仪礼》《礼记》《左传》《公羊传》《穀梁传》《论语》等儒家十部经典,"十经楼"之名,包含了周氏先辈对子孙后代勤读诗书、博取功名的期盼之情,周氏子孙也不辱使命,承先启后,光益公的孙子献潘、献清都是邑庠生,曾孙辈中嘉棣、嘉橞分别为文举人和武举人,嘉椿为县丞衔,嘉树是廪贡生。

周氏宗谱

另据宗谱所记,周氏第三十九世"言"字辈中有邑庠生2个,国学生3个,县丞衔级别4个;第四十世"必"字辈中有邑庠生3个,国学生2个,县丞衔级别1个。从乾隆至道光的百余年中,周氏四代人出了2个举人,1个廪贡生,7个邑庠生,还有6个具有县丞衔级别,这对于一个生活在海岛山岙里的家族来说,那是非同小可的,是山岙里飞出了金凤凰。蒲岙周氏科举人才辈出,与光益公创设"十经楼",让重师崇教之家风代代相传有着重要关系,可惜的是1941年,不慎着火,200余年的"地平楼"全部焚毁,"十经楼"也难免祝融之灾,实在令人痛惜。

在勾山蒲岙寻找《周氏宗谱》的过程中,80岁的周国康和其老伴夏莲菊,给我留下了深刻的印象,两位老人生活并不富裕,但他们心中始终有一份崇祖敬宗的情怀,如果没有他们守护着这本《周氏宗谱》,时光流逝,也许后人连自己的祖宗也不知道是谁了,更不用说先祖的善德懿行,让我们感恩这些老人。

编者按:此文发表于舟山广电微信公众号"老舟山道古"专栏第126期,虽主要采访蒲岙周氏,但其与毛洋周周氏为一脉,毛洋周周氏原宗谱毁于"文革",蒲岙周氏保存的《周氏宗谱》及相关传说有利于了解世系传承。作者是浙江国际海运职业技术学院副教授。

第二章　环境资源

第一节　自然环境

皋泄村境内地层属华东地层区,出露地区以中生界侏罗统上统为主,次为新生界第四系。出露部分厚度大,以喷出岩居多,属陆相酸性火山沉积岩构造,岩性为流纹质玻屑熔结凝灰岩、流纹质凝灰角砾岩、角砾凝灰岩及次流质晶屑凝灰岩和粉砂质泥岩等。上部夹多层流纹质晶屑、玻屑凝灰岩,系晚侏罗纪喷火山活动强烈爆发地段产物。岩石多为上侏罗统火山岩,呈紫灰、肉红,黄绿色酸性熔岩为主,其次为次火岩次流纹质晶屑熔结凝灰岩体。

境内无高山而多高丘和低丘,海拔250～499米为高丘,100～249米为低丘。新建有18座低丘、4座高丘,弄口3座低丘,富强10座低丘。

高丘较著者有藏经寺岗347米,潮面大山295.6米,大南岙291.5米,滩岗291.5米,小岭坑291米,竹尖峰(岗)283.1米,一条坑280.1米,马羊岗276.5米,大坑岗274.7米,鸭蛋岭岗269米,东皋岭266.5米。与毗邻乡镇交界处高丘较著者有沙直岭392米,竺家尖385.4米,大岙岗385米,镬蒂头岗375.5米,野猫岗317.3米,大洋山309.1米,大尖头山302.3米,马腰岗255.8米。

低丘较著者有小岭下后山247.9米,桐梓湾247.1米,天洋岩245.1米,滩坑岗244米,大岗240米,对面山岗235.5米,清和庵岗232.5米,大洩岭228.5米,乌石子坑228.5米,里老鼠山224.6米,舒家后山223.5米。稻篷岗220.8米,仰天碗219.1米,老屋后山214.1米,贺二房后山212米,外湾岗202.3米,南沙下后山200.5米,一百廿坵199米,桃树坪198.3米,菜籽岗191.5米,杨家山191.3米,马腰岗191米,庄家后山187.5米,开封湾187米,大龙岗185.7米,仰天岗185.7米,直冲岗182.5米,猫山181.4米,老虎坑181.1米,白羊眼岗179.1米,佛肚脐岗178.5米,叶家后山176.1米,峙坑岗172.9米,长春岗170.5米,黄火岗168.5米,顾家后山163.4米,小坑岗162.5米,西湾岗155.2米,鹰嘴岩(山顶有大石如鹰嘴,故名)152.3米,鲍家坑151.5米,苦竹岭后山150.5米。与毗邻乡镇交界处低丘较著者有长岗山244.1米,大岗240米,东岙底姚家大山233米,水平古岗230米,庙山218.3米,黄梓坑210米,唐皋岭岗201.2米,老鹰岩194.8米,蔡家岙后山188.6米。

1982年,定海全县土壤普查,原皋洩乡为普查重点区。境内土壤有红壤土类、黄壤土类、潮土类、盐土类、水稻土类等5大类。旱林地以红壤土类的石沙土居多,其次为黄壤土类的黄砾土和黄泥沙土;潮土和盐土多为滨海山边旱地;水稻田土主要为潴育型水稻土的黄化老塘泥田。其次有狭谷泥沙田、谷口泥沙田、塘泥田、轻涂泥田。境内耕地养分属中等偏上,水田有机质、全氮、碱介氮均超全区平均5%左右,速效磷和速效钾较低。旱地有机质、全氮比全区平均高5%,碱介氮、速效磷为11%～13%,速效钾低于20%。

境属亚热带南缘海洋性季风气候区。秋冬多偏北风,春夏盛东南风,冬无严寒,夏无酷暑,与大陆同纬度地区比,冬暖夏凉,光照充足,无霜期长,蒸发量大,降雨偏少,多大风。气温年平均气温16.2℃。1月最冷,平均4℃,日均温低于3℃持续时间不到40天,极端低温-6.1℃,1955、1958年1月16日各出现1次。8月最热,平均27.2℃,极端高温39.1℃,1966年8月6日偶见。

年均日照时数2022.8小时,最多为1963年2394小时,最少为1954年1554.6小时。一年内最多为8月,平均257小时(1967年8月达361小时);最少为2月,平均118.3小时(1959年2月仅38.1小时)。日照率最高8月为63%,最低3月为36%。

年均降水1286毫米,最多1977年1976.5毫米,最少1967年604毫米,年均雨日151.3天。降水月季呈双峰型,6月和9月最高,1月和12月最低。最大月降水量(1979年8月)5318毫米,最大日降水量(1963年9月12日)达212.5毫米。

平均风速3.3米/秒,风向随季节转换。4月偏北风转偏南风,5～8月多东南到南风,9月偏南风转偏北风,10月至次年3月多北或西北风。阵风8级以上或风速≥17米/秒的大风,四季皆有,冬季最多,秋季及早春次之。造成境内大风天气系统为冷空气、低气压、入海高压后部、热带风暴及雷暴,以前三者为主。1954～1986年,年均大风28天,最多1955年61天,最少1966年10天。

每年5～11月受热带风暴(风力8～9级)、强热带风暴(风力10～11级)、台风(风力≥12级)影响,年均4次。最多1959年8次,其中6次集中于7～9月,台风过境,狂风暴雨,危害农、渔、盐业,但有利于缓解旱情。

年均霜日26.3天,初霜期12月3日,终霜期3月23日,无霜期254天。1956年初霜期提前至11月13日,1971年终霜期推迟至4月11日。1963年冬1964年春,霜日10天,为少霜年。1967年冬、1968年春,霜日41天,为多霜年。

第二节 自然村落

糖坊:原村委会驻地。东为洞桥头,南邻上、下袁家,北连朱家,相传村内开设过糖坊,故名。包括金家、张家、笆弄,聚落在平地呈带状。居有袁、张、金、朱、王、刘、白、潘、费、庄、蒋、边、卞等姓,袁姓为多。

朱家:糖坊村与隔山里村中间。以姓氏得名,聚落沿山呈块状。居朱、徐、袁、金、孙、蒋、寿7姓。朱姓为多,清顺治年间由安徽凤阳迁来。

隔山里:位于黄虎岗南麓山岙中,东近庙后庄,西南邻糖坊,因与朱家隔一座小山,故称隔山里。聚落沿山呈带状。村民皆姓朱。

苏家:东为贾施岙,南临原公路,西邻老屋里,以姓氏得名。聚落沿山呈块状。居苏、王、夏、金、宣5姓,苏姓为多。

岭下王:东邻苏家,西为东高岭,南、北靠山。因在东高岭下,村民多姓王,故名。聚落沿山呈带状。居王、刘、周、袁、陈、孙、虞、曹、苏等姓。王姓为多,明成化年间自鄞县迁来。

庙后庄:东邻弄口,西靠山,北濒庙后庄水库,因位于白鹤庙后,村民多姓庄,故名。聚落沿山呈块状。居庄、王、陈、袁、唐5姓。庄姓为多,清顺治年间由宁波庄市迁来。

半岭里:东邻岭下王,南依山,西近东皋岭,并靠大庵岗。因在东皋岭中段,故名。聚落沿山呈带状。居周、袁、陈等姓,居民尽迁。

下袁:东南邻上袁,西近苏家,北为柿树湾。村民多姓袁,原称袁家岙,后分上袁、下袁两村。聚落沿山呈带状。居袁、王、泮、金、朱、白、赵7姓。袁姓为多,清康熙年间自慈溪东安乡袁家迁来。

洞桥头:位于高坟头南面,四面皆田畈,村西南有座洞桥,故名。聚落在田畈中呈块状。村民皆姓周。

张夹岙:南邻富强毛底陈,西为张本岙。因与张本岙隔岙,又称小山里,习称张夹岙。聚落沿山呈带状。居有朱、周、陈3姓,朱姓为多。

夏家:位于苏家岙南小山岙中,东南靠山,西邻岭下王,以姓氏得名。聚落沿山呈点状散布。原居夏、王、苏3姓,现已迁入苏家,仅存1户经营用房。

上袁:东邻张本岙,南、西靠山村民多姓袁,居下袁南边,故名。聚落沿山呈带状。居有袁、潘2姓,袁姓为多。

张本岙:西北邻上袁,东与张夹岙隔山相连,南靠大山,北近糖坊。因该岙本为张家所居而得名,而今张氏尽迁。聚落沿山呈点状散布。居有潘、袁等姓,潘姓为多,现已尽迁。

柿树湾:东邻朱家,南为糖坊,北靠山。旧时该山湾有株大柿树,遂习称为柿树湾。聚落沿山呈块状。居朱、张、袁、金、陈、白、赵、江8姓,朱姓为多。

高坟头:原有4户13人,因生产生活不便,1987年迁往隔山里。

千姑湾:以湾内曾有尼姑庵得名,又有以“千家湾”称者。居王、袁、曹、刘、虞、庄6姓,王姓为多。

老屋:地处山脚殷家岙老屋基,故名。居王、陈、袁、张、苏5姓,王姓为多。

黄泥坎:原弄口村委会驻地,旁为舟山市中小学素质教育实践学校(原千荷实验学校、皋泄中学)。东靠定西公路,南为水田,西傍黄泥山(笔架山),西北邻弄口王,因村后黄泥山下有条高大的黄泥坎而得名。聚落沿山呈块状。居王、周2姓,王姓为多。周姓在清乾隆年间自鄞县黄古林迁来。

弄口王:东皋岭与白鹤庙南北高山夹峙,形成狭长地带,状似弄堂,村处弄口,村民多姓王,故名。东靠定西公路,西邻庙后庄,居王、周、严、陈、舒诸姓。王姓居多,自皋岭王氏发族而来。

张家:东为定西公路,南邻黄泥坎,西连弄口王,以姓氏得名。聚落沿山呈块状。村民皆姓张,清康熙年间自宁波四明槎潭迁来,为潮面张氏发族而来。

童家园:东依山,西为田畈。传300年前曾住童姓,有一大园地,故名。现无一童姓,居张、曹、陈3姓。张姓为多,清乾隆年间由奉化大堰头迁来。

打猪岙:东、西傍山,南临打支岙水库。因附近山林过去时有野猪出没,村民常上山打猎,俗称打猪岙,又称打珠岙。聚落沿山呈带状。村民皆姓陈,清乾隆年间由鄞县迁来。

魏家:东临定西公路,西、南靠山,以姓氏得名。聚落沿山呈块状。居魏、何、刘、夏、孙等姓。魏姓为多,清乾隆年间由慈溪魏家村迁来。

里王:东临钱洞岭水库,西、北傍山,居外王以南山岙,故名。聚落沿山呈弧形。村民皆姓王,清乾隆年间从鄞县姜毛山迁来时,集居两处,北称外王,南称里王。

外王:东南邻钱洞岭水库,西临田畈,南邻里王,北依山。聚落沿山呈块状。村民多姓王,与里王南北相对,故名。居有王、朱、史、陈、竺等姓,王姓为多,清乾隆年间由鄞县迁来。

后山村:西、南傍山,东、北临田畈,东为定西公路,村后有高山,村民多姓周,故又名后山周。居周、郑2姓。周姓为多,传为明代未迁遗民。

毛洋周:东近定西公路,南邻后山周,西、北傍山。旧称茅洋岙、小茅洋,村民多姓周,习称茅洋周。聚落沿山呈点状。居有周、陈、李、钱、王等姓。周姓为多,清乾隆年间由鄞县黄古林迁来。

坟家岙:东、南、北三面环山,西近外山头,传说因附近山上多坟墓,故名,村民习称坟夹岙。聚落沿山呈点状。居有舒、张、高、郁4姓,舒姓为多,村已废,居民尽迁外山头、富强新村等地,原地名改称文夹岙。实际上此地在清代称"闻家岙",在清康熙《定海县志》、光绪《定海厅志》中明确有"闻家岙"地名和地图标记,现闻姓在全村仅有3人,不过当地水库仍以"闻家岙"为名。

小岙里:三面环山,因位于孟家山与打猪岙之间较小的山岙里,故名。聚落沿山呈带状。居唐、张、马、陈4姓,唐姓为多。

陈家:三面环山,北邻外山头村,以姓氏得名。聚落沿山呈块状。村民皆姓陈,明弘治年间由鄞县姜毛山迁来。

外山头:位于钱洞岭岙北侧牛头山山嘴外,故名外山头。东北邻坟家岙,西南为田畈,北连童家园。聚落沿山呈块状。居有舒、张、高、谢、林、王、郁等姓,舒姓为多,元代即在和平村舒家定居,此地系发族。

毛底陈:三面环山。因位于笔架山西山岙底,村民多姓陈,故名。原称茅地陈,聚落沿山呈弧形。居陈、刘、丁、方、乐、洪、林、应等姓,陈姓为多,分别在明弘治与清康熙年间由鄞县迁来。

第三节　自然资源

村内现山林内有野猪、獐、麂等兽类出现,甚至在清代仍有老虎。

清王亦赋作《东皋岭下小记》曾言,殷家岙"岙颇深,明嘉靖间多虎患,故其苎麻园外设弨御之。今犹名其地为老虎弨。逮吾祖父以来,虎患已息"。老人传言从前曾有虎患,这与清光绪《定海厅志·列女传》记载可以相印证。康熙年间,定海初展,皋泄村朱士凤妻舒氏,18岁守寡,其继子上山打柴,在归家途中被虎咬伤,舒氏嚼涂蛄,敷其创伤。乡里人赞曰:"侄子打老虎,伯母嚼涂蛄。舒氏孝敬女,朱家贞节妇。"黄虎岗山名即源于明清时期此地曾经有老虎出现。

封山育林以来,野猪已经常见,新中国成立前亦常有野猪从海上游来危害农作物。富强村的"打猪岙",传旧有野猪出没,村民常上山打野猪而得名。近年长冈山、皋岭下和后山周等处均有发现野猪爪迹。

獐,俗名河鹿,国家二级保护动物,今仍常见。1989年6月29日村民在长岗山捕获一只,后送白泉幼獐饲养场饲养。小鹿,俗称带角鹿、老角鹿,20世纪60年代前麂多于獐,现獐多于麂,近年来小鹿不常见。穿山甲、小灵猫(香狸猫)在新中国成立前常见,今罕见。

黑斑蛙,统称青蛙,水田、沼泽广有。1991年村民曾引入饲养牛蛙,后少数外逃成野生。蛇类常见有中华眼镜蛇(又称舟山眼镜蛇、犁舌捕,俗名滩扑头蛇)、乌梢蛇、银环蛇、火赤链、蝮蛇、水赤链游蛇、小青蛇等。鸟类常见有猫头鹰、野鸭、大雁(俗称外鹅)、乌鸦(俗称老鸦)、喜鹊、燕子、斑鸠、鹁鸪、稻鸡、麻雀、白鸽、黄莺等。

陆龟,2003年6月26日,袁姓村民致电《舟山晚报》发现"一只乌龟一样的动物",身长18厘米,宽11厘米,尾巴12厘米,头像鹦鹉,嘴巴像鹰的嘴巴,尾巴特别长。经市林业公安处认定是乌龟中的一个物种,名叫平胸龟,又叫鹰嘴龟。平胸龟主要生活于山区湍急的流溪中,由于乱捕滥杀,该种群已近濒危,该龟种属浙江省重点保护动物。当天,这只平胸龟被放归大自然。

猴,清代王亦赋在《东皋岭下小记》记:"由是渐上与日照庵后相近则为胡孙坑矣,胡孙坑者,或谓坑中向多胡孙故名,或谓坑中石状似胡孙,故即以胡孙名其坑,其说不一，要之其山之奇石固足多也。"可能元明之前有之。

据1994年定海区海岛资源综合调查研究报告资料，境域内森林植被以马尾松林、黑松林为主，层次结构较齐全，森林植被在相对单调中体现出一定的丰富性。由于海风影响，乔木林高度普遍低矮，灌木层不发达现象极少见。由于蒸发量大，生境相对比较干燥，苔藓地衣层通常不发育，一些阴湿阔叶林下发育也较差。山地植物主要有松树、杉木、毛竹三群系。

马尾松林、黑松林群系为荒山造林主要树种。黑松抗海风，耐盐分，植株端直，树冠狭窄且疏散，外貌墨绿色，林相整齐，通常层次分明，多为20世纪60年代起营造林。马尾松耐燥瘠，不耐风，树冠疏散，翠绿色，林相整齐，层次分明，多为飞籽成林。经历20世纪90年代松线虫病后，现境内黑松、马尾松已经不成林，陈家、后山之间偶见。

杉木林群系林相整齐，外貌绿色中带黄褐色，多分布在土壤较厚且避风之丘陵下坡，为近20年来营造林。富强村1974年首造杉林基地20亩，目前平均树高8米，胸径0.16米。境内现有杉木400余亩。杉木树干挺直，为建筑优质木材。

毛竹林群系分布于土层深厚、肥沃山麓及村旁。现有竹林大多为20世纪70年代人工栽培。竹林外貌整齐，结构单一，成单层水平郁闭，林高一般12米，眉围0.3米左右，覆盖率一般为80%。林内空旷，灌木极少，草本较茂密，种类也多，但矮小。

此外，林群间杂有白栓、栓皮栎、黄檀、枫香等其他乔木及映山红、胡枝子、椎木等灌木丛。另有杉林中夹杂着黑松、马尾松、枫叶、白栎、栓皮栎混交林。林下灌木有合欢、橙木、映山红等。零星分布林木有香樟、楝树、桐树、梓树、柏树。村旁房前屋后多植水杉、楝树、槿树、冬青树及淡竹、青竹。野生果树有悬钩子、野杨梅、野毛桃等。

草丛植被以白茅草丛为主，其中有美丽胡枝子、山莓、算盘子等灌木残遗或加拿大一枝黄花等侵入，逐渐形成灌草丛或稀树草丛。山边潮土有葡茎苦荬菜、狗尾草、小飞蓬、海三棱蔗草、酢浆草、狗牙根、艾蒿等。水生植物有茭白、荸荠、莲藕、菖蒲、紫萍、稗草、芦苇等以及可做饲料的水葫芦、水浮莲、水花生和绿萍。此外有柳叶蓼、苦草、鱼腥藻等。

延伸链接

定海县土壤化验报告

一、绪言

定海县聚数小岛而成,孤悬海外,总称舟山列岛,与镇海相望,山海映带,交通便利,出产以茶、盐、番薯及海产为大宗。以言地质,则舟山一大岛之外围,多冲积层,东南近海之一隅,系页岩,中区亦系冲积层及页岩,东南及西北均系流纹岩。本试验之供试土壤,系取自该县三安乡三区皋泄甲村,由本所托该县县政府按照本所所定土壤采取法采取。至于调查表,亦由该县县政府查填寄来,化验方法,大都根据东京帝大农学部松山芳彦著农艺化学分析书,并采取各杂志所登载者,以资借镜。

二、浙江省定海县土壤调查表

采集地点	定海区三安乡三区皋泄甲村
地质来源	迁移土壤(海成冲积土)
地面形势	地面平坦距海三里三面有底山
垂直断面之形态	不分层系细微壤土少含腐殖质
地下水面	约一丈
气候之关系	雨量向无记载但历遭旱灾,虽因农田水利之不讲究,亦可断定雨量不多,每年平均温度无记录
雨后及旱时之状态	雨后水分潴留地面,旱时固结生龟裂
耕耘之难易	耕耘易干燥时则甚难
主要作物之种类及其平均收获量	主要作物为稻,平均收获量每亩约三百五十斤
耕耘及肥培之方法	用畜力耕人力耘,但除草不勤口出布告令,冬耕肥料普通用人粪尿厩肥外,每亩约用牛骨粉十斤(每斤价三分至五分)
灌溉排水状况	农田水利不甚讲究,仅有小蓄水池以备灌溉,因海水盐性太重,不利作物生长,排水设备亦不完全

续表

病虫害	今年发现稻熟病数处二三,化螟虫尤多
地价	每亩约百五十元(本县上等田约二百元,中等田八十至百二十元,下等田三十至七十元)
农家对于该地土壤之意见	盐性太多而海水又不利灌溉,故水利上既须防海水之冲入,又须设蓄水池以供灌溉,须建设排水及灌溉工程
采集时期	民国十八年十一月十七日
备注	

三、结论

1. 化验结果记载

(1)土壤中矿物来源之鉴定——考土壤中之石砾,系长石质内含石英砂,土质松,揉破之现黄色。

(2)供试土壤之形色性质及土性——表土系淡黄色,以手揉之即破裂,按洗涤分析结果,石砾在1.15%,而细微土中0.05 mm～0.01 mm的黏土及0.01 mm以下的细黏土占54%,510.0 mm的砂土及细砂土占45%,故系砂质壤土。至于底土系灰淡黄色,按洗涤分析结果,黏土及细黏土占62%,砂土及细砂土占36%,石砾占1.57%,系壤土。

(3)物理性试验结果。

①容水量——按各农艺化学专家研究结果,各种土壤之最大容水量,石英砂土64%,壤土50.64%,黏土69%,腐殖土70.3%。本实验试验结果,表土之容水量为66.72%,底土为49.71%,按其土性,表土属砂质壤土,故表土之容水量较大,而底土较低,如是则保持地中水渗透之力量适宜。

②空气透通及孔窍——两者均佳良,适于植生。

③毛细管吸力——本实验化验结果,表土吸水上升10cm(2.9371寸)所需时间,松土1小时40分,密土2小时35分,底土吸水上升10cm所需时间,松土1小时40分,密土2小时35分。按各土壤家检定结果,白色植质壤土(Whit Silt Loam)3小时上升6.2吋,黏质土壤(Clay Loam)3.7吋,砂土6小时上升86吋,含有机物愈多及土粒愈小之土,则水上升亦愈慢。本实验试验结果,该县土壤,表土属砂质壤土,底土属壤土,毛细管吸引力适中,适于植生。

(4)吸收力之试验结果。

①据日本铃木重礼氏所定土壤对于氧之吸收力,用氯化铵方法,最多者为150以上。本实验分析结果,氧之吸引力(氧化铵法)表土243,底土17,故其对于氮之吸收率甚强,凡吸收率过强之土壤,施钾及硫酸等肥料,不易为植物吸收,故先宜加石灰或碳酸钙。

②磷酸吸收系数,据日本铃木重礼氏所定土壤吸收力,用磷酸铵法,稍少者在100～250,中等150～250,本实验用磷酸钠法,结果,表土154,底土108,故磷之吸收力稍少。

(5)反应之试验——表土系弱酸性,底土系中性,故宜略施石灰,但对于酸性及碱性肥料,不宜多于施用。

(6)化学分析。

①浓盐酸溶解硅酸——土壤中能溶解于盐酸之矽酸,系木本科植物所吸收之物质。本实验分析结果,定海土壤之表土所含之盐酸溶矽酸0.18%,底土0.27%,故不但可供木本科植物吸收之用,且可供禾本科及其他植物吸收之用。

②水分——土壤中所含水分之多少,视土壤之种类而异,大概砂土少,壤土次之,而黏土较多。本实验分析结果,风干细微土中所含水分30%左右,故此等土壤所含水分少,大概系含砂质土之故。

③灼热时损失物——灼热时损失之物,为水分,化合水,挥发物及有机物,有机物为土壤中不可少之物质,因其分解之际,同时有微生物之作用,生有机酸,使无机物分解,腐殖质亦有机物之一,平常土中含量之多寡,亦无一定,不过表土比底土高。美国土壤所含有机物大概自2%～8%,为适合于耕种之土壤。本实验分析结果定海土壤所含有机物,大约表土5.28%,底土1.05%。故土中所含有机物,表土适中,底土较少。

④腐殖质——腐殖质乃土壤中有机物分解之物,对于土壤之肥瘠,大有关系,过多或过少,均与土壤有害。据Knop氏分类,重黏土含腐殖质2.5%为少量,砂土含腐殖质2.7%为中量。按本实验分析结果,定海表土腐殖质含量为3.6%。尚属适宜。

⑤全氮——据Wolf实验结果,平常耕土含硝酸氮0.0006%～0.03%,平均在0.15%左右,本实验分析定海之土壤,所得全氮,表土含0.2379%,底土含0.0546%,故所含氮适于耕田,所加肥料含氮不可太多。

⑥浓盐酸不溶解矿物(灼热)——以氧化硅占多数,普通土壤对于浓盐酸不溶解物,视土壤之种类而异,砂土多而黏土少,据本次实验结果,定海土壤所含之浓盐酸不溶解矿石在75%,大概近于壤土质之土壤。

⑦三氧化铝——凡富有三氧化铝的土壤,因其有吸收钾氮磷三要素之作用,故与土壤之生产力大有关系;苟与溶解铁酸共同存在,则对于土壤之酸度亦有影响。美国土壤所含氧化铝平均大约6%者为普通耕种之土。本实验试验结果,定海表土含三氧化铝5%,底土7%,就一般而言,此种土壤所含铝化物亦为适中。

⑧三氧化二铁——氧化铁之含量在5%以上者,为富铁质之土壤,以下者为缺少铁质之土壤。本次实验结果,定海土壤在4.3%左右,故此种土壤含铁较富。

⑨无水硫酸——美国土壤平均含SO_3在0.02%~0.30%,日本土壤平均含14% SO_3为一般适于耕种之土,本实验分析结果,定海土壤所含SO_3较日美土壤所含者低。考SO_3与植物营养有关,苟加适量之硫,可以增加生产力,土壤含SO_3太少,宜加少许之含硫肥料,如石膏等。

⑩石灰——据Hall及Marker氏分析结果,凡土壤含1%以下之石灰,证明石灰缺少,宜酌加石灰,本实验试验结果,定海土壤所含石灰在1%以下,故缺乏石灰质,酌加石灰为宜。

⑪氧化镁——据Loew及麻生两氏之试验,土壤中石灰与苦土,需有适当之比率,作物之生育方能繁盛,不然氧化镁太多即有害,本实验试验结果,氧化镁含3%左右,比石灰之含量多,故定海土壤,宜酌加石灰。

⑫氧化钾——据Marker氏分析结果,土壤中含K_2O在0.25%以上者,证明为富于K_2O之土壤,据本实验分析结果,表土内含氧化钾0.27%,底土含0.45%,故定海土壤,含有多量之K_2O,施用肥料时,钾肥可少加。

⑬磷酸——据Marker氏分析结果,土壤中含P_2O_5在0.14%以上者,为富于磷酸之土壤,按本实验试验结果,表土和底土均含有0.2%以上,故定海土壤含磷酸较多,适于耕种,想因该地农民施牛猪骨灰所致。

⑭氯——土中含有少量之氯,对于植物有效,而含量较多时即有害,所以碱质土含氯化物在3%以上,即有害作物。据本实验分析结果,表土含氯仅0.05%,故无害于作物。

2.对于施肥上应注意几点

(1)每亩应加石灰少许。

(2)磷、钾、氯,三要素均称适宜,故施肥上应酌加三要素之完全肥料,借以保持地力。

3.适于何种作物

定海土壤大概表土系砂质壤土,底土系壤土,适宜于各种作物,如蔬菜、麦、豆、马铃薯、桑等,至于稻作、棉作,则不十分合宜。

附:

定海县土壤分析表表土(一)

土性 砂质壤土								
土壤采集地名 定海县三安乡三区皋泄甲村								
洗涤分析		物理性试验			化学分析			
粒径	气干土百分率	疏密度	松土	密土	成分	重量百分率	容积百分率	
						干燥细微土	松土	密土
10mm以上	—	比重	—	2.3426	水分(气干土百分率)	3.38	2.53	3.98
10~8mm	—	容积比重	0.7498	1.1788	灼热时之消失物	8.66	6.49	10.21
8~6mm	—	土壤100CC之重量	78.36	121.26	腐殖质	3.6149	2.71	4.26
6~4mm	—	土壤100克于水中沉淀之容积	110.00	100.00	全氮	0.2379	0.1784	0.2806
石砾共计 1.15		在水中充塞100CC之土壤之重量	90.99	100.00	盐酸不溶解物	79.23	59.41	93.39
细土(4mm以下)	98.85	容水量(重量百分率)	66.72	42.00	盐酸不溶解之矿物质	75.04	56.26	88.46
4~3mm	—	容水量(容积百分率)	50.02	49.51	溶解于盐酸之矽酸	0.1755	0.1316	0.2069
3~2mm	1.13	土壤之实积(容积百分率)	32.07	50.32	溶解于碳酸钠之矽酸	—	—	—
2~1mm	2.82	土壤之孔窍(容积百分率)	67.93	49.68	氧化铝	5.10	3.82	6.01

注:原土百分中组成分;细土百分中组成分

续表

土性　砂质壤土									
土壤采集地名　定海县三安乡三区皋洩甲村									
洗涤分析		物理性试验			化学分析				
						重量百分率	容积百分率		
粒径	气干土百分率	疏密度	松土	密土	成分	干燥细微土	松土	密土	
细土百分中组成分	1～0.5mm　4.76	土壤之最高空气透通量	64.55	46.30	氧化铁	4.31	3.23	5.08	
	0.5～0.25mm　4.26	土壤之最低空气透通量	17.91	0.17	亚氧化铁	—	—	—	
	0.25～0.1mm　34.07	土壤吸水升高10cm之时间	1时40分	2时35分	氧化锰	—	—	—	
	0.1～0.05mm　7.09	土壤反应之试验			氧化钙	0.0639	0.0479	0.0754	
	0.05～0.01mm　27.86	土壤对于石蕊纸之反应	酸性		氧化镁	0.3129	0.2247	0.3689	
	0.01mm以下　25.70	土壤100克之全酸度(氧化钾法)	1.13CC之N(氮)NaOH(氢氧化钠)		氧化钾	0.2730	0.2047	0.3118	

定海县土壤分析表表土(二)

土性　砂质壤土								
土壤采集地名　定海县三安乡三区皋洩甲村								
洗涤分析		物理性试验		化学分析				
					重量百分率	容积百分率		
粒径	气干土百分率	疏密度		成分	干燥细微土	松土	密土	
细微土百分中组成分	0.5～0.25mm　4.31	土壤吸收力之试验		氧化钠	—	—	—	
	0.25～0.1mm　34.44	氯之吸收系数(细微土)	267.90(氯化铔法)	磷酸	0.2005	0.1503	0.2363	
	0.1～0.05mm　7.17	磷酸之吸收系数(细微土)	170.00(磷酸钠法)	硫酸	0.0697	0.0521	0.0822	

续表

土性　砂质壤土								
土壤采集地名　定海县三安乡三区皋泄甲村								
洗涤分析			物理性试验		化学分析			
粒径		气干土百分率	疏密度		成分	重量百分率	容积百分率	
						干燥细微土	松土	密土
细微土百分中组成分	0.05～0.01mm	28.09	氧之吸收系数（细土）	246.01	氧	0.0144	0.0108	0.0169
	0.01mm以下	25.99	磷酸之吸收系数（细土）	160.77	硫酸之黏（氧化铝）	—	—	—
细土中细微土百分率		91.81	氧之吸收系数（原土）	243.12	中溶解土成分（氧化铁）	—	—	—
原土中细微土百分率		90.75	磷酸之吸收系数（原土）	154.28	中溶解土成分（矽酸）			

备注：(1)该县送来之试样系淡黄色。(2)细土百分中组成分之4～3mm及3～2mm因筛无3mm,故仅计4～2mm。(3)细土百分中组成分自0.5～0.01mm以下由细微土百分中组成分改算。(4)求酸度用硝酸钾法。(5)腐殖质用氢氧化钸提出而定之。(6)亚氧化铁及氧化铁合并化验,结果仅计氧化铁。

定海县土壤分析表底土（一）

土性　砂质壤土								
土壤采集地名　定海县三安乡三区皋泄甲村								
洗涤分析			物理性试验			化学分析		
粒径		气干土百分率	疏密度	松土	密土	成分	重量百分率	容积百分率
							干燥细微土	松土	密土
原土百分中组成分	10mm以上	—	比重	—	2.4120	水分(气干土百分率)	3.34	2.77	3.99
	10～8mm	—	容积比重	0.8283	1.1967	灼热时之消失物	4.39	3.64	5.17
	8～6mm	—	土壤100CC之重量	86.17	123.01	腐殖质	0.1984	0.1643	0.2353

续表

土性　砂质壤土									
土壤采集地名　定海县三安乡三区皋洩甲村									
洗涤分析			物理性试验			化学分析			
							重量百分率	容积百分率	
粒径	气干土百分率	疏密度	松土	密土	成分		干燥细微土	松土	密土
原土百分中组成分	6～4mm	—	土壤100克于水中沉淀之容积	102.00	90.00	全氮		0.0546	0.0452	0.0653
	石砾共计	1.57	在水中充塞100CC之土壤之重量	98.04	12.11	盐酸不溶解物		79.08	65.51	94.66
	细土（4mm以下）	98.43	容水量（重量百分率）	49.71	40.22	盐酸不溶解之矿物质		76.44	63.32	91.47
细土百分中组成分	4～3mm	—	容水量（容积百分率）	41.17	48.13	溶解于盐酸之矽酸		0.2669	0.222	0.12197
	3～2mm	7.20	土壤之实积（容积百分率）	34.34	49.51	溶解于碳酸钠之矽酸		—	—	—
	2～1mm	5.59	土壤之孔窍（容积百分率）	65.66	50.49	氧化铝		7.08	5.8640	8.67
	1～0.5mm	5.49	土壤之最高空气透通量	62.22	47.25	氧化铁		4.92	4.07	5.88
	0.5～0.25mm	2.62	土壤之最低空气透通量	24.49	2.36	亚氧化铁				
	0.25～0.1mm	24.01	土壤吸水升高10cm之时间	1时50分	3时33分	氧化锰				
	0.1～0.05mm	3.79	土壤反应之试验			氧化钙		0.0930	0.0770	0.1113
	0.05～0.01mm	26.98	土壤对于石蕊纸之反应	中性		氧化镁		0.3961	0.3280	0.440
	0.01mm以下	24.69	土壤100克之全酸度（氧化钾法）	0.15CC之NaOH		氧化钾		0.4494	0.3722	0.342

定海县土壤分析表底土(二)

土性　砂质壤土									
土壤采集地名　定海县三安乡三区皋洩甲村									
洗涤分析			物理性试验			化学分析			
粒径		气干土百分率	疏密度			成分	重量百分率	容积百分率	
							干燥细微土	松土	密土
细微土百分中组成分	0.5～0.25mm	3.19	土壤吸收力之试验			氧化钠			
	0.25～0.1mm	29.28	氯之吸收系数(细微土)	209.70(氯化铔法)	磷酸		0.2159	0.1789	0.1584
	0.1～0.05mm	4.62	磷酸之吸收系数(细微土)	134.00(磷酸钠法)	硫酸		0.0561	0.0564	0.0556
	0.05～0.01mm	32.90	氧之吸收系数(细土)	180.18	氧		0.0035	0.0019	0.00215
	0.01mm以下	30.10	磷酸之吸收系数(细土)	109.89	硫酸之黏(氧化铝)				
细土中细微土百分率		82.01	氧之吸收系数(原土)	177.36	中溶解土成分(氧化铁)				
原土中细微土百分率		80.72	磷酸之吸收系数(原土)	108.16	中溶解土成分(矽酸)				

备注:(1)该县送来之试样系淡黄色。(2)细土百分中组成分之4～3mm及3～2mm因筛无3mm之圆孔,故仅计4～2mm。(3)细土百分中组成分自0.5～0.01mm以下由细微土百分中组成分改算。(4)求酸度用硝酸钾法。(5)腐殖质用氢氧化铔提出而定之。(6)亚氧化铁及氧化铁合并化验,结果仅计氧化铁。

编者按:此文发表于1931年《浙江省建设月刊》第4卷第10期第45～53页,是皋泄乃至舟山非常难得的档案和科学研究资料,为保持资料原貌,文中的时间、度量衡等不作更改。

· 第三章　人口姓氏 ·

第一节　人口变迁

　　旧时三世同堂、七八口一户者不少，少数四世同堂，一家十余口，甚至几十口。清光绪二十六年（1900）户均4.52人，1918年户均4.21人，1951年户均4.21人。20世纪60年代户均人口呈增多趋势，1960年户均4.47人，1965年增至4.61人。此后户均人口逐年减少，1979年减至3.68人。80年代普遍实行计划生育，小家庭增多，4人以上户减少，1985年户均3.41人。1987年原皋洩村统计户均为3.39人。1990年全国人口普查时，白泉镇境内户均3.36人，1994年减至2.84人。原皋洩村统计户均1993年2.89人、1999年3.15人、2007年3.02人、2014年2.96人，说明基本维持在3人左右。

　　据2020年第七次全国人口普查资料，皋泄村现共有1284户。其中1人户254户，2人户250户，3人户345户，4人户226户，5人户138户，6人户46户，7人户10户，8人户12户，9人户3户。

　　据2020年第七次全国人口普查资料，皋泄村现共有户籍人口3852人，其中男性1951人，女性1901人。省外迁入138人，其中新疆1人、内蒙古1人、辽宁1人、黑龙江3人、江苏8人、安徽17人、山东6人、江西11人、河南8人、湖南9人、湖北10人、贵州11人、重庆2人、四川17人、广西3人、福建5人、云南24人。

　　据2020年第七次全国人口普查资料，皋泄片合计1935人，其中新建486人、王家345人、苏家老屋234人、袁家234人、庙后庄205人、朱家191人、夹山122人、张夹岙118人。富强片合计1686人，其中毛底陈402人、毛洋周314人、童家园168人、魏家166人、陈家98人、外山头97人、富强新村94人、外王80人、里王75人、小岙里66人、毛洋新村53人、打珠岙50人、后山23人。弄口片合计231人，其中弄口154人、张黄77人。

　　因各种情况，弄口、富强的原资料散失比较严重，现仅知道原弄口村1980年共有86户/288人，1994年为102户/252人；原富强村1980年有2148人，1984年为541户/2165人，1994年为636户/2060人，其中富强大队1984年1～20生产队依次为27户/107人、37户/132人、34户/129人、44户/162人、20户/83人、17户/66人、25户/

99人,28户/112人,26户/107人,33户/112人,29户/117人,25户/104人,34户/154人,27户/112人,36户/155人,30户/134人,17户/61人,12户/38人,15户/78人,25户/103人。总体分析,在这些年中人口是正向增长的。

据现存较全的原皋泄村资料,该村1957年为350户/1452人,1962年为374户/1588人,1964年为403户/1716人,1967年为406户/1806人,1972年为470户/2086人,1977年为535户/2185人,1982年为596户/2230人,1984年为610户/2256人,1987年为678户/2302人,1993年为790户/2285人,1999年为660户/2081人,2007年为660户/1997人,2014年为656户/1942人。这种人口的曲线变化与我国的计划生育国策实施密切相关。

新建大队在皋泄公社的计划生育经验交流材料显示,1980年,新建大队有2188人,1975年前,人口出生率达到22‰,自然增长率达到12‰以上,1979年与1975年相比,人口出生率下降到11‰以下,使人口自然增长率连续几年一直稳定在6‰左右,晚婚率达到99.9%。有个别社员生了六七个女儿还要再想生儿子,结果生产队年年超支,一户要超五六百元,结果队里分配不能兑现,影响社员积极性,本人也被债压得抬不起头,对集体、对个人都造成不利影响。1978起新建大队支部认真执行计划生育政策,连续2年对计划生育中的奖罚都做了处理。1979年对13个早产多子女户倒扣工分500分,对生育间隔时间未到的6人处理250分,这些工分在年终分配时都已经扣除,对于绝育的户(原规定二女儿绝育有补助工分)也按原规定补给工分。1980年还奖励了8户独生子女每人工分300分,经过一系列工作,对全大队有生育的216对育龄夫妇都分别做了各种绝育措施。新建大队,即原皋泄村的人口在新中国成立后一直呈现正增长,即使是"三年自然灾害"时期和"文化大革命"时期,也并未受到明显的影响。

人口的增长高峰约在1990年达到峰值,至1993年起便呈现快速下滑趋势,当然,这也可能是受到了城乡融合和教育水平提高影响,逐渐有更多的村民离开故土。根据2015年底的各自然村逐户逐人调查统计,原皋泄村总人口2445人,其中在市内各城镇置商品房居住人口480人,村内实际居住人口1965人。这反映了新的户籍制度改革之后,农村人口向外流动的趋势出现了逆转,乡村振兴、交通便捷、生活富裕和城乡融合等因素作用下,农村已经不再是个生存刨食的地方,已经成为令人向往的"安居乐业"之地。

当然,对于农村人口来说,我国严格的户籍管理制度肯定是影响最大的。我国的户籍管理制度有几个明显的时间阶段,1958年以前属自由迁徙期,1954年宪法规定了公民有"迁徙和居住的自由"。1958~1978年为严格控制期,1958年和1959年的户口制度对人口流动做了严格限制,1975年宪法甚至取消了关于迁徙自由的条款。1978年以后为半开放期,1984年制定的《关于农民进入集镇落户问题的通知》对户籍政策做出重大调整,人们对户口问题的认识有了新变化。2010年5月首次提出在全国范围内实行居住证制度,则进一步深化户籍制度改革。这个变化在皋泄村的人口数据中是可以得到一些印证的。据1964年新建大队报表,当年共有403户1716人,其中男878人,女838人。当年出生72人,男女各半。当年死亡20人,男16人,女4人。当年迁入8人,迁出28人。据1980年弄口大队报表,该村当年共有86户,其中农业户84,非农业户2。共288人,其中男女各半,非农3人,新出生2个男孩。社内迁入12人、社外迁入2人。迁出省内1人、社内6人、社外4人、非农2人。

原皋洩村1962～1982年分队人口变动情况表(一)

队别	1962年		1967年		1972年		1977年		1982年	
	户	人口	户	人口	户	人口	户	人口	户	人口
合计	374	1588	406	1806	470	2086	535	2185	596	2230
1	26	92	29	108	34	123	36	132	34	120
2	14	64	15	77	17	86	19	89	22	87
3	13	60	13	69	14	73	19	81	23	83
4	11	54	34	156	38	171	41	173	24	92
5	19	81							20	79
6	25	92	24	103	30	114	32	126	39	138
7	23	96	26	100	27	111	30	114	35	118
8	24	86	23	94	24	112	29	121	33	123
9	18	80	18	94	20	106	21	108	25	111
10	18	73	16	91	20	93	26	100	25	98
11	18	62	19	72	21	93	22	83	21	75
12	19	83	20	98	23	119	30	123	31	118
13	20	68	20	68	26	95	27	95	27	94
14	14	86	18	94	20	102	27	110	30	112
15	16	56	17	63	16	66	21	81	24	90
16	19	87	21	113	25	132	30	134	37	135

队别	1962年		1967年		1972年		1977年		1982年	
	户	人口	户	人口	户	人口	户	人口	户	人口
17	19	75	17	81	24	106	25	106	27	118
18	23	79	23	84	28	95	25	102	33	109
19	15	67	17	76	19	92	22	97	29	105
20	12	64	16	73	23	94	27	101	25	101
21	18	84	20	92	21	105	26	109	32	124

原皋洩村1984～1999年分队人口变动情况表(二)

队别	1984年		1987年		1993年		1999年	
	户	人口	户	人口	户	人口	户	人口
合计	610	2256	678	2302	790	2285	660	2081
1	34	117	40	104	38	92	28	77
2	23	86	32	90	34	89	28	86
3	23	86	30	94	32	97	28	91
4	24	93	30	96	32	96	27	80
5	21	77	27	76	30	77	24	71
6	40	144	50	147	48	148	41	137
7	35	118	41	119	42	110	36	106
8	35	124	43	125	40	124	37	112
9	26	115	33	114	36	117	32	100
10	25	99	32	101	35	102	30	99
11	23	81	29	86	33	96	29	93
12	33	116	42	122	43	124	44	111
13	26	87	32	88	34	95	26	88
14	30	112	42	113	43	111	36	112
15	24	86	30	84	32	84	24	69
16	59	143	47	149	47	143	41	132

队别	1984年		1987年		1993年		1999年	
	户	人口	户	人口	户	人口	户	人口
17	39	115	33	121	33	118	28	111
18	27	113	41	114	41	110	32	95
19	35	108	39	113	39	120	33	102
20	30	106	36	108	37	99	31	95
21	32	130	39	138	41	133	35	114

第二节　人力资源

　　旧时,村民从业主要为农业,从事竹、木、泥、漆、石等手工业者,也基本不脱离农业。因为农业的特殊性,村民男女老少均可参与劳动,女性相对从事家庭副业为多。

　　新中国成立初期,中国共产党领导的合作化运动本质上是一场变革农村经济制度的革命运动,它引导农民从私人占有、分散经营的个体经济逐步转变为集体所有、集体经营的社会主义性质集体经济,深刻改变了农村的经济关系和劳动力组合形式。农村生产关系的变革,特别是所有制的变革,对农村生产发展和农民生活产生了重要的影响,皋泄村也概莫能外。

　　因为计划经济和缺乏市场,在相当长一段时期内,皋泄村只有充分利用当地的自然资源、经济资源、剩余劳动力和群众的技术基础,发动社员勤劳生产,扩大副业生产范围,发展多种经济,才能保证合作社的增产和社员收入的增加,对劳动力的充分利用是其中最重要的手段。新中国成立后,男女平等,女性逐渐成为重要劳力。如1980年1月25日新建大队第7生产队先进事迹材料显示,"在使用妇女劳动力时,按她们的不同特点,合理安排农活,尽量让她们做一些轻的较近地方的农活,考虑有些妇女家务重,有时放工时尽量让妇女早些回家,在包挖番薯等农活中还实行男女同工同酬,1979年初还对妇女工分做了一次调整,普遍提高了妇女的劳动报酬,从而提高了妇女的劳动积极性",但在重体力劳动时,男女的劳动报酬还是有明显区分的。据富强村原山林队长周国钧的口述回忆:"富强水库都是以我们自己为主投工投钱,县里偶尔有支持一些。最早是唐高岭水库、后山小水库,再是毛洋周、打珠岙、里王3个最大,文夹岙、陈家、魏家、方家等10多个。当时建水库最要紧的是夹心墙,走上去有10多米,真是太苦了,吃不消啊,也没有现在讲的激励措施,而且土里带水,太重了,妇女根本参与不了,男女工分怎么可能一样啊。"

　　劳动力的统计还有个"整半劳动力"的重要指标,农村家庭整半劳动力指农村常住居民家庭成员中有劳动能力并经常参加实际劳动的人员,是生产的基本要素指标之一,是发展生产、增加农民家庭收入的重要源泉。半劳动力指男子16～17周岁,51～60周岁;女子16～17周岁,46～55周岁,同时具有劳动能力的人。虽然在劳动年龄之内,但已丧失劳动能力的人,不应算为劳动力;超过劳动年龄,但能经常参加劳动的人,计入半劳动力数内。直到1994年,官方仍然在充分统计各村各户的劳动力情况。

1994年《白泉镇志》记载分村人口情况

村别	户数	人数	劳动力
弄口	102	252	162
富强	636	2060	1368
皋泄	775	2273	1334

《舟山日报》1958年5月28日刊发顾树深的《省力省时、利社利群,新建社采取集体购粮办法》报道:"生产'大跃进'的关键之一是善于充分发挥劳动利用率。定海县皋泄乡新建农业社,为了实现亩产千斤粮的跃进指标,除了积极从生产方面寻找窍门以外,还尽量采取措施,减少社员买粮时间,让社员们有更充分的时间投入生产。新建社的措施是:从5月份起,以社为单位集体向粮站购粮,由社管理委员袁忠成负责把各购粮户的粮票和钞票于头一天晚上收好,第二天拉着小车去粮站购买,当晚就分给各户。半个月以来共计购粮4000多斤,如每天以节省20个劳动力计算,就能节省300个劳动力,大大有利于当前生产和增加社员劳动工分,群众反映很好,如十一小队单身汉袁才明说:'过去三天要半天买米,现在现成向社里领取,真好极了。'又如60多岁的五保户章夏来说:'现在粮食会送上门来,真是好足了,我一定要管好毛竹山!'这个社的集体购粮办法准备坚持到早稻登场。"可见当时对于劳动力的统筹使用、精确计算到了何种地步。

据《舟山日报》1980年7月2日陈荷女采写的《富强大队运用经济手段搞好杨梅采摘》:"定海县皋泄公社富强大队在杨梅收摘前,落实了定人员、定任务、定奖赔的'三定'制度,力争今年杨梅增产增收。……定任务,落实奖赔制度。根据市场销售情况,把任务分配落实到每个小组,然后按数量质量过秤验收记工,每个人员完成摘杨梅60斤,拣杨梅80斤,如验收合格记工分10分,超过的按数量奖励60%,质量不合格、数量完不成的赔30%,到杨梅期满进行兑现。"据1980年1月25日新建大队第7生产队先进事迹材料:"第7生产队是一个人口多、土地少的地方,全队112人,水旱地总共59亩,平均每人不到5分土地。自1968年以来粮食产量稳产高产,1978年粮食产量超双纲,1979年在不重干旱情况下,总产量还比1977年增8551斤,粮食亩产1456斤,社员在吃足基本粮的基础上,每工还分按劳粮1斤,1968~1977年每人平均收156.4元,全年分配现金8000元。全队总工分16万分,每工工值1.08元,最多分得现金的人家在700多元。"据朱春水回忆:"当时,阿拉都是在生产队里干,每天忙忙煞,做10个工分,到年底,扣除柴钿、谷钿,到手所剩无几,种点地头货,倘若拿到集市上去卖,就要被当作资本主义尾巴割掉。"虽然工分分值不多,但那都是一点一滴血汗常年汇成的涓滴。现将收集的部分劳动力统计报表附载于此,以作纪念。

富强大队1984年劳动力统计年报表

生产队	全部男女整半劳动力															
	合计	其中			在合计中											
		女劳力	劳动年龄外	城镇落户	农业	林业	牧业	副业	工业	建筑业	运输邮电业	商业服务业	教卫福利	行政管理	外出临时工	自行外出	其他
	1422	646	49	612	557	20	426	177	91	25	14	18	11	6	7	12	58
1	73	31	3	—	33	1	20	8	2			3					6
2	77	37	9		31	1	17	9	2			2	2		1		7
3	99	45	3		41	1	30	10	6	2	1	2				1	5
4	95	45	5	1	36	1	29	8	4	3	3	2		—		1	8
5	60	27	2		27	—	18	5	5	—		4	1				—
6	42	19	1		17		15	3	2	1		—				2	2
7	59	25	1	1	17	1	20	7	8	2		1	1	1			1
8	78	37	—	1	26		25	9	13	1	1		1			2	
9	67	26	1		26	2	26	1	6	2	1					1	3
10	71	32	2		21		17	15	8	3		1	1				3
11	76	33	4		24	1	22	20	4	3		1					1
12	69	33	1		21	1	18	20	6	1						2	
13	98	49	3	2	43	1	32	5	8	1	1		—	2	1	2	2
14	78	37	2		32	—	24	7	5	1	—	—	1	1	1	1	5
15	96	46	1		36		31	17	6	—	1		—	1	1		3
16	88	42	2		38	3	25	10	2	2			1		1		6
17	40	14	1	—	17	—	13	5	—	—	3			—		1	1

续表

生产队	全部男女整半劳动力																
	合计	其中			在合计中												
		女劳力	劳动年龄外	城镇落户	农业	林业	牧业	副业	工业	建筑业	运输邮电业	商业服务业	教卫福利	行政管理	外出临时工	自行外出	其他
	1422	646	49	612	557	20	426	177	91	25	14	18	11	6	7	12	58
18	22	7	2	—	12	—	6	2									2
19	59	23	2	—	25	4	18	8	1	1	1	1					—
20	75	38	4	1	34	2	20	12	1		2	2				1	1

新建大队1984年劳动力统计年报表

生产队	全部男女整半劳动力																
	合计	其中			在合计中												
		女劳力	劳动年龄外	城镇落户	农业	林业	牧业	副业	工业	建筑业	运输邮电业	商业服务业	教卫福利	行政管理	外出临时工	自行外出	其他
	1097	471	—	—	570	26	310	96	42	5	20	4	6	9	—	9	—
1	43	20	—	—	28	1	12	2	—	—	—	—	—	—	—	—	—
2	45	17	—	—	20	—	15	6	—	—	1	1	1		1		
3	41	17	—	—	17	—	15	6	—	—	3	—	2		2		—
4	56	32	—	—	28	1	17	4	2	—	2	—	1				—
5	43	20	—	—	19	1	16	4	2	—	—	—	—	—	—	—	—
6	66	31	—	—	41	4	12	2	5	—	—	1	1				—
7	61	29	—	—	39	1	11	6	—	—	1	1	2		2		—
8	60	25	—	—	36	2	10	4	2	1	1	1	1	1		1	—
9	55	25	—	—	27	2	11	10	2	—	3	—	—	—	—	—	—
10	48	15	—	—	18	1	13	11	2	—	2	—	—	—	—	—	—
11	38	16	—	—	5	1	14	6	7	—	3	—	—	—	—	—	—

续表

生产队	全部男女整半劳动力																
	合计	其中			在合计中												
		女劳力	劳动年龄外	城镇落户	农业	林业	牧业	副业	工业	建筑业	运输邮电业	商业服务业	教卫福利	行政管理	外出临时工	自行外出	其他
	1097	471	—	—	570	26	310	96	42	5	20	4	6	9	—	9	—
12	58	23	—	—	32	1	18	4	2	—	1	—	—	—	—	—	—
13	40	14	—	—	20	3	13	2	2	—	1	—	—	—	—	—	—
14	65	31	—	—	32	1	18	4	7	—	1	—	—	2	—	2	—
15	39	18	—	—	20	1	15	2	1	—	—	—	—	—	—	—	—
16	65	23	—	—	38	2	19	1	2	—	1	—	—	1	—	1	—
17	53	25	—	—	27	1	17	6	—	—	1	—	—	—	—	—	—
18	53	20	—	—	30	1	16	5	—	—	1	—	—	—	—	—	—
19	55	23	—	—	28	1	16	5	2	1	1	—	—	—	—	—	—
20	49	20	—	—	24	—	15	4	2	—	2	—	—	2	—	—	—
21	64	27	—	—	41	1	17	5	—	—	—	—	—	—	—	—	—

弄口大队1984年劳动力统计年报表

全部男女整半劳动力																
合计	其中			在合计中												
	女劳力	劳动年龄外	城镇落户	农业	林业	牧业	副业	工业	建筑业	运输邮电业	商业服务业	教卫福利	行政管理	外出临时工	自行外出	其他
185	83	11	—	48	3	30	43	19	9	—	—	—	—	—	—	—

新建大队1974年各队劳动力统计表

队别	总劳力	男劳力			女劳力		
		合计	正	半	合计	正	半
全村	1027	593	494	99	434	390	44
1队	54	30	25	5	24	17	7
2队	41	24	22	2	19	18	1
3队	39	21	16	5	18	13	5
4队	42	23	17	6	19	16	3
5队	37	20	16	4	17	15	2
6队	50	33	30	3	17	15	2
7队	59	34	29	5	25	25	/
8队	59	37	28	9	22	21	1
9队	53	25	23	2	28	26	2
10队	39	25	22	3	14	14	/
11队	42	21	19	2	21	19	2
12队	60	34	32	2	26	24	2
13队	47	27	21	6	20	19	1
14队	53	31	24	7	22	20	2
15队	35	20	17	3	15	15	/
16队	61	37	32	5	26	22	4
17队	48	23	21	2	25	23	2
18队	46	31	23	8	15	12	3
19队	51	32	26	6	19	19	/
20队	48	29	21	8	19	19	/
21队	59	36	30	6	23	18	5

第三节 人均寿命

旧时,由于居民生活贫困,又没有一定的医疗条件,因此人的寿命一般都比较短。据本村《王氏宗谱》记载,在清乾隆至光绪年间,有生卒年庚记录的,取得不同功名的5人,应该说其家庭生活条件不会太差,但是寿命却都较短,其中3名还不到30岁就去世了,只有一人活到53岁,也算是长命者了,活到60岁已属长命,所以自古有"年满花甲是福气,人生七十古来稀"之说。一些老人也经常提起,新中国成立前白鹤庙谢年时,60岁以上男人参加聚餐,皋泄和弄口仅有几桌人,只有30人左右。新中国成立后,随着人民生活水平提高和医疗条件改善,寿命不断延长。现在群众说:"六十小弟弟,七十多来兮,八十勿稀奇,九十身体健,百岁老人也可见。"

皋泄山清水秀、空气新鲜,益于长寿,据1990年第四次全国人口普查,原皋泄村有90岁以上长寿老人3人。

1990年第四次全国人口普查90岁以上长寿老人

姓名	性别	年龄	出生年月	家庭住址
马玉英	女	92	1903年1月	皋泄村王家路28号
苏梅英	女	94	1901年7月	富强村毛底陈10队
王杏花	女	91	1904年5月	富强村毛底陈7队

据朱应德先生于2000年5月统计,原皋泄村60周岁以上老年人为304人,其中90岁以上长寿老人只有1人,而到2016年5月止,60周岁以上老人达到570多人,16年间增加了近270人,为2000年的1.9倍。90岁以上长寿人为18人,其中还产生一名百岁老寿星。这些长寿老人,大多身体健康,生活尚能自理。

根据舟山市的历年统计报表,随着社会经济条件的不断改善,舟山人的期望寿命也处于不断上升之中。2005年舟山人均期望寿命达到75.11岁,2000年为72.11岁,均超过全省和全国平均水平。2016年舟山市居民期望寿命为79.69岁(比2015年增加0.11岁),其中男性77.33岁,女性82.14岁。2017年舟山市居民期望寿命为

79.82岁（比2016年增加0.13岁），其中男性77.32岁，女性82.45岁。2022年5月，舟山市疾控中心根据2021年监测数据的统计分析，公布舟山2021年人均期望寿命为81.45岁。其中男性78.95岁，女性83.99岁。舟山市人均期望寿命首次超过81岁，远高于世界卫生组织发布的全球期望寿命73.3岁的水平，达到世界发达国家水平。

截至2022年5月，利用2020年人口资料统计分析，全村共有85岁以上老人153人。百岁以上老人3人，均为女性，原3个村各1位。95～99岁以上老人12人，男4人，女8人，其中富强占9人，皋泄3人。90～94岁以上老人51人，其中男23人，女28人，其中皋泄29人，弄口3人，富强19人。85～89岁以上老人88人，其中男43人，女45人，无明显差异。

2023年皋泄村高寿老人名录表

序号	姓名	性别	出生年月	户籍详址
1	刘根娣	女	1922年10月	弄口路39号
2	周满香	女	1922年12月	毛洋周路82号
3	徐瑞娣	女	1924年2月	毛底陈路141号
4	袁梅菊	女	1926年2月	皋泄王家路4号
5	陈杏云	女	1926年11月	富强外王路14号
6	沈孝瑞	女	1928年5月	富强陈家路5号
7	王夏娟	女	1928年8月	皋泄新建路82号
8	王红雅	女	1928年9月	富强魏家路11号
9	周善定	男	1929年4月	皋泄王家路35号
10	杨彩珍	女	1929年7月	皋泄王家路69号
11	陈文元	男	1929年11月	富强陈家路5号
12	周行业	男	1929年11月	弄口路16号
13	苏梅菊	女	1930年1月	富强打珠岙路5号
14	王阿雪	女	1930年1月	毛洋周路25号
15	王仲华	男	1930年6月	皋泄新建路128号
16	何菊仙	女	1930年10月	毛洋周路19号
17	陈姣娣	女	1930年11月	皋泄袁家路75号
18	胡玉花	女	1930年12月	皋泄新建路78号

续表

序号	姓名	性别	出生年月	户籍详址
19	王云仙	女	1931年2月	富强外王路3号
20	王阿忠	男	1931年4月	富强里王路32号
21	王秀郎	男	1931年5月	皋泄王家路26号
22	韩三花	女	1931年8月	毛底陈路60号
23	王翠菊	女	1931年8月	皋泄新建路88号
24	朱爱娣	女	1931年11月	富强魏家路23号
25	任凤仙	女	1932年3月	皋泄袁家路11号
26	韩友娣	女	1932年6月	弄口张黄路32号
27	王良华	男	1932年9月	皋泄庙后庄路89号
28	唐彩娣	女	1932年12月	皋泄庙后庄路95号
29	高阿雪	女	1932年12月	皋泄庙后庄路89号
30	周国友	男	1933年6月	毛洋周路31号
31	蒋阿菊	女	1933年8月	皋泄朱家路10号
32	朱阿钦	男	1933年9月	皋泄夹山路19号
33	周行祥	男	1933年10月	富强后山路10号
34	舒阿花	女	1933年10月	富强魏家路2号
35	朱爱娣	女	1933年11月	皋泄朱家路18号
36	朱金大	男	1934年1月	皋泄夹山路16号
37	江秀玉	女	1934年1月	毛底陈路62号
38	朱秋菊	女	1934年1月	毛底陈路29号
39	周阿根	男	1934年4月	皋泄张夹岙路42号
40	王财宝	男	1934年7月	弄口路29-3号
41	宋杏最	女	1934年8月	皋泄张夹岙路18号
42	陈荷英	女	1934年8月	毛洋周路96号
43	张银龙	男	1934年8月	富强童家园路40号
44	张贤宏	男	1934年9月	弄口张黄路9号
45	董瑞花	女	1934年10月	富强毛洋新村路15号
46	魏根芳	男	1934年11月	富强魏家路32号

续表

序号	姓名	性别	出生年月	户籍详址
47	王菊彩	女	1935年1月	皋泄新建路122号
48	王定益	男	1935年1月	弄口路40号
49	张珍珊	男	1935年2月	弄口张黄路13号
50	舒云花	女	1935年2月	毛底陈路66号
51	刘美丽	女	1935年2月	皋泄苏家老屋86号
52	陈富贵	男	1935年3月	毛底陈路91号
53	周瑞英	女	1935年4月	毛洋周路27号
54	陈小娘	男	1935年4月	富强陈家路23号
55	舒阿素	女	1935年5月	毛洋周路31号
56	顾凤仙	女	1935年7月	富强里王路20号
57	舒阿菊	女	1935年9月	皋泄苏家老屋30号
58	周最花	女	1935年10月	毛洋周路59号
59	张杏梅	女	1935年12月	富强外王路30号
60	蔡阿雪	女	1936年12月	富强毛洋新村路14号
61	蔡来花	女	1936年1月	富强陈家路33号
62	庄恩态	男	1936年1月	皋泄庙后庄路63号
63	袁俊伏	男	1936年8月	皋泄袁家路45号
64	周桂花	女	1936年9月	毛洋周路10号
65	乐杏娣	女	1936年10月	富强魏家路46号
66	章雪嫁	女	1936年10月	富强魏家路32号
67	朱小富	男	1936年10月	皋泄夹山路14号
68	唐阿德	男	1936年11月	富强小岙里路17号
69	周如夫	男	1936年12月	毛洋周路1号
70	张苗于	男	1936年12月	富强童家园路51号
71	袁根娣	女	1937年1月	皋泄新建路1-1号
72	张于立	男	1937年1月	富强童家园路8号
73	袁英花	女	1937年1月	毛底陈路110号
74	王彩仙	女	1937年2月	富强陈家路26号

续表

序号	姓名	性别	出生年月	户籍详址
75	袁忠岳	男	1937年2月	皋泄袁家路19号
76	夏文花	女	1937年2月	皋泄朱家路32号
77	袁才毛	男	1937年5月	皋泄新建路119号
78	庄珠珍	女	1937年5月	皋泄新建路89号
79	王成旦	男	1937年10月	富强里王路14号
80	陈爱珠	女	1937年10月	毛底陈路114号
81	张杏月	女	1937年11月	富强童家园路28号
82	朱明朗	男	1937年11月	皋泄张夹岙路16号
83	傅杏珠	女	1937年12月	毛底陈路122号
84	刘养菊	女	1937年12月	富强新村10号
85	朱振斌	男	1937年12月	皋泄朱家路64号
86	章雅素	女	1938年1月	毛洋周路46号
87	邵杏英	女	1938年1月	毛洋周路70号
88	张初菊	女	1938年2月	富强小岙里路17号
89	苏观新	男	1938年2月	皋泄苏家老屋38号
90	陈观富	男	1938年3月	皋泄张夹岙路19号
91	舒宽宏	男	1938年3月	富强新村10号
92	袁善耐	男	1938年5月	皋泄王家路15号
93	陈秀娣	女	1938年4月	弄口张黄路13号
94	张全忠	男	1938年7月	富强童家园路13号
95	朱夏利	女	1938年7月	皋泄新建路35号
96	王秀座	男	1938年7月	皋泄王家路37号
97	周养花	女	1938年8月	毛底陈路59号
98	王其芬	男	1938年9月	皋泄新建路118号
99	陈志忠	男	1938年9月	毛底陈路110号
100	朱明权	男	1938年12月	皋泄朱家路32号
101	朱运徐	男	1938年12月	皋泄朱家路37号

备注:此表中人名数据截止至2023年5月30日。

孝敬进村规　养老有保障

张文亚

定海区白泉镇皋泄村有这样一项村规——凡为60岁以上老人提供标准家庭供养的人家，就可被评为"孝敬户"，并上墙公布。"这项村规还是在'一心为民好书记'朱缀绒在世任职时定下的，至今已有六七个年头了"，皋泄村党支部书记朱云业感触颇深地说。

尊老养老是中华民族的传统美德，怎样让农村老人也像城里的老人一样老来无忧，过上富庶安定的晚年生活？皋泄村党支部、村委会和村老年协会动足了脑筋。他们根据本村实际，把老年人家庭供养的标准定为每人每年1000元。有了这笔钱，老人们基本能过上温饱的日子。

荷珠阿婆的孝顺儿孙

81岁的翁荷珠阿婆，这几年日子过得既舒坦又开心，她自豪地说："因为我有一群十分孝敬的儿孙。"荷珠阿婆有5个儿子，自从阿婆的丈夫去世后，就由儿子们赡养，每个儿子每年分别拿出300元钱给她养老，这笔钱从未欠过，一般由大儿媳妇杨彩云收拢后一起交给老人。荷珠阿婆住的小屋清爽整洁，紧靠儿子们的家，有啥事喊一声就能听得见。但她喜欢单独过，自己烧饭吃。她说自己还能动，不想给儿孙添麻烦。儿子家有什么好吃的都会送过来，老人有时也会到儿子家去凑凑热闹，兴致来了还会到某个儿子家里去小住一阵，这多半是儿媳盛情相邀的结果。阿婆常说，儿子好不算好，媳妇好才算好。我的几个媳妇再好没有了。有了儿媳做榜样，孙子孙女们对老太太也尊敬备至，不管谁从哪里回来，总要来看看老奶奶，带些点心水果或留些钞票。但老人认为这些都不重要，重要的是儿孙们能记着她，能常回家看看，陪她说说话。

幸福老人四世同堂

周永绥和老伴戴林娣是村里一对有名的幸福夫妻。两位老人均已年逾八旬，却与儿孙四世同堂没分家,老人晚年的日子过得其乐融融,有滋有味。

周家住在小山腰上,通往定海城里的大马路就从周家的山脚下经过。周家房子不小,小院水泥道地,被老人打扫得干干净净。林娣老太尽管已经82岁,但她眼不花,耳不聋,反应灵敏,且很健谈。

林娣老太的儿子叫周长友,是个体司机,也是家中的顶梁柱。他们一家人个个勤劳能干。老太每天清晨起床,吃好儿媳烧的早饭,等一家人都外出干活走了,她便开始做些力所能及的家务事,如扫地抹灰,洗小件衣服,淘米烧饭等。老人认为,养大的儿子就是他们俩晚年的"劳保",儿孙辈都这么孝敬,自己帮他们做些细碎活计也算锻炼身体了。老太太胆囊不好,时常要去看医生,这笔钱由儿子另外支出。儿媳除了负责给老人添置衣物之外,还负责陪老人看病。林娣老太说,儿孙的孝敬往往体现在这些地方。

这里夕阳无限好

在皋泄村,像翁荷珠、戴林娣这样晚年供养得到保证的老人有300多人,占全村60岁以上老年人口的95%左右,个别老人或因子女不孝,或因子女外出打工一时失去联系,目前尚未达到供养标准。但他们一直受到村党支部、村委会和村老年协会的重视,经常有人上门看望,帮助解决实际困难。

厚德载物,行稳致远。多年来,皋泄村靠着"定期公布孝敬户"的村规,让老年人的生活在法律保障基础上,让后辈孝顺有了道德规范的约束。

编者按:此文发表于《舟山晚报》2005年6月28日第12版。

延伸链接

长寿老人"长寿经"

朱应德

长寿老人一般有三个共同特点:

一是终年劳动不辍,从小挑起艰苦的生活担子,练就一副强健体魄,其中不少人至今仍劳作不息。

二是性情开朗,不为琐事而烦恼,不为生活中的不幸遭遇而丧失生活信心。

三是日常生活清淡,大多粗茶淡饭,素食为主,"青菜萝卜糙米饭,瓦壶天水野山茶",这是大多数长寿者的基本生活规则。

朱杏姐,女,生于1916年7月,现年100岁,住下袁新建路34号,老人19岁结婚,生育一男五女,今有孙辈6人,四代同堂。她记忆力强,口齿清楚,为人温和,心情开朗,近年才有些耳聋目糊,三五年前还在种植自己爱吃的荞麦、玉米及蔬菜之类,还将自己多余的蔬菜拿到村里菜市场出售,所以身体一直健康,不但能生活自理,而且给多病的儿子烧饭、洗衣。她饮食以大米为主,爱吃杂粮,吃自种蔬菜为主,虽近来因摔了一跤有些不适,由其女儿陪伴服侍,但精神尚好,还能坐着健谈不休。

王阿宝,女,生于1918年11月,现年98岁,住庙后庄路69号,生育四个儿子,今有孙辈18人,四世同堂。她心情随和,不易发脾气,至今仍耳聪目明,身体健康,主食大米,少量面食,除念经时素食外,平时以蔬菜为主,鱼肉搭配,爱走动,到白泉去儿子家时喜欢来回步行,去年不慎摔伤复原后,除在家念经外,仍会到自己村庄周围活动。

袁云仙,男,生于1919年11月,现年97岁,住皋岭下王家路54号,从小务农,年老后仍然种植自食蔬菜。待人和气,夫妻间和睦相处,从来不发生争吵,生活简朴,不吸烟,不喝酒,记忆力较强,讲话清楚,听力如常,虽有眼睛略花,身体尚健康,天气好时,还会在屋前公路上走动,生活能自理,子女们为让他吃得新鲜些,中、晚两餐伙食由村居家养老服务中心食堂供送。

高珠花,女,生于1921年10月,现年95岁,住夹山路35号。老人只生育一个儿子,她心地善良,性格温和,从来不发脾气,平时以素食为主,有时少量吃些鱼肉之类,身体健康,耳聪目明,直到如今还会在自留地上去种些零星蔬菜,平时以念经为主,经常在自家附近散步活动。

编者按:此文收录于2016年版《古今皋泄》。

第四章 基础设施

第一节　水利建设

村内多山,水资源比较丰富,宋《宝庆昌国县志》有白泉湖(万金湖、富都湖)、东湖等湖泊潴水灌田之记载,其西南位置大约近弄口。但囿于山低溪流短,时人全凭拦堤筑碶而蓄水,靠围海造田而增加耕地。新建地处东皋岭下的山岙中,三面环山。中间平坦地窄小,岙内耕地以山地为主,只有少量水田。富强与弄口则有较多水田,分布在各小山弄的梯田,过去都是靠天田,更不要说大旱之年,就是一般旱情也会造成收成难保。就是在长沟畈等外洋畈水田,也全靠河水灌溉,遇到旱年难免减产,大旱之年甚至会颗粒无收。

新中国成立后,政府倡导大兴水利,造水库,挖河道,凿水井,水利条件渐趋优裕。自1956年开始兴修山塘水库,经过20余年的艰苦奋斗,投放劳动积累工达70余万工。建成大小水库10座、山塘13座,截弯理直了童家园门前的河道,修建了机耕路,基本达到了旱涝保收。弄口村的凉潭常年蓄水780立方米,灌田400余亩,池水亢旱不干,后接入自来水网。据原富强村水利员舒国通回忆,唐鑑岭的山塘是全市第一座水库,1958年完工。原富强村书记舒宽宏说,"富强最大的财富是水库,三个大水库加上几只小水库,当时大造水库,如钱铜岭(里王)水库、毛洋周水库,唐鑑岭水库是第一个"。

民间水井方面,居民素有凿井取地下水饮用习惯。旧时村村有公用水井,富有人家院内即凿井取水。著名者有毛洋周孟家井、外山头高白井,水质优,旱年仍可供应附近3个小队的用水。新中国成立后由当地驻军率先开掘坑道井,采集地质构造中第四纪孔隙水,基岩裂隙。现有较大的坑道井3眼,位于苏家、弄口和毛洋周。1968年5月从天台引进大锅锥凿井工具,在大胜村首凿成功,凿井方法既安全又省力,境内现有3眼。1970年后原富强村的男劳力在农闲时节利用这一技术外出赚副业钱,据周国钧介绍,"当时村里消息灵的,每年6~7月忙完地里的活,我们就一起出门打井,赚点钱顶些工分,钱归个人的","桃花岛的石头特别硬,还是枸杞岛的松,毛洋周的井打得最大,在大树婆婆下面,7米多深,120平方米"。

全村水库山塘分布表

库名	所在地	建造时间	集雨面积（平方千米）	蓄水量（万立方米）	塘坝		
					顶长（米）	顶宽（米）	高（米）
库容10万～100万立方米的水库							
庙后庄	庙后庄岙	1981年	0.5	37	183	4	18
贾施岙	贾施岙	1972年12月	0.49	17	200	4	13
毛洋周	富强毛洋周	1977年12月	0.34	15	210	5.5	15.5
打珠岙	富强打珠岙	1973年3月	0.29	19	125	5	16
里王	富强里王	—	0.17+0.15	11	174	3	14
库容1万～10万立方米的水库							
夹山	夹山	—	0.45	2.7	90	3	7.5
皋岭	东高岭下半岭里	—	0.5	1.1	75	6	9
小山弄	张夹岙	—	0.13	1.2	80	2.5	10
毛底陈	富强毛底陈	—	0.16	1	73	1.5	9
唐高岭下	富强魏家	1958年	0.03	1.5	60	2	8.5
库容<1万立方米的山塘							
道(稻)泥湾	道(稻)泥湾		0.05	0.7	65	2.5	6
上袁	上袁岙里	—	0.2	0.6	120	3	8
上弄	上弄	—	0.03	0.6	60	3	7.5
张本岙	张本岙		0.1	0.4	80	3	8
小山东弄	张夹岙		0.04	0.3	60	6	5
小湾弄	张本岙		0.05	0.5	42	3	5
小岙	富强小岙		0.09	0.3	60		5.5
陈家岙	富强陈家		0.01	0.25	36	—	3.2
里王大岙	富强里王	—	0.03	0.34	30	—	6
新夹岙	富强	—	0.11	0.7	50	1	6
钟夹岙	富强	—	0.05	0.3	22	1	6
沙雨弄	富强	—	0.08	0.3	27	1.5	4.7
闻家岙	富强	—	0.03	0.6	60	1	5

全村旱碶一览表

闸名	形式	基础情况	高度（米）	孔数	孔径（米）
富强胜利碶	插板	砂隔	0.83	1.45×2	1.65
大桥头碶	插板	软基	2	1	2
童家园碶	插板	砂隔	1.5	2	1.8×1.9
毛家门褉	下圳上碶	砂隔	0.4	2	0.5×2
过溪埠碶	下圳上碶	砂隔	0.4	3	0.5×3
潮面门口碶	砼碶板	砂隔	0.4	4	1.4×2
下孔打碶	插板	泥质	3	2	2.7×2
皋泄旱碶	砼碶板	泥质	2.5	4	2×2

第二节　道路交通

　　旧时交通不便，乡人行旅货运，皆靠步行肩挑。官绅、商贾出行，或乘轿，或兜子，均赖人力扛抬。清末之前，没有公路，来往城乡只分干路与支路、乡间小路，干路一般均为集资或由富裕良善人家投资修建石弹路，宽不及1米。毛洋周片组长周利华说："毛洋周到大洋岙的红毛冲的石弹路由毛洋周二房搬迁到汉口的周阿孙(音)老板(应为周裕坤)出资修建，清朝光绪皇帝时他在汉口靠开窑厂发财，不忘乡里。"

　　本村来往甬东有唐鑑岭、沈公岭、寺路岭或东皋岭，来往吴榭经洩岭或万岭、深坑岭、前(钱)洞岭(万寿寺)，从皋泄至白泉为方岭、苦竹岭，至北蝉则走龙堂岭。过东皋岭的石弹路为王氏、袁氏、朱氏、庄氏等共修，之前也可能由明之前居民修筑。另有毛底陈至小洋岙过岗的石弹路为陈氏族人修筑，时代估计为清乾隆间。

　　为方便行人，干道中多有凉亭，并备有茶缸，供行人歇脚解渴。新中国成立前，村内有凉亭3座，另有定香庵、静心庵等亦充作休息之处。其中万寿亭在小茅洋，清宣统年间建；大王桥亭在皋泄，清光绪年间建；永福亭在白泉与皋泄界路中，1913年建。上述凉亭，解放初政府曾逐年拨款维修。60年代后期，因修筑机耕路，各村拓宽旧路，拆除凉亭，以通拖拉机。1991年后，旅居海外及港、台邑人捐资和群众集资，修筑村道，铺浇水泥路面。凉亭目前均已拆除，其中万寿亭迁到了外山头的财神殿内。

　　因山溪众多，为方便行人，多建有古桥。自皋岭往东，依次为木龙桥、太平桥、皋桥，至弄口有顾家桥、石桥，自唐鑑岭往北依次为小茅洋桥、棕榈树桥、乌石山桥，多为石质，少数竹木构架。另外，土桥头在谢家门口有石桥，毛底陈有甩龙桥。近60年经兴修水利、改造河道、修筑公路，多数旧桥或废弃，或改道，或建钢筋水泥桥取代，或因开掘新河另筑新桥。目前毛洋周小茅洋桥、毛底陈甩龙桥、皋泄金水桥、富强饭桶桥、弄口棕榈树桥的石桥尚存。

境内现有民间桥梁一览表

桥名	桥址	结构	建造、修建年月
饭桶桥	富强	石桥	清代建
小茅洋桥	毛洋周	石桥	清代建
甩龙桥	毛底陈	石桥	清代建
金水桥	皋泄	石桥	清代建
棕榈树桥	弄口	石桥	清代建
陈家桥	富强陈家	钢砼	1975年新建
童家园桥	富强童家园	钢砼	初建于清，1975年重建
土黄桥	富强	钢砼	1975年新建
土潭桥	富强	钢砼	1975年新建
陈家桥	富强	钢砼	1975年新建
朱家桥	皋泄	钢砼	民国初建，1957年重建
金家桥	皋泄	钢砼	1978年新建
笔家山桥	皋泄	钢砼	1978年新建
白鹤庙桥	皋泄	钢砼	1978年新建
小麦坑桥	皋泄	钢砼	2022年重建
柿树湾桥	皋泄	钢砼	2022年重建

1940年6月至次年2月，侵华日军为加强对境内的控制，在"清乡扫荡"时强迫民众修筑从定海县城经三官堂至白泉、西码头的13公里军用公路，即现"三西线"。省道定西公路（三西线）白泉段，自唐高岭经毛洋周至白泉村，宽10～14米，原路路线弯曲，路基坡陡。1953年起，先后5次降坡延伸、取直、拓宽，1987年浇铺沥青路面。2003年9月30日，73省道定海至西码头公路建成通车，工程全长12公里，总投资8300万元。

1949年7月，国民党又强迫村民修筑宽3.5～5米的军用公路，在日军所修公路的基础上拓宽新东门至白泉公路，长8.87公里；新修东湾至皋岭下公路，长2.64公里；新修毛洋周至皋岭下公路，宽3～5米，长3公里；新修弄口至白鹤庙公路，长0.6公里，宽3～5米。新中国成立后，经军民集体修筑，东湾至皋岭下公路与弄口至白鹤庙公路相接，该条公路在村庄中心穿越而过，根本没有拓宽的余地，对村民的出行存在一定的安全隐患。1978年，本村在造田改溪时，将庙后庄至下袁该段公路，改道到笔架山下至上袁门口的一条直道公路。1995年原皋洩村开始逐步进行村道的改造，村集体由于资金有困难，就发动村民每人捐资50元，修建成一条长达两公里的沥青路。后因沥青路容易损坏，需经常维修，所以自1999年开始，又将这条面积达7000多平方米的主干道逐段改成水泥路。2001年，随着东皋岭隧道的建成通车，从弄口至隧道口近2公里的329国道公路，修成了双向二车道的沥青路。2006年，随着东皋岭隧道复线的贯通，该条公路又进行了拓宽重修，最终被拓宽到40多米，建成四车道的一级公路，2008年，73省道东皋岭段拓宽成为双向隔离车道，2013年，73省道白泉段又实施了改建工程，整体面貌焕然一新，整个生态廊道与城市道路已经相差无几。现因329国道线改道成为"东西快速路"，该路段成为舟鲁线的一部分。

20世纪90年代后，各自然点的村民都自发组织修建村道，集体只给予少量的补助，使本村所有自然点的村道，在20世纪末实现了全面硬化。其间旅外同胞纷纷捐款，如美籍华人周秀文先生捐资6万元修建毛洋周路，由周国钧总负责。但是因为修建水泥路时缺乏技术标准，致使路面受到了严重的损坏，因此于2000年前后，对损坏严重一些的村道，由村集体组织通过向上争取资金，或借水库除险加固、部队海防道路修筑、农业园区升级改造等机会，多次进行拓宽重修。1997年修筑长200米、面积600平方米的柿树湾道路。2000年周国钧担任富强村书记期间，利用以前的一些熟面孔到处讨钱化缘，牵头修筑毛洋周到里王的水泥道路。2006年，400米长的张本岙路，400米长的苏家路，400米长的殷家岙路相继拓宽修筑。2007年，配合藏经寺僧俗修筑完成自殷家岙的1100米长盘山道路，宛若虬龙，直达天际。2010～2015年，150米长的庙后庄水库下路，700米长的贾施岙路，1500米长的东皋岭路，300米长的庙后庄路，700米长的上袁，300米长的隔山路，近3公里长的皋泄支河路与里王水库路等相继随各水库、山塘、河道除险加固清淤工程升级。

2013年，利用省海防办下达的海防基础设施建设项目，修筑了东皋岭海防执勤道路。2014年11月，夹山里等处村民户均捐款300元，通过"一事一议"修建的夹山、东皋岭道路完工。2015～2016年，村里还千方百计筹措资金修筑完成了800米长的朱家路，700米长的张夹岙路，150米长的洞桥头路。2017年5月，毛底陈海防执勤道路完工。同年，配合保障大东岱岗隧道白泉段、竹尖岗隧道及金林便道的施工建设，金林便道隧道于11月底顺利贯通，使皋泄与金林结束翻越山岗交往的历史。2021年，乡贤王良红、胡继承、周静军、郑英华等筹款10余万元，村委会另行争取上级资金20万元建成后山路。

1949年7月，村内始通汽车，从县城发车至马岙，停靠毛洋周，日行2班，乘客寥寥。1954年开通定海至白泉、干览西码头班车，1955年开通白泉至北蝉班车，村民出入逐渐方便。20世纪80年代初,有个体小型四轮客运车、货运车,及机动三轮车、人力三轮车投入营运,主要为白泉至定海沿途乡村及各村间行旅服务,90年代后出租车开始普及,2000年后村民私家车已不稀奇,几乎家家有车。目前全村各岙口均已实现车辆能到家门口,连毛洋周、小岙里、毛底陈、张本岙之间的山间道路也已畅通无阻。依托交通网络,村民的生产生活已经与城市没有多大区别。

第三节　邮电信息

清咸丰至新中国成立前,民信局送信者称信客,身背信袋(钞马),在城内沿街送收信函、包裹,农村村民则托人捎带信件至定海投寄或到城认领,当面收费;光绪二十六年(1900)起,贴票寄信。过海则委托轮船中茶房或老大送交当地信局。1940年,送信者改称邮差,定海邮局在皋泄设村柜。1919年,邮局隔两三日托"脚板"(挑货农民)将邮袋带给代办店铺,通知客户领取。1948年,县城至白泉设脚夫班投递线,皋泄属于顺路捎带。新中国成立后,1953年各乡设义务乡邮站、捎带点。1958年乡乡通邮。到1982年,农村信报投递到户率已达95%。

1925年11月,由商人乐葆庭等在舟山电气公司内创办定海电话公司,电话线杆木由城东北经皋泄而至白泉,仅白泉十字路协成商店内设公共电话1门。1947年,定海县政府架铁丝电话线至白洩乡公所,皋泄设公用电话1处,设在和平村的皋泄乡政府。1950年,国民党撤退时农村电话线毁坏,1957年乡镇恢复通话,1962年装电话到村。1973年9月设毛洋周邮电所。1980年4月定海县邮电局并入舟山地区邮电局后,毛洋周邮电所直属地区局领导,1982年毛洋周邮电所改为邮政代办所。1990年后,始有村民安装家庭电话,购买使用BP机(寻呼机)、"大哥大"手机、小灵通。在整个90年代,大哥大手机只有为数不多的大老板才能承担得起那笔价格不菲的费用,对于刚进入小康的普通老百姓来说,BP机可能是第一个入手的移动设备。随着手机的价格日益下调,以及公用电话的迅速减少,BP机用户在1996年开始出现数量下滑,2004年起基本弃用。

过去和交通一样麻烦的是打长途电话。从外地打个电话回村,常常要从早上等到晚上。因为长途电话得一级一级接下来,一般只有村委会才能接到电话,等村里接到电话后约好通话时间,还要再特意到家里叫人。等到能打通了,会有人叫号,几号可以打电话了,现在已经不能想象。有了BP机后就方便了许多,BP机一响就说明有电话来了,根据屏幕上的号码,找个附近有长途公共电话的地方回过去就好。那时候,买了BP机的人特意把BP机显眼地别在腰带上,BP机还分模拟机、数字机、汉字显示机等。2000年后,家庭电话、手机开始进入普通家庭,互联网也入户了,至2005

年,基本平均2人有1只手机。现在基本人人有智能手机,用上了微信,不出门就能知道天下事,真正实现了"天涯若比邻"。

1920年,舟山电灯公司成立,电线杆木由定海经皋洩而至白泉镇上,白泉十字街的商民共装灯42盏,路灯3盏,晚9时就停电。1959年5月,由蟠洋山的国营定海电厂供电。1987年11月,定海电厂并网华东电网后,居民生产生活用电得到有效保证。

随着农村经济的发展,村民生活水平的提高,农村家庭的生活条件不断改善,一般农户都使用了抽水马桶,但对化粪池的建造,却不讲究质量,所以致使地下水源受到严重污染。农村中居民历来都是以水井取水饮用,结果由于井水的变质影响人们的身体健康,群众意见增多。为此,早在20世纪末,朱缀绒书记在时,就打算安装自来水,可惜此事成为她的一大遗愿。2007年,皋泄村委会决定继承朱缀绒书记的遗志,为民办好这件实事。经同自来水公司协商,共需预算资金30多万元,在集体资金不足的情况下,就发动群众,由村民每户出资200元,其余由集体筹资解决。在村民大力协助下,顺利地将自来水管道铺设到每户农家,使全村居民开始用上了清洁卫生的自来水。富强村、弄口村也于同时期解决了农村饮用水问题,现全村已经基本实现户户通自来水。

全村道路实现硬化后,农户的出行方便了许多。21世纪开始后,本村居民的私人轿车开始逐年增多,特别是近几年,私家车越来越多。由于农户私人建房面积受到政策规定限制,大多数农户建房时都没有设计车库,有些农户屋前道地也停不下车子,为此只能将车子停在各条村道边上,这不但给其他村民的出行带来不便,而且存在一定的隐患,所以建造停车场,成了农村中势在必行的事情。为了解决这一实际问题,自2015年开始,在本村各自然村周边,征用合适场地,筹资建成了大小不一的20余处停车场,拥有停车位近200个。但本村作为市级蔬菜基地,每天有大量的蔬菜需要运往定海等城市销售,而且大部分都是在晚上进行装运,如果碰到黑夜天,车运更不安全,所以农户都盼望早日安装路灯。2008年,村委会决定为民办好这件事,首先在最需要的路段上装好了200多盏路灯。以后又根据村民要求在各自然村增装了一些路灯,保障了农户的安全夜行。东皋岭隧道的开通带来了其他道路的连接,不仅给村民带来了交通的便利,本村也逐渐成为全市重要的交通枢纽。为保障村民的人身财产安全,2016年起,本村在各主要路口开始安装摄像头,近年更积极响应国家的"雪亮工程"等需要,大力推进了智能监控设施的升级和扩点。

"没想到村民有这么大的热情"

记者 吴伟

上月23日,我来到定海区皋泄乡皋泄村,谈及冬修情况,该村党支部书记周信忠深有感触地说:"没有想到村民有这么大的冬修热情,'没有落后的群众,只有落后的干部',这句话有道理,看来我们村干部的思想落后了。"

在去年12月2日该乡召开的冬修会议上,老周向乡里表示,一冬一春完成10个冬修工程。话是说出去了,可老周和村干部的心里总有点不踏实。这10处工程,年久失修,已严重影响农业生产,有的还成了村民纠纷的导火线。前几年,根据村民要求由村里出资修理,可出工的人很少。现在全靠村民劳动积累工来进行冬修,他们会来吗?

村里决定12月7日首先清挖一条400米长的长沟。市区基本路线教育工作组胡组长等来到村里帮助做动员工作。12月6日下午,村里召开党员、村民小组长会议,要求他们带头参加冬修。当天晚上,村里又接连召开团员青年会和庙后庄、上袁、朱家三个点的村民小组会。与会村民说:"冬修是对我们自己有利的事,国家有困难,应该自己投工解决。明天我们一定参加。"到这时,村干部的心总算有点放下了。

果然,7日一大早,村民们便纷纷拿着钉耙、铁锹、扁担、土箕等工具走向工地,工作组的9位同志也都来了。400米的长沟挖河工地上,一下子投入了120多个劳力,下午又增加30多人。村民们有一分力使一分劲,有的人踩着没膝深的淤泥,忍着寒冷一声不吭,一干就是半天。这个原计划花2天时间、投工500工的工程,只用了1天就保质保量地完成了。

首战的劲头,使一些原先认为冬修又是搞搞形式的村民不再冷眼旁观了。第二天,参加下沙湾河道清挖工程的人数猛增到400多人。工地上,到处都可见到过去那种"你追我赶,大干快上"的劳动场面。

这边鼓声没停,那边锣声又响。从11日起,几个完成积累工的村民自发地组织起来,又是填补,又是清扫,把自己房子附近的村道整修得平平整整、干干净净。一时间,村民纷纷仿效,规模也从几人、一个村民小组,发展到以自然村为单位。朱家的几个村民小组自筹资金1200元,不仅把村道整修一新,还在河上架了一道水泥桥。村妇女主任带着一些人,翻过东皋岭,修整去定海的道路,方便附近各村群众。上袁的三个居住独立的村民小组"胃口"更大,他们联合起来,在村委会副主任袁瑞忠带领下,开山劈石,拆屋移墙,把一条长2700米、连"农业学大寨"时想建而没建成的机耕路也修成了。

周书记和袁副主任特意领我去看了上袁的那条新路。只见这条路穿过好几户人家的自留地,有的村民还拆去围墙、小屋,为修路开道。老周和老袁指着山上的村落告诉我,由于原来的大路只修到山脚,三个村民小组只能靠肩膀挑东西,因此,一些村民要求迁下来,这样就要毁去好些粮田。现在建成这条路,解决了拖拉机不能进村的大问题,再也用不着毁田造屋了。

听着老周他们的介绍,看着乡亲们的杰作,我的心情久久不能平静。是啊,钱并不是万能的,群众中的集体主义思想没有泯灭,他们蕴藏着巨大的劳动热情,关键在于我们如何去调动。

编者按:此文发表于1990年1月3日的《舟山日报》。

第五章　农业生产

第一节　耕地状况

皋泄自住人以来,直至土地改革前,均属封建土地所有制。康熙展复之初,为个人垦殖,"拉上根草绳,能圈多少是多少",之后逐渐分化。因地处城东邻,城内的地主富商抓住各种机会将皋泄的土地收为己有,如清代进士王修植家的别业就在毛洋周,不断发展的宗教、宗祠、迷信道场等也不断蚕食土地。以皋洩村土改前权属为例,共730亩水田,265户贫农仅有57亩,占比7.8%,户均2分;皋洩的5户中农有28亩,户均5.6亩,占比3.8%;6户富农有100亩,户均16.7亩,占13.7%;4户地主有145亩,户均36.25亩,占19.8%;白鹤庙、四大公堂、迷信会产则约10户,有地400亩,户均40亩,占比54.9%。

根据相关学者的研究成果,一般男性壮年农民每年需要粮食约420斤,而一般说来,拥有土地越少的农户,越没有能力占据与保持肥沃的上等田地,其地亩越可能是下等的贫瘠地。如果把种子、肥料、赋税、摊派等开支计算在内的话,1个人所需维持生活的土地量应不能少于3～4亩。因此,以一户农户计,拥有耕地10亩以下者常年处于吃糠咽菜的半饥饿状态在所难免,皋泄的村民只能向山要粮,不断地向山岗之上开垦旱地以种植玉米、番薯等来代替,或者出卖劳力向那些大户请求租佃以获取微薄的糊口之物。大部分的农户陷入贫困沦为佃户,或去当"六个月头"雇工。舟山解放前佃户向地主租地,年租一般为每亩稻谷125公斤左右,或对半分成、四六分成。做雇工者一般长工年薪仅稻谷750公斤左右,短工日薪3.5公斤左右。遇有急需先支工资者,做工时工值减半,也有春借一斗粮、秋还一斗半的,因此两极分化日趋严重。

据1928年调查,全国人口密度最高的省份即为江苏,其次则为浙江。浙江人多地少,粮食自然容易短缺,舟山更甚。舟山自古以来主要依靠山海,土地不足,全年所产不足支撑半年之粮。由于自然灾害频繁,1928～1929年,浙江每年平均有33.5个县遭受水灾,平均有14.5个县遭受旱灾,平均有21个县遭受风灾,平均有30.5个县遭受虫灾。民国以来战乱频仍,军阀割据,不仅使田赋正税繁重,而且摊派预征猖獗。这种摊派按亩或地丁征收,实际上就成了变相的田赋,尤其是临时军事摊派,无预定时间和数目,只要军队需要就可随时征收。

浙江省的国民党政府试图以"二五减租"减轻农民负担。1927年5月27日,浙江省政府在公布的《浙江省最近政纲》中,就提出了减轻佃农租25%的主张。11月,省党政联席会议通过了1927年浙江《佃农缴租实施条例》,定本年正业农产之全收获量50%为最高的租额,佃农依最高租额减25%缴租。但就具体实行的情况而言,"二五减租"其实在浙江省的大多数县中均未能够得到推行,这其中就包括舟山。日本占领时期,甬东乡的大地主任阿土就因为不肯执行东区抗日政府的"二五减租"政策,并勾结日本人暗中图谋报复而被逮到皋泄审问。

1951年1月15日,县委工作组进驻原皋洩村,开始试点土地改革。在土改工作组主持下,发动群众,建立农会、民兵组织、妇代会、儿童团,宣传贯彻"依靠贫农、雇农,团结中农,中立富农,有步骤、有分别地消灭封建剥削制度,发展农业生产"路线,丈量土地,划分阶级,公斗了土豪劣绅,没收地主全部土地和部分财产,征收祀产及富农多余土地,分给无地少地农户,变封建土地所有制为农民土地所有制。同时,地主也分给一份土地,以促使其改造为自食其力的农民。

1957年合作化时,原皋洩村(新建大队)全村包括旱地的总耕田面积1190亩。1964年时统计有粮地面积1030.92亩。后因国防建设、兴修水利及村民建房等占用,到1984年统计,尚有耕地1114.95亩,社员的自留地87.34亩。全民和集体耕地1027.61亩,其中水田672.39亩、旱地355.22亩。20世纪90年代后,因乡办企业用地,修建公路,拓宽河道征用,修机耕路,筑渠道占用,再加上部队及地方开发征用等,耕地面积大幅度减少,如今水田面积只剩下400亩左右;而旱地则因停垦还林,发展果木及大量荒废,尚在耕种面积不到100亩,实际人均耕地面积只有0.2亩左右。

弄口1984年统计,耕地157.1亩,其中水田114.1亩、旱地25亩;集体土地139.1亩,自留地18亩。2000年后因千荷实验学校征地和修建住宅、开办工厂等,实际人均耕地面积也只有0.2亩左右。

富强1984年周仲华统计,合计有耕地1245.54亩,其中全民和集体的水田800.82亩、旱地336.60亩,另有社员自留地108.12亩,当年造房占用1.51亩,人均也只0.57亩。目前为止,因富强未有大的开发建设,除去道路和住宅建设用地外,目前相对另两片区要好些,现实际人均耕地面积约有0.4亩。

延伸链接

朱文斌口述采访记录

我是本地人,父辈及祖辈一直住在这里。朱家祖先听说是从安徽搬过来的。我是应字辈,家谱里都是写进的,我妹妹和弟弟没有写进。我父母生了四个儿子,两个女儿。我是老大,今年79岁,1944年出生。

父母已经去世了,我父亲原来在村里当书记,在村委会工作很多年,后来年纪大了,身体不太好,就退下来了,不过支部委员也一直当着,一直到去世。他94岁去世,我母亲83岁去世,我们几个兄弟对父母都很孝顺,也很尊敬,大人对子女也很好。我曾经开玩笑说:阿爹,你争取活100岁,身体要保养好。后来父亲生病,我一直服侍他,送饭喂饭洗脸。刚开始四兄弟每人一星期轮流服侍。但我兄弟老二住在定海,在土管局上班,现在69岁,不方便过来,所以我服侍比较多,后来身体越来越不好,晚上也要服侍,大部分是我一人。老三住在本村,68岁,做漆匠。老四做木匠,现在住在女儿家,女儿在普陀冷库工作。大妹排在我后面,比我小3岁,嫁到苏州。当时这里有部队,妹夫在部队做卫生员,两人认识,后来妹夫退伍,大妹就跟着嫁过去了。小妹也嫁到苏州,大妹给她做介绍,现在56岁,现在都过得不错。我有两个儿子,大儿子59岁,做水泥工,小儿子56岁,开汽车。

我小学是在本村读的,就是启蒙学校,8岁读书,读四年,然后到毛洋周皋洩乡中心小学读两年,读五年级、六年级。后来到舟山中学读书,读五年。因为家里生活困难,五年还差几个月就不读了,不过也算是高中毕业。

回家后我先在村里当会计,他们看我年纪轻也活络,比较喜欢我做事情。一年后,村里让我当小队长,主要抓生产。当时村名叫新建村,后来为什么叫皋洩村呢?因为当时北蝉也有一个新建村,捕鱼的。我们这里是农业,也叫新建村,比较容易搞混,后来就改称皋洩村了。村里有21个队,我负责的队有七八十人,包括男女老幼。队里搞过养殖业,如养猪,农作方面种水稻、种番薯、种麦子。作为队长,首先要带头做事,早上要早起,把一天的任务都安排好。我记得当时有一头小水牛,每天赶着它耕田,把它累得够呛。种水稻要注意季节,大概清明培养好稻秧,虽然天气还比较冷,也要把秧子弄好,叫有经验的老农民管理好。然后插秧,等水稻成长、成熟、收割,队里一起晒好,我把稻谷分配给每个队员。集体劳动,集体分配,都由我负责。

　　我队长当了五六年后,就到部队里七三施工队工作,打隧道、打粮库。当时我26岁,施工队需要人手,到村里招工。一个月45元,不过都要上交生产队,自己留下吃饭钱,大概一个月有9元。当时主要浇混凝土,做泥水小工,做了三年。我劳动也比较积极,部队里一个指导员比较看好我,让我当排长带班,也评上过先进。当时我已经是属于党组织的人,1966年作为预备党员,1967年正式入党,那一年刚好小儿子出生,到今年党龄56年了。

　　在部队施工队做了三年,本来部队让我留下来,后来有文件下来,地方上的人不要留了,就回来了。后来到十六门造船厂(现在的海晨船务公司)上班,有船进来维修,我负责起重类工作。大概一年多,后来要压缩精简人员,我就回来了。又一年左右,船厂人手不够,领导让我再回去上班。我当时村里负责青年突击队,就是村里哪里有任务,就去哪里干活,如修水库等,有五六十人,由我带班。我想我是党组织的人,就向村里书记汇报,是不是离开突击队到船厂去。书记说,这里也是革命工作,那里也是革命工作,你是组织的人,首先要服从组织分配,你带着这么多人的班,还是别去了。所以就没去船厂。后来我到定海粮食制品厂,学习孵绿豆芽,要借东西,刚好到船厂去借,碰到原来几个老同志,都问我为什么不去船厂,蛮为我可惜。

　　在粮食制品厂做了几个月后,村里要培养赤脚医生。我算识字有文化,在村里医疗站当队长,共四五个人。工作非常辛苦,惹来家里人埋怨,经常半夜三更出去看病,还要经常把自己的粮票送给病人。因为到医院要用粮票,我觉得能帮别人就帮嘛。赤脚医生当了十多年,很多事情印象也比较深。

　　我们村里的党组织还是有号召力的,虽然其他村民大部分都信佛教,也有少数信基督教、天主教,但总归是听党话的。村里文艺队一直搞得不错,思想教育工作抓得紧,朱应德在这方面比较有名,编的节目挺不错。村里演出队跳舞都跳得不错,我们村也有名气的,比如袁亚仙、朱美素等,现在年纪都蛮大了。

　　编者按:本文系浙江国际海运职业技术学院讲师王静飞于2022年4月16日对朱文斌同志的采访节录。

第二节　粮食生产

1951年下半年至次年春,县委派工作组在皋泄4村进行互助组试点。该村15个闾,共有286户、1125人;农业人口1060人,有正劳力269人、半劳力112人;耕牛82头、耕地1082亩。经过宣传动员,是年夏组成互助组38个,一般由4～5家农户自愿组合,每组有3～5个正劳力,共入组148人。农业劳动互助组织,在中国有较长的历史,本来是农民为解决生产中劳力、耕畜、农具缺乏的困难,按照自愿互利原则组织起来的劳动互助组织。互助组实行共同劳动、分散经营。土地、耕畜、农具等生产资料和收获的农产品,仍归私人所有,但由于换工互助,在一定程度上提高了劳动生产率,产量一般高于个体农户。农业生产互助组分季节性的临时互助组和长年互助组两种。有的长年互助组还积累了少量的公共财产。

1954～1955年,在农业合作化运动中,互助组进一步发展成为初级农业生产合作社,实行土地入社分红(留3%～5%的自留地)。主要农具、耕牛等生产资料折价入社,分期偿还。山林入社时,将果木、木材估价后分期偿还给农户,1956年原皋泄村的国光、建国、国兴、新建4个初级社,合并建立新建高级农业生产合作社;弄口与和平村的初级社合并建立和平高级农业生产合作社,富强的清和、民主、永久、和平、富强等初级社合并称高级农业生产合作社。

1958年6月,广泛宣传"三面红旗"(鼓足干劲,力争上游,多快好省地建设社会主义的总路线;"大跃进";人民公社)。9月成立政社合一的红旗人民公社,工农商学兵"五位一体",11月更名为白泉人民公社,实行吃饭不要钱,办大食堂,集体用膳。"放开肚子吃饱饭,鼓足干劲搞生产",当年推进土地平整,田间旧墓尽迁山坡或就地深埋,全县的社会主义积极分子大会在皋泄乡召开时,600多个社长以上干部到新建农业社参观共青团员建的沼气池。1959年出现"大跃进"运动所导致的全国性粮食短缺和饥荒,实行了三级所有、队为基础的管理制度,恢复了评工记分制度。6月22日,舟山县人民委员会发布《关于保留社员自留地》布告,解散了食堂,分口粮到户,恢复社员自留地。1961年,撤销了大公社,按原皋泄乡区域改为皋泄人民公社,生产队实行按劳按需"二八"分配粮食。山林回归大队所有,成立山林队管理。朱明权、庄谦盛回忆："1958年吃集体饭时是有得吃,1959～1961年就没得吃了,再加上要还苏联人的债,是真饿死了。""1963年以后鼓励开地了,慢慢就好起来了,要感谢刘少奇的'三自一包':自由市场、自负盈亏、自留地,包产到户。"

1964年,大办农业时,推广水、肥、土、工、保、管、密、种的"农业八字宪法",促进了农业生产发展。1964年7月,渔农区进行四项欠款(1961年以前银行贷款、赊销款、预购定金、预付款)豁免工作,在初步"四清"工作的基础上,豁免农村社队欠国家的1961年以前的四项欠款(指赊销款、预付款、预购款和农业贷款),偿还困难的农村个人四项欠款也酌情减免。1964年,新建大队粮地面积1030.92亩,粮食作物播种1856.10亩,复种指数达180%,总产量895430斤。

1968年,在"农业学大寨"运动中,大割"资本主义尾巴",限制农户发展家庭副业,挫伤了农民积极性,影响了生产力的发展。1965年3月利用积肥,各村普遍开展"两管五改"活动,即管理饮水、粪便,改良水井、厕所粪缸、畜圈、炉灶、环境。1968年2～3月,部分社队干部去山西省昔阳县大寨大队参观学习,回来后推广"大寨经验"。

1971年,中央发布"关于农村人民公社分配问题的指示",相关问题得以纠正。1972年皋泄公社新建陶器厂土法上马,烧出了第一批氨水埕,有力地支援了农业生产。1980年新建大队开展群众性农业科学实验活动,大力推广番薯藤越冬做种新技术获得了成功,皋泄公社组织全社各大队干部到新建大队参观了番薯藤育苗现场。1984年撤销了人民公社制,恢复了乡村建制,原新建生产大队改称皋泄村。

在这个时期,主要实行三级所有、队为基础,以生产队(即原生产小队)为基本核算单位和生产劳动单位。各个生产队在"全国一盘棋"的计划经济指导下,集体行动春种秋收,上忙下忙,基本被束缚在这片不大的土地上。通过农田基本建设,改善生产条件,调整品种结构,改变耕作制度,提高复种面积。水田于1955年起推行单季改双季,间作改连作,20世纪60年代后期实现全面改制,复种指数增至180%以上,以后继续增种春粮,一度推行水田三熟,1976～1980年平均复种指数达200%。公社化期间,政府提倡以粮食为纲,各生产队为充分利用耕田,不但在旱地上轮作种植大小麦、番薯,而且推广在水田上轮作种大麦与水稻,增加粮食产量。而水稻和番薯则是各村的主要粮食作物。

1984年,新建大队粮地面积1114.95亩,粮食作物计播2078亩/亩产583斤/总产量1190395斤。其中,播春花粮食408亩/亩产184斤/总产量74895斤(小麦160亩/亩产190斤/总产量30400斤,大麦227亩/亩产185斤/总产量41995斤,蚕豆21亩/亩产120斤/总产量2520斤),早稻及早中稻播600亩/亩产705斤/总产量423000斤,晚稻及晚中稻播670亩/亩产570斤/总产量582000斤(连作晚稻面积670亩),夏秋番薯播350亩/亩产830斤/总产量290500斤,夏秋玉米播50亩/亩产400斤/总产量20000斤。此外,新建大队还生产工业原料作物,播种油菜籽160亩/亩产200斤/总产量32000斤,播花生8亩/产量1600斤,蔗糖总产量12000斤;播种其他作物面积572亩,其中绿肥295亩(留种秕花5亩/产量150斤),蔬菜30亩/产量50000斤,芋艿10亩/产量20000斤,马铃薯12亩/产量20000斤,水果用瓜5亩/产量20000斤(西瓜4亩/产量18000斤),藕2亩/产量6000斤,常年饲料18亩(三季重复计算)。当年的粮食作物复种指数达186.38%,总复种指数已经远超265%。

1984年,富强大队粮地面积1245.54亩,粮食作物与大豆计播2377亩/亩产672斤/总产量1597224斤。其中,粮食作物408亩/亩产673斤/总产量1596724斤,含春花粮食397亩/亩产226斤/总产量89650斤(小麦81亩/亩产304斤/总产量24630斤,大麦216亩/亩产273斤/总产量58990斤,蚕(豌)豆100亩/亩产60斤/总产量6030斤);大(黄)豆5亩/亩产100斤/总产量500斤,早稻及早中稻782亩/亩产777斤/总产量607614斤,晚稻及晚中稻播800亩/亩产584斤/总产量467100斤(连作晚稻面积800亩),夏秋番薯播340亩/亩产1150斤/总产量391020斤,夏秋玉米53亩/亩产780斤/总产量41340斤。此外,富强大队还生产工业原料作物,播种油菜籽162亩/亩产144斤/总产量21360斤,播花生3亩/产量300斤,蔗糖5亩/产量5000斤,药材10亩/产量500斤;播种其他作物面积857亩,其中绿肥299.5亩(留种草子20亩/1500斤,留种秕花20亩/产量500斤),蔬菜218.5亩/产量450000斤,茭白5亩/产量3000斤,芋艿20亩/产量10000斤,马铃薯78亩/产量78000斤,水果用瓜81亩/产量250000斤(西瓜78亩/产量230000斤),藕5亩/产量20000斤,常年饲料150亩(三季重复计算)。当年的粮食作物复种指数达190.8%,总复种指数已经远超286%。

1984年,弄口大队粮地面积157.1亩,其中自留地18亩。集体土地139.1亩,其中水田114.1亩、旱地25亩。粮食作物播种356亩/亩产629斤/总产量224031斤,其中春花65亩/亩产381斤/总产量24775斤(小麦15亩/亩产395斤/产量5925斤,大麦43亩/亩产405斤/产量17415斤,蚕(豌)豆7亩/亩产205斤/产量1435斤),早稻及早中稻103亩/亩产782斤/产量80546斤,晚稻114亩/亩产785斤/产量37680斤,玉米26亩/亩产420斤/产量10920斤,油菜籽17亩/亩产220斤/产量3740斤。另有草子、秕花、蔬菜、茭白、芋艿、马铃薯、水果用瓜、藕等若干。当年的粮食作物复种指数达226.6%,总复种指数已经远超392.4%。

1985年后,调整种植结构,农村劳力也逐步向二产、三产转移,复种指数趋向减少。进入2000年后,人民生活水平日益提高,新型农业、林业的发展导致比较收益明显下降,品质较差的早稻谷、番薯、杂粮滞销,价格下降,效益大减,甚至出现产出不及工本,以致逐步弃种早稻、旱粮,并出现较多抛荒。至20世纪末,复种总面积已不及新中国成立初期,即使进入新时代后,采取严格措施以遏制"非农化",防止"非粮化",也很难在短期内有所改观。

第三节　主要作物

　　水稻是中国人的主要粮食作物,一年种植早稻和晚稻两季水稻。合作化前,农户个体种植的水稻,由于自然条件差,产量也相当低,亩产有两三百斤算是不错的收成。如果碰到干旱的年份,严重的将会颗粒无收,完全靠天吃饭。合作化后,经过修水利、造水库,改善了水利条件,同时又得益于袁隆平和宁波农业研究所等农业科研人员的不断改良品种,产量不断提高,丰收年的早晚稻亩产高的可达千斤。实行联产承包责任制后,农户逐渐改种一季中心稻,后又因种植水稻的经济效益差,逐渐改种经济作物。20世纪90年代后,皋洩、弄口农户已经基本不再种植水稻,富强也已不占多数。

　　水稻有早稻、晚稻之分,其中的品种也都不同。早稻的品种原先种的是高秆的金塘种,后种防倒伏的矮脚南特号,之后又换种二九青、矮珍及浙科2号等多种新品种。而晚稻种植品种主要有岱山番稻、农垦58、加湖4号及秀水48号等。糯稻品种则有早糯、绍糯等品种。

　　番薯是明清以来舟山农民的"救命粮",过去一般以鲜食为主。由于番薯保鲜期很短,不能长期食用,为此农户将番薯刨丝晒干,则可长期储存食用,以补口粮不足。新中国成立后,由于番薯干可以酿酒、做淀粉和做饲料,被粮管所收购兑换成大米,村民就不用再吃番薯干了。番薯主要种植在山坡地上,20世纪60年代初,因遭自然灾害,村民开始大量开垦坡地种植番薯,一时番薯产量猛增,全村全年总产量达百万斤以上。富强村山林队利用林间空地开垦套种番薯,甚至直接通过班轮装运去上海,周国钧回忆:"一次我带人拖到定海道头港码头,一个人一夜之间背了12车上船,背也直不起来,现在想也不敢想,怎么能做到的。一袋120斤啊,12车。""当时阿拉村里山林队辛辛苦苦储备粮存了40多万斤,可惜后来生产太多,反而浪费了。"20世纪80年代后,随着部分山地退垦还林及发展果木等,可种山地逐年减少,番薯种植也随之锐减,高坡上山地均已荒弃。如今全村种植番薯的面积还不到40亩,而种植的番薯除少量自食满足自家儿孙辈外,主要用于销售烤地瓜干。

　　番薯的品种也在不断更新。新中国成立初,番薯品种主要有三种,白皮白肉的称白番薯,红皮黄心的称红番薯,还有一种就是红皮白心。红番薯晒干率高,所以成为主要品种,而红皮白心"生食如水果,口味极好",但产量很低,所以极少种植,之后逐渐引进了不少新品种,如胜利百号、利群6号等。

大麦在舟山人眼里几乎从来不是粮食,为此以前未见种植大麦,20世纪70年代大办粮食时,各生产队才开始种植。收获的大麦向粮管所兑换大米,供啤酒厂酿造啤酒,1980年前后就不见踪影了,其主要品种是"舟山二棱"。

高粱、粟、荞麦三种作物和蚕(豌)豆、黄豆、豇豆、绿豆等豆类,在新中国成立初,村民们在旱地上还有不少种植,合作化后,因产量低不再种植。在20世纪70年代中期也曾一度推广玉米与番薯套种,以增加粮食产量,但主要还是用于兑换大米。现如今提倡吃粗粮、减肥餐,它们又重新少量地回到了村民的地头。

皋泄村村民向来以农为主,以林为辅,加之五匠八作,新中国成立后逐步出现村集体企业、个私企业,基本无商贸业,属于典型的海岛农耕型村落,田间的传统特产主要是蔬菜、瓜果、油菜籽,弄口曾是蔬菜专业队。因为紧邻定海城镇,销售便利,所以村民历来有种植蔬菜的习惯。民国初年时,因洋靛(化学染料)价格攀升,汉河、盐仓、马岙等三乡各染坊多采收蓝靛,除这三乡村民外,甬东、吴洞等乡改种靛草者也比比皆是,但皋泄村村民仍旧牢牢守着蔬菜。

《申报》1940年1月6日和3月10日多次报道日本占领舟山之后,"定海百物昂贵,贫民冻饿交迫","粮食因受日方收买,并因米业奸商统制,致米价飞涨,近来每石达三十元之高价。其他如花生油亦涨至每斤一元一角余。香烟最劣者二角左右一包,白金龙、大前门、大炮台等,更非七八元或十余元一包不可,且亦难购到。火柴每包四五分,药品、绸缎、煤球等,因运输不便,来源受碍,致售价猛涨。蔬菜、柴薪等,因乡民进城,极为不便,且时受日军凌辱,危险万分,故均裹足不进城,因此城内小菜场上,摊贩稀少,蔬菜断绝,偶或有之,亦非一角余一斤不可"。当时的主要蔬菜供应者就是皋泄人,可见蔬菜实在是皋泄的当家作物。

在集体生产队时,虽然上级部门对种植经济作物面积有一定的规定限制,但各生产队为了增加社员经济收入,还是偷着多种植几亩经济作物。当时种植的经济作物以西瓜及蔬菜类为主。土地联产承包后,村民则可自主经营,逐步调整种植结构,开始种植经济价值较高的蔬菜作物。

虽然蔬菜种类很多,但在生产队时,种植的品种比较单一,主要品种是大白菜、大萝卜、大豆菜、马铃薯、芋艿、花生之类,而农户在自留地上种植的蔬菜品种更多。1993年,原皋洩村被定为市一级蔬菜基地,成了有名的"菜篮子",村民种植蔬菜的积极性更高了,金正飞等第一批大棚蔬菜种植者纷纷购买钢质塑料大棚,全村有钢质大棚150只。农户们在蔬菜地里实行科学套种、立体种植,复种指数达到近400%,1994年一年全村种植各种蔬菜2500多吨,总收入280多万元。富强村紧接着建立了1000亩的二线蔬菜基地,发展钢架塑料大棚180只,竹材大棚20只,种植大白菜、芹菜、莴笋、六月大早菱、马铃薯、大蒜、芋艿、带豆、梅豆、茄子、黄瓜等60余种蔬菜,1994年基地生产蔬菜6020吨,为丰富城乡居民"菜篮子"做出贡献。

蔬菜的主要品种还有小白菜、黄芽菜、青菜、芹菜、雪里蕻、天菜、茭白、藕等菜类,番茄、茄子、辣椒等茄类,黄瓜、冬瓜、蒲瓜、丝瓜等瓜类,带豆、梅豆、毛豆、蚕(豌)豆、扁豆等豆类,外加洋葱、大蒜、韭菜、葱等葱蒜类。如今采用塑料大棚种植的蔬菜,批量较大,但品种并不多,主要种植的蔬菜有莴笋、芹菜、番茄、黄瓜、长蒲、茄子、大蒜及小白菜等,番茄有杭州红茄、中杂8号、9号番茄等,也有从外地引进的新品种。大棚种植的反季节蔬菜,弥补了常规露天蔬菜的季节性缺陷,所以农户的经济收益较高。

油菜主要盛产于集体生产队期间,生产队为增加农户收入,同时解决当时村民食油困难,不但在低坡地上种植胜利油菜,而且在冬季水田上采用与水稻轮作播种,种植面积达200多亩,只是如今已无人种植。

生产队种植的瓜类经济作物主要是西瓜。西瓜是最受人喜欢的夏季瓜果,而且皋泄的土地沙质与碱性双具,所以西瓜品质不错,非常畅销,每个生产队都会种上三五亩以增加集体收入。如今还有一些村民喜种西瓜,但只有零星种植。

1984年,原皋洩村有3户农家养平菇,由于经济效益明显,很多村民开始栽培,到1986年发展到40余家,成了全县有名的"平菇村"。1986年10月,乡科协组织养菇专业户一行8人赴杭州、富阳考察,学习当地食用菌产供销"一条龙"经验。定海县皋洩乡食用菇类综合加工厂(原皋洩板鸭厂)于1986年10月中旬从上海、无锡引入香菇培养料制成菌块,从11月下旬开始产菇,到12月15日就采收鲜香菇260余公斤。12月11日上午,日本国物产株式会社的技术代表福源寅夫先生,在地区经济开发总公司负责人陪同下,专程从上海到该厂参观考察和洽谈业务,由此开拓了香菇的出口创汇。1988年1月,村里还成立皋洩食用菌协会。

皋洩大队第7生产队社员朱国业,1984年承包了一亩二分水田、五分多旱地,调整作物种植结构轮作套种在当时堪称一绝。今年春粮丰收后,他在一亩二分的水田里种上了西瓜,收7000多斤,收入1300多元。西瓜收上后他又抢种青菜、萝卜和大蒜等蔬菜。9月,当部分农民田还空着时,他种的作物又上市了。同时朱国业还对五分多旱地巧安排。分别种上丝瓜、菜椒、生姜、花生等作物,收入也均在100元以上。这些收入在评"万元户"的时代可不是个小数目。

皋泄村还是我市最早的草莓种植村。1987年周根年等村民从象山亲戚处引入两三千株草莓苗,试种草莓成功,并开始推广,1989年皋洩村民种草莓收入超过5000元的就有15户。定海区科委、科协直接将培训班办到了皋洩乡,编印了国内最新的草莓栽培技术资料,既请农艺师,也请周根年等有三年种草莓历史的农户上讲台介绍经验,当年听课的村民说,"有问有答,全是真货,效果一只鼎"。1990年皋洩村朱昌罗的2亩草莓采摘2000多公斤,经济收入近10000元。他又利用山边土地种植16000株草莓苗,精心管理后平均亩产量一吨多。村医疗站的朱昌苏也有自己的绝招:"我给1000株草莓盖了地膜,还搭上塑料小拱棚。小拱棚像保护伞,撑在垄头上,避雨增温,草莓长得快,开摘期比单盖地膜的早10天。"还是朱国业,1992年用"两亩田创利一万三",他在两亩承包田上采用窄畦高垄、黑膜保温控草等栽培技术,种下900株草莓。夫妻俩起早摸黑,防病、施肥、摘叶、采收。功夫不负苦心人,到当年夏季共收入9000多元;草莓收后,他又种了一亩西瓜,西瓜收上再种莴笋,9月底还套种马铃薯,实现一年四熟,一亩收入就达2300多元;在另一亩种上了小白菜和莴笋,收后又种芹菜,收入也超过2000元。至1994年,全村660多户中有618户种上了草莓,以本村为主的露地栽培、小弓棚栽培等技术曾在全镇推广,逐渐形成继杨梅、香柚之后第三大独具皋泄特色的经济水果。

延伸链接

人勤地生"金" 科技增效益
——皋泄村走上种菜致富路

韩 铭

定海区白泉镇皋泄村靠种菜走上富裕路,人均年收入达到2000元,菜农们以自己辛勤劳动,使该村成为定海城区主要的"菜园子"。

时值初冬,记者来到该村采访,只见田里还是绿油油的一片,菜农们正忙着给蔬菜浇水、施肥。皋泄村人多地少,人均耕地面积只有0.52亩,土地承包责任制的实行,使村民有了用武之地。他们选择蔬菜种植作为致富门道,经过这几年的不断发展,全村蔬菜的数量、品种都有了较大增加,种植面积发展到1000亩。据有关部门统计,定海南珍菜场每天上市的蔬菜该村占了30%。

该村种植蔬菜以质好品种多而著称。对此,从事多年蔬菜批发的定海蔬菜批发交易市场丁经理这样说,皋泄人来交易的蔬菜都收拾得特别干净,而且往往是市场上的时令菜,能卖好价钱。质量好在于菜农的精耕细作,每天除了上菜场交易和休息,菜农们大部分时间都扑在田头。品种多得益于他们对市场信息的掌握。菜农朱小沛去年下半年得知芹菜俏销时,及时抢种了1.2亩,结果3个月收入1万元。种菜收效好,菜农特别珍惜土地,记者在该村采访看不到荒地。他们充分利用房前屋后的零碎土地,并在提高复种面积上做文章。依靠长期摸索出来的经验,菜农一年大多能种四季蔬菜,高的达五季。目前,全村蔬菜品种多达30种,在丰富城镇居民"菜篮子"的同时,也富了自己。

该村种菜业的发展,除菜农自身努力外,与各级政府和村里的支持引导分不开。市和定海区先后投资5.5万元为村里修建了1700米的三面光渠道,改善了灌溉条件。为提高菜农的种菜技术,村里每年2~3次专门请农业部门技术人员上课,并将讲课材料编印成册分发给菜农;还专门成立了农业服务部,为菜农统一组织化肥及搭棚用的毛竹、松树等物资。尝到了种菜甜头的农民,为进一步提高种菜效益,更加注重科技投入,积极采用保护地栽培技术。今年全村新增遮阳网1.485万平方米,在市有关部门的支持帮助下,新发展钢质大棚50只,村里又及时组织大棚栽培技术的培训。

苦干加巧干,使该村的一般菜农年收入达8000元至1万元,有130户菜农收入在1.5万元以上,其中8户收入超过2万元。85%的农户靠种菜盖起了楼房。

编者按:此文发表于1994年12月4日《舟山日报》要闻版。

延伸链接

田野之歌

佚 名

从定海白泉镇皋泄村村委会出发,翻过一个低低的山坡,便到了该村科技示范户朱春水的家。院子的周围种满了一棵棵皋泄香柚,一只大黄狗的吠声把我们迎进了门。

朱春水,约莫50岁光景,瘦瘦的身材,他刚从地里扎稻草回来,准备种蘑菇,我们的话题从他发展果木经济开始。

"那还得从20年前讲起。"老朱说,"当时,阿拉都是在生产队里干,每天忙忙煞,做10个工分,到年底,扣除柴钿、谷钿,到手所剩无几,种点地头货,倘若拿到集市上去卖,就要被当作资本主义尾巴割掉。"

"党的十一届三中全会以后,农村推行土地承包责任制,我也分到了一亩二分地。1979年,区科委推广种蘑菇,我第一个在村里试种,种了1.5万公斤棉籽壳,两三百平方米,连眠床底下也种满了,当年蘑菇收成很好,种的人又少,价钿也卖得好,打了个翻身仗,前几年造房子背的4000多元债务,一下子全部还清,这要在前几年,是想也不敢想的事,全家人甮提多高兴了。"

山还是那座山,人也还是那个人,世代务农的朱春水,昨天和今天,创造的价值、收获的财富却截然不同,是党的改革开放政策,使朱春水逐步摆脱贫困的阴影,向着文明小康生活起步。

"初试锋芒尝甜头,也更坚定了我发展种植业的信心和决心。党的政策好,只要勤劳,泥土也会变成金。在村里,我总是比别人早走一步,倒不是说我比别人聪明,我想,社会在发展,知识与技术也是不断更新的,现在科技部门无偿送技术给阿拉,现在不学,啥辰光去学,不要一步错落,步步错落。1982年,我从乡菌种站引种平菇,后来又养银耳,效益都不错。村里有900亩蔬菜基地,刚刚推广大棚的时候,我就购置了3只,种惯了露天蔬菜,一下子适应不了大棚种植的要求,我就去听课,什么温度、湿度,都是边学边掌握的,现在我种的蔬菜,反季节销售,收入不错。"

"我做事情有股钻劲,凡事不做则已,做了就要做好,莫看我快50岁了,只要农林部门或外地专家来上课,再忙我也要去听课,甚至自费去学习、取经。阿拉村里有棵香柚树,种植的历史蛮长了,六七十年前,村里人在海外撑船带回的种子,皮薄、汁多、口感好,但'文革'中村里仅剩几棵树,也没人管。这几年发展果木生产,村里看好了香柚,我头几年种了几棵,现在已发展到63棵,是村里种得最多的一个。为了学好果木嫁接技术,我到洋岙、毛洋周等地参观、学习,掌握了这门技术,嫁接成功率达95%以上。一株香柚产量顶高达一百五六十公斤,结果150只,挂在树上,真像一只只金元宝。我看香柚苗种有市场,就着手苗木培育,今年上半年,光香柚苗木收入就达1万多元。"

"果木生产要发展,优良品种不可少,"朱春水指着地上两包尚未拆封的包裹对我们说,"这是中华乌鸡桃,我准备去试种。这几年,我引进了美国红宝石李子、加州李、台湾黑李,有些品种看看介绍蛮好,但必须试种过,是不是适合这里的土质,市场如何,都要有所考虑。这几年,村里建起了科技网络、新造了市场,申请了'普陀山'牌香柚商标,也给阿拉帮了不少忙。"

朱春水说着,脸上满是笑,连那皱纹之中也荡漾着欢欣与喜悦。实践使这位朴实的农村汉子深深地感悟到,一家一户的小规模生产必须与千变万化的大市场相联结,必须与科技、信息相结合。乡镇通过"专业协会加农户""市场加农户"等办法,开展社会化服务,提高了农业的经济效益和市场竞争力,也使朱春水这样的一大批农户成了学科技、奔小康的带头人。

谈起如今的幸福生活,朱春水开心地说:"现在生活与20年前比,好100倍还多,前几年,家里就装了电话机,电冰箱已用第二只了,电视机也老早黑白变彩色,为了运输方便,还买了台手扶拖拉机,房子楼上楼下,有200多平方米,比城里头不知要宽敞多少。"他说:"最近党的十五届三中全会发表的《关于农业和农村工作若干重大问题的决定》,农村承包田延长30年不变,给阿拉吃了颗'定心丸',现在家里啥也不缺,只愁忙不过来,果木要发展,平菇要种……只要肯干,这日子有奔头。"

靠勤劳致富,这曾是世代农民对生活的设想,可是,由于受制度、政策以及生产力等诸多因素制约,许多人只能抱憾而终。而今,朱春水又在重复着这一设想,只是他少了份沉重而多了份自信,因为他拥有一片明朗的天空,一块阳光充足的土地。

编者按:此文发表于1998年11月19日的《舟山日报》。

第六章　林业生产

第一节 晚稻杨梅

"六月杨梅已满林,初疑一颗值千金。"杨梅属于木兰纲杨梅科,又称圣生梅、白蒂梅、树梅,具有很高的药用和食用价值,在中国分布的省份有云南、贵州、浙江、江苏、福建、广东、湖南、广西、江西、四川、安徽、台湾等,国外如日本和韩国有少量栽培,东南亚各国如缅甸、越南、菲律宾等国也有分布。从每年的5月开始,到7月结束,不仅仅是舟山,浙江地区、全国各地的杨梅都纷纷上市,争奇斗艳,轮番释放着自己独特的魅力。

以长江为界,在我国北纬20～30°温带、亚热带湿润气候的山区,分布着大大小小杨梅的产区。目前,我国杨梅栽培的总面积为500多万亩,年产量达100多万吨,全球杨梅经济栽培面积98%以上来自中国。据统计,杨梅属有50多个种,中国已知的有杨梅、毛杨梅、青杨梅和矮杨梅等,1973年余姚河姆渡遗址就发现过杨梅属花粉,说明在7000多年以前该地区就有杨梅生长。李时珍的《本草纲目》中就有这样的记载:"杨梅,树叶如龙眼及紫瑞香,冬月不凋。二月开花结实,形如楮实子,五月熟。"寥寥几句话,将杨梅的特点都概括了出来。在杨梅界一直就有"中国杨梅看浙江"的说法,明代文人王象晋在《群芳谱》中有一番记载:"杨梅,会稽产者为天下冠。"一句话诠释了浙江杨梅在全国的地位,而舟山人一直坚持认为皋泄的晚稻杨梅是全世界最好的品种,清光绪《定海厅•物产志》中就已经写上了"杨梅以皋洩庄为上",正所谓"好吃杨梅皋洩岙,好看老绒里洞岙"。

杨梅喜酸性土壤,大多数栽培在海拔20～500米的山地。随着海拔高度的上升,年平均温度降低,昼夜温差增大,果实成熟期延迟。在深山谷地或在深山盆地开园,不论哪一坡面,只要是有茂密荫蔽,所栽植的杨梅生长、结果均表现良好,尽量要选择北坡或东北坡;南坡,特别是东南坡,光照充足,温度高,杨梅结果虽能略提早,但品质没有北坡的好。舟山晚稻杨梅的种植,主要分布于舟山群岛沿山低丘地带及二丘之间的山谷,出定海城东北方向,过东湾,经东皋岭隧道,沿白沈线东行,直至临城深坑岭都是皋泄的区域范围,高山与低丘错落于田地之间,云雾缭绕、白鹭齐飞,正是天选之地。皋泄是北亚热带缘海洋性季风气候,冬暖夏凉,四季分明,光照充足,雨量充沛。年平均气温在16.2℃,日平均气温低于3℃的持续时间不到40天,年均日照时数2000多小时,年均降水1000多毫米,土壤以石砂、黄壤土类和黄泥沙土为主,山坡朝向西南,独特的气候条件和地理位置,再有优良的品种,优质杨梅应运而生。

杨梅虽好,可吃杨梅,是一项与时间的赛跑。在常温中,杨梅的保鲜时间仅仅只有几天,一日味变,两日色变,三日色、味俱变。晚稻杨梅,正如它的名字一样,因为其成熟期要比其他品种迟15~20天,所以被人以谐音"晚到"称之为"晚稻"。舟山晚稻杨梅属乌梅类品种,果实呈圆球形,紫黑色,可食率94%左右。肉质细腻,甜酸可口,汁液丰富,富有特殊的香味。元《大德昌国州图志》"果类"中就已记有"杨梅",而皋泄晚稻杨梅,则是百年前的事情,新中国成立后才开始大面积种植。追根溯源,晚稻杨梅或许是个水果中的奇迹,果大核小,酸甜可口的特色,真正考证它的由来或许还是个谜。民间相传,当年舟山海盗猖獗,有一名农民偶尔得到一块紫玉,他怕海盗来抢,就将玉石埋于一棵杨梅树下,等海盗离去之后,主人再去寻找,可翻遍了泥土,竟然找不到那块玉石。等到第二年,杨梅成熟后,却发现杨梅出奇的红,墨黑墨黑的,这就是后来的皋泄晚稻杨梅。

皋泄庄向来有上下皋泄之分,目前认为晚稻杨梅原产皋泄的爱国自然村泄岭下,为该村杨嘉发老人(逝于1887年)最先栽培,由野生的变种进化而成,相传至今已有100余年。在如今毛竹山社区万寿寺对面的山坡上,有零星的古杨梅树群落分布,最大的那棵树龄达150多年,据说是我国迄今为止存活时间最长的晚稻杨梅树。新中国成立前夕,皋泄杨梅曾遭到惨重的劫害,大批茂盛的杨梅树被国民党反动派匪军砍去筑碉堡、当柴烧。据1964年对富强大队里外干等3个自然村的调查,在1949年被国民党反动派匪军糟蹋的杨梅树达4000株以上,有的几乎被砍成秃山。好不容易留下的一点杨梅树,由于没有销路,加上地主、富农、资本家的层层盘剥,一担著名的"白术"杨梅也只能换到二升半大米,也被群众砍掉当了柴火,所以到新中国成立时杨梅树留剩已寥寥无几,但并不妨碍新中国成立后富强作为皋泄杨梅主产地的地位。据周雪军所知,"毛洋周山上有一株'太公树',已有250多年历史","最高一株杨梅产量在500斤以上,今后只要加强科学管理,估计产量还能提高"。

清末民初王亨彦著《定海乡土教科书》之《皋泄岙》,特别强调:"由白泉而南,东至龙堂岭,界北埠(现北蝉),东南至洩岭、万石岭,界吴榭,西南至东皋、唐鉴、沈公、寺岭,界甬东。距城仅十余里,皋洩庄也……庄内山多地狭,傍山之田,屡被淫潦冲坏。惟东湖稍平广,田亦最腴,稼穑之利逊于他庄。杨梅桃李诸果品,岁入之资,非他庄所能及……"可见皋泄的林业产出一直是当地的重要进项。新中国成立后,在党和政府的正确领导下,皋泄杨梅就像"雨后春笋"一样,得到了很快恢复和发展,特别是人民公社化以后,各生产队有计划地经营发展杨梅。到1980年,整个皋洩公社杨梅树已达16万株,比新中国成立前增加了一倍以上,当年杨梅的产量30万斤左右。据1976年定海副食品公司的《采购富强大队杨梅协议》,"当年向富强大队采购2000担(一担100斤),分甲、乙、丙和等外级4级。甲级要求乌亮度达80%,乙级60%,丙级40%,等外级为丙级以下。收购价每担分三种,红杨梅为甲级11元、乙级10元、丙级7元,等外级5元。白熟杨梅甲级13元、乙级12元、丙级9元。落地杨梅7元",可见原富强一个村的杨梅年产就在20万斤以上,占皋洩公社年产的一半以上。据1984年各村报表,弄口有杨梅园27亩,年产杨梅5000斤;新建村123亩,年产杨梅1200担;富强大队有杨梅树8000株,年产杨梅2000担。

1983年7月,地区林科所果木专家宋孜光专门对杨梅资源进行调查研究。1985年7月初,皋泄晚稻杨梅经省内外果木专家品评,鉴定为浙江省名特优品种,列为四大著名杨梅品种之一。1987年7月7日,皋洩乡杨梅技术协会成立。1988年4月,被中国农业科学院果树研究所作为舟山唯一水果珍品,编入中国第一部果树栽培专著《中国果树栽培》,且被《中国杨梅志》编写会议评为继余姚荸荠种杨梅之后又一制罐良种。为适应市场化需求,皋泄晚稻杨梅注册了商标"普陀山"牌,于1998年11月被省政府评为浙江省优质农产品金奖。在此基础上,舟山市出台晚稻杨梅地方标准,是我市第一个系列农业标准,由"苗木""种植技术""病虫害防治""商品果"和"贮存保鲜技术"五部分组成,为我市晚稻杨梅的科学种植、产业化生产、商品化销售提供了标准技术依据。20世纪90年代起,皋泄杨梅走上了科学种植、产业化经营的轨道,在销售推广、运输包装等环节不断研究市场需求,成为本村最重要的"致富金果",白泉镇也被浙江林业厅命名为"浙江杨梅之乡",而定海也被评为"中国晚稻杨梅之乡"。据南京大学2006年的研究成果,由于晚稻杨梅的青素含量极高,制作成的杨梅酒,其有效功能成分含量比其他品种高出3倍。2010年,中华人民共和国农业部批准对"舟山晚稻杨梅"实施农产品地理标志登记保护。

当中国进入物质极大丰富的时代,以量取胜的杨梅生产已经不复存在,而是更多地让位于杨梅背后所蕴藏的乡愁。出身于余姚烛湖的明代南京礼部尚书孙升,曾因为吃不到家乡的杨梅而写诗感叹:"旧里杨梅绚紫霞,烛湖佳品更堪夸。自从名系金闺籍,每岁尝时不在家。"("金闺"即汉代臣子候诏处"金马门"的别称。"通金闺籍"指取得出入宫廷的资格。后以"金闺籍"喻指做京官。)这种依附于晚稻杨梅的乡愁从古至今,都与满山遍野的枝头一起,历久弥坚。

舟山晚稻杨梅——佛国仙乡的珍品

洪 伟 周子雷

　　杨梅红,如一阵风,从南到北,从西到东,云南一带四五月份杨梅就红了,可惜杨梅个头太小。到了广东、福建一带,杨梅个头大了,可惜口感还不是很好。转折到了浙江,杨梅遍地都是,这时候,江苏、湖南一带的杨梅也大都已经上市。似乎一直到了舟山,这阵风的压轴戏就开始了,最好的杨梅也落在了舟山。

　　6月底,在满大街小贩"本地杨梅"的叫喊声中,舟山独有的晚稻杨梅才"羞涩"上市。起先几天的"本地杨梅"并非是晚稻杨梅,红杨梅是要比晚稻杨梅早熟的,红杨梅并不会变得墨黑墨黑,只有晚稻杨梅才有那种颜色,黑得油光发亮。在杨梅枝头闹的夏日,记者寻访了晚稻杨梅源头,追寻关于杨梅的故事。

茅草花粘杨梅的故事

　　据考证,皋泄晚稻杨梅原产白泉镇皋泄爱国村泄岭下,相传有700余年历史。到爱国村杨嘉发老人(逝于1887年)时,晚稻杨梅完成变异进化。但是"新居未换一根橼,只有杨梅不值钱",栽培杨梅的人并不多,仅限于附近几个山坳有人种植。

　　想来,爱国村杨嘉发老人对晚稻杨梅是有贡献的,变异进化前的晚稻杨梅是怎么样的,已经无人知晓。不过在当地的传说中,倒是有关于杨梅的故事。村民的讲述是这样的:6月底,一个长满茅草的山坳里,满山的杨梅树上挂满了杨梅,但是树上的杨梅又酸又苦,不能食用。此时观音菩萨正好路过此处,见到了满山的杨梅满心欢喜,用手中的拂尘一掸,白花花的茅草花就粘在了杨梅上。从此,杨梅不苦了,酸里带着甜。

　　故事很简单,但是讲出了优质晚稻杨梅发源的几个优良条件。其一,"长满茅草的山坳",茅草多长在什么样的土地上呢?茅草山上多微酸性的山地土壤,杨梅也正喜好这种条件。记者寻访晚稻杨梅发源地,在皋泄的几个山坳,坐落在舟山中心山脉的北向,坳口朝西南或朝北,多低矮小山丘,土层多微酸性,这几个条件,完全符合优质杨梅生长的必要条件。村里人说,有人曾经移植杨梅树到平原,树是可以成活的,但是到了一定的树龄,杨梅树就会枯死,而且结出来的杨梅颗粒小且表面不均匀。于是乎,优质的晚稻杨梅就在这里诞生了。

不过,迄今发现最为古老的杨梅树群落是在白泉毛竹山社区万寿村。经过一条水泥浇注的机耕小路,经过一座"杨梅源地"的牌坊,沿着小路往上走,在一个面朝东北的山坡地上,几十棵杨梅树错落分布,从集聚起来的杨梅树来看,应当是人为种植的,村民告诉记者,谁都不知道这片杨梅树是什么时候种下的,只知道祖祖辈辈就在这里。

白实杨梅或白熟杨梅

舟山杨梅品种中,除了晚稻杨梅还有很多种,有红杨梅、白实杨梅、荔枝杨梅、乌叶杨梅、水晶杨梅等7种。

为何叫晚稻杨梅?据传有两种解释:(1)晚稻种植时候成熟的杨梅。解释是,晚稻开始插秧的时候,这种杨梅就开始成熟了。(2)谐音"晚到"杨梅。显然,这种叫法更有拟人的味道在里面,看得出人们对于杨梅成熟的期盼,久久盼杨梅,杨梅迟迟到。

再说说白实杨梅,其实,口感好的除了晚稻杨梅之外,白实杨梅也颇具特色,除了果实为白色之外,口感也比较甜。白实杨梅也称为"白熟杨梅",称为白实杨梅显然是有点专业的,倒是民间的想法"白熟杨梅"更为妥当点,白色了就成熟了,果实颜色越白,说明杨梅越成熟,相反,没有成熟的杨梅是绿色的。

白实杨梅在晚稻杨梅还没有大量种植的时候是占有一定比例的,白实杨梅的成熟期和晚稻杨梅相似,要比普通红杨梅稍微晚一星期左右。白实杨梅个头要比晚稻杨梅大。据皋泄当地一位乐姓老人讲述,20多年前,山上有零星的白实杨梅分布,后来大面积种植晚稻杨梅了,白实杨梅也就渐渐被忽视了,管理越来越少,老树的数量急剧下降,新树亦鲜有人种植。老人说,以前白实杨梅拿到市场上买的人不多,人们多用白实杨梅浸泡杨梅酒。

薄膜给杨梅来了场革命

之前,杨梅主要集中在皋泄一带,而如今杨梅树遍布整个舟山岛,就连普陀东极,悬在海中的岛屿上都有杨梅树种植。为什么之前晚稻杨梅的数量这么少?薄膜和杨梅有什么关系?似乎两者风马牛不相及,其实不然。薄膜增强了杨梅树繁殖的成活率。

杨梅树自然繁殖主要靠种子繁殖,果树上掉落的杨梅在泥土中腐烂后,融入泥土,第二年开春则发芽生长,大概10年,杨梅树开始结果,这种自然繁殖的杨梅多数是劣质的,不是个头小,就是口味差,而且也容易掉落。所以要种出好的晚稻杨梅必须用嫁接的方法繁殖优质杨梅树。

起先,嫁接繁殖杨梅树是要将种子培育的树苗锯掉,然后用优质杨梅树的枝条粘到树苗皮层上。嫁接的刀口是不允许进水的,如果进水了则容易引起感染,而导致嫁接枝条枯死。杨梅嫁接一般在春分前后,而几十年前是很难见到薄膜的,杨梅也是没有薄膜包扎的,用得最多的是笋壳包扎,在断口上用笋壳对折后覆盖,用以防水,其效果是可想而知的。

笋壳的防水性能是不好,远远不及薄膜的防水保湿效果,采用薄膜包扎之后,杨梅树嫁接的成活率增加了。对于杨梅树的嫁接,当地村民也总结了不少经验,如果是大树嫁接,在嫁接之后,要在树的四周挖一圈,将健壮的根系切断几根,主要是减少杨梅树根系提供的水分过剩,导致伤口大量流出水分,不容易愈合。

新树杨梅"不上篮"

杨梅结果是很慢的,快的也要五六年时间。要结出优质的果实那就更慢了。在果农的眼里,不上10年的杨梅树上的果实是"不上篮"的。什么是"上篮"?上篮是杨梅装到篮子里拿到市场上出售的。那么为什么不上10年的杨梅是不上篮的呢?因为品质不好。

新杨梅树的果实颗粒大小不均匀,而且表面不光滑,往往比较粗糙,且口感不好,带有涩味。新树杨梅还有一个缺点就是不容易变黑,往往是在红的时候就开始掉落了。好的杨梅上篮是需要一定时间的,但是有一个规律,越是老的杨梅树,结出来的果实越好,颗粒大,果实表面光亮且均匀,甜分足。这也是白泉皋泄一带是晚稻杨梅最有名的原因之一。

20世纪80年代,我市主要的几个农业乡镇,对引种晚稻杨梅采取了一系列鼓励政策,晚稻杨梅种植面积迅速扩大。1994年初,舟山市科委下达了全市该年度唯一的市级农业类重点科研课题——皋泄晚稻杨梅选优及开发项目。在政策的引导下,晚稻杨梅开始形成产业化。

如今20多年过去,那一批种植出来的晚稻杨梅也都进入了高产、丰产、优产的树龄,像大沙、小沙、干览、北蝉、展茅等地的杨梅也纷纷上市。皋泄杨梅"第一把交椅"的地位也逐渐受到威胁,在这几年农林部门的优质杨梅评比中,干览、小沙等地的杨梅也占据了一席之地。果农的收入也由以前的几千元增加到目前的几万元,甚至十几万元。

高温多雨成了杨梅致命伤

杨梅成熟时间集中,集中在6月20日以后,这段时间正好赶上舟山的梅雨季节,高温多雨的气候条件,使杨梅快速成熟。但是,这也给杨梅带来了致命的"伤痛",一阵大雨过后,杨梅被打落无数,落到地上的杨梅多数是被砸出水分的。有人估算,一般的杨梅树四成以上的杨梅是浪费掉了。还有一个原因是杨梅的保鲜困难,采摘下来的杨梅一般是不过夜的,过夜的杨梅色泽、口感远不及刚从树上摘下来的,所以,果农采摘杨梅一般要赶在日出前,当天杨梅当天卖。傍晚摘的杨梅也要赶在日落前卖掉,实在卖不掉就挂在屋檐下,保证其通风透气。

另一个原因是杨梅大小年十分明显,大年杨梅往往是枝头挂满。果实还来不及成熟就开始掉落,而小年则是产量大减,有的甚至"颗粒无收",用果农的话说是"靠天吃饭"。自然条件显然是无法改变的,杨梅大小年上可以有所改变,有果农尝试,在大年的时候,将杨梅枝头的杨梅用竹竿打掉部分,这样减少果树的养分供应;也有人在小年的时候,将杨梅末枝剪除,第二年按理是大年,修剪后杨梅树第二年抽枝条仍不结果,等别的杨梅树小年的时候,这棵杨梅树则赶上大年了。显然,这都是农民的经验,尚未形成完整的技术信息。不过也给农林专家提供了研究的依据。

烈酒浸杨梅果香四溢

杨梅吃不完浸酒,杨梅酒是可以作为保健酒饮用的。杨梅酒的制作工艺比较简单,但要泡出好的杨梅酒还是有很多讲究的。杨梅产地果农浸泡杨梅酒一般选用玻璃瓶,数量大的则选用酒坛子。取一坛优质白酒,分成两坛,一半放杨梅,一半倒酒。选用的杨梅则不需要清洗,用水清洗后的杨梅味淡,还要去除果梗,因为果梗含有多量劣质单宁,会使酒味苦涩。

选好白酒也是一个关键。杨梅酒的一大特点就是果香浓郁,营养成分有效保留,所以最好不宜用曲香、浓香、糟烧等类型白酒。因为该类酒异味重,会冲淡、压抑杨梅果香。米烧、酒汗等米香型白酒还可以,但最理想的是清香型大麦烧酒,45~50度白酒是通过负压蒸馏、冷冻、净化去异味处理,使酒体醇正带有特殊的果香味,与杨梅果香最能融合。

同时,还可以根据个人喜好,可加冰糖、蜂蜜,先溶解在白酒里。泡制杨梅酒的容器应该填充满,以减少与空气接触,避光保存,泡制过程中不要与铁质器具接触,以免破坏其色泽。

编者按:此文发表于2009年6月30日的《舟山晚报》。

第二节　皋泄香柚

皋泄村及周边的农户历来种植的果木,除杨梅之外,主要以桃子、李子为主。新中国成立初引进种植金塘李,20世纪80年代后,开始种植柑橘,90年代后,开始种植香柚,并成为本村的名牌水果"皋泄香柚"和"致富金果"。如果说晚稻杨梅的具体产地还有毛竹山与富强之争,香柚则是皋洩村毫无疑问的"村果"。

新中国成立前,迫于生计的皋泄人也只能走出大山,融入鸦片战争后打开国门的航海大军之中,不少胆大的小伙子纷纷随着运输船漂出国门,在东南亚一带谋生,上皋泄庙后庄的庄功银就是其中之一。庄功银撑过南洋船(南洋一般是指现在的东南亚,包括新加坡、马来西亚、泰国等国家),也给外国货轮当过水手,一次回乡探亲从泰国(暹罗)带来几只柚子,食后将核抛在胞弟庄宝川的庭院里,次年长出3棵文旦树,后剩1棵,此树高7米、树冠直径6米,树龄已达近百年,每年可挂果300多个。舟山人称香柚为文旦,据曾任皋洩乡科协主席的周国钧讲,过去舟山只有福建文旦,舟山的老文旦皮厚籽多肉少,因果实口感不佳很少有人种植,只有皋泄文旦也就是宝川文旦品种最好,"是好吃"。庄宝川的老婆在树的四周都围上了围墙,一到成熟时节,就提早将果子采摘,卖给当地的部队和几个教师,而那几个军官每到这个时候就上门来收购,这一季的收入足够老人一年花销的。

据朱明权和金正飞回忆,"当时会卖到5元一斤,经济价值比较可观的","你们年纪轻不知道,以前家里的生产劳动力,好的1元2角一天,最差的有1元乃至8角、7角一天。当时猪肉是7角一斤,带鱼是2角一斤,标准劳动力1元一天,你要好体力,10个工分,一天下来也就1元钱,一个劳力得要半个月做才能买一个文旦呢","这株文旦在他家后院种着,一年工夫可以摘200~300斤,一只3斤重或4斤重","这个文旦很贵,一般老百姓买不起,就部队家属有钱,都是卖给驻在毛洋周的八二炮连部队","宝川老婆管得很紧,一般不允许其他人来剪枝"。村里就卫生服务站的赤脚医生朱昌甚趁给她看病的机会给剪了几枝,当过村书记的朱明权也给嫁接了一株。1988年,庄宝川夫妇相继作古后,这棵文旦树就由庄瑞华管理经营,当年收入300元,最高一年超过4000元。1990年,庄瑞华的长子庄叶涛考入中国科学技术大学,4

年的读书费用基本上依靠这棵文旦树。

1991年,皋洩乡选派乡政法办副主任朱明权回村担任书记,为建设家乡,村党支部讨论认为要"在水吃水、靠山吃山","要想把村里经济搞起来,就用自己的山林把它搞起来","杨梅多是多,人工比较费,时间也比较短,摘一篮杨梅,起码一个小时,又不能储存,最多10天","夏季杨梅枝头红,小暑杨梅要出虫,杨梅生产时间实在是太短","文旦摘一篮,仅仅不到10分钟就可以摘完。文旦也方便储藏,11月份摘下来以后一直可以到第二年的3月份,它还不会烂,有四五个月可以保存,杨梅只有10天的时间"。最后研究决定,"皋洩的致富主要靠文旦和蔬菜"。1992年,在定海区召开的一个农业会议上,朱明权代表皋洩村发了一个言,"田地重新安排,田地搞蔬菜,旱地搞水稻,山坡地种草莓,房前房后种文旦",总结了四句话"外洋坂地种粮食,门口旱地种蔬菜,屋前屋后种文旦,山坡高地种草莓",这也是对县里"山山水水重安排","一村一品"发展高效农业的积极响应。村党支部发起搞了生产基地苗圃,并争取了县农经委、农科委的扶助资金,请来衢州的老吴师傅专门传授嫁接技术,带出了朱国文、朱文斌、袁瑞忠等苗子。1993年,这个香柚被定名为"宫宝文旦",并被列为舟山市地方良种名柚。朱明权回忆,"那时金塘有一个文旦叫'裘家文旦',它名字取了叫'佛香柚',县农委说老朱你们也取一个","我就想,'佛'是住在'宫'里的,我们这个文旦来源泰国这个船工,树生在庄宝川家,为了继承那个历史,就把'宝'字给取进去,'宫宝'!领导一听,说很好,既有'天宫'的'宫'把'佛'包含进去,又有宝贝的'宝',所以名字取得很好。所以那天一个上午我都在区农委,我们把这个名字定下来,叫'宫宝'"。

1993年10月,党支部委员、村妇代会主任朱缀绒当选为原皋洩村党支部书记,决定深入挖掘这种优质文旦资源,进行了大力开发栽培。当时,"皋泄香柚"虽被列为舟山市地方良种名柚,但村里种植数不多。朱缀绒在村"两委"会上提出以"皋泄香柚"为突破口,发动村民建设"绿色银行",增加村民的经济收入。发展香柚种植,先要为村民解决优质种苗。于是,朱缀绒与村干部们一道忙着筹资金、建苗圃、繁育柚苗。香柚种苗培育成功后,村里按人头免费分发到各家各户,一时间,皋洩村掀起了香柚种植热潮。房前屋后,山上地头都种上了香柚树,村委会还适时出台了鼓励政策,对承包、转包10亩以上荒山荒地种植香柚的村民,村里除提供苗木、技术服务外,还给予每亩100元的资金补助。为发展壮大村级集体经济,朱缀绒坚持走集体、个人一齐上的发展路子,建起了"妇"字号香柚生产基地,连片开发种植香柚200余亩。到1998年原皋洩村已经开发了1350亩,1999年整个白泉镇栽培面积已达5000余亩,2008年时全区皋泄香柚栽培面积超过8000亩,占香柚栽培面积的75%;产量

6000余吨,产值1000万元。

凡品尝过皋泄香柚者都忘不了它浓郁的香气,汁多味香、果肉脆嫩、甜酸适中、不易裂果、耐贮藏等优良特性其实源自"暹罗柚"。暹罗柚是泰国蜜柚,产地主要在泰国,是近几年市场上很受欢迎的柚子品种。暹罗柚营养价值丰富,富含维生素B_1、维生素B_2、维生素P、胡萝卜素、钙、磷、铁、镁等物质,吃起来口感清香,别有一番风味。2014年《舟山晚报》曾刊出《定海白泉皋泄香柚品种退化?》,定海区农林与海洋渔业局林业工作站专家邱立军说,皋泄香柚的品种并没有退化,而是农民的管理没有跟上,许多初果期的果子都在市场上销售,直接影响了品质,导致市场认可度缩小。邱立军长期跟踪研究香柚,"品种退化是一个长期的过程,起码几十年,上百年甚至更长时间"。从泰国的暹罗柚,到定海的皋泄香柚,是一种历史和自然的缘分,希望皋泄村能把朱明权、朱缀绒等几代村、乡、区的努力继承发扬下去,把这个香柚的故事常讲常新,让品尝到"普陀山"牌皋泄香柚的人们能记住那些时光和缘分。

延伸链接

皋泄香柚:愿你香飘八方

周雪军

皋泄香柚以其优良的生物学特性和独特的风味,被市场认可。继1997年获得全省柑橘类品种评比三等奖后,1998年又获省农展会优质农产品银质奖,去年12月参加浙江省在沪举行的优质农产品展销会再获成功,成为定海区农业名牌产品的亮点。

近年来,在全区各级政府的重视、扶持和市场利益驱动下,香柚种植业发展很快。据统计,至今年全区发展面积已达到6000亩,进入结果期的约1000亩。随着全区农业结构调整步伐的加快和适应全国农产品市场的需求变化,笔者就进一步发展皋泄香柚,做一些探讨。

一、许多农民尝到了种植的甜头

皋泄香柚得到较快的发展,主要原因如下:

（一）种植利益的驱动

种植皋泄香柚一般4年可结果，第6年进入盛果期，目前市场上香柚供不应求，一些外省和余姚市客户来电要求订货，却无法满足。据调查，目前主产地的白泉镇皋泄村香柚栽植面积800亩，今年投产面积100亩，产果达5万公斤。村民袁宝家在1993年春栽植200株，今年产量7500公斤，收入2万余元。据介绍，通过种植香柚盖起新楼的农户大有人在，现在该村户户都栽植，利用房前屋后的庭园隙地种植500余亩，既绿化了村庄，又增加了经济收入。

（二）各级政府的大力扶持

为加快皋泄香柚种植业的发展，区、乡镇政府出台了苗木、基地建设等补助和贴息政策。由于政策的扶持，群众种植热情很高，如白泉镇在落实区政府扶持政策的同时，对种植30亩以上的大户，还补助100元一亩，全镇今年新发展1113亩。

（三）规模经营有了新的发展

村经济合作社组织，一批个私工商户及农业大户积极参与开发。白泉镇皋泄村经济合作社与种植户结成利益共同体，到2001年将建成1000亩示范基地。长峙乡海防村盛继北、岑港镇晶星村陈阿盛等个体业主已分别投入三四十万元，高标准地建成了以皋泄香柚为主的名优果园。据统计，全区拥有30亩以上基地的大户有44户。

二、发展的途径

皋泄香柚在定海区栽培已有60多年历史，其农业名牌发展速度与兄弟县（区）相比，还有较大的差距。如常山胡柚经10余年的发展，面积从2000株，发展到目前的10万余亩，成为全国知名品牌。而定海区不利于生产的因素很多，主要是管理上还处于粗放型阶段，科技含量不高，没有按标准化生产，出现果皮较厚、食肉率较低，低劣果比例过大，有的因病虫害危害，造成外观污染。许多群众还担心市场销售和土地承包及政府有关扶持政策变化，因此，观望等待心理较重。

那么，如何保持农业名牌优势，做大皋泄香柚产业呢？我们经过调查，认为应从以下方面的途径入手，加快发展。

(一)重名牌,营造皋泄香柚的文化氛围

名牌产品是一种文化,皋泄香柚是我市海洋文化的一个组成部分,还蕴含着丰富的地域文化、人文地理等因素。近年来,产品接连参加省、市组织的优质农产品展销会、推介会,传播了皋泄香柚的文化,提高了知名度,拓展了市场的辐射面,这些为推行"走出去"目标创造了文化基础。但从广度、深度而言,还有许多工作要做,为此,要充分利用新闻、信息等媒体加大宣传力度,还要通过举办皋泄香柚文化节,扩大对外开放,将皋泄香柚的发展推上一个新的台阶。

(二)抓基础,发展规模经营

首先要建立和健全土地流转机制,承包期限可放宽到30年,土地通过返租倒包等形式,鼓励工商业主和大户继续发展规模经营。其次要继续加大政策扶持力度。皋泄香柚因生产周期相对较长、投入多,因此在政府财政贴息的同时,银行应在信贷上适当放宽条件给予支持,尽快形成规模效应。再次,加快示范园区建设,通过建立皋泄香柚的现代农业园区的示范带动,不断提高先进适用技术的普及率和市场的销售水平。同时,还要抓好典型引导,发挥示范效应。

(三)重质量,提高科技含量

针对我区生产过程中出现的优质果比例不高、病虫害危害较重、科技应用率低等问题,要加大科技投入。一是严把种苗纯正关,应在母本园中采集接穗,避免品种不纯带来的损失。二是提高质量,对砧木和栽培进行科技攻关,克服果皮厚、表面粗糙、食肉率低和结果期推迟等不利生产的难题。三是加强抚育管理。要勤管理,多施有机肥,提高幼树的抗病性和成年树的果品质量。为预防冻害,应及时采取培土、施肥和束草、涂白等栽培措施。四是疏花疏果,达到平衡树体营养分布、调节大小年的目的。此外,还要搞好病虫害防治,以减少病劣果的产生。

(四)抓加工,增加产品附加值

据资料介绍,我省的常山胡柚实行规模种植以后,已开发了沙囊、粒粒橙、果脯、果茶等系列产品,产值成倍提高。皋泄香柚富含维生素、柠檬苦素和胡萝卜素等10多种元素,若加工成保健品和药品,一旦投放市场,必将产生较好的经济效益和社会效益。

(五)抓市场,拓宽流通渠道

生产的目的是销售变钱,随着市场农业的发展,当前拓展市场已成为各级政府部门工作的重点。为此,要利用电子商务进行上网促销,在有关大中城市设立营销窗口,并发挥农业龙头企业、村经济合作组织和专业协会、中介服务组织等作用,要培植流通大户,同时还要解决在绿色通道中出现的新情况、新问题,不断加快流通步伐。

编者按:此文发表于2000年12月8日的《舟山日报》"经济视野",作者是原富强村党支部委员、原定海区农业和农村工作办公室副主任,长期关注家乡事业发展。

第三节 富强山林

皋泄村的山林特产除了晚稻杨梅和香柚,还有桃子、李子、柑橘、柿子等产出,其他特色植物有枫香、梅花等。据本村《王氏宗谱》记载,旧时东皋岭下日照庵东南有梅花湾,相传梅花开时,香盈涧谷,有诗云"此湾绕梅花,飞花香满路"。梅花湾下有费家园、翁家园,二园多植梅林。4、5月间,黄梅满树,望之如金丸累累,色香并绝。又载:"经堂山下有柿树湾,每当霜叶争红时,果实绯红,与秋枫无异。"枫香,俗称枫树,属金缕梅科,落叶乔术,适应性广。主根发达,抗风力强,材质细致。境内皆有零星种植,皋岭《王氏宗谱》记载:"旧时白鹤庙侧有一古枫,大可数十圈,每当晚秋霜浓之际,万叶齐醉,斜阳照之,烂然与霞锦争明。"此树在新中国成立前已枯萎。

据1984年各村渔农村统报报表,弄口大队有李园3亩,其他水果1亩,年产李子900担,其他500担;新建大队有柑橘园35亩,桃园2亩,李园10亩,年产柑橘7担,桃子10担,其他水果12担;富强大队有柑橘园50亩,李园50亩,其他2亩,年产柑橘45担,李子400担。而梨、枇杷、猕猴桃、樱桃、石榴、葡萄等果木虽也有种植,但都未能成规模发展。1985年富强村曾经大力发展过柑橘,当年橘子发展到350亩,1987年富强村橘场的柑橘还被评为舟山市早熟柑橘品质三等奖,但现在成片的柑橘已很少见,只有零星尚存。

明清时期长期采薪伐木,只用不造,加上历遭战乱兵灾,林木损毁殆尽。至新中国成立前夕,森林覆盖率不足10%。土地改革后,林权变化,政府提倡植树造林,各生产合作社解决社员参加林业劳动计工给酬的办法,主要有三种:一是作为义务工,根本不给报酬;二是当年不给报酬,等到林木有收益时再给;三是当年和农、牧、副业等同时计工统一分红。实际经验证明,前两种办法不好,因为义务劳动或当年不给报酬,会影响农民造林育林的积极性,很容易导致造林质量低劣、浪费劳力等情况。1957年1月,国家林业部党组向中央农村工作部和党中央请示:"关于林业生产的劳动组织问题,林业生产和农业生产一样,从采种、育苗、造林到抚育、保护、采伐需要进行一系列工作。每个季度都要付出许多劳动,如果没有一定形式的劳动组织来保证生产,很容易形成'造林时轰一阵,造林后无人问'的偏向;同时,林业技术、劳动生产率等都不能提高。因此发展林业亦需要建立相应的劳动组织。……在林业生产任务很大,生产内容比较丰富,而又必须进行长年作业的地区,合作社内可根据需要,考虑成立长年的专业生产队(组);在林业生产任务很大而又必须与农业生产穿插进行的地方,也可采取林农混合编队,下设临时专业小组的形式;在林业生产任务较小的地区,也可试行建立季节性的专业生产队(组)。不论采取哪种形式都应与广大群众造林的实际需要相结合,并把林业生产方面的责任制逐步地建立与健全起来。"这之后,全国各地有山林的生产合作社都逐步建立起了相对专业的林业生产队,在这段时间,富强村的林业生产是定海区乃至舟山市的先进典型。

公社化后,政府提出"绿化海岛",各大队多次发动向荒山进军,在营造以松树为主薪炭林的同时,开始种植樟树、苦楝、油桐、油茶、板栗、桃、梨等经济林木,开展四旁(村旁、宅旁、路旁、水旁)植树。但疏于管理,又值"共产风""瞎指挥"盛行,办食堂、建高炉、办瓦厂消耗大量薪材,继而三年困难时期,组织生产自救,出现毁林垦荒,植被损毁严重。1971年,富强大队加强了林业队的力量,选派党支部副书记周国钧担任山林队长,并开始自主育苗。周国钧回忆,"当时富强山林队有100多人,是全乡最多的,可能在全舟山也是数一数二","基本大的农业村都有山林队,但当时会育苗的不多,我们主要自己会搞育苗,出名后还派人去盐仓等地辅导治病","当时从报纸上看到外地杉树翻土的经验,一年工夫能长到1米多,很兴奋!就先自己按报纸上说的试验,试验成功后,杉树保证了当时建房用的椽子","林业育种仅仅靠苦干是不行的,还是要靠科学知识。当时上面的领导也很重视我们的农民革新,市县科技局、科委对我们的试验都很支持,一道参与试验和劳动","舟山过去是没有大毛竹的,渔民打桩的竹子都是从安吉、奉化来的,无毛竹、笋壳包粽子。我们去安吉、奉化学毛竹育苗技术,成功后在全市推广,一下子解决了大问题。毛竹不削顶不直不成材,但削顶育材很苦,削顶要把那么高拉下来,削顶技术就是我们带进来的"。周国钧等人还参加了全县组织的外出取经,"王家恒老专员亲自带班,20多人专车去湖南、湖北学种杉树,一路走一路看一路学,干览、西乡的一些乡镇、村里都派了人。回来马上就动员,试种,买了树种自己培育","栎树、美松、雪松、水杉都是我们引进的,现在去西码头黄沙周路两边高高的水杉树都是这里育苗,工化营、老富强村院子里的大雪松都是我当年种下的,现在看上去比我还老了","过去山上没有树啊,我们用柴要翻过高高的山岗去洋岙红毛冲那边偷人家的,番薯都是种过岗的啊,现在习近平总书记都是带头种,山上碧绿葱翠,社会好足了"。周国钧先生于1979年11月30日发表在《舟山日报》的《富强大队积极培育苗木》记载:"俗话说:'过河要搭桥,造林先育苗。'定海县皋泄公社富强大队自1973年建立林木苗圃以来,从小到大,逐步发展。目前,全队有苗地22亩,今年共培育木麻黄、毛竹、水杉、池杉、柳杉、杜仲、白果、银杏、川松等18种苗木23万多株。7年来他们共育出各种树苗150多万株,各种竹苗10多万株,不仅满足了本大队本公社造林需要,还支援上海、温岭、武义和本地部分社队。"

1973年,富强大队从实际出发,在主要力量安排上达到与农业同等水平,使山林队逐步建立了一支强有力的骨干队伍。175个山林队员,其中共产党员10人,管理委员5人,各占大队党员和管理委员总数的三分之一,并采取集中领导、分片管理、责任到人的方法进行组织管理;按自然条件分3个片设立山林组,各片由正副组长、植保员、会计等5人组成队委。山林以下设杉木、毛竹、茶树、橘子、药材、苗圃花木、李子等7个专业小组,一个竹木加工厂,一个常年积肥队,形成一个林业生产管理系统,并建立了学习、评比和定额制度,调动了广大山林队员的积极性。1975年,富强大队党支部规划改造山林,决心在冬春期间完成400亩杉木基地,选派张杏梅担任山林副队长兼杉木小组长,她背起5斤重的镐锄,带头开山,不管晴天雨天,早出晚归,连续40多天,按时完成了开山,紧接着是运肥上山,300米高的大岙岗,仅不到20人的男女劳力,连续奋战30余天,把几百吨垃圾挑上岗。

因为"封山育林"和苗木培育成绩明显,周国钧于1977年被调到市林科院,张杏梅被评为"全国三八红旗手",富强村党支部经常在全乡、全县各种会议上做典型交流,这大大增强了富强人的自豪感。"过去富强村被人家欺负,抬不起头。1958年,'脚踏富强、风吹富强','脚踏''风吹'呀,真是难过,因为实在太穷了。到部队大礼堂、潮面等地方开会,都被人家看不起,山林队成绩出来后名气大,富强村慢慢才兴起。"据1985年的富强村年报,当年该村有3100亩山林,人均1.43亩;3100亩山林中,经济林地1328亩,其中杨梅8000株、李子50亩、橘子350亩、茶叶80亩、苗圃32亩、毛竹216亩、杉树500亩,这些枯燥的数据饱含着多少前辈的血汗和艰辛!

富强山林队的基地在魏家对面,唐鑑岭往白泉方向的右边,一直种到唐鑑岭山岗上,现在还能看出当年种下的成片林木。"可惜当时没有专业人才,后来也没有人专门坚持,没有能形成规模效应,品牌也没有,现在环境这么好,可惜了!"

林业有位置　旧貌换新颜

皋洩公社富强大队党支部

我们富强大队几年来认真贯彻了"以粮为纲、全面发展"的方针,在抓好农业的同时,积极地发展了林业生产,现有杉木580亩,毛竹325亩,杨梅271亩,李子40亩,橘子45亩,青皮竹10亩,茶叶70亩,四旁植树30000株,建有苗圃22亩。1978年林业总收入80100元,今年预计可达90000元,占全大队经济总收入35万元的22%。山林队平均工值2元5角。现有木材蓄积量3731立方米,亩均1.18立方米,毛竹52000株,人均24.2株。9年来我们用自己培育的竹木建造集体和社员房屋682间,基本上满足了生产队和社员农具、生活用具的需要。同时积极开展多种经营。做到以短养长、长短结合,为集体积累了资金。现在我们有公共积累15万元。各种农业机械40多台,有力地促进了农业生产。我们主要抓了以下几点:

一、思想上有位置

我们大队有2148人,20个生产队,有耕地1164亩,山林3161亩,占总面积73%以上。平均每人占有耕地5分4厘、山林1亩4分。但长期来,有山不识山,看不到发展林业的重要性,重粮轻林,林业摆不上位置,缺乏长远打算,弄得生产缺资金,分配缺现金,烧柴有困难。事实教育了我们,片面抓粮,忽视各业,一条腿走路旧貌难变,日子难过。我们就组织人员到东湾及外地参观取经,东湾大队农林牧并举林业收入占全大队总收入三分之一的经验,对我们很有启发,认清了农林牧相互促进的辩证关系,看到要使"富强"真正富强起来,必须走靠山、养山、吃山的路子。从此,党支部狠下决心抓林业,做到山林队与农业队统一规划、统一检查、统一评比。把林业生产放到与农业生产同等的位置上。

二、组织上有班子

发展林业必须要有一支常年治山的骨干队伍。过去我们也成立过山林队,但名为"山林队",实为"杂工队",大队经常到山林队抽人,生产无计划,年复一年,面貌依旧。1973年以来,从我们的实际出发,在主要力量安排上达到与农业同等水平。使山林队逐步建立一支强有力的骨干队伍。现在由2名支委专职抓山林。175个山林队员,其中共产党员10人,管理委员5人,各占大队党员和管理委员总数的三分之一,并采取集中领导、分片管理、责任到人的方法进行组织管理。按自然条件分3个片设立山林组,各片由正副组长、植保员、会计等5人组成队委。山林以下设杉木、毛竹、茶树、橘子、药材、苗圃花木、李子等7个专业小组,1个竹木加工厂,1个常年积肥队,形成1个林业生产管理系统,并建立了学习、评比和定额制度,调动了广大山林队员的积极性。

三、因时因地制宜,营林造林

我们从1973年以来的4年中,共投放30多万劳动力,建设了用材林、经济林及苗圃基地1000余亩。当时,我们首先组织生产队长以上干部实地勘查,因地制宜制订林业生产规划。然后按照农业与林业的各自生产特点,适时组织劳力营林造林,抓住晚稻初插后的间隙,以整地、挑肥、定植为主;早稻插种结束以幼株扶育为主。大队按照劳力和田亩数,把任务分配给生产队:定地段、定标准、定质量、定工分。生产队再把任务落实到人,定额计酬。1973年以来我们还举办过5期党、团、民兵、青年训练班计500人,一边学习,一边治山治林,效果很好。为了解决种苗问题,1973年冬投放2000余工,建成了12亩苗圃,不但满足了本大队造林需要,还支援上海、温州及本地,兄弟社队各种树苗200多万株。现有木麻黄、毛竹小苗、白榆、酸枣、银杏、池杉、水杉、法国梧桐、红棕、桉树、川杉、黑松、樟树、柳杉、冬青、柏树、火炬松、香椿、杜仲等苗木达20万株,不仅能满足自己造林更新的需要,还能支援外地。

四、加强科学育林

"三分种七分管",在抚育管理上我们狠抓了以下措施:

1. 多积肥料

积肥队常年住在城关镇,实行定任务、定质量、定工分、定补贴,超出奖励,不足扣除的"四定一奖"政策。8年来共拉回垃圾2600万斤。还利用不能套种作物的林地全部种上草子,在立竹不密、郁闭度不大的竹山里撒秕花,每年能收绿肥三四万斤。对上级分配的林业用肥,做到专肥专用,及时施到竹木上。

2.适时抚育,合理套作

我们的做法是,对一二年生的幼林适当套种,以豆科、瓜类和矮秆作物为主,竹山不准套种番薯,幼林郁闭后也不准套种。对幼林每年施肥2次,保证了持续生长。目前1973年种的杉木高达9.35米,胸径16.6厘米。坚持每年伏天削竹山一次,施上垃圾和化肥。目前毛竹最大围径达14.7寸,平均围径9.4寸。当初只有筷子粗的实生小苗毛竹,围径也达6寸以上,大有发展前途。

3.加强森林保护工作

我们成立了以森保为中心的科技小组、贯彻防重于治的方针,进行专题研究,常年开展预测预报工作。除用药剂、人工方法防治外,还开展了赤眼蜂白僵菌生物防治工作,对杉梢小卷蛾、松毛虫、毛竹枯梢病进行普遍防治,达到较好的效果。

五、严格山林管理制度

以《中华人民共和国森林法》为武器,实行依法治林,进一步建立和健全了护林公约,广泛宣传,做到家喻户晓、人人自觉遵守,并落实3个社员常年管山,在出笋和水果成熟季节,再加强力量,严格管理。对破坏山林行为的,按护林公约严肃处理。一次,支部书记儿子摘杨梅吃,也按制度罚款,不徇私情。现在在广大干部社员中爱护集体、保护山林已逐步形成风气。

六、开展多种经营,扩大综合利用

几年来,我们在管好树木的前提下,在幼林地套种粮食、瓜类蔬菜等收入达11万余元,去年我们在郁闭度不大的林地上又套种贝母、丹参等中药材8亩,今年扩大到12亩,预计贝母一项就可收入2000余元。林木加工厂将疏伐的小材小料加工成品,提高了林产品的价值,今年可收入3000余元。此外,苗圃在育好造林用苗的同时,为了满足人民对美化环境的需要,还培育了水仙花6000多株,茉莉花4000多株,以增加收入。

我们在党委的领导下,得到林业及各有关部门的帮助,在新长征的道路上取得了一些成绩,但与先进单位相比,特别是与党关于加快农业发展速度的要求相比,还存在很大差距。在新的一年,我们党支部决定采取下面一些措施,使我们在原有的基础上提高一步。

1.进一步发展林业生产

计划毛竹扩边30亩,杉树间伐250亩,整枝300亩,开春深翻施肥2次,以加速生长;橘子山扩大10亩(500株);种植黑松100余亩,种植杨梅树500株。

2.加强科学实验,学习先进经验

(1)搞纯种松树和松树、枫杂树混交试验速生林4亩,像抚育杉木、毛竹一样进行抚育管理,生长比较。

(2)试验消灭毛竹、杨梅的大小年,达到年年稳产丰产。

(3)准备带背包上绍兴上旺大队学习种茶叶先进经验,争取茶叶丰产。

3.加强山林队力量,改善经营管理

明年山林队再增加200个底分的劳动力,以加强力量。由于林业生产周期性长,实行单独经济核算定额奖赔制度缺乏完整的经验,为慎重起见,待之秋后组织一个小组搞经营管理筹备工作,进行试点实验,广泛听取意见,最后由社员大会讨论决定实施,以充分调动广大社员在农、林、牧、副各业生产中的积极性。

编者按:此文是原富强大队党支部于1979年11月在全县林牧业工作会议上的发言材料。

第七章　牧副工商

第一节　畜禽养殖

　　"五谷丰登、六畜兴旺"是历朝历代中国农民的朴素愿望。"六畜"指猪、牛、羊、马、鸡、狗六种禽畜，南宋王应麟编写的《三字经》中有"马牛羊，鸡犬豕。此六畜，人所饲"。皋泄村民历来有饲养畜禽的习惯，而且也有一定的饲养技术和经验，但始终没有形成规模化的产业。

　　猪是当家牲畜，正所谓"无猪不成家"，过去都是以自食为主，农户在过年时，或在办婚事时才会自行宰杀，所以饲养量也很少。合作化后，为鼓励农户发展养殖，生产队专门分给每户饲料地，使生猪饲养量得到了迅速发展。当时几乎每户都会饲养生猪1～2只，把肉猪交售给食品公司时，还有饲料票作为奖励。1961年7月，农民投售生猪，奖售饲料、化肥、煤油、卷烟、针织品、胶鞋、黄酒、食糖、水产品等商品，城镇居民凭证每人每月供应猪肉0.25～0.5公斤，农村凭售猪"留肉票"供应。1964年，改派购为计划收购，农民每投售1头生猪，合净肉35公斤者，奖售饲料粮票25公斤，布票0.66米，化肥3公斤。1972年3月实行统一收购，调拨销售，严禁商贩屠工经营，鼓励农民养猪，发放预购定金，并向生猪饲养专业户、重点户提供仔猪，优先供应水泥、毛竹等修筑猪舍。1983年实行生猪派购合同，1985年取消派购任务，实行指导议价议销，多渠道流通。公社化时，各大队均曾兴办集体牧场，以养母猪为主，为农户提供仔猪，后因粮食紧张而停办。1964年新建大队全年饲养生猪778头，户均1.93头；年末猪存栏459头，其中个人443头，集体10头；当年出售276头，自宰43头。

　　20世纪80年代以后，张国成、周大高、王国富等个体养猪专业户兴起，在自己发家致富的同时，还带动帮助了陆军驻舟某部防化连、舟山食品公司种蓄场等单位。1984年富强大队全年饲养984头猪，年末存栏636头，其中全民集体110头；全年出售国家177.5头，市场出售62头，自宰108.5。1984年弄口大队全年饲养190头猪，年末存栏94头，其中属于全民的6头；出售给国家71头，市场出售22头，自宰3头。1984年新建大队畜牧业年末猪存栏660头，其中全民集体80头；全年出售给国家48头，自宰50头。新建大队农户张国成在1995年开始建造猪场，后逐年扩大，最多年出栏肉猪1000头，年产值250万元，利润30万元以上。2014年，因镇区规划建设而停办,现不仅全村已无生猪养殖,全市也基本没有农户单独养殖的许可和意愿。

新中国成立前,农户少量饲养本地白兔,20世纪50年代初,曾一度兴起养兔高潮,以饲养长毛兔为主,后又引进獭兔。各大队均曾在合作化时在畜牧场中养殖,富强大队山林队一度在山上养兔,用兔粪育肥,后在谢家的村畜牧场先后养殖过猪和獭兔,现还有2间屋留着。1980年又引入西德长毛兔良种,从而引发1981年、1985年两次养兔热潮,个人、集体一齐养,并涌现一批养兔专业户,饲养量大增,新建大队周荣昌是比较典型的专业户。在党的十一届三中全会精神鼓舞下,周荣昌刻苦钻研养兔技术,兔子越养越多,越养越好,1980年他养兔收入440多元,1981年收入800多元,有长毛兔107只,他经常现身说法,向皋泄公社的社员们宣传养兔好处,帮助养兔户解决具体困难。1984年后,由于兔毛销路无固定客户,兔毛价格骤跌,严重挫伤农民饲养的积极性,饲养量逐年减少,1984年富强大队年末兔存栏77只,其中獭兔10只,獭兔全年饲养20只。1984年弄口大队年末兔存栏270只,其中獭兔10只。1984年新建大队年末兔存栏200只。现已基本绝养。

浙东白鹅品种优良,肉质肥、鲜、嫩、脆,深受人们的喜爱,是我国中小型鹅种中的佼佼者。过去在逢年过节或置办各种酒席时,白鹅是主要肉食之一,所以过去农户饲养的白鹅,平时很少宰杀自食,主要用以销售以增加家庭收入。饲养白鹅需有一定的自然条件,如水池、草地等,还要有人放看。合作化时期,浙东白鹅养殖曾有一定规模,1984年富强大队全年饲养1000羽,弄口大队420羽,新建大队1500羽。由于各种条件的限制和人力的不足,村民已基本放弃饲养白鹅,只有个别户,在春节时饲养几只以供自食或送人之用。

鸡、鸭都是皋泄村民的传统饲养对象,过去几乎家家户户都有几只。1980年后,出现了养鸭专业户,如新建大队的王国富、袁善良和周信忠,利用小水库或池塘进行饲养,每户饲养蛋鸭500只以上。王国富后成功转型开展综合养殖,袁善良、周信忠曾于1984年联户开办皮蛋加工厂,当年加工皮蛋100万个。后因饲料涨价及人工工资提高等,造成饲养成本提高,效益下降,致使鸭场倒闭。如今,为保护自然环境,根本不允许在村庄内饲养群鸭,所以全村只有几只笼养的蛋鸭。1986年富强村的陈素珍看到村里有人养鸡挣钱,就自谋职业发展家庭副业养蛋鸡,租了几间屋办起家庭鸡场,饲养罗斯雌雏1200只,不到一年获净利8000多元。2007年,毛底陈的陈栋自己创业建了养鸡场,从上海引进七彩山鸡,养了1500多只。2011年,64岁的村民钱阿咪撇开自己从事了20多年的机械制造工作,转而投身于法国火鸡养殖。经过3年的努力,他从一个完全没有养鸡经验的门外汉,转变成舟山林地放养火鸡的第一人。放养的火鸡数量也从原本的40只,攀升到了1000多只,自主孵化成活率达到95%以上。

除此之外,本地的牲畜还有牛、羊、水貂等。除富强大队曾养殖过奶牛外,其他均为用于耕作的黄牛、水牛,1984年富强村的牛奶产量曾有280担。耕作之外,牛还要担负碾米、碾粉、车水等动力之责,后因采用机械耕作,耕牛饲养量逐年减少。1989年3月,皋洩村宰杀了全村唯一的一头耕牛,从而成为"无牛村"。水貂原产北美洲,形似黄鼬,体长40~60厘米,体毛黑褐色,属珍贵皮毛兽,主饲料为鲜鱼、肉、蛋。1981年农户始引进种貂饲养繁殖,因饲养、取皮技术要求高,毛皮外销不畅而发展不旺,已经无人饲养。

延伸链接

责任到人办场两年　扭亏转盈超过四千

皋洩公社富强大队党支部

我们大队牧场,现有母猪36头,肉猪31头,仔猪70头,大型约克公猪1头,全场饲养人员11人,其中正劳力3人,妇女半劳力8人。

1979年以来,大队对牧场实行"五定一奖"责任制,做到生产有定额,好坏有奖赔,调动了牧场人员的积极性,迅速摘掉了"亏本场"的帽子。1979年上交大队净值577元,超额完成盈余500元的指标。今年盈余指标1000元,9月底止已上交净收入1013.63元,预计全年能净盈4000多元。干部、群众反映说:"责任到人办牧场,两年扭转亏本场,这样办场有奔头。"

大队在对牧场实行责任制中,始终以调动饲养人员积极性,发展集体畜牧业和增加集体收入为目的。过去,牧场没有一套行之有效的管理制度,从1973年办场以来年年亏本。如1978年,不包括饲养人员工分及山林队的番薯、大麦、南瓜、大头菜等实物,单资金一项就亏损410元,广大社员要求改变这种状况的呼声十分强烈。1979年,党支部参照外地经验,结合本队情况,制定了"五定一奖"生产责任制。这一年初步扭转了亏损状况。今年,进一步完善了牧场生产责任制,把净产值指标从原来的500元提高到1000元,把牧场人员从14人减到11人,工分从原来的36000分降为25000分,11亩山地做饲料地不变。超过产值指标部分的70%奖给个人,30%归大队;如未完成产值指标,30%由个人赔,70%由大队负担,这样一来,进一步调动了牧场人员的积极性,加强了责任心。近一年来,牧场人员为了办好集体牧场,做到"四个坚持":

1.坚持分工负责,互相配合

牧场11个饲养人员,分为2组:饲料组8人,喂养组3人。平时各负其责,雨天、晚上互相配合。如饲料组的男劳力舒茶全平时就睡在牧场里,当母猪生仔猪时,他就和男饲养员一起睡在猪舍里,共同管理仔猪。

2.坚持饲料自给

饲料组千方百计种好饲料地,并积极扩大套种面积,白天忙不过来就开夜工。今年套种南瓜就收了5万多斤。饲料种得好,保证了青饲料自给。

3.坚持科学喂养

他们经常注意每只猪的食欲情况,按猪的食欲进行喂养。注意无病早防,有病及时治疗。做到及时清理剩食和猪舍,使肉猪吃得饱、长膘快,母猪产猪率高。

4.坚持良种配种,繁殖杂交仔猪

全场母猪全部用大型约克公猪配种,4月份以来已产仔猪260只,其中出售190只。

大队牧场实行责任制两年来,已经取得了明显的经济效果,但还有些问题,如牧场人员扣除奖金部分以后,工值还偏低,需做进一步研究。我们打算认真总结经验,完善责任制,进一步办好集体牧场。

编者按:此文为1980年11月定海县三级干部会议经验交流材料。

延伸链接

独臂农民王国富租赁舟山食品公司种畜场4个月
——将亏损"不得了"变成经营"了不得"

周开春 刘胜刚

别看定海皋泄乡皋泄村农民王国富只剩一条断了两指的手臂,却大胆租赁了连年亏损的舟山食品公司种畜场。租赁4个月,他和妻子已先后投售肉猪50头,3月5

日,圈里又赶出10头大黑猪。一个前来帮老王卖猪的东湾村养猪大户对我们说："你们去猪厩看看,老王今年了不得啦!"

在"王记"猪场,我们数数存栏猪有124头,除去公、母猪,肉猪有103头,其中半数以上5月份能出栏。心算一下毛猪能卖1万元,确实了不得。

去年11月租赁时,场里只有1头种猪,27头母猪,22头壳郎猪,加上近40头仔猪,总共不到90头,可到3月5日,存栏加投售共185头,发展了1倍。

建场12年来年年亏损的种畜场靠啥快速"翻身"?3个字,靠租赁。王国富和他内当家说:"灶锅缸鬶、抽水机、栏里猪是阿拉花900元钱买下的,想赚辛苦钱,当然比老早管场的职工有心,肯卖力。"

食品公司肉类经营部主任李善棣不赞成把租赁说成拍卖。他拿出合同书,指出有3个不变:一是种畜场开展猪种改良和对外配种服务不变;二是饲料公司给种畜场的酱渣、豆腐渣、啤酒糟计划继续划拨供应;三是使用住房、猪舍、设施的产权不变,损坏要修,遗失要赔。况且,王国富头年要从1.6万元利润中上交5000元,后两年要上交6000元。

是租赁还是拍卖撇开不说,这对夫妇近4个月来确是花了不少心血。做起来起早摸黑,喂猪从不错落一餐;养猪要放大本,他们靠快出栏、多补栏来加快资金周转;精料不够,付1000元钱承包华侨饭店厨下泔水,雇两位姑娘每天拉回来。

王国富今年45岁,在搞基建伤残后开始养鸭。他想到养鸭虽然周期短,收入高,但风险大,而养猪周期虽长,但当前政策优惠,稳当有利,于是跨乡租赁了种畜场,从养"两只脚"变为养"四只脚"。

编者按:此文发表于1987年4月1日的《舟山日报》。

第二节　供销商贸

　　新中国成立前，皋泄农副产品的流通全靠私商，粮食、棉花、猪、羊、鸭等农副产品由农民直接向商人出售，农户收获之农副产品，大多就近上市交易，自产自销；或肩挑背驮进城兜售，或以物易物售于乡间货郎。废铜烂铁、鸡毛鹅毛等废旧物品，一般皆由货郎上门收购，或兑糖，或兑针线、火柴、烟卷。日用商品的采购依赖于村中主要销售油、盐、酱、醋及烟酒、糖、饼之类的日用商品小店，其中新建大队曾有4家小店。

　　1951年5月，皋洩乡率先创办供销合作社，社章规定供销社为社员入股组成之集体经济性质，其宗旨是为社员群众服务，从此供销社成为服务农民的主力军。1953年11月，为加强对市场的调控，中共中央通过对粮食、油料、棉花、棉布实行计划收购和销售的决定。1955年起，粮食、油菜籽由国家粮食部门收购，棉花、生猪等农副产品由供销社、食品收购站收购，全部纳入计划经济轨道。随着农村合作化高潮掀起，农村个私小商店曾一度被农村供销合作社统一管理，"文化大革命"期间，私营商业被视为"资本主义尾巴"而遭取缔，私人小店全部被关停。供销社在各大队只开了一处供销点，虽然鼓励"扁担精神"送货上门（分散经营），但仍不利于群众生活。

　　计划经济时期，农村土特产、农副产品、废旧物品皆由当地供销合作社购销经营，主要有棉花、茶叶、羽毛、畜产品、毛皮、兽骨、药材以及小杂粮。供销社另设废旧物品收购部，专事收购各类废品。食糖、卷烟、酒、布等日用商品均由供销社零售。

　　1958年，民用凭证供应蔗糖，城镇居民每人每月50克，农民减半。1961年实行高价，古巴白砂糖每公斤8元，敞开供应。1965年恢复平价供应，1966年销44.5吨。1967年起，白砂糖凭票供应，每人每月定量：城镇居民125克，婴儿、病人和从事有毒有害工种人员0.5公斤，产妇一次性供应红糖1.5公斤。1984年，食糖敞开销售。1986年复凭票平价供应。1990年后敞开供应。

　　1960年4月，按吸烟人数凭证定量供应卷烟，城镇居民每月10包，农民15包。1961年减为每月4包。1963年11月，7种卷烟高价敞开供应。至1965年5月，除中华、牡丹、前门、飞马、上游、五一等烟仍高价供应外，其余平价敞开供应。1981年，省内产烟凭票供应,其余敞开。1987年全部卷烟敞开供应。

1952年,花、纱布由供销社代销。1954年9月起,实行棉布统购统销,居民凭布票供应,年度定量每人10.25米。1960年8月,床单、棉毛衫等9种针织品亦凭布票供应,毛巾、汗衫、背心、棉毯、绸缎凭购货证不限量供应。翌年2月,凭布票供应针织品增至12种。1982年后,居民穿着转向化纤、呢绒、绸缎,棉布销量下降。20世纪90年代全部敞开供应。

酒类方面,乡间酒类多为白酒、黄酒两类。新中国成立前,农民饮酒多有自酿习惯,亦有酒坊后院酿造、前门零沽,或就近小店供应。新中国成立后,酒类实行专卖,除允许农户少量自酿饮用,余皆由供销社(或烟酒商店)批发、零售,各村由指定服务网点代销。1960年,实行凭票供应。次年,各类酒(含果汁酒)实行高价敞开销售。1965年7月,恢复凭票定量平价供应,每户1.5公斤。1971年改居民月供黄酒0.25公斤。1987年后各类酒均敞开供应。

1961年,社队公共食堂解体,农民砌灶买锅,铁锅供不应求,采取以旧换新、凭票(证)购买;1963年供求趋缓。20世纪70年代后期,市场行销熟铁锅、铝锅,80年代行销高压锅、电饭煲。但是,价廉耐用的地产传统铁锅,仍受农家欢迎,畅销不衰。

新中国成立前,粗细瓷碗多来自宁波、江西等地,当地缸窑厂亦有土制粗瓷碗钵,但产量不多,质量粗糙,销量甚少。1961年,农村公共食堂停办,农户缺碗,由供销社调购白瓷碗,凭票限量供应。1964年敞开销售("文化大革命"时一度又凭票购买)。20世纪70年代,市场畅销花碗、彩盆。80年代,热销景德镇、唐山名瓷、细碗,精制搪瓷盆取代部分瓷碗。

20世纪80年代开始,允许农户开办个私小店后,村内各个自然点纷纷开办了小店,商品种类也逐步增多,店面也随之扩大,有的还逐渐向农村的小商场发展。现在,不仅全村开办有大小商店20多家,而且已经完全融入全国网络购物的大潮。

第三节 工业发展

新中国成立前，皋泄村没有任何企业，也没有固定的民间作坊。只有原皋洩村村民朱宝峰在上海开办过一家规模不大的皮革厂，富强村村民周裕坤在武汉开办过砖瓦厂。旧时听老人们传说，曾有人在村中心地段开过糖坊，糖坊就成为该自然村的地名，而弄口的油车路只是因为过去流动的榨油地点，并未开办过油坊。民间的五匠等手工业则一直存在，主要有泥水匠、木匠、箍桶匠、漆匠及篾匠等，但是从业人员不多，未有如和平村陈乾生一样的包工头等较成规模的团体。

1958～1960年期间，受"左"倾思潮影响，党和国家主要领导人设想依靠地方发展工业，大搞群众运动，发动了"大跃进"和人民公社化运动，各地大办小煤窑、小铁矿、小高炉、小水电等。皋泄村虽然缺乏资源、人才和技术，因要求农机具"小修不出队，中修不出社"，也举办了少量队办企业，如弄口农机厂等，规模甚小，且多属"开关厂"（即农闲开厂，农忙关门），皆为队办副业。1960年9月，中央提出"调整、巩固、充实、提高"的方针来调整国民经济各方面的比例关系，对工业企业"关、停、并、转"，各队办企业和作坊也关门裁并。

1970年重新强调要加快发展小钢铁、小机械、小化肥、小煤窑、小水泥等地方"五小"企业，最典型的是新建陶器厂，又称缸厂。新建当地自宋以前就有烧窑历史，有较丰富的陶泥资源，1970年开始主要生产七石缸、大小笔筒缸、埕、甏及渔用网砝等产品，后因陶器产品被市场淘汰而停办，历时近30年。1972年根据农业生产的需要和供销部门盛装氨水容器缺乏的实际困难，新建陶器厂土法上马，自力更生试制成功氨水埕，有力地支援了农业生产。但据1976年、1977年定海县财政局多个文件显示，该厂产品质量不佳，合格率低，一直处于亏本状态，曾多次要求税收减免或经费支持。皋泄是一个人多地少的农业村，村中有不少剩余劳动力，为解决劳动力出路，提高村民收入，当时还有不少年轻人在"五匠"中拜师学艺，最多的是学做泥水工，还专门组建了一支建筑队，承接建造嵊山后头湾水库等舟山渔港建设工程。

1978年，党的十一届三中全会提出"社队企业要有一个大发展"。1979年7月，国务院下发试行《关于发展社队企业若干问题的规定（草案）》，其中明确肯定了社队企业在国民经济中的地位。自此,分散在广大乡村地区的社队企业和乡镇企业迎来了大发展阶段,也成为改革开放初期中国经济快速增长的重要动力。皋泄的队办企业迅速发展,多数利用当地资源和技术优势,以发展建筑、建材、纺织、机械行业为主,1984年改称村办企业。原弄口村书记王富华1990年到皋洩压缩机厂担任过3年副厂长,这个跟上海压缩机厂配件经营公司联营的机械厂积极参与市场竞争,1993年1~3月份,实现产值、销售、利润分别为66万元、24.2万元、6.5万元,分别比上年同期增长69%、10%、8%。因为厂办在弄口,70名工人基本都是皋洩人,联营后从生产啤酒机零件向压缩机零部件、冷冻机部件发展,先后开发了LYZ18F-2.8/T螺杆压缩机、化肥压缩机配件、各种泵伐机油泵配件,产品畅销吉林、安徽、上海等10多个省市。新建大队也先后办起了两家服装厂和一家机械加工厂,还有人到外地发展,开办建筑机械、电器、远洋捕捞及模具等各种行业的私营企业。弄口在1987年后办起制坯车间、煤球厂、吊丝窑、轧石厂,富强村1975在毛洋周开办了隧道窑厂,较好地发展了集体经济。据舒宽宏回忆,富强村先后创办过砖窑厂、机械厂、塑料厂等集体工业,"1958年我参军入伍,在白泉炮团当了6年兵。当时炮团连里施工打矿道,我负责开机器,把机器保养好,后来连里评上先进,我带的班也被评为'五好班'。当兵退伍后,在村里当了一年民兵连长后,办企业去了,打了一个大砖窑,当时大窑就岑港和我们这里有一个。然后就搞镇合作社,接下来农村走机械化道路,就办机械厂,造各种机器,自己村里用。后来厂没有了,我又回村里办了小厂,收集废旧塑料,慢慢扩大。1991年我当书记,1992年,我们办了一个窑厂,因为大家没有钱,没人承包,于是就让他们免费开,砖烧出来后拿来抵承包款,靠着这个砖厂,村里慢慢地把债还清了,大队里房子也建好了,也评上了先进"。

村办企业发展的同时,个私企业也如雨后春笋般脱颖而出。1984年,弄口大队有五金塑料产值500元,家庭工业的针织品2000元,村办煤球加工80吨;新建大队有五金塑料专业户2户,拖拉机专业户17户;富强大队矽钢片厂年总收入18480元,净收入4560元,人均分配453元,益明加工厂总收入24960元,净收入6320元,人均分配320元。1985年弄口村王忠财办家庭袜厂,生产市场畅销的丙尼毛巾袜,产品在宁波、上海、武汉等地商店上柜后十分畅销,仅4个月就创产值5000多元,获利1000余元。1989年富强村的王胜利创办了富强胶塑制品厂,主要生产橡胶制品胶木,年均营业额30万元。1992年以来,白泉镇政府在办好镇办、村办企业的同时,把发展个体私营经济作为发展工业的新增长点,出台一系列优惠政策,鼓励发展个私企业,主营针织服装、机械配件、胶木制品、水作加工、塑料五金、木材加工、水泥预制品以及织布、电器、玩具、采石等10多个行业。1993年周国汉在毛洋周开办腾达制衣厂,1994年钱阿咪在毛洋周开办时代电器厂生产电焊机配件,1994舒和平在弄口村开办天元色织厂。依托传统乡村地区"五小"工业形成的工业基础和农民创业的传统,一直到1999年,皋泄村村民踊跃创业,不仅自己致富,还帮助消化了农村家庭联产承包责任制实行后的过剩农村劳动力。

2000年以后,随着市场经济的深入人心,村民的创业不仅仅限于本乡本土,尤其是东皋岭隧道打通之后,更多的工商企业主动到皋泄寻觅商机,尤其是场地出租类的企业引进比较明显,如2013年舟山粮得丰米业有限公司(舟山市和粒粮油批发市场)就成功入驻弄口。2010年后,随着乡村振兴和农村生产生活环境的巨大改善,以本村年轻人为主力的创业群体涌现,主要以信息咨询、农家乐、文化传媒、网络贸易等为主,广阔的空间为农村网创青年开辟了新途径。2015年,以"拓展农产品销售路径,成为农村网创青年孵化平台,开展便民服务"为己任的"皋泄网创服务驿站"成立,当年达成初步入驻协议的企业和商户就有14家,月销香柚3500公斤。2020年6月皋泄村村级电子商务园——青年筑梦空间开园,互联网时代正在"孵化"皋泄村的新一批农村互联网青年为家乡的振兴而努力。

延伸链接

皋泄村工商业经营主体统计简表

序号	名称	负责人	注册地	成立年份
1	定海区皋泄陶器厂	朱明坐	皋泄	1970
2	定海皋泄砖瓦厂(白泉镇皋泄村投资)	王根法	和平	1980
3	定海区白泉供销合作社皋泄生产资料门市部	毛国兴	弄口	1981
4	中国人民解放军83355部队军人服务社	腾燕	毛洋周	1982
5	定海县皋泄公社弄口农机修配厂	—	弄口	1983
6	益民李子加工厂	陈恒天等	富强	1984
7	织袜厂	王忠财	弄口	1984
8	定海区皋泄五金冲件厂	王如岳	皋泄	1985
9	定海县皋泄乡食用菇类综合加工厂(原皋泄板鸭厂)	—	皋泄	1986
10	定海皋泄第二砖瓦厂	周文作	富强	1987
11	上海压缩机厂配件经营公司定海联营厂	舒文安	弄口	1988

续表

序号	名称	负责人	注册地	成立年份
12	定海东海压铸厂	陈兰英	毛洋周	1988
13	白泉镇弄口包装箱厂	张和合	弄口	1989
14	弄口预制场		弄口	1990
15	定海区周月芬食品店	周月芬	苏家老屋	1990
16	定海康福电子玩具厂（村办集体福利企业）	王富华	弄口	1990
17	定海区白泉袁氏粮油食品店	袁安旦	新建	1992
18	定海白泉毛底陈方家烟酒店	陈大奎	毛底陈	1992
19	定海区毛底陈食品店	陈菊娣	富强	1992
20	定海白泉陈亚娟食品店	陈亚娟	毛洋周	1992
21	定海区洪美珍食品店	洪美珍	皋泄袁家	1992
22	白泉镇弄口村营山轧石场	王富华	弄口	1992
23	定海区张珍珊食品店	张珍珊	弄口张黄路	1993
24	定海区腾达制衣厂	周国汉	毛洋周	1993
25	定海区周忠伟食品店	周忠伟	毛洋周	1993
26	定海区时代电器厂	钱阿咪	毛洋周	1994
27	定海区天元聚氨酯发泡厂（原天元色织厂）	舒和平	弄口	1994
28	舟山市定海白泉富强综合服务部	丁继福	毛洋周	1994
29	定海区蒋四苏食品店	蒋四苏	魏家	1996
30	定海富强塑料再生造粒厂	周信养	毛洋周（部队操场）	1996
31	定海区朱伟信食品店	朱伟信	新建	1996
32	舟山市定海区曹军杰食品店	曹军杰	新建	1996
33	舟山市定海张和平食品店	张和平	毛洋新村	1996
34	舟山星升磁性材料有限公司	蒋建定	弄口	1999
35	舟山市大阳光塑钢涂料有限公司	乐慧敏	富强	2000
36	白泉宏宇煤制品厂	邱铭达	弄口	2000
37	定海白泉宏宇煤制品厂	邱铭达	弄口	2000
38	定海金洲螺杆机械厂	杨光华	弄口	2001

续表

序号	名称	负责人	注册地	成立年份
39	定海富源塑料机械厂	乐忠兆	弄口	2002
40	定海华新制衣厂第二分厂	舒童华	富强	2003
41	定海华达塑料母粒厂	林善华	毛洋周	2003
42	定海台客隆弄口便利店	王黎萍	弄口	2003
43	白泉镇毛洋周理发店	王红芬	毛洋周车站	2004
44	定海区白泉镇恒光船舶电器厂	孙军舟	苏家老屋	2004
45	白泉镇金炎石材加工厂	叶缀飞	冷潭贩	2005
46	舟山市泉芽蔬菜食品有限公司	赵锡仁	皋泄	2005
47	舟山市定海兴洲沙场	陈裕海	原富强砖瓦厂煤场	2005
48	浙江金泉建设有限公司定海白泉皋泄分公司	袁寒东	弄口张黄路	20071
49	定海白泉馨怡商品咨询服务部	史永久	富强	2007
50	定海区隆兴烟花爆竹有限公司白泉分公司	刘杰	弄口	2009
51	定海周国栋船用配件销售部	周国栋	毛洋周	2010
52	定海区庄周机械厂	周玉	庙后庄	2010
53	定海区安柯电气设备厂	陈舰炳	毛地陈	2011
54	定海区毛洋周土石方挖掘有限公司	张连洪	富强	2012
55	定海区侠慧食品商行	贾南侠	打珠岙	2012
56	舟山市嘉珂商贸有限公司	乐军	弄口	2012
57	舟山市辐辏基础工程有限公司	袁平	弄口油车路	2012
58	舟山粮得丰米业有限公司(舟山市和粒粮油批发市场)	王国亮	弄口	2013
59	定海区白泉时代饲料粉碎机厂	钱阿咪	毛洋周	2013
60	舟山岛城投资咨询有限公司魏家休闲山庄	江骑豹	富强李小岙	2013
61	定海区白泉富安网具厂	陈安平	富强	2014
62	定海区白泉腾霖服装加工厂	林素芳	富强陈家	2014
63	定海区白泉利瑛信息咨询服务部	舒江瑛	富强新村	2015

续表

序号	名称	负责人	注册地	成立年份
64	定海区裘林芬健康咨询服务部	裘林芬	毛洋周	2016
65	定海区费鑫家庭农场	费和合	弄口	2017
66	定海区根石盆艺园艺场	陈平	弄口（老供销社）	2017
67	定海区双胞胎食品网店	周奇瑾	毛洋周	2017
68	舟山市定海皋泄呑农家乐有限公司（曾用名：舟山市定海富都山庄农家乐有限公司）	王良红	富强后山	2017
69	舟山市广济健康咨询服务有限公司	谢立新	富强新村	2017
70	舟山市定海区星辰建材经营部	唐琪	富强小呑里	2018
71	定海区朱梅素服装加工厂	朱梅素	新建	2018
72	定海瑞超建筑装饰部	陈红亚	毛洋周	2018
73	舟山鼎艺装饰工程有限公司	王林枢	苏家老屋	2019
74	定海区毛洋周电动车修理店	陈对松	富强新村	2019
75	定海区富兴建筑工程队	陈国民	富强毛底陈	2019
76	舟山市富鸿建设工程有限公司	方雪娜	富强后山	2019
77	舟山顺驰贸易有限公司	姚友明	富强新村	2019
78	舟山来成电子商务有限责任公司	金韬	富强毛底陈	2019
79	舟山市元昌起重设备安装有限公司	张邦雄	富强新村	2019
80	定海区海明船舶维修工作室	李学成	苏家老屋	2019
81	舟山市定海区斌胜清运服务有限公司	陶松斌	富强外山头	2019
82	舟山奇辉管道安装有限公司	朱增辉	毛洋周	2019
83	定海区铮辉建筑工程队	王海辉	弄口	2019
84	定海区橙天建材经营部	舒英英	童家园	2019
85	定海区博弘建筑工程队	陈军民	毛底陈	2020
86	定海区卢艳土石方挖掘队	卢艳	富强小呑	2020
87	舟山富鸿供应链管理有限公司	方雪娜	富强后山	2020
88	定海区马全兵建材经营部	马全兵	富强毛底陈	2020
89	定海区毛底陈建材经营部	鲁海波	富强毛底陈	2020

序号	名称	负责人	注册地	成立年份
90	定海区进行时文化传媒工作室	赵乾磊	弄口	2020
91	定海鹏舟獐养殖场	陈忠岳	富强外王	2020
92	皋泄筑梦空间商业管理有限公司	袁位军	弄口	2020
93	定海区珍芬信息服务部	周珍芬	富强毛底陈	2020
94	定海双凯贸易商行	陈凯挺	富强陈家	2020
95	定海亿源农业旅游开发有限公司	虞菊峰	新建	2020
96	定海富鸿贸易商行	方雪娜	凉潭水泵站	2020
97	定海区舒欣民宿	章秀波	弄口油车路	2021
98	定海平凡家电维修经营部	唐文平	弄口	2021
99	定海琪亚家电维修经营部	周亚和	弄口	2021
100	定海飞逸机电设备经营部	徐增飞	弄口	2021
101	定海区富强通讯设备经营部	陈漳依	打珠岙	2021
102	宁波乐嘉丰鲜食品配送有限公司舟山市分公司	徐新生	毛洋周	2021
103	定海亮沙日用百货店	周桃芳	毛洋周	2021
104	定海区志友建筑材料经营部	刘志态	富强魏家	2021
105	定海区壹加壹旅游文化发展有限公司	庄若婷	富强新村	2021
106	舟山市恒峰建设工程有限公司	黄显涛	富强后山	2022
107	定海区家豪建筑材料经营部	刘志态	毛洋周	2022
108	舟山市皋泄红创艺术有限公司	周陶	皋泄新建路	2022
109	舟山市益瑞建设工程有限公司	马全兵	富强毛底陈	2022

编者按:此表由课题组自网络搜集,为皋泄村历年所注册成立过的各类个私、村集体、国有等工商经营主体的不完全信息,按成立年份排列,仅作参考。

延伸链接

乡贤企业风采

舟山市定海区华康颐养园简介

舟山市定海区华康颐养园是一所由舟山顾氏骨伤医院拥有人投资兴办,集颐养、医疗、康复、护理、娱乐、休闲于一体的中高端养老机构,于2019年9月正式投入运营。颐养园位于定海区白泉镇白泉路6-1号,东、西接定白线,北临缤纷广场,南含南山下水库,背靠露水山,远可眺青山苍翠,近可赏绿水波光。优越的地理位置,秀丽的山水风光,温馨的居住环境,令人心随身往。华康颐养园总投资8500余万元,占地面积5784平方米,建筑面积8190平方米。内设三大区块,即颐养区、护理区、医疗康复区。

颐养区及护理区共有床位209张,其中介助床位75张,介护床位49张,特护床位85张,有多人间、三人间、双人间、单人间和豪华套间,房内设施齐全,配有卫浴间、空调、电视、呼叫器及中心供氧系统。按适老化设计,每个护理单元设护理站,并在园内设置了机构养老信息化管理平台。

医疗康复区与舟山顾氏骨伤医院的医疗资源共享。顾氏骨伤医院,创于第一次鸦片战争期间(1840年),已有160多年的办院历史。经过几代人的不懈努力,现已发展成为集医疗、康复、养老、预防、保健于一体的综合性医院。设医疗床位50张,设中西医门诊、专家门诊、针灸推拿康复室、手术室、重症监护室,配有CT、DR、双能X线骨密度检测仪、动态心电图及全套血生化检验等各种检查设备,并且充分发挥顾氏骨伤医院专家、医生的技术特长,重点发展老年医学科、中医骨伤医学科及针灸推拿康复科,充分体现了医中有养、养中有医、医养结合的办园模式。

华康颐养园先进的服务理念、优质的服务品质、专业的服务团队,受到上级部门及社会各界的关注和认可。颐养园下设舟山市定海区盐仓华康颐养园、舟山市定海区双桥华康颐养园、舟山市定海区广济养老服务中心、舟山市定海区马岙街道居家养老服务中心、舟山市秀山乡示范型居家养老服务中心及12家社区居家照料服务中心,为广大五保老人、低保低边老人以及社会老人提供配送餐、医疗、家政、生活照料等多项服务,满足老人多层次、多元化的需求,提升老年人的生活品质。"老吾老以及人之老"是中华民族的优良传统,"用心守护,做有温度的养老"是华康人的服务目标。

舟山王家大院餐饮管理有限公司简介

舟山王家大院餐饮管理有限公司(以下简称公司)成立于2013年5月,公司地址位于皋泄村富强后山路3号,是一家以餐饮管理为主,以团膳服务、技能培训、社会化餐饮应急保障为侧翼的多元化商业经营模式的企业。公司拥有成熟完善的运营管理团队和健全的培训体系,目前下设7家分支机构、8个职能部门、4个区域项目服务中心(数十家食堂管理),现有员工500余人。10余年的专注发展成就了王家大院的卓越品牌与社会影响力。

公司先后通过ISO9001:2015质量管理体系、ISO14001:2015环境管理体系、ISO045001:2018职业健康安全管理体系、ISO022000:2018食品安全管理体系及3A级诚信供应商、3A级诚信经营示范单位、3A级信用企业、3A级资信企业认证。紧紧围绕"客户需求"和"服务指标"两个导向,科学规范地开展各项管理服务工作。辉煌历程,荣誉见证,公司先后获得"中国团餐业先进企业""全国团餐大赛金奖""浙江省餐饮行业协会常务理事单位""浙江省军供饮食保障定点单位""中国餐饮30年优秀企业奖"等多项荣誉。

公司秉承"以质量求生存,以信誉求市场,以创新求发展"的经营理念,致力于为各企事业单位、政府大型赛事、会务活动及政府应急保障等提供安全健康、美味快捷的膳食餐饮服务,矢志成为"餐饮服务管理专家";坚持"团结进取、开拓创新、诚信严谨、用心服务"的服务理念,用心镌刻舌尖美味,以诚锻造服务品质,努力打造行业典范,争当行业楷模。舟山王家大院以传播舟山美食文化、升华新区城市生活为己任,走专业化、内涵化、品牌化的发展路线,全力塑造可持续发展且具有高度社会责任感的优秀餐饮品牌!

浙江盛发电器有限公司简介

该公司前身系定海通讯元件厂,由村民王文斌于1984年在白泉龙舌路创建开办。随着企业的不断发展壮大,于2001年成立了浙江省盛发电器有限公司。企业三易厂址,于2013年在白泉镇兴泉路502号兴建了厂房及办公大楼。公司占地面积

30000多平方米，建筑面积近20000平方米，员工150多名。现有固定资产3500万元，年产值3500万元以上，年利税300万元。

该公司是一家专业生产电动剃须刀、电推剪、剃绒器、直发器等多种小家电，以自主研发设计、机械磨具、注塑、五金配件为辅的科技型生产企业。拥有先进的数控加工中心、数控铣床、数控精密电火花机床、全自动生产流水线等设备。"盛发"品牌，至今已取得外观、实用新型专利共60多项，并获得"浙江省专利示范企业""舟山市知名品牌"等荣誉称号。公司先后通过了ISO9001:2000质量管理体系认证、SGS认证、CE和ROHS认证。公司产品在全国各省、自治区、直辖市遍布了销售网，并畅销欧盟、美国、俄罗斯、巴西等多个国家和地区。

舟山市神舟电气有限公司简介

村民朱云军于2001年创办了舟山市定海金阳电气设备厂，为了企业发展生产的需要，于2008年在位于舟山市新港工业园区，白泉镇新民淡水坑4号新建了厂房，成立了舟山市神舟电气有限公司。新厂址占地面积6600多平方米，建筑面积3500平方米，员工50名。现有固定资产1500万元，年产值2000万元以上，利税120万元。

该公司是一家专业制造高低压成套开关设备的中型企业。主要产品有高低压配电箱、配电柜、计量箱及各类控制箱和启动箱。在本市私营企业中率先取得Gckin:3150-1600A低压抽出式开关箱和GGJqC:400kVaY-60kVaY低压无功功率补偿柜等7项国家强制性认证书。产品主销舟山本地，并在省内各地也占有一定的市场。

普陀旅游食品有限公司简介

该公司成立于2003年7月。经过10年的发展，形成了以"普陀山"商标为核心的系列产品——观音饼、观音酥及普陀山佛茶，打造以佛教文化、传统文化、海洋文化为背景的普陀山特色产品。上述产品曾分别获得浙江农博会金奖，并多次被评为消费者信得过产品。

2013年初，公司为进一步发展，投资3500万元，在普陀区茅洋工业区c0-01南侧地块，进行旅游食品生产基地的建设，于2015年6月建成投产，设立为普陀素雅轩食品有限公司。公司占地面积7200多平方米，建筑面积8900多平方米，生产规模可达到年产1600吨以上产品，产值5000万元左右。现公司总资产5000万元，年产值

2000万元,年利税在500万元以上。该公司系本村下袁氏族人袁巍所兴办。

舟山海兴远洋渔业有限公司简介

公司设在定海人民中路88号4楼,该公司成立于2007年,建筑面积400平方米,有6艘捕捞金枪鱼渔轮,总资产6000万元,员工120名,年产值在5000万元左右,年创利450万元以上。该企业系朱氏族人朱伟光与他人合伙创办。其本人于1995年创办的舟山市明悦船舶燃料有限公司,规模虽有缩小,但仍在经营之中。

舟山市三峰工程机械有限公司简介

本村庙后庄王氏族人王涛,于1992年开始创业,于2003年创建了该公司。公司占地面积2000平方米,建筑面积1000平方米。公司主要经营工程机械系列产品,现又逐渐向交通安全设施方向发展。公司固定资产1500万元,年销售产值600万元,利税100万元以上。

舟山市和粒粮油批发市场简介

舟山市是粮食纯销区,全市粮食播种面积7.9万亩,粮食总产量2.87万吨,其中晚稻谷产量为1.75万吨,粮食产需缺口较大,对外依存度达89%。一直以来,市内没有专一的粮油批发市场,市场经营户主要以个体经营户为主,经营规模小,平时库存较低且主要依托宁波粮食批发市场开展经营,从粮食主产地进粮相对较少,海岛群众购粮难,粮价高,粮食品种单一,应对市场风险能力低下,如遇突发事件造成粮食市场波动,就会对我市粮食应急保供造成一定的风险。尤其是粮食市场化以后,问题更加突出。缺粮的市情、粮情,需要舟山"粮食人"充分发挥聪明才智,齐心协力。

为解决保障全市粮食消费需求,确保粮油供应安全,规范粮油市场秩序,依据相关委、局及市领导提出的意见和批复,2014年舟山市粮食行业协会会长王国亮带领协会成员积极调查研究,根据舟山粮食行业实际情况,向政府主管部门提出《关于要求建立舟山市粮油批发市场的报告》,并获得同意批复。市场选定在舟山本岛中北部,定海区和普陀区之间,位于329国道和73省道交会处的定海区白泉镇皋泄社区弄口。该址东离沈家门城区14公里,南距舟山市区7公里,北至西码头汽渡口(往上海、岱山)6公里,至普陀山机场26公里。交通环境优越,陆岛及岛际交通四通八达,区位优势明显,可辐射市内外,辐射半径理想。

2015年2月12日,舟山市和粒粮油批发市场在白泉镇皋泄社区弄口路88号成立,舟山终于有了专业的"米市",拥有了流动的大粮仓。截至2021年,市场已引入辽宁盘锦、吉林松原、吉林德惠、黑龙江五常、江苏兴化、江苏如皋等各大米种植生产企业,中粮集团旗下食用油、大米、面粉、面条加工生产企业,中储粮旗下食用油生产企业,五得利集团等原粮产地优质工厂、粮食企业,通过和粒市场供应舟山居民。粮油市场又开通海岛配送中转点降低成本,采用建立直销店、直供点等各种经营方式,把品类齐全的优质粮油产品供到了海岛基层群众的家门口。

2020年开始,新冠肺炎疫情肆虐,居民出现抢购囤粮苗头,舟山粮油供应市场面临巨大压力。和粒市场坚持诚信经营,发挥在粮食产地直接入驻的优势,积极配合政府保障海岛粮食供应,其间平价调入大米、面粉和食用油供应舟山市场。合作企业吉林松原粮食集团还赠送10吨大米供舟山抗疫保供慈善所用。同时,和粒市场通过新闻媒体把信息传递给居民,为舟山粮食供应安全和粮食市场稳定起到一定作用。

2020年,"和粒粮油批发市场二期项目"被列为浙江省粮食和物资储备发展"十四五"规划重点项目,2022年已完成主体工程,预计2023年10月可以投入使用。市场将新建独立的检化验室,新增大米、面粉以及油脂等快速检测仪器设备,对进入市场的粮油做到逢进必检,同时健全质量追溯机制,建立食品安全台账,严格索证索票,确保所有进库成品粮油可溯源。提升投入使用后,市场供应服务能力和辐射能力显著增强,能保持经营、应急供应和社会化储粮所需的粮油库存量,成为保障全市粮食供应链的主力军,更有效保障舟山成品粮供应链安全。

第八章 乡村治理

第一节　村级政权

中国的封建政权一直有"皇权不下县"之说,因为交通不便、成本过高,加上知县作为最基层的官,必须遵守祖籍地回避制度而语言不通,只能借由汉唐的乡里制、宋元的保甲制、新中国成立前的邻闾制,把公权力让渡一部分给吏和乡绅。只要能保证税收到位,保持乡村基本稳定,就是实现了皇权的延伸。明清代至新中国成立前,舟山的乡村管理基本都依赖"乡约""庄书"和保甲长,并没有成体系的村级管理机构。

1950年定海解放后,8月人民政府宣布废除保甲制,实行区、乡、村建制,建立皋洩乡人民政府。皋洩乡属城关区,1951年改属临城区。1953年设舟山专员公署,区、乡建制又有调整,1953年由皋洩村与富强村合建皋岭乡,弄口与和平村属皋洩乡。1953年9月,建白泉区公所,设区长、副区长各1人,辖白泉、类型(河西)、河东、柯梅、皋洩、万寿、皋岭、北蝉、小展、蝉东10个乡人民政府(乡人民委员会),各设乡长1人,副乡长1~2人。1956年4月,调整区、乡建置,撤白泉区,皋洩、万寿、皋岭3乡又合并为皋洩乡。1958年1月,皋洩乡从干览区划出,直属定海县政府。1958年9月,实现公社化,区、乡建制撤销,白泉、河东、皋洩、北蝉4乡合并建红旗人民公社,实行政社合一,公社设管理委员会,替代原乡政府职能,高级社消失,公社分设12个大队,新建、富强为第二大队,弄口为蔬菜大队。10月,改称白泉人民公社,改属舟山县人民委员会领导。1959年4月,白泉人民公社撤销7个大队,建立皋洩管理区(直属大队),新建、富强、弄口纳入管理区,设主任、副主任,下属各生产大队,设正、副队长。1961年7月,调整公社规模,恢复白泉区公所,实行区领导公社体制,设区长1人,副区长3人,辖白泉、皋洩、北蝉3个人民公社管理委员会,撤管理区,重建新建(皋洩)、富强、弄口等生产大队,下分设若干个生产小队,大队管理委员会设正、副大队长,生产小队设队长。1962年6月,恢复定海县建制,撤白泉区公所,恢复皋洩公社管委会,直属定海县政府领导。1962年12月,复建白泉区,1963年撤白泉区,皋洩公社由定海县直隶。1978年1月,白泉、皋洩合并为白泉人民公社。

与乡级政权相对应,皋泄的村级政权也经历了较复杂的进程。1950年8月,废保甲制,按区划建村行政委员会,村行政委员会设正、副主任和委员。1951年1~3月,中共定海县委派工作组在皋泄乡进行土地改革完成后,根据1950年7月15日颁布的《农民协会组织通则》,各村基本建立起农民协会,农民协会的任务主要是团结雇农、贫农、中农及农村中一切反封建的分子,遵照人民政府的政策法令,有步骤地实行反封建的社会改革,保护农民利益;组织农民生产,举办农村合作社,发展农业和副业,改善农民生活;保障农民的政治权利,提高农民的政治和文化水平,参加人民民主政权的建设工作。根据《中华人民共和国土地改革法》,农民协会是农村中改革土地制度的合法执行机关,也即是这一时期的村级政权。1952年秋,着手发动各村村民普遍组建互助组,1953年进行普选完成后农民协会退出政权行列,为行政村所代替。1954~1955年,兴办初级农业生产合作社,政治经济上的事务主要由各合作社担负,行政村的主任、副主任由乡人民代表推选,是乡政府的下属机构。1956年原皋泄村的国光、建国、国兴、新建4个初级社,合并建立新建高级农业生产合作社;弄口与和平村的初级社合并建立和平高级农业生产合作社,富强的清和、民主、永久、和平、富强等初级社合并称高级农业生产合作社。1956年1~8月,皋泄乡成立16个高级农业生产合作社,各社建管理委员会,把村民集体经济组织与政治组织合为一体,社管会设正、副社长和委员,分别掌管社内生产、经济(含集体收益分配)和文化、福利等工作,社以下为生产队,设正、副队长。村行政委员会主任和村以下行政组织自然消失,社长履行原行政村主任之责。以居住地相邻和人口基本相等为原则,各村重新划分生产小队,弄口为一社一小队,新建划分21个小队,富强划分20个小队。从此至今,虽然村级单位的范围时大时小,但这些小队的划分深入人心,成为村以下进行治理的基本单元。1958年9月,红旗人民公社成立,实行政社合一,公社设管理委员会,替代原乡政府职能,高级社消失,公社分设12个大队,新建、富强为第二大队,弄口属和平大队。1959年析设弄口大队;富强的清和社、民主社、永久社、和平社、富强社合并称富强大队,以其寓意美好而一致通过。

“文化大革命”期间,基层选举中断。1968年4月和8月,皋泄成立人民公社革命委员会,取代公社管委会和政权组织职能,以群众组织“大联合”形式替代第七届选举。1968年8月,各生产大队分别建革命领导小组,设正、副组长,接管大队管委会职能。

十一届三中全会之后,1979年4月,白泉人民公社重新析分为白泉、皋泄2社,时皋泄公社下辖红卫、爱国、潮面、和平、弄口、富强、新建7个生产大队。1982年新建大队改称皋泄大队。1983年起,政社分设,恢复皋泄乡人民政府。1984年撤销生产大队建制,富强、弄口、皋泄3个大队均改称村,大队管委会随之改称村民委员会,设村长、副村长,生产队改称村民小组,设正、副组长。各村成立经济合作社,替代原大队生产管理职能。

1987年舟山撤地建市,定海撤县改区,皋洩乡属定海区,乡政府驻和平村,皋洩、富强、弄口均属之。1988年8月,浙江省人民政府命名金山、金星、浪西、万寿、爱国、新建(皋洩)、富强、弄口、和平、潮面村为革命老区村,命名皋洩乡为革命老区乡。1992年6月,舟山实行撤区、并乡、扩镇体制改革,皋洩乡并入白泉镇,镇人民政府驻繁强村,以皋洩片村管理新建、富强、弄口、和平等行政村。2005年,皋洩、富强、弄口3村合建皋泄新渔农村社区。2015年6月定海区推行农村集体经济股份制改革,皋泄、弄口、富强分别成立股份经济合作社。2017年,全市新渔农村社区改革中称皋泄新渔农村社区(村)。为认真贯彻落实市委市政府、区委区政府《关于加快发展渔农村社区集体经济的若干意见》精神,加快发展壮大社区村集体经济,根据定海区农林与海洋渔业局《关于设立社区村经济联合社工作的指导意见》,2018年8月30日成立白泉镇皋泄社区村经济联合社。同年9月,为发展集体经济,购置商贸城店铺2间,总面积150.9平方米,总投资344万元,购置后返租给商贸城10年,预期前5年年均收入20万元。

2019年6月3日,根据市委、市政府关于完善社区村体制改革完善工作的意见精神和区委工作部署,按照村级组织设置标准,由村民代表大会讨论通过,舟山市定海区白泉镇皋泄社区村民委员会更名为舟山市定海区白泉镇皋泄村村民委员会,舟山市定海区白泉镇皋泄社区村务监督委员会更名为舟山市定海区白泉镇皋泄村村务监督委员会,社区村其他群团组织同时相应更名,更名后的村民委员会职责与组织架构、人员组成不变。2019年7月17日,为确保社区村体制改革完善中集体资产的安全完整,稳妥融合,促进村级集体经济又好又快发展,根据市委、市政府《关于社区村体制改革完善工作的意见》(舟委发〔2019〕19号)中的《关于村级集体资产处置、管理和发展的指导意见》文件精神,针对皋泄股份经济合作社、弄口股份经济合作社、富强股份经济合作社的实际,经涉及合并的原皋泄股份经济合作社、弄口股份经济合作社、富强股份经济合作社社员股东户代表表决,同意合并成立皋泄村股份经济合作社,同意采用完全融合模式的整体合并法进行资产融合,由新村(皋泄村)股份经济合作社统一管理运行。按照完全融合模式,皋泄股份经济合作社、弄口股份经济合作社、富强股份经济合作社的资产、负债及所有者权益直接合并,形成新村社的资产、负债及所有者权益,皋泄股份经济合作社、弄口股份经济合作社、富强股份经济合作社的债权、债务关系转移到新村社,由调整后的新村社接管。皋泄股份经济合作社、弄口股份经济合作社、富强股份经济合作社的经营性、公益性资产归新村社所有,原社员承包地、股权分设不变。2019年7月21日,舟山市定海区白泉镇皋泄社区村的皋泄股份经济合作社全体社员股东投票表决,本社与皋泄社区村弄口股份经济合作社、皋泄社区村富强股份经济合作社合并,设立皋泄村股份经济合作社及资产融合方案。

皋洩乡(公社)政府历届主要负责人一览

机构名称	负责人姓名	职务	任职期
皋洩乡人民政府	赵秀峰	乡长	1950年7月~1951年10月
	李田益	乡长	1951年10月~1957年10月
	舒瑞样	乡长	1952年10月~1953年1月
	舒连宝	乡长	1953年1月~1953年9月
	娄应杰	副乡长	1950年7月~1951年6月
皋洩乡人民政府（人委）	潘才新	乡长	1953年9月~1954年12月
	邵添松	乡长	1954年12月~1956年1月
	陈阿根	副乡长	1953年9月~1954年12月
	王元亨	副乡长	1953年9月~1956年1月
皋岭乡人民政府（人委）	朱明龙	乡长	1953年9月~1956年1月
	周丽梅	副乡长	1953年9月~1954年9月
	袁雪花	副乡长	1954年9月~1956年1月
	刘安定	副乡长	1953年9月~1956年1月
皋洩乡人民政府(皋洩、万寿、皋岭3乡合并)	朱明龙	乡长	1956年1月~1956年10月
	邵添松	乡长	1956年10月~1958年9月
	王允亨	副乡长	1956年1月~1956年4月
	洪善福	副乡长	1956年4月~1958年9月
	舒贤生	副乡长	1958年2月~1958年9月
皋洩人民公社管理委员会	翁聚庆	社长	1961年8月~1963年9月
	朱最扬	社长	1963年9月~1968年4月
	袁雪花	副社长	1963年10月~1968年4月
	洪善福	副社长	1963年10月~1964年10月
	梅华勒	副社长	1965年7月~1968年4月
皋洩人民公社革命委员会	张定亨	主任	1968年4月~1976年9月
	王志成	副主任	1968年4月~1976年9月
	孙忠凯	副主任	1968年4月~1976年9月

续表

机构名称	负责人姓名	职务	任职期
皋泄人民公社管理委员会	张定亨	主任	1976年9月～1978年1月
	梅华勒	副主任	1976年9月～1978年1月
皋泄人民公社管理委员会(恢复皋泄公社建制)	庄和合	主任	1979年4月～1980年6月
	周国钧	主任	1980年6月～1983年9月
	周国钧	副主任	1979年4月～1980年6月
	刘千裕	副主任	1979年4月～1980年7月
	邵添松	副主任	1979年4月～1980年7月
	洪成国	副主任	1981年2月～1983年11月
皋泄乡人民政府	袁根美	乡长	1983年9月～1986年6月
	张有旦	乡长	1986年6月～1988年1月
	周国钧	副乡长	1983年11月～1987年4月
	张志伟	副乡长	1983年11月～1988年1月
	王金龙	副乡长	1986年7月～1988年1月
皋泄乡人民政府(第十届)	张有旦	乡长	1988年1月～1988年5月
	邵文新	乡长	1988年5月～1990年4月
	张志伟	副乡长	1988年1月～1990年4月
	王金龙	副乡长	1988年1月～1988年5月
	李全合	副乡长	1988年5月～1990年4月
皋泄乡人民政府(第十一届)	邵文新	乡长	1990年4月～1991年10月
	虞国营	乡长	1991年10月～1992年6月
	李全合	副乡长	1990年4月～1991年10月
	王善尧	副乡长	1991年10月～1992年6月

皋泄村(新建、皋泄)历届主要负责人名录

届次	负责人姓名	职务	任职期
1	袁忠成	组长、社长	1954年3月～1956年1月
2	袁忠成	社长、大队长	1956年1月～1968年3月
3	袁忠成	大队长	1968年3月～1974年4月

续表

届次	负责人姓名	职务	任职期
4	袁忠成	大队长	1974年4月~1976年10月
5	夏阿银	大队长	1976年10月~1980年9月
6	夏阿银	大队长	1980年9月~1982年10月
7	夏阿银	大队长	1982年10月~1984年8月
8	王如岳	村长	1984年8月~1986年10月
9	王如岳	村长	1986年10月~1988年10月
10	王如岳	村长	1988年10月~1991年10月
11	王如岳	村长	1991年10月~1993年10月
	朱云业	副村长	1986年10月~1993年10月
12	朱云业	村长	1993年10月~2001年10月
13	朱云业	村长	2002年6月~2005年5月

皋泄村(弄口)历届主要负责人名录

届次	负责人姓名	职务	任职期
1	王明夫	村长	1951~1968年
2	王其对	革命领导小组组长	1969~1970年
3	王明夫	村长	1970~1978年
4	王英根	村长	1982~1987年
5	王定一	村长	1987年~1991年9月
6	王定益	村长	1991年9月~1993年11月
7	王富华	村长	1993年11月~2005年5月

根据档案及王富华等人回忆整理。

皋泄村(富强)历届主要负责人名录

届次	负责人姓名	职务	任职期
1	舒瑞宽	大队长	1964~？年
2	周世泽	（革委会主任）	？
3	周信养	大队长	1983~1985年

续表

届次	负责人姓名	职务	任职期
4	唐国明	村长	1985年4月～？
	王方治、何彩月	副村长	1985年4月～1991年9月
5	史恒太	村长	1986～1989年
6	陈忠杨	村委会主任	1989～1995年
7	魏阿国	村委会主任	1996～1998年
8	陈忠阳（养、杨）	村委会主任	1999～2001年
9	陈庆苗	村委会主任	2002～2004年

根据档案及周国钧、史小国、周雪军等人回忆整理。

皋泄村村民委员会历届主要负责人名录

届次	负责人姓名	职务	任职期
1	舒良华	主任	2005年6月～2008年5月
2	舒良华	主任	2008年5月～2011年4月
3	史小国	主任	2011年4月～2014年1月
4	苏明英	主任	2014年1月～2017年5月
5	苏明英	主任	2017年5月～2020年12月
6	苏明英	主任	2020年12月至今
	舒军杰	副主任	2020年12月至今

皋泄社区管理委员会历届主要负责人名录

届次	负责人姓名	职务	任职期
1	舒良华	主任	2005年6月～2008年5月
	王富华	副主任	2005年6月～2008年5月
2	舒良华	主任	2008年5月～2008年9月
	王富华、朱意庆	副主任	2008年5月～2008年9月
3	朱云业	主任	2008年9月～2009年6月
	史小国	副主任	2009年2月～2009年6月

届次	负责人姓名	职务	任职期
4	王富华	主任	2009年6月～2011年4月
5	王富华	主任	2011年4月～2014年1月
	史小国、朱意庆	副主任	2011年4月～2014年1月
6	朱意庆	主任	2014年1月～2015年8月
	王珊湖	副主任	2014年1月～2019年
	史小国	主任（兼）	2015年8月～2019年

第二节　村党组织

新中国成立前,中共党组织在皋泄的活动始于抗日战争时期。1940年9月,中共定海县工委派杨静娟、丁菲等一批共产党员和抗日先进分子到皋洩庄创办抗日小学,以学校为阵地,开展抗日游击区的宣传教育工作。同时,县工委在皋泄一带建立东区敌后根据地,开展党的抗日统一战线工作,独立自主发展抗日武装,建立抗日政权。当时,中共定海县工委的领导人王起、王博平、陈志方等,都先后在万寿、后岙、和平等地领导群众开展抗日斗争。1942年1月,因形势恶化,后岙支部失去组织联系而消失。1943年2月,改定海县工委为特派员制,10月由徐朗接任,驻在和平,全面负责舟山本岛地下党组织工作。1944年10月,特派员机关为甩掉国民党顽固派追踪,转移到敌占区城厢道头。1988年8月,浙江省人民政府命名金山、金星、浪西、万寿、爱国、新建、富强、和平、弄口、潮面村为革命老区村,命名皋洩乡为革命老区乡,属于抗战时期全国19个根据地之一。

1950年5月,舟山本岛解放,中共定海县委派驻皋洩乡政府机关建有临时党支部,贫农出身的张夹岙人朱明龙、朱再杨、袁忠成等最早发展入党,朱明龙1953年任皋岭乡乡长。1954年皋洩、富强片建立中共临时支部,9月转为正式支部,朱再杨任书记。1954年朱友土等积极参加土地改革、互助组、民兵工作的人员被发展入党。

1966年,"文化大革命"开始,各级党组织虽普遍受冲击,但村支部仍坚持活动。1968年成立皋洩公社革命委员会,接管公社所有职权,公社党委停止活动,各村级基层党支部也被革命领导小组取代。1971年12月,建立皋洩公社革命委员会党的核心小组,属定海县革命委员会党的核心小组领导;同年恢复和建立大队党支部,党的组织活动逐步恢复。1972年,皋洩公社召开党员代表大会,选举产生公社党委,乡村两级党的核心小组消失。1976年10月,粉碎"四人帮"反革命集团后,全社上下开展揭批"四人帮"反革命罪行,清查与"四人帮"有牵连的人和事,整顿党的基层组织。1978年1月,白泉、皋洩合并为白泉人民公社,设中共白泉公社委员会,属中共定海县委领导,新建、弄口、富强3村支部随之转隶。1979年4月,恢复原皋洩公社建制,成立公社党委会,隶属中共定海县委领导,新建、弄口、富强3村支部随之转隶。这一时期皋洩朱家人朱友士、上袁人袁汉江接续担任新建大队党支部书记,下袁人袁忠成任新建大队大队长或革命领导小组组长;富强由陈小毛担任革命领导小组组长。

党的十一届三中全会后,围绕端正党风、增强党性,针对党内不正之风,学习《关于党内政治生活的若干准则》《中国共产党章程》等文件,进行整党教育,党员教育面达80%。通过思想上、政治上、组织上一系列拨乱反正,公社党组织陆续做调整和充实,党的工作重新走上健康发展轨道。其间,开展"真理标准"问题的讨论,经过调查,平反"文化大革命"时期和历史上造成的冤假错案,恢复党的实事求是优良传统。

1983年,县委在皋洩乡进行政社分设试点,1984年,公社党委改称乡党委,大队党支部改称村党支部。1985年下半年,按照中共中央《关于整党的决定》,从乡到村分期分批全面整党,对党员进行短期培训,开展理想、宗旨和党的基本路线教育,开展争创先进党支部、争做优秀共产党员和民主评议党员活动,党的教育逐步制度化、经常化,党组织战斗堡垒作用和党员先锋模范作用得到进一步发挥。1987年,对全体党员进行坚持四项基本原则、反对资产阶级自由化教育,党员分期参加培训班受训。1988年,围绕治理经济环境、整顿经济秩序、全面深化改革,开展以刹"三风"(赌博风、封建迷信风、婚事大操大办风)创"五好"为内容的精神文明建设。1992年,皋洩乡并入白泉镇,镇委颁布《关于严禁党员干部参赌的若干处罚规定》《民主评议领导干部制度》《党政领导分线包片负责党员责任制》《党委(党支部)一年二次民主生活会制度》《镇纪委季月会制度和信访领导审批制度》,对全镇干部、党员进行党纪党风教育。

2017年12月14日,原来的中共舟山市定海区白泉镇皋泄社区皋泄支部委员会申请更名为中共舟山市定海区白泉镇皋泄社区皋泄第一支部委员会,新申请了中共舟山市定海区白泉镇皋泄社区皋泄第二支部委员会;原来的中共舟山市定海区白泉镇皋泄社区富强支部委员会申请更名为中共舟山市定海区白泉镇皋泄社区皋泄第三支部委员会,新申请了中共舟山市定海区白泉镇皋泄社区皋泄第四支部委员会;原来的中共舟山市定海区白泉镇皋泄社区弄口支部委员会申请更名为中共舟山市定海区白泉镇皋泄社区皋泄第五支部委员会。2019年在村社区体制改革完善工作中,皋泄社区改称皋泄村,社区党委改为村党委。

2019年,村党委做深做细做实"不忘初心、牢记使命"主题教育,利用远程教育阵地,观看每月远程视频;学习"两书一章",学习习近平总书记十九大重要讲话内容,学习中共十九大四中全会精神等,发放"不忘初心、牢记使命"主题教育应知应会口袋书;找问题,定措施,落实检视整改;邀请市红色讲师团来村上党课,组织党员到舟山市公安局政治生活馆、三毛故居、马岙博物馆、岱山金维映事迹陈列馆红色基地参观学习;全体党员检视自身存在不足,开展党员个人自评、党员互评先锋指数测评。

2020年,村党委重点落实上级关于村级组织换届的新要求,认真做好组织换届工作,参选率达到93.4%以上,把8名具有文化程度较高、年轻有干劲的村党员推选进了班子,选举了新一届村民委员会,班子平均年龄37岁,文化程度均为大专及以上,为皋泄村工作的开展提供了坚强的组织保证。新一届领导班子成员倾听群众的心声,立下"军令状"——皋泄村为民办实事的20条事项。本届换届选举,新增新一届纪律检查委员会书记1名及新一届纪律检查委员会委员2名。

2021年,村党委积极开展党史学习教育,做好建党百年庆祝活动。一是组织召开全体党员干部党史学习教育动员大会,牵头制定《皋泄村党委党史学习教育实施方案》,成立党史学习教育工作领导小组,明确全年党史学习教育重点和任务。二是将党史学习教育与"牢记殷切嘱托、忠诚干净担当、喜迎建党百年"专题教育相结合,组织各支部召开主题党日学习会、党史学习教育专题学习会共20余次。深入学习贯彻习近平总书记"七一"重要讲话精神、党的"十九届六中全会"精神,研读新时代党史和文献,高标准高质量完成党史学习教育任务。三是邀请老党员及部分离退休老干部参加"庆祝中国共产党成立100周年老党员老干部座谈会",为17名老党员颁发了"光荣在党50年"纪念章。

中共皋泄乡党委历届负责人名录

机构名称	负责人姓名	职务	任职年月	党委委员名单
中共皋泄乡党总支（万寿、皋泄、高岭3乡合并）	唐文明	书记	1956年1月～1956年4月	
	张根定	书记	1956年4月～1958年9月	
	艾衍笃	第一书记	1958年1月～1958年9月	
	邵添松	副书记	1956年4月～1958年9月	
皋泄公社党委（第一届）	张根定	书记	1961年11月～1966年5月	张定亨、宋行宝、翁聚庆（兼监察委员会主任）
	朱最扬	副书记	1962年4月～1966年7月	
	翁聚庆	副书记	1962年10月～1963年9月	
	唐文明	副书记	1961年11月～1963年1月	
	袁雪花	副书记	1961年11月～1962年4月	

续表

机构名称	负责人姓名	职务	任职年月	党委委员名单
皋泄公社党委	张根定	书记	1966年5月～1966年8月	陈阿朗、张奏文
	朱最扬	书记	1966年8月～1968年4月	
	翁聚庆	副书记	1963年9月～1965年5月	
	袁雪花	副书记	1962年4月～1968年4月	
	唐文明	副书记	1963年1月～1965年11月	
	张定亨	副书记	1966年8月～1968年4月	
皋泄公社革委会党的核心小组	张定亨	组长	1971年2月～1971年12月	
皋泄公社党委（第二届）	张定亨	副书记（主持工作）	1971年12月～1973年3月	孙忠凯、梅华勒、陈抱娣（女）、陈汉章、贺信海
	王阿明	书记	1973年3月～1976年10月	
	张定亨	副书记	1973年3月～1976年10月	
	袁雪花	副书记	1971年12月～1976年10月	
皋泄公社党委（第三届）	王阿明	书记	1976年10月～1978年1月	王福元、庄和合、俞阿四、陈翠娣（女）
	张定亨	副书记	1976年10月～1978年1月	
	梅华勒	副书记	1976年10月～1978年1月	
皋泄公社党委	洪小根	书记	1979年4月～1980年7月	陈翠娣（女）、陈抱娣（女）、王涛、贺信海、孙忠凯、陈汉章
	刘千裕	副书记	1979年4月～1980年7月	
	庄和合	副书记	1979年4月～1980年7月	
	邵添松	副书记	1979年4月～1980年7月	
皋泄公社党委（第四届）	洪小根	书记	1980年7月～1983年11月	孙忠凯、王涛、陈翠娣（女）、王万根、邵文新
	庄和合	副书记	1980年7月～1981年2月	
	周国钧	副书记	1980年7月～1983年11月	
	姚行国	副书记	1982年9月～1983年11月	
	张永刚	副书记	1982年9月～1983年11月	
皋泄乡党委（第五届）	张永刚	书记	1983年11月～1984年2月	陈翠娣（女）、王涛、王万根、邵文新
	洪小根	副书记	1983年11月～1984年4月（1984年4月～1985年6月主持日常工作）	

续表

机构名称	负责人姓名	职务	任职年月	党委委员名单
皋洩乡党委（第五届）	吴甫仁	书记	1984年4月～1987年3月	陈翠娣（女）、王涛、王万根、邵文新
	袁根美	副书记	1983年11月～1986年6月	
	姚行国	副书记	1983年11月～1984年4月	
	张有旦	副书记	1985年6月～1987年3月	
皋洩乡党委（第六届）	吴甫仁	书记	1987年3月～1989年11月	王涛、王万根、周国钧、王金龙、邵文信
	洪信益	书记	1989年11月～1990年3月	
	张有旦	副书记	1987年3月～1988年4月	
	邵文新	副书记	1987年3月～1990年3月	
	陈泉水	副书记	1987年3月～1990年3月	
	张志伟	副书记	1989年11月～1990年3月	
皋洩乡党委（第七届）	洪信益	书记	1990年3月～1992年6月	王涛、周国钧、舒国女（女）、曹学义
	邵文信	副书记	1990年3月～1991年9月	
	张志伟	副书记	1990年3月～1991年10月	
	虞国营	副书记	1991年3月～1992年6月	
	王信贷	副书记	1991年4月～1992年6月	
	李全合	副书记	1991年10月～1992年6月	

皋泄村（新建、皋洩）党组织历届主要负责人名录

任职序	负责人姓名	职务	任职期
1	朱再杨	书记	1954年3月～1956年1月
2	朱友（有）土	书记	1956年1月～1968年3月
	苏世林	副书记	1956年1月～1968年3月
3	袁汉江	书记	1968年3月～1974年4月
	袁忠成	副书记	1968年3月～1974年4月
4	袁汉江	书记	1974年4月～1976年5月
	朱大阔、袁才毛	副书记	1974年4月～1976年10月
5	袁才毛	书记	1976年10月～1980年9月
	朱大阔、夏阿银、王如岳	副书记	1976年10月～1980年9月

续表

任职序	负责人姓名	职务	任职期
6	王如岳	书记	1980年9月～1982年10月
	夏阿银、朱应德	副书记	1980年9月～1982年10月
7	朱应德	书记	1982年10月～1984年8月
	王如岳、夏阿银	副书记	1982年10月～1984年8月
8	夏阿银	书记	1984年8月～1986年10月
	王如岳	副书记	1984年8月～1986年10月
9	朱大阔	书记	1986年10月～1988年10月
	王如岳、陈献东	副书记	1986年10月～1988年10月
10	周兴忠	书记	1988年10月～1991年10月
11	朱明权	书记	1991年10月～1993年10月
12	朱缀绒	书记	1993年10月～2001年10月
	张丽君	代书记	2002年3月～2002年5月
13	张丽君	书记	2002年5月～2004年11月
	朱云业	副书记	2002年6月～2005年5月
	庄忠凯	副书记	2002年12月～2005年8月
14	朱云业	书记	2005年5月～2009年11月
15	朱意庆	书记	2009年11月～2015年8月
16	苏明英	书记	2015年8月～2020年12月
17	庄浩	（第一支部）书记	2020年12月至今
	金正飞	（第二支部）书记	

皋泄村(弄口)党组织历届主要负责人名录

任职序	负责人姓名	职务	任职期
1	王其对	书记	1951～1978年
2	王明夫	书记	1979～1981年
3	王富华	书记	1982年3月～1986年10月
4	王富华	书记	1986年10月～1994年6月
5	王富华	书记	1994年6月～1996年12月

续表

任职序	负责人姓名	职务	任职期
6	王富华	书记	1996年12月～1999年5月
7	王富华	书记	1999年5月～2017年4月
8	章秀波	书记	2017年4月～2020年12月
9	王海辉	书记	2020年12月至今

皋泄村(富强)党组织历届主要负责人名录

任职序	负责人姓名	职务	任职期
1	陈恒智	书记	1954年～1968年6月
2	陈小毛	整党建党核心小组正负责	1968年7月～1972年
	舒瑞康、丁继福	整党建党核心小组副负责	1968年7月～1972年
3	陈小毛	书记	1972～1979年
4	陈继康	书记	1980年10月～1985年4月
	周信养、陈献东	副书记	1980年10月～1985年4月
5	周信养	书记	1985年4月～1986年10月
6	周信养	书记	1986年10月～1989年
	魏阿国	副书记	1986年10月～1989年
7	史恒太	书记	1989～1991年
8	舒宽宏	书记	1991～1993年
9	周信养	书记	1993年11月～1996年12月
	陈忠杨、陈恒卓	副书记	1993年11月～1996年12月
10	陈忠杨	书记	1996年12月～1999年5月
	魏阿国	副书记	1996年12月～1999年5月
11	周国钧	书记	1999年5月～2002年5月
12	周海刚	书记	2002年5月～2004年
13	舒良华	书记	2005～2009年
14	史小国	书记	2010～2020年12月
15	舒军杰	(第三支部)书记	2020年12月至今
	陈庆苗	(第四支部)书记	2020年12月至今

根据档案查找及周国钧、史小国等回忆整理。周兴养即周信养,另用名周信阳。

皋泄社区村党组织历届主要负责人名录

届次	负责人姓名	职务	任职期
1	朱云业	书记	2005年5月～2008年4月
	舒良华	副书记	2005年5月～2008年4月
2	朱云业	书记	2008年4月～2011年3月
	舒良华	副书记	2008年4月～2011年3月
3	朱云业	书记	2011年3月～2013年11月
4	史小国	书记	2013年11月～2014年2月
5	史小国	书记	2014年2月～2017年4月
6	史小国	书记	2017年4月～2020年11月
	章秀波	副书记	2017年4月～2020年11月
7	苏明英	书记	2020年11月至今
	舒军杰、庄浩	副书记	2020年11月至今

延伸链接

原村书记朱云业访谈录

王：您好！请问您是哪一年当皋泄村书记的？其他还有哪些工作经历？

朱：我到村里比较早，一九八几年就参与村里工作了，30年左右，一开始当民兵连长、治保主任、山林队长兼出纳会计，到代理村长，到村长、代理副书记、代理书记，到书记。我是2005年当书记，之前是代理书记，后来镇政府让我当书记，那时候我一心要搞副业，不想当，自己水平也有限，去指挥别人也麻烦。后来镇党委下派别人过来当书记，我是代理书记兼村支书，两年后，她回去了。2004年时，就又叫我当书记。2005年，社区合并，皋洩村、富强村、弄口村3村合并进行选举，推选我为书记。一当当了3届，当时3年一届，不像现在5年一届。2005年5月社区合并，我从5月1日开始当书记，一直到2013年，我当时57岁。区里有文件，"57岁一刀切"，57岁以上都要从职位上退下来。镇里找我谈话，你57周岁还没到，还可以当一届，我说我要走了，不当了。然后到白泉镇开发公司工作，我负责土地征用台账。

王：能谈谈村里打隧道的具体过程吗？

朱：我在村里时，打过两次东皋岭隧道，第一次打东皋岭隧道，是2000年，农历十一月二十七日放第一炮。我和姑姑朱缀绒两个人到市里去跑，当时的市长第一次来视察，登上东皋岭，还有城建委主任、土管局局长等，然后开座谈会讨论。也有人认为，打这个隧道不值得，因为白泉没有重工业基地、军事基地。我们村里的意见是平时出去，要经过东皋岭，翻山越岭，从祖先一直到现在，像愚公移山一样，被这座山阻隔。如果没有这座山，经济来源、收益都不一样。市长问我们村里有多少决心，我们表态：义务工每人15工，捐助300工，下决心打隧道。市长是实干家，对这行也比较专业，就拍板了，"一山之隔，一洞之穿，如果打通，当地跟白泉、北蝉、干览，甚至到岱山都有益"。在市里支持下，村里就开始了。村民有力出力，有钱出钱，海外有关系也进行捐款。然后土地征用、房屋拆迁、青苗赔偿、坟墓拆迁，还有安置事宜。我当时安排3组人员，一组坟墓拆迁安置，一组房屋拆迁安置，一组土地丈量和青苗赔偿，一共6个人手，又吸收了几个村民代表。最初定的资金为4800万元，后来超过800多万元，隧道总算打通。这是第一个隧道。

王：打隧道遇到的困难比较多，可以回忆一下当时的具体事例吗？

朱：比如坟墓拆迁中，遇到有坟墓已经100年了，子孙有三四代了，坟墓拆迁跟所有子孙都有关系，所以召开家庭会议，做思想工作。当时看到村干部四处奔跑也比较辛苦，同时也为了自己切身利益，如青苗赔偿、房屋拆迁，所以也比较支持。在房子拆迁中，我们赔偿比较低，东湾那边比较高，隧道先从我们这边开始，我们这边干部和社员主动要打隧道，东湾那边是顺水推舟，可打可不打，他们还有一个城市企业，经济利益评估也不一样，所以赔偿也不一样。他们地皮也比较值钱，土地赔偿4万多元，我们只有一两万元。群众都看到这个差别，有一户人家一定要跟东湾一样赔偿，觉得要一视同仁，所以这个工作比较难做。但是当时一心一意搞集体事情，我就协助朱缀绒书记再三上门去做工作，朱缀绒书记耐心细致，有韧劲，我要多快好省，灵活机动，所以我们搭配去解决问题。还有打地基，要考虑地方要宽，朝南方向等问题。涉及人员也多，大概1700人，户数几百，路线比较长，从第一盏红绿灯，从皋岭定马线到隧道，有2.7公里长。第二个东皋岭是国家投资的，村里操作就不一样了。

王：您当村干部的时候，村里还有哪些重要事情？

朱：有，引进蔬菜基地。1994年我到绍兴培训参观，有培训照片，日子也有。蔬菜基地为什么要引进呢？因为定海土地有限，要向农村转变。我们得知这个消息后，我跟书记马上去联系了，当干部，信息比较重要。领导见我们主动要求，非常赞成。首先要进行培训参观，当时是王国汉带队去的。一个新的大棚，当时要2000元，市里、区里出政策，进行经费补助，个人拿出300元，后来新的大棚要4500元了。当时把城东街道小碶村等地方旧的大棚收过来，双方都有利。大棚拿过来，怎么搭是个问题。我们决定都租给个人，个人搭，集体不参与，不吃大锅饭，灵活机动。最多一年蔬菜基地市里补给8万元。我参观回来，给村民代表和专业户开会。后来派金正飞去培训两个月，市里市外都有，他种出的东西特别好，是样板，又有文化，耐心细致，把村民都教会。蔬菜基地就慢慢形成了。接下来是销售问题，当时东皋岭隧道没有打通，靠个人挑去卖。有人提议村里集体买汽车，我觉得不行，还是要个人解决运输问题。主要运到定海，也有运到沈家门、岱山的，个人买汽车解决，有柴油补贴。

还有重要事情是分地。我们一共分过两次，第一次是1984年，按照国家婚姻法，记得是22周岁可以结婚，我们从满18岁加起来，一个人分到一个半人的土地，慢慢形成习惯，而且死不减生不加。1996年，第二次分地，全市分地，市长是夏阿国，"确保三分半，每人口粮地"，其余粮食地都作为村里的流转，集体所有。我们村人多地少，山地多，水田少。田地在旧社会根据地主来分配，地主多，耕田多，用钱从外地买来。我们村没有大地主，只有富农小地主，田少。我们有两个方案，没有确保三分半，里洋田分得偏，分到一分五厘九，等于106平方米，人数总共2202人；外洋田流转，抽签是张三，一分四，李四一分四，都有，但哪块田不知道。为什么这么操作？书记的意思是土地要抛荒，经商的人经商，种地的人种地，可以发展蔬菜基地。按照国家联产承包责任制，但是到村里，村民认为分田了，就是自己的了，能拿进来的高兴，要拿出的不愿意，所以比较难分，开会很多次，工作做了多次。我认为应该以生产队为基础，均衡一下，确保三分半，其他流转，大致差不多就行。抛荒问题也解决了。1996年分好，一直到现在。

王：村里办厂的情况怎样，您能给谈一下吗？

朱：最早村里是1971年开始，有个女的嫁到这里，宁海人，在宁海那里开缸厂，就引进到村里。即使经济效益没怎么产生，就业也可以解决一些，这也是效益。后来集体缸厂不开了，承包给个人，袁培忠几个人一起合作承包。随着社会的变化，家里用缸也少了，缸厂效益慢慢差了，被塑料取代。缸厂转变为渔船网坠厂，拖船用网坠量大，效益比较好，最多一笔生意做了一万多元。后来是做水泥柱，一个模型，两边弄个洞，成本低，一个才两毛成本。还有个集体办的袜子厂，效益不高，后来倒掉了。

这些都是集体办的厂，个人办的厂挺多的。有王文斌办的剃须刀厂，现在还在，在白泉镇政府后面,叫盛发电器有限公司,每年几百万元的效益,好像可以免税,收残疾人员工。刚开始也是集体,后来转为个人。主要生产电须刀,销往10多个国家。还有一个袁忠杰,最初是金塘螺杆厂,现在在岑港。螺杆厂主要是跑供销的人,他们成本、价格熟悉,也有业务。还有一个朱永军,开关厂,在北蝉,200多万元一年。还有朱伟东,在竹山公园后面的盐仓,四八〇六工厂后门,做螺杆配套等。

王:您记忆中还有哪些事是当时比较重要的?

朱:讲讲修路的事。朱书记说过,要富裕,先修路。刚开始没有水泥,都用石子,时代关系。有两种情况,如果是村里的大道直路,村里全额集资;如果是小路,房屋前后的,村里补助一些,提供机械设备,村民聚成一族,资金的事情都自己去解决。后来,这些路又重新修筑,现在都已经完成。修路对改变村里的面貌起了很大的作用,村民行走也方便,不用磕磕碰碰,还装了路灯,受到村民的赞誉。

王:皋泄村跟以前比起来变化非常大,您能谈谈吗?

朱:首先家家造起了别墅楼,隧道还没打通前,有人到白泉、定海、普陀买房子,隧道打通后,都自己造别墅,根据当时市里文件,有的还分户,造了两幢。最初造的时候最高是两层,后来两层半,现在都是三层了,很漂亮,造价大概45万元。这都是隧道打通带来的变化,身价、地价、房价都值钱了。这都是靠人创造出来的,国家也越来越富裕。

还有村规模也变大,三村合起来,叫"拆村并村建社区",先把原皋洩村拆掉,再把弄口村、富强村合并进来,建成新的皋泄社区。皋洩村2000人,富强1800人,弄口300多人,我连任3届书记,要管理4000多人。合并以后,好处很明显,首先河道相通,工作开展方便。还有2002年处理输油管,在岙山石油基地,原油送过去南京进行炼油,经过村里有3.4公里,一直到东湾小水库。3.4公里涉及各项事情,有杨梅赔款、坟墓关系,都要安排妥当,做了大量工作,比东皋岭隧道工作量还要大。东皋岭隧道村民比较自觉配合,油管虽然是国家组织,具体事情都是村里做的,山上石头泥土掉下来,都要赔偿,发大水后,这几年还有浸水的。我在村里当书记时间长,造祖堂,编家谱,很多事情都经历过,经常请去当总管,所以村里大事情比较熟悉。

编者按:此文为浙江国际海运职业技术学院讲师王静飞于2021年11月21日对朱云业同志的采访记录稿。

"给老百姓做好事实事是要做上瘾的"
——皋泄社区前党委书记史小国访谈

受访人物：史小国，1971年9月4日出生，富强村毛洋周外王人。2008~2013年任富强村书记，2013年11月~2020年11月任皋泄社区村书记，2014年9月~2016年11月任白泉镇副镇长，2016年11月~2021年9月任白泉镇党委委员，现任定海区干览镇人大副主席。

家族的熏陶

我们舟山有"小毛洋，大毛洋"之说，小毛洋就是毛洋周，大毛洋就是展茅。舟山史家是从宁波东钱湖迁来的，皋泄史家是从展茅史家搬过来的，我爷爷是史家第4代，后来展茅史家建祖堂时我们都出过份子钱。从展茅迁来的原因我不是很清楚，我记得太公的墓地在富强村，再前面就不知道了。皋泄史家原来住的地方在建里王水库时迁掉了，到现在是住在外王。皋泄史家都在这，就10来户人家。

我爷爷叫史纪来，爷爷年轻时是做小猪贩卖生意的，小时候经常听我爸说爷爷以前"小生意做做，小黄鱼蛮多"，"小黄鱼"就是金条。我印象中他非常非常爱我们孙子，天天和我们玩在一起，过世时76岁。那个时代的76岁算比较高寿的。我奶奶是白泉金山村人，她嫁进史家后，非常乐于助人，可惜过世较早，是高血压病。这个病要放在这个年代肯定是可以治好的。即便她过世那么早，我还是从小听到乡里邻居一直夸起她，说她特会帮助人，人缘特别好。

我爷爷那辈三兄弟，子辈5儿6女，其中我爷爷生了3个儿子。大儿子生了3男2女，二儿子生了2儿1女，我爸是老小，连我是2个儿子。我们史姓家族，总体来说性格淳朴、热爱劳动、遵纪守法、比较沉稳，和人家吵架什么基本没有，特别是娶进来的媳妇都特别热爱劳动，在勤劳致富、教育孩子等持家能力上都比较强。史家子孙考上大学的比较多，我这一辈就考上了五六个。要说史家子孙考得最好的一个是浙江工业大学，是我大伯的孙子史奇雷，现在上海从事IT行业，一家在上海落户。要说事业上比较有成就的，叫史永久，以前他上的是衢州的一个中专航空相关专业，碰上舟山第一批定向培养航空人才,后来当了普陀山机场空管主任,现在义乌一家私人机场当副总。

父亲的影响

我爸爸叫史恒太,1946年11月生,年轻时做过村长、书记,1986~1989年担任富强村委主任,1989~1992年担任富强村书记,一共当了两届。他是一个天性善良、乐于助人、性格耿直的人。他那个年代和我们现在不一样,做事情的方式也不一样,当时村里经济也不是很好。按照我们现在想想,虽然每天忙忙碌碌,但是也没干出什么事业来,上面下来的资金支持也很少,所以要去发展什么事业也是很难的。

父亲从小教育我,"做人要讲良心"。他们那个年代最主要是抓计划生育,计划生育是当时头等大事。他们晚上经常带队去"抓人"。我老头子心地比较善良,经常放人,看到人家有些是六七个月甚至七八个月的大肚子,如果去流产的话,等于扼杀了一条生命啊。所以这方面,老头子比较"软弱",说起来就是对人蛮客气,对弱者比较会同情。我印象中老头子对村里没有娶过老婆的那些年轻人比较关心,他们有什么困难找村里去了,"书记啊,给我们帮帮忙啊",他就尽量给他们帮忙。那时候开拖拉机赚钱是赚得顶好看的,有几个单身汉要去买拖拉机没有钱,提出村里书记给他担个保,他好去贷款,三千、五千的,就可以买拖拉机去了。我父亲都一一帮助过他们。说难听点,村里的"单身汉"问题如果一一解决了,村里就太平了,闹事也没有了,打架也没有了,就安定和谐多了。

我们父子俩都当过村里书记,老百姓都是有评价的,我自认为口碑都还可以。我当村书记,主要是我父亲影响很大很大,因为人家说,"你父亲也当过书记的,一户人家两个书记啊"。要我也会这样想,"某人家的儿子书记当得怎样怎样",说起来总是要面子的。所以从他们一开始叫我来村里工作的时候,我就想好了,"如果有一天我当书记,一定要勤勤恳恳为老百姓办事情",这真的也不是吹牛。第一不要留下骂柄,第二一定要干出事业来,第三要让老百姓通过你的努力享受到实惠,让老百姓切实享受到改革开放的巨大红利。

部队的历练至关重要

其实,男人当兵是一种历练。1990年12月到1994年12月,我在海军福建37845部队62分队当兵。有些人当兵没有明确目标,我是有明确目标的:一是去锻炼,二要考军校。从战士到班长再到代理排长,1994年11月在部队里入了党。虽然军校没有考上,但是入党和当班长的理想都实现了。

军营对我影响非常大:首先是要做正直的人,这段经历对我在村里当书记影响很大。正确的思想非常重要,在村书记岗位上我始终坚持为老百姓办实事,理想和信念非常坚定。当村支书时,我一般不轻易表态,表态之后就一定要实现。其次,意志力不一样。像今年夏天这种炎热天气,在海边训练,要有多大意志力。当兵经历是享用一辈子的,所以我也动员女儿去当兵。当过兵的人在关键时刻都能挺身而出。记得新冠疫情第一年,我们在大沙有个隔离点,当时我在白泉镇政府工作,要求自愿报名去隔离点当志愿者,结果我们自愿报名的5人全都有当兵的经历。所以,人的思想,你去一定地方锻炼教育过,总归不一样,尤其是男人。村里的工作说实话也不是一帆风顺的,你需要动脑筋去治理、去克服。后来,我在工作中提拔村干部时,非常注重当兵经历和大学生。

做好老百姓需要的基础设施建设

退伍后,我在舟山市邮电局工作8年,然后到舟山博泰机械厂从事机械销售工作半年,主要到温台地区跑业务。最后,到村里。我从2008年开始当书记到2020年,其中小村书记是大村书记的积淀,这10多年时间也可以写本书了,因为所做过的事情都一点一滴记在心里的。有一次,定海区组织的村书记擂台赛上,我上台发言,被领导表扬说:"你们和小国书记一起讲的话是讲不过他的,他做的事情一点两点都记在脑子里,像一本书一样是背得出来的,你们经历的事情没有他那么多,体会不一样,故事就讲不出来。"

当时我们村里变化最大的是什么呢?就是老百姓需要的基础设施我们建设得蛮多的。这些基础设施的建设也是践行着新农村建设的步伐,一点一点开展起来的。2003年,浙江省提出"千村示范、万村整治",开启了全省以改善农村生态环境、提高农民生活质量为核心的村庄整治建设大行动。这也开启了我们新农村的建设,包括新农村指导员的入驻、"改厕治污"工程的开展、后来的"美丽乡村"建设,再到"全国文明城市"创建,一个阶段一个阶段进行。

村里基础设施建设:一是村道的建设,原来村道都是溪坑路,2米宽的泥土路,现在都做成了5~6米宽的水泥路;二是路灯的安装,现有500盏路灯;三是小公园建设。我们的示范工程:一是停车场建设。因为村里买小汽车的人家越来越多了。当时我们喊出一个口号——使每一户人家都拥有一个停车位。整个大村1260户人家,要拥有1260个车位也是比较困难的。现在来说,正式的停车位也是没有的,但是停在路边的就好多了。停车场建设总体来说,富强和弄口比较好,皋泄的土地征用价格比较高,整整高出一倍,所以也比较难。二是水利设施建设方面,4座小(二)型10万立方米水库、10座小山塘及附近渠道建设,把村里所有山塘、水渠、河道都重新整治了一遍,给老百姓带来了很多生产效益和生活便利。三是我们村积极配合上级做好相关政策处理,海天大道建设项目、区级农居房建设、500kV铁塔输电工程建设、生态廊道建设等都保质保量完成了。

当时新农村建设当中,有最大的一块"短板"就是农村集体经济的发展,这一块想发展,但始终发展不起来。目前来讲,整个皋泄村算是小康村,早已经脱贫了,但是当时我们的日常开支相对于经济发展来说就是远远落后。我们村日常性的经济开支是150万元一年,但是我们的收入只有50万元左右,所以当村里的书记压力是相当大的。没有当过不知道,当了之后才知道柴米油盐贵嘛,确实压力蛮大。舟山来说,总是富村少,穷村多嘛,所以我始终认为,村里要发展起来的话,村一级的党政班子如果不兵强马壮的话是不行的。

做好朱缀绒精神的发扬工作

我们村里的党建工作最大亮点是对朱缀绒精神的发扬。有个上级领导曾经这样评价我们:"村一级的党支部、党委能够把村里的英雄人物纪念馆建起来是很少的,很了不起,这说明你们村里领导班子有很强的政治敏锐性和工作领导能力。"

朱缀绒书记我虽然没接触过,很多她的事迹也都是从小听说的,但是她在我心目中就是村里的英雄,我很感谢她。我是富强村土生土长的,我家就在富强村的外王,读小学、读初中都没有离开过。小时候感觉交通不方便,不富裕,老百姓是以种田、种蔬菜为生。改革开放后,由于我们村民的素质很好,勤劳,大棚种蔬菜、种草莓,发展香柚和晚稻杨梅,科技引进,这些都是从朱缀绒书记的时候开始的。可以说,在她的带领下,我们村民的眼界就开了。她带领村民建设了东皋岭隧道,从此打开了我们村里的致富通道,后来村里第二条隧道也打通了。隧道的开通极大方便了整个皋泄村的交通,交通的方便极大带动了经济的发展。我们很多人都到外面去打工,皋泄村以大棚蔬菜等发展名优农产品为主,富强村以"五匠"为主,皋泄带动富强,推动整村发展。现在整个村庄有三分之二的农户兴建别墅楼,这个是了不起的。而且这几年村里的犯罪率逐年下降,非常明显。以前隧道没通时,人家说"嫁郎不嫁皋泄郎",最远的是王家东皋岭,住在半山腰,交通不方便,也很穷。

后来隧道通了,村里建设"海防道路"项目,山里道路都通了,半山腰也建起了别墅,村里还兴起了农家乐,最有名的是"九月九"农家乐和"吞里吞"农家乐(现在是美术工作室,村里人自己开的)。

原先我们村里关于朱缀绒事迹有个30平方米的陈列馆,很小,后来我们村党委开会决定把它扩大,在文化礼堂上面整修了一个200平方米的新陈列馆。在此基础上,去年,村里把整座文化礼堂全部改造成陈列馆,有600多平方米。从30平方米到200平方米再到600多平方米,为什么有这个过程呢?当时,我们皋泄村党委有个决心:"要把朱缀绒事迹发扬光大,一定不能人走了茶凉了,事情就过了。"就像我们原来白泉镇党委书记朱朝辉说过:"你们皋泄村党委最大的贡献就是没有把'一心为民的党支部书记'朱缀绒精神给忘掉,并且把它发展起来了。"2020年,舟山市委常委徐张艳副书记来视察,她当时对我们讲:"一定要把朱缀绒书记的金名片打造成我们皋泄村党的建设的金名片。皋泄村建设要拔高标杆,要有超越的视野。""明年朱缀绒书记逝世20周年,你们建得怎样,我再来看。"后来2021年浙江省委组织部有个活动,带领全省农村优秀党支部书记组团来舟山考察2天,安排半天来我们皋泄村。去年刚好朱缀绒纪念馆扩建,听说展馆内容更加完善了,情景剧、现场故事会、老同志采访等形式新、效果好,影响还是蛮大的。

我当书记的那年开始,每年清明节,村党委都组织党员、村民到她坟前祭拜。当然这些都是自愿的,清明一到,我们出发前都会统一发出一个信息:"我们要祭拜朱缀绒书记",大家都是自愿前往。我们的事业一代接着一代干,在朱缀绒精神发扬方面,我们年轻人做了一些实事,我认为这是应该的,这也是我们党组织的一个职责。党组织的行为决定了老百姓的方向,这个方向是需要正确把握的。现在来讲,把她的事情做大了也做好了。

另外,我们村对专家、名人一直比较关注,建立了乡贤名人库,注重引进人才。我当时就把"王家大院"总部作为我们引资项目,引了进来。这些好的人才和项目引进来,总归给村里带来一些变化。我觉得村里的书记干部还是要年轻化,年轻人总是比我们老一辈思维好,像我现在这个年纪去当书记,就有点大了。

村书记工作的实践感悟

2003年,舟山市出台"三培养"政策,"把党员培养成致富能手,把致富能手培养成党员,把党员致富能手培养成村干部"。我就是通过"三培养"政策进入村里,直接当书记的。另一个是父亲等人的影响。父亲从小教育我:"做人要讲良心。"

我想不管是生活还是社会上，这都是对的。后来我们当时镇里的张谷燕党委书记也和我说过："你要当好村书记，做人一定要豁达。"当村支书度量要大，不要跟老百姓计较，否则老百姓不配合，什么工作都干不成。我就是这样一边当干部，一边成长的。

当了这么多年村支书，有时候想想，给老百姓做好事、做实事啊，真的是要做上瘾的。当我走过小店，听到老百姓说："小国书记，什么时候村里建设几个停车场啊……"我想这是老百姓的实事，就满口答应："好啊好啊，到时候征地什么你们也要配合啊。"老百姓当然很配合。一个村里，老百姓如果不配合，做事是很难做下去。同时，听到老百姓对你的肯定和认同，这种"价值感"不知道有多大，听得不知道有多开心，感觉做人的价值得到了体现。让老百姓满意，苦得也有味道。所以我从来不对老百姓前后两面不一致，总是当自己有想法了，老百姓也有想法了，然后我们一拍即合，就去做。这样，老百姓也满意，我也满意。当干部一定要贴近老百姓，哪怕是和老百姓吵过了，千万不能记仇，否则明明是好事也变成坏事。我做事有个特点"不管你黑猫白猫，我都会要用你"，常人以为的"坏人"，我始终没有放弃。当时村里超过35岁的大龄青年将近200人，这一部分人随着年龄增长将会成为低保户，一部分人符合低保的就给他们处理好各种政策申报。当时我提议村里研究把宅基地让给他们，结果村里也全票通过，因为这是暖民心工作。

2014年我参加定海区组织的村书记考公务员考试的时候，前面有一个环节是组织考察，当时组织部门走到我们下面了解情况，在老百姓当中走访了近50人，问他们："你们史书记人好不好？工作怎么样？"相对来说，老百姓的评价都是好的。

我认为要当好一个村书记是一个很重要的课题，当书记是一方面，但是要当好，要留下好的名声，一定要有能力、要有修养。光有能力没有修养，那是不行的。一定要有真心实意为老百姓办事的心态，如果私心太重，那百分之一百是当不好的。村里的很多工作是要做好上传下达的配合工作，实话实说，现在很多老百姓对上级政策有抵触情绪，但是作为村书记你要是有私心，要是也有抵触情绪、说"倒话"，那事情肯定是做不好的。

正因为这些努力和老百姓的认可，我们村党委被评为"区优秀党组织"，我本人也先后被评为"区优秀共产党员"、"区先进生产工作者"、浙江省第一届"千名好支书"。我记得退伍时教导员这样说："你们以后回到地方建功立业，不要忘了军人的本分，希望能够在《人民日报》上见到你们的名字。"我现在想想，能在《浙江日报》上登出来也已经是很不错了，算对部队有个交代。我认为我事业的平台是村里给我的，不管你个人有多大的能量，村里的事业是无限的。虽然我现在到外面来工作，村里的平台结束了，但还是蛮怀念的。

　　编者按：此文为浙江国际海运职业技术学院讲师何丽丽于2022年7月22日上午对史小国同志的采访整理稿。史氏一族的迁徙发展、父子两任村党组织书记的传承影响、史小国本人的军旅经历，以及其在村工作期间继承弘扬朱缀绒精神的实践体悟都有一定积极意义。

第三节　其他组织

新中国成立前,除了一些会道门组织之外,村里的其他组织主要是国民党在皋泄的活动。1941年,中国国民党定海县党部派员来皋泄一带,秘密发展国民党员,但未建立组织。1945年,抗日战争胜利后,国民党采取集体入党办法发展党员,至1947年,皋泄乡建立国民党区分部,整个上下皋泄共有国民党员21人,由王凤祥任皋泄区分部书记。1950年5月,舟山迎来解放后,国民党在皋泄区分部随之解体。新中国成立前,国民党也曾建立农会发放会员证,但具体情况不详。

1951年初,在土地改革和民主建政的基础上,皋泄乡所属各村先后成立农民协会,共有会员4086人,除地主、富农外,一般人人参会。农会在动员翻身农民当家作主,配合政府开展剿匪反霸、保卫土改胜利果实、组织互助合作、恢复和发展生产等方面,发挥了重大作用。1953年后,随着农业合作化运动发展,农民协会作用逐渐消失。1963年5月制定的《中共中央关于目前农村工作中若干问题的决定(草案)》,要求重新组织阶级队伍,各县开始建立贫下中农组织,召开贫下中农代表会议,成立贫下中农协会,与县委办公室合署办公,接着各区、公社和大队都建立相应的协会组织,生产队建立了贫协小组。1964年,在社会主义教育运动中,皋泄公社所属各村先后建立贫下中农协会,次年1月召开公社贫下中农代表大会,发动和依靠贫下中农搞分配,搞"四清"。"文化大革命"期间,为"贫代会"所取代。据现存皋泄公社档案,1974年弄口大队的贫下中农协会主任为严忠国,王昌国、王龙扬、王养凤担任委员。1978年中共十一届三中全会以后,各级贫协组织逐渐消失,到了1982年后,全国各地贫协组织基本消失。

合作化后,尤其是高级合作社后,各生产队发挥了重要作用,各生产队独立自主组织生产劳动,是相对独立核算的一级主体。据现存档案,1980年新建大队第七、八生产队曾同时作为年度先进做过经验交流。第七生产队历年来都是全大队生产搞得比较好的生产队,除及时上交公粮外,没有吃过一斤返销粮,也没有领过国家救济粮。一年劳动制度等方面都耐心征求社员群众的意见,群策群力,在分派农活时也注意积极发挥各人的特长,因人制宜科学分工,定期召开总结评比会议,鼓励先进,表扬一段时间内的好人好事,对欠缺点也提出善意的帮助,在全队形成一个好人好事有人赞,不好事情有人管的风气。生产队队委一班人首先带头,各方面都比群众先走一步,以身作则,凡要求社员做到的,队委一班人尤其是生产队队长首先做到;大家有话摆在桌面上谈,形成决议以后,坚决照办,从而使队委和社员群众都能心往一处想,劲往一处使。全队112人,水旱地总共59亩,平均每人不到5分土地。自1968年以来粮食产量稳产高产,1978年粮食产量超双纲,1979年在不重干旱情况下,总产量还比1977年增加8551斤,粮食亩产1456斤,社员在吃足基本粮的基础上,每工还分按劳粮1斤,1968~1977年每人平均收156.4元,全年分配现金8000元。全队总工分16万分,每工工值1.08元,最多分得现金的人家有700多元。

1951年土地改革,皋泄各村均建妇女会,时有会员3223人,属农民协会组织一部分,配合土改、反霸斗争,开展妇女发动工作。1957年,始建乡妇女代表会(简称妇代会),下属各村亦普遍建妇代会。乡、村政府配妇女副乡长、副村长,生产合作社配有妇女副社长。公社化后,由于机构、体制多变,公社除配有专职妇女干部外,妇代会组织一度失去作用。至1961年12月复建公社妇代会,"文化大革命"期间停止活动。1979年恢复公社妇代,于当年9月召开第二届妇代会。妇代会在新中国成立初,开展《中华人民共和国婚姻法》宣传,揭露、批判封建婚姻罪恶,倡导婚姻自主、简化婚礼。合作化后,组织妇女学习生产技术,参加集体劳动生产,开展增产节约、勤俭持家活动。20世纪60年代初,各生产大队普遍建"三八丰产畈(田)",种"三八试验田"。70年代,组织妇女突击队投入"农业学大寨"运动,参加兴修水利等农田基本建设。1983年,富强村妇女张杏梅被评为全国"三八红旗手"。党的十一届三中全会后,组织妇女参加经济建设,开展农工商多种经营,开展计划生育。1992年,皋洩村朱缀绒(朱最绒)被评为浙江省"三八红旗手"。朱缀绒同志在妇女主任的岗位上不仅扭转了计划生育的长期落后局面,而且带领妇女开展"三学三比",彻底改变了全村落后面貌,也带动了富强、弄口的妇女工作。

1951年6月,皋洩建新民主主义青年团乡支部,1958年改称共青团公社委员会,各村普遍建立团支部。"文化大革命"期间,团组织被"红代会"取代。1972年恢复团组织活动。1992年6月,皋洩乡团委随乡建制撤销而并入白泉镇团委,各村支部随之转隶。共青团组织在20世纪50年代初,主要是带动团员、青年参加生产建设和农村互助合作运动。1957年后,团员、青年纷纷组织突击队参加水利建设。1962~1965年,组织团员、青年开展学习毛主席著作,学习雷锋、王杰等模范人物,创建"五好"团支部、"五好"团员(学习好、工作好、身体好、道德品质好、遵守纪律好)等活动。1978年起,组织团员青年开展"五讲四美三热爱"活动(讲文明、讲礼貌、讲卫生、讲秩序、讲道德;心灵美、语言美、行为美、环境美;热爱祖国、热爱社会主义、热爱共产党),建立学雷锋小组,开展为民服务。现任村党委书记苏明英同志是团的十八大代表。

1951年,在土地改革的基础上,各村始建儿童团,由各村农民协会统一组织,围绕农村中心工作,开展宣传活动,配合民兵站岗放哨。后由少先队所替代,儿童团自行消失。1953年,各小学普遍建立少先队,开展"五爱"(爱祖国、爱人民、爱劳动、爱科学、爱护公共财物)活动。"文化大革命"期间,"红小兵"取代少先队。1978年,恢复少先队组织。20世纪80年代,各中、小学少先队普遍开展"人人争戴小红花"和"三小"(小发明、小创作、小论文)活动,开展学雷锋、学赖宁活动,贯彻中、小学学生行为规范守则。1990年,皋泄小学舒芬萍被评为全国学赖宁优秀辅导员。

在土地改革的基础上,皋泄乡建立民兵组织,乡设中队,行政村设分队,自然村设小队,18~40周岁男性公民参加民兵。1952年,经过整顿、训练,又进一步扩大民兵组织。1961年公社改设民兵营,人武部长任营长。当时,按照"全民皆兵"的要求,规定凡年满16~50周岁男性公民除"地富反坏右"和残疾人员外,均加入民兵,其中男性16~40周岁编为基干民兵,40~50岁为普通民兵,女性16~30周岁为基干民兵,31~50岁为普通民兵。1965年,民兵经整顿组编后减少一半。1978年,公社设武装基干民兵营,下设15个武装基干民兵连(其中白泉9个、皋泄6个)和1个独立排,武装基干民兵1542人。农村推行土地承包责任制后,民兵训练改以小型、就地、分散办法,参训人数减少。

1950年5月17日,中国人民解放军22军所属步兵65师驻白泉,后移毛洋周;1958年4月,65师改定海守备区,属舟嵊要塞区。1975年,境内驻军有定海守备区及其所辖58团、工化营。1994年,境内驻军有守备18团、舟嵊要塞区直属工勤营。解放军进驻白泉后,投入大量兵力支援皋泄建设,从建造水库、抢收抢种、抢险救灾、支农扶农等,无处不留下解放军足迹。1969年7月5日,强台风袭击舟山,皋泄公社水库排水管失控,库水迅速上涨,危及坝下群众生命财产安全,舟嵊要塞区通信营水线连保管员、时年20岁的胡阿毛主动请缨,冒着危险,潜水抢修水库起闭阀门,不幸光荣牺牲。20世纪80年代,驻军83358部队帮助驻地群众办起五金、服装、水泥预制品加工等小厂,解决百余人就业,帮助群众脱贫致富。1987年12月,该部队被浙江省人民政府、省军区授予"扶贫先进单位"称号。

1985年12月,成立皋泄科技普及协会,主任张有旦,会员46人。1992年6月,皋泄科普协会撤销,合并成立白泉镇科技普及协会,主席李全合。各村建立科技示范户。皋泄村、农场建有多种经营基地。皋泄杨梅协会1987年7月成立,原属皋泄乡科普协会主管,1992年后归白泉镇科普协会主管。皋泄食用菌协会1988年1月成立,原属皋泄乡科普协会主管,1992年后归白泉镇科普协会主管。

希望皋泄村越来越美丽富强

——周雪军采访稿整理

毛洋周农家子弟的求学成长

我是1958年4月出生,青少年时住毛洋周自然村,属于富强第三生产队,富强一共有20个生产队。与周国钧是本族,按照辈分叫他叔叔,他是"国"字辈,我是"登"字辈。

小学一、二年级在毛洋周自然村读半日班,三年级开始转读于富强中心小学,校址在原唐梓庙内,刚好遇到"文化大革命",停课时间很长,复课也断断续续。在当时,父母生产队劳动挣工分,因学校停课我们在家主要是割猪草、看鹅、拾柴、照料弟弟妹妹等帮家里干活那些事情,女孩子还要烧饭、洗衣服等。初中就读于皋泄一中,读两年半(读初中时老师上门对家长做了大量的动员工作,部分学生因家里需要劳动等还是放弃了)。高中就读于白泉中学(这年皋泄公社分配我大队2个名额,由于毕业学生多,学校根据考试成绩和本人表现,择优推荐,报大队审核同意,结果我和唐国民两人去读高中),高中是两年制的。

当时农家子女无论是读初中还是高中,放暑假和寒假都会直接参加所在生产队劳动或帮家庭在自由地种植蔬菜、瓜果等农作物,收获后一般到定海城关、白泉十字街等农贸市场销售,包括鸡鹅家禽等农产品,以增加家里经济收入。我读初中时第一年到生产队劳动,工分评一分半,就是干一天农活报酬是一分半工分,当时男正劳动力可评为10分工,女正劳动力可评为6分工,各生产队评工分也有差异,如有的生产队女劳动力最高5分工。生产队在年终分配时每10分工可得六七角,收入好的生产队有八九角。说起工分,它的含金量很高,当时生产队的分配制度是"按需"和"按劳"相结合,"按需"指生产队总人口所占比例,"按劳"指参加生产队劳动总工分比例,工分挣多少与"按劳"部分的口粮分配、决定家庭"欠粮"还是"余粮"都有直接关系。"余粮"户当然高兴,通过家庭成员劳动挣得的工分报酬,抵扣分得的粮食和各类农产品等支出,还可以从生产队那里分得现金;但"欠粮"户就有点不太乐意了,通过年终结算还倒欠生产队钱,所以大家都很重视挣工分,这是我们农家子女所处的时代环境和共性。与同龄人相比,我是很幸运的,能够读到高中,这对我后来教育自己的子女,更加注重学习也有很大的关系。同时,我爱学习爱看书爱思考,那时学习资料十分缺少,我千方百计借书或到书店买书,特别是下雨天生产队不出工或空闲时间,都会抓紧看书和学习,使自己受益终身。

1975年1月,我从白泉中学高中毕业,当时大队党支部十分重视对我们这些"有知识的贫下中农子女"的培养和教育。我在生产队劳动时常被大队抽调,参加大队和上级组织的各项文化宣传及学习等活动。1976年,舟山地区农林局在富强大队设立森林病虫害测报点(全地区共设10余个测报点),我担任富强测报点的测报员工作,同时大队把我抽调到山林队担任森林植保员。当时测报点工作就是定时观察森林主要病虫害种类、发生时间、出现形态、危害森林程度等,以及生物防治和化学防治所取得的防治效果,并及时向地区农林局森保站报送有关数据材料,地区农林局森保站也不定期地对我们进行业务培训指导,后来测报工作扩大到柑橘、茶叶等经济作物。大队森林植保工作,主要是统一组织开展对松毛虫、毛竹枯梢病、杉木和苗圃、茶园、果木等主要病虫害防治。

富强村的团支部工作经历

1975年下半年,团支部新一届班子成员产生,我被推选为团支部副书记。1976年9月,主持团支部日常工作,后当选为团支部书记,直到1980年。当时团支部工作,是做好党的助手和后备军,团结和带领广大青年刻苦学习、奋发有为,在农村广阔天地和"四个现代化"建设的新长征中,培养锻炼成长为有理想、有道德、有文化、有纪律的一代"四有"新人。每年团支部都会组织团青突击队、团训班等形式,参与以"治山治水、平整土地"为重点的农田基本水利建设。在童家园到里外王的河道整治,定西公路新建(弄口段)的前期建设等,都留下了团青突击队的印记。

团支部工作主要包括以下几个方面(因当时大队脱产干部少,团支部承担了相应工作)。一是开展丰富多彩的宣传活动。团支部选拔一批有文艺特长的青年,组建文艺宣传队,并自编节目,邀请上级和文艺老师指导,开展各项丰富多彩的文艺活动,积极参加上级举办的文艺汇演活动。二是乡风文明宣传建设。当时乡风文明的核心主要是爱集体、爱劳动、不参赌、家庭和睦、勤俭节约、团结互助。团支部利用大队广播室,还在大队办公室门口的围墙上办起黑板报,不定期地开展宣传教育活动,重点宣传党的各项方针政策,报道时政消息、队组动态,表扬好人好事,开展社会主义劳动竞赛。特别是"夏收夏种"（双抢）生产中加大宣传力度,通过比学比干,宣传好人好事,表扬先进,激励后进,极大地促进了生产效率的提高。团支部还根据团员青年结婚"闹新房"的喜气氛围,组织"贺郎"小分队,参与"闹新房"活动,将健康和喜闻乐见的文艺节目送上门,并以此作为乡风文明建设的一窗口,也增强了团组织的影响力和凝聚力。三是办好文化夜校。按照大队党支部和上级要求,团支部根据本大队青年人文化程度高低不一,初小文化程度比例较高,求知欲望强烈等情况,以增强识字、阅读、书信写作能力和掌握一门农技知识为目标,利用农闲晚上时间,开办了村文化补习提高班,组织团员青年补习文化和科技知识,经过努力学习,广大团员青年在文化科技知识方面有了新提高。我代表大队在公社召开的"文化夜校"会议上做了发言交流。四是搭起联系知识青年工作生活的桥梁。为关心"上山下乡"知识青年工作生活,根据大队党支部的要求,团支部积极发挥"桥梁"作用,每个月定期组织知青开展学习、座谈、交流等活动,畅谈工作经验和体会,对知青反映的一些问题,给予很大帮助。五是加强自身建设。团支部通过每年开展思想作风整顿建设,及时做好新团员吸收发展工作,始终保持共青团蓬勃向上的活力。

富强村的知识青年上山下乡

我村知识青年上山下乡也留下了一段历史的印记。1968年12月,毛泽东下达了"知识青年到农村去,接受贫下中农再教育很有必要"的指示,上山下乡运动由此大规模展开。我村知识青年上山下乡在1973年开始,到1978年10月,全国知识青年上山下乡工作会议决定停止"上山下乡"运动而结束。到1980年,所有知青已全部通过招生、招工、工农兵学员、顶职等方式得到妥善安排。

我村是全县知青点之一,1973年以来,全村先后有20余名来自驻地部队、地方和城镇居民子女在10余个生产队插队落户。这些知青最小的十六七岁,最大的20岁左右。上级要求知识青年积极参加生产队安排的所有农业劳动生产锻炼,与生产队社员们共同劳动,同样挣工分,凭自己挣工分分配个人的口粮,要计划安排好自己的伙食。要关心自己的政治生活,积极向党组织靠拢,参加大队和生产队组织的学习宣传活动,参与大队民兵连、共青团组织的活动,积极开展各项文化活动。大队和生产队及时为知青们建造了住房,有的生产队腾出仓库房子解决知青住宿问题,还配置了床、桌、椅等有关生活用具及锄头、镰刀、扁担等生产农具,还建立了知青学习和联系制度,帮助解决有关问题。

知识青年下到生产队后,生活十分艰苦。从来没有干过农活的知青就立马与当地农民一样,起早摸黑,参加割稻、插秧、耘田、除草、挑粪肥、除虫等农作物培育管理的劳动,所有农活跟着社员学,社员也手把手指导,当作自家人一样,知青与社员一样戴着草帽,卷起裤脚,每天在田间山头忙碌着,与社员们一起劳动挣工分。在社员的帮助下,很快学会了干农活,经过磨炼,有的成为种田能手,特别是女知青,有的开始只能挑三四十斤担子,后来能挑一百四五十斤,有不少女知青评上了6分工。部分男知青因为耕田、耖田、耙田、打稻、挑谷担等农活都学会,评上了10分工。

在生产队劳动中,知青们不计较个人得失,苦活累活抢着干。特别是"双抢季节",早稻要抢收,晚稻要抢种,知青们与社员们一样,污一身泥巴,流一身臭汗,有时候晚上要干到七八点钟,凌晨三四点钟就要起床,累得筋疲力尽。在水田拔秧割稻中,头顶炎炎烈日,下有好多的蚂蟥叮咬着脚踝,面对流着鲜血的双脚,坚守劳动岗位。虽然生活艰苦,劳动强度大,但广大知青不喊一声累。对女知青劳动,生产队也给予一定的照顾,如出工可以晚点,尽量安排女知青在晒场上晒谷,干拔秧等农活。到年终,知青通过劳动,分得了口粮和现金,享受到劳动的成果。广大知青积极参加大队民兵连组织的民兵训练活动,到最后,还进行了实弹射击,都基本达到了规定的合格要求;积极参加团支部组织的青年突击队、团训班等活动;在兴修水库、挖河、开山、平整土地等农田基本水利建设中,你追我赶,斗志昂扬,开展劳动竞赛活动,充分发挥了青年的生力军作用;积极参加妇女组织活动;参与文艺宣传工作,弘扬了社会主义新风尚。

知识青年上山下乡,给我村带来了更多具有知识的青春活力,给农村建设带来了有生力量。一方面输送了知识和文化,广大青年参与大队组织的各项活动,他们将自己掌握的知识,与农村实践相结合,在民兵连、团支部、妇联等大队群众组织和插队所在的生产队,广泛传播城市文化,促进了城乡交流。另一方面,在插队实践中,与村民建立了亲密关系。在劳动中互帮互学,生活上相互照顾,团结友爱,使原来毫无关联的城镇人员与农村人员建立了紧密的联系。有的知青与当地青年结婚,使城市人民了解农村,也使农村人员了解城镇,了解市民,促进了城乡之间思想、文化、物质和生活等方面的交流。不少知青即使返城后,也有广泛联系。有的知青对农村急需的钢材、水泥、化肥等紧缺物资,利用各种关系,提供一些支持和帮助。

辛勤耕耘和艰苦的农村生活锻炼了广大知青,使知青体会到农耕之苦、稼穑之苦,在与人民群众朝夕相处、共同生活中学会了坚忍、顽强和拼搏,使自己很快成熟成长。一批知青分别成为生产队、民兵、共青团、妇联等组织的骨干。不少知青还被推选为生产队的队委会成员、副队长和团支部委员、副书记和书记等,如我的前任团支部书记陈舟杰和我这届任副书记的王杏珍都是知青,他们成为建设农村、改变农村生活和生产方式的推动者,也使当地青少年学到了不少先进的文化知识和乐观向上的精神风貌。同时,艰难困苦磨炼了一个人的意志,也培养了知青的自信,后来遇到什么困难,就想起那个时候,在那样困难条件下还可以干事,现在干吗不干,这道出了知青的共同心声,为今后的改革开放和建设中国特色的社会主义注入了源源不断的精神力量。

大队党支部十分重视经济发展

1979年,我光荣地加入了中国共产党,1980年被选举为大队党支部委员。主要负责组织、宣传工作,参与大队经济管理工作,重点是山林经济管理工作。

大队党支部十分重视发展集体经济。按照"多种经营""全面发展""因地制宜"的方针,大力推进"农、林、牧、工副业"四轮子转动。特别是利用林地多的优势,先后建立起杉木、毛竹、杨梅、李子、柑橘、茶园等经济果木林基地。

(1)杉木、毛竹培育。大队十分重视杉木、毛竹生产基地建设,经过几年来加强施肥、除草和病虫害防治等培育管理,使杉木、毛竹快速生长。特别是杉木,每年通过抚育方式间伐一些密度大的杉木,提供给社员造房子做椽子和门窗用料等,大的当桁条。杉木也是群众建房和家私首选材料,当时国家实行木材计划分配供应制度,因计划额度少,无法满足社员造房等用材需要,通过大队自产,基本上满足了社员用材需要。社员购买集体杉木、松杂树的流程是:大队先向上级林业主管部门申请确定全年砍伐量,社员要向大队申请购买数量,由大队讨论确定,山林队统一砍伐,并在规定的时间和地点统一供应给社员。毛竹因数量充足,社员随时可以到所在山林队购买,社员们从山林队买来毛竹后,请来篾匠师傅,制作杨梅篮、土箕、米筛和箩筐篾等生产生活用具;有的还将毛竹用于搭建饲养牲畜的小屋,不少社员建新房时在灶间也用毛竹当椽子,以弥补木料不足;其竹梢也被制作成扫帚。毛竹笋除留强健、粗壮的培育成毛竹外,其余的一般都被采挖,并到市场上销售,作为集体经济收入。大毛竹可以用作渔业捕捞船上的桅杆,其价值较高。

(2)杨梅种植。我村发展历史悠久,在新中国成立前一直种植,后来发展以晚稻杨梅为主,品质有了极大的提高,并以里外王山岙为最佳。杨梅也是村里重要的经济作物和大队集体经济收入的重要来源。各山林队每年春季选择土质较好、避风采光较好的低坡山地上种植杨梅,推行嫁接技术,扩大晚稻杨梅品种。在杨梅采摘季节,实行统一管理,大队从各生产队抽调部分劳动力,组成若干杨梅采摘小组,在毛底陈、毛洋周、民主点建立3个杨梅管理站,对杨梅进行销售管理。杨梅分别在定海、普陀、岱山、嵊泗等地销售,还销往穿山、柴桥等地。为满足社员对杨梅的需求,大队确定一定数量的"杠子"和"预支"杨梅(均按社员家庭人口分配)向社员供应,其中"杠子"杨梅以较低的价格供给社员,"预支"杨梅也低于市场价,凭票供应。杨梅大年供给社员数量多,小年数量相应少些。

(3)李子种植。大队先后建立了多个李子基地,尤其是以大岗李子面积最多,管理由所在山林队分别管理。在采收旺季,大队根据需要调动全山林队劳动力集中采摘,李子多数销售给白泉食品厂加工成蜜饯等。

(4)柑橘种植。大队在小岙自然村建设了50多亩柑橘基地,在地区、县农林部门支持下,聘请了黄岩柑橘种植师傅任辅导员,对柑橘进行栽培管理。

(5)茶叶种植。我村茶叶种植历史源远流长,许多村民家谱、分户书上都有记载,祖辈们把茶叶当作重要的生产资料,分给儿辈们经营,以图勤劳致富。同样,大队也十分重视茶叶生产,在魏家大山、牛步岭等都开辟了茶叶种植基地,甚至在大尖头山岗上也种植了50多亩茶叶。在抓茶叶培育管理的同时,也开展茶叶加工,引进了茶叶杀青机、烘干机等设备,制成干茶被定海土特产公司或供销社统一收购。

(6)绿化苗圃。我村当时是舟山地区、定海县两级绿化造林先进单位,1979年我代表大队在县委、县政府召开的全县林业生产大会上做典型交流发言,当时县广播站还做了录音专题报道。早在20世纪70年代初开始已培育杉木、黑松等造林苗木,不仅满足本大队绿化用苗,还支援兄弟大队绿化造林用苗。随着全社会重视绿化和品种多样的需求,大队审时度势,决定自办苗圃。1975年以来,在上级林业部门的支持下,规划了20亩左右的缓坡地作为苗圃基地,1979年3月初,派了我和时任山林队长周国友两人去江苏南京采购雪松小苗,记得每棵小苗1.5元,买了五六百株,在苗圃地繁育,后来又扩大了不少品种,不断满足城乡绿化用苗需求,也取得了较好的经济效益。

(7)山林队。为加强集体山林的管理,大队根据山林面积多,且分布在各自然村居民居住点区域情况,为方便管理,在毛底陈(小岙、打猪岙、方家)毛洋周(后山、魏家)民主点(童家园、外山头、里外王、陈家)成立3个山林队,队员按生产队所在的山林队由大队统一抽调劳动力,负责集体山林的生产和经营管理,在培育杉木、毛竹、茶园、杨梅等基地的基础上,因地制宜,在林间荒地开垦种植西瓜、南瓜、番薯、玉米和豆类等农作物,以此提高经济效益。对参加山林队劳动力的男女社员实行工分评定制。一般男正劳力为10分,女正劳力为6分。根据各生产队抽调的劳动力有上下半年的情况,山林队评工分也相应开展。年终大队根据各生产队抽调社员所得的工分折报酬反馈给生产队,抽调的社员按本人的工分参与生产队分配。在"双抢"农忙季节,除留下几个管理人员外,其余都回原生产队去收割早稻和抢种晚稻。各山林队负责人与生产队负责人享受同等的政治待遇。同时,大队制定山林管理制度,对盗伐集体林木、毛竹和偷摘杨梅等行为给予相应的经济处罚,并通过村广播和村墙报等途径宣传,做到家喻户晓,使盗伐集体林木和偷摘集体果木现象大为减少。

搞好山林经营管理,对集体经济发展壮大意义重大。如何提高各山林队的管理水平和经济效益、克服"出工不出力"和"做多做少一个样"的大锅饭弊端,大队开始探索建立核算成本、超产奖励和联产联酬计工分相结合的管理制度,在增产节支、提高经济效益等方面取得了明显的成效。同时,大队组织干部先后到广东、江苏等地考察,先后开办了轮窑厂(后被皋泄公社兼并)、塑料厂(后被皋泄公社兼并)、拉丝厂、獭兔场、畜牧场等企业,并确定党支部成员分工负责。由于多元化发展集体经济,集体收入倍增,同时吸收安置了大量社员就业,不断转移了农业劳动力。

通过参加村党支部工作及村组织建设经历,我感受到发挥村党支部村委会组织作用和加强村级班子建设的重要性。这在今后使我在政府部门工作中如推进农渔村新型社区建设,参与重大项目落户土地征用、村级集体土地确权、村庄搬迁等政策处理指导工作时,受益匪浅。

努力做一名新农村建设学习型干部

1981年12月,我定向考入定海县农林局,先后在白泉农技站、定海县农林局、定海区人民政府办公室(农办政研)、定海区委区政府政策研究室、定海区委区政府农业和农村工作办公室等单位工作。我坚持认真学习理解党的方针政策,积极参加省市组织的各项学习培训活动,刻苦钻研业务知识,1987年至2004年先后通过技术员、助理农艺师任职资格和中级职称英语考试,不断提高自己的履职能力。在新的岗位不断展现新作为,在新的舞台上干出新成绩。1984年10月,局里决定由我负责定海农林局望洋柑橘场管理。1987年12月起,我在农林局林业股从事过林政管理、松材线虫病熏蒸防治、开发农业、全区"九五"森林资源调查等工作。2001年9月,我调入定海区人民政府办公室(农办、政研)工作。2005年2月,为全面建立全区农渔村新型社区,我被抽调到"暖人心、促发展"办公室。2005年7月,我被提拔为定海区委区政府政策研究室副主任。2006年12月,我被任命为定海区委区政府农业和农村工作办公室副主任,兼定海区新农渔村建设办公室副主任。2013年4月退居二线后的下半年被推选为定海区茶文化研究会第一届理事会秘书长。2016年被抽调到宁波舟山港主通道工程、329国道舟山岑白段工程政策处理指挥部工作。2018年4月退休。

在完成工作任务的同时，我一直利用业余时间积极写稿，着力提高宣传和推动效果，累计有千余篇次新闻稿件或作品在《中央农村工作通讯》《浙江日报》《农民日报》《政策瞭望》《农村信息报》和《舟山日报》《舟山广播电台》等新闻媒体和杂志上发表，其中1987～2004年多次被《舟山日报》《舟山广播电台》等新闻单位评为优秀或积极通讯员，并被市级有关新闻单位聘为特约通讯员、特约记者。许多稿件作品获得区、市和省级及以上奖励。多年来，上级也给予多种奖励荣誉，如早年在富强村工作期间团支部多次被上级评为先进单位，我个人1978年、1979年分别被共青团定海县委和共青团舟山地委评为"新长征突击手"。2008年被评为全区优秀共产党员；2009年被评为新农渔村建设优秀指导员；2011年、2007年和2009年分别被评为区人大、区政协承办议案建议和提案办理工作先进个人；2011年被评为定海区"百名学习型干部"；2015年被评为第二届"百名宣传文化优秀人才"等。

早年在富强村务农，与农民群众密切联系，我深刻感受到农业是弱势产业，农民苦，农民收入低，当农民不容易。在离开富强村后的各个岗位上，我始终关注农渔业、农渔村、农渔民问题，在参与政策制定和具体工业项目落户政策处理工作时，都会考虑农渔民利益，使被征地农民有社会保障，村级集体经济有稳定的物业收入，让村民利益最大化，并给当地群众带来实实在在的幸福感、获得感。多年来，我始终坚持和充分发挥村"两委"作用，依靠老干部、老党员，不断理顺农渔村社区与村内各集体经济组织关系，宣传贯彻国家有关法律和政策，圆满完成了区委、区政府交给的各项任务。

我从富强村出来，务农和村里工作的经历，让我不忘初心，始终关注"三农""三渔"发展和新农村建设，先后完成推动农渔业产业化经营、土地流转机制、高效生态农渔业发展、定海城乡经济社会统筹发展、完善农渔村新型社区机制、农渔村工作指导员制度、村庄整治建设、农渔村小康社区创建、"农家乐"发展、村环境卫生保洁长效机制、"农嫁女"权益保障、农渔民就业培训、关注低收入农户情况、社区和村级集体经济发展、发展茶产业弘扬茶文化等多项课题调研，不少课题被列入区、市重点调研课题，重在推动新农村建设，并通过美丽海岛建设、乡村振兴，家乡群众安居乐业，环境更优美，生活更美好。富强永远是我们的家乡，希望皋泄村越来越美丽富强！

编者按：此文是浙江国际海运职业技术学院讲师王静飞对原富强村党支部委员、原定海区委区政府农业和农村工作办公室副主任周雪军的访谈记录整理稿，关于离开富强村后的工作业绩有删略。周雪军同志的回忆对皋泄村，尤其是原富强村的团支部工作、知识青年上山下乡、农村和集体经济发展等都有重要的第一手资料意义。

第九章　地方人物

第一节　历史人物

王德明(1730～1783)，字国栋，皋岭下人，清乾隆间郡庠生。

王名儒(1753～?)，字希曾，号望沂，皋岭下人，清乾隆间附贡生。

王圣堦，字升斋，号殿飚，皋岭下人，清乾隆间邑增生。

王应熊，字梦锡，王圣堦长子，乾隆间国学生。

王名佩(1766～1791)，字廷燨，号梅泉，皋岭下人，邑庠生，清乾隆间例赠修职郎。王氏一门，自清乾隆至光绪间，近50年时间，兄弟子侄儿孙5代8人先后取得功名，其中2人中岁进士。王名佩一门始修《王氏宗谱》，为皋泄村留下不少传世文献。

王名仁(1770～1808)，王名佩弟，字廷焕，号有章，乾隆间邑庠生。

王圣超(1786～?)，王名佩长子，字修三，号耐庵，考名万全，乾隆间岁贡生，有《皋洩地名诗钞》留世。

王圣裁(1790～?)，王名佩次子，字亦赋，号兰斋，考名理全，乾隆间岁贡生。

王宝洽(1805～?)，王名佩孙，字也农，号拙莽，考名稼堂，同治间岁贡生。

王毓琪(1829～?)，王名佩曾孙，字玉田，号美东，考名士珣，道光间庠生。

王毓泗(1860～1881)，王名佩曾孙，字如玉，号厚斋，别号小农，考名士珣，光绪间邑庠生。

王秀伟(1855～1883)，王名佩玄孙，字乾生，号颖斋，考名如周，光绪初庠生。

王兴邦(1789～?)，字震熛，号芝庭，皋岭下人，清乾隆间国学生。

冯元焘，生卒不详，号义斋，贡士，宁波慈城人，清乾隆二十二年(1757)受聘弄口村民王成贵执教"三峰书屋"。慈溪冯氏即唐开元二十六年(738)前的句章冯氏，是浙东历史上家族年代最久、人口最兴旺、文化最丰富的巨族之一。冯元焘为乾隆时的著名书法家，宁波半浦名士郑性的墓志铭《五岳游人郑丈南溪穿中柱文》为全祖望文，冯元焘书丹。冯先生治学严谨，任教期间曾作一篇《三峰书屋记》，勉励弟子"以有形之三峰，厉尔无形之三峰，而学之所成，庶登峰造极"，所教弟子王德明在清乾隆年间考取郡庠生，后王氏族中兴起好学之风，连续5代子孙有12人取得功名，并有2人考取岁进士。

朱康宁(清道光间),生卒不详,朱家人。事亲甚孝,道光二十年(1841),英军侵占定海,合家避难于外乡,父母染疾在床,家贫如洗,既无食物充饥,又无药物疗疾,迎康以刈臂疗双亲,人以为积诚所致。

王修植(1860~1903),字苑生,号俨庵,有别业在毛洋周,定海城关人。清光绪十六年(1890)进士,曾任翰林院编修,直隶道员。为直隶总督所器重,委办水师学堂。时光绪帝欲改革朝政,修植草拟变法奏章,提出开铁路、设邮便、裁绿营、立学堂、废科举、开经济科技等12事,请总督待呈。光绪帝准奏,降旨实行。朝中有识之士颂其为"识时俊杰"。一年后,任北洋大学总办兼定武军营务处帮办。二十三年创办《新闻报》,并请求拨海关款项设"北洋西学管书局",普及科学知识。二十四年,康有为推行新政,直隶总督令修植捕康,修以搜查无踪复命。二十六年,荣禄承西太后旨,借义和拳与各国开衅,修植力谏,荣禄不从。京城陷,其继母受惊而死,修植亦悲愤成疾而借机还乡。二十八年,协办定海厅立中学堂和申义蒙学堂。修植精科技知识,著有《行军工程测绘》传世。

张显哉(约1862~1910),皋洩庄人,清光绪间贡生。显哉为人正直,敢于仗义执言,在乡里颇有声望。光绪二十九年(1903),曾率先聚集东乡诸庄柱首绅耆,联名呈词定海厅署,请求革除庄书陋规,减轻民众负担。时经厅同知杨志濂批准,在白泉崇圣宫刻石立碑,告示乡民人等,限定庄书规费数额,博得东乡民众拥戴。后因杨志濂"反悔前批",撤销告示,从而引发震惊沪杭甬的定海西乡八庄农民暴动案。

周裕坤,生卒不详,《武汉市志》和《周氏宗谱》称周裕坤,武汉相关报道资料称周昆裕或周坤裕,毛洋周人,"裕"字辈,小名阿孙。原系在上海营造厂工作,1894年,被派往汉口负责横滨正金银行大厦的建设施工。有感于汉口洋行林立,市面日趋繁荣,建筑市场前途广阔,周辞去上海营造厂的工作,与同行在汉口合营明昌太木厂,开始承包房屋建筑工程。1898年,周昆裕创办明昌裕木厂,成为在武汉正式开业的第一家华人营造厂,先后承建过震寰纱厂、颐中烟草公司、沙市打包厂、西商跑马场、上海电影院等大型工程。为了解决本地砖瓦质次价高、供不应求的矛盾,明昌裕创办之初即开始兼营砖瓦生产,光绪二十九年(1903)在郭茨口开办裕记机制砖瓦厂,通过仿照德商德源砖瓦厂产品及生产技术,在汉口华商中率先推出机制红瓦,嗣又仿建德式轮窑,使砖瓦产量、质量大幅提高,并带动同业竞相效仿,推动湖北武汉砖瓦生产跨入机器制造的新阶段。新中国成立后,裕记砖瓦厂改制为中南建工部第四砖瓦厂,1954年并入武汉市国营第一砖瓦厂。周曾于老家修路,往大洋岙的石弹路即为其出资修建。

朱宝峰(1895~1951),字善丰,又名朱宝丰,皋泄朱家人,民国年间曾在上海闸北宝山路开设源大制革厂,生产皮革质量上乘,被上海商品陈列所奖给奖牌,为定海旅沪同乡会会董,热心乡里公益事业,同情革命,新中国成立初回乡,曾任支前大队长、水利委员。1925年,与王海利、王菏生一起筹资购地在皋岭下(现皋泄文化礼堂东南侧)兴建私立"启蒙学校",与庄民共同集资1000元银洋存白鹤庙,每年由庙提息120元做小学常年经费。同年,牵头负责修建朱氏宗祠。土改时评为地主而被打倒,终年56岁。据朱明权口述,"我的堂叔朱宝峰,他在上海开皮厂,牛皮收去做皮,可以卖给皮鞋厂什么的,他的厂就是专门做皮料的。厂里有好几个师傅,规模一般,生意蛮好。听我父亲说,定海每一任县长上任,都必须来拜访他。我10岁左右去过他上海的工厂,他的两层楼房在斯高特路,新中国成立前一直在定海和上海来来回回。家有一儿一女,女儿出嫁后没几年去世,儿子60多岁过世,儿媳妇是上海教书的。大孙子朱家国现在还在上海一工厂当工程师,也有80多岁了。他们家有100多亩地,其中祖传下来20亩左右,其他都是开厂收入买的。1950年舟山解放后,堂叔回到村里,土改工作队进村评阶级成分时,被评为地主。"

周德宝,生卒不详,弄口人,在上海开设"华兴德记当"典当行,新中国成立后曾任上海区人大代表,原在定海北门外建有别墅,旧时弄口的乡人去上海办事均住他家。

舒要金(?~1939),朱家人,朱明翰之母。1939年6月日本人进村,发现曾被当作乡公所的白鹤庙留有一些大刀和子弹,放火烧毁了整个庙宇和贮存的3万多斤谷和700袋洋粉。日军行进到洞桥头溪坑时,将头戴白毛巾在山上躲避的舒要金开枪打死。

朱定勇,朱家人,后住庙后庄。1913年出生,属牛,1943年前后当兵,曾在东海游击总队当过班长,1990年后逝世。据庙后庄庄谦盛等回忆,"以前甬东做长工,像牛一样在田里耕","夫妻俩生活,一女儿叫朱桂娣,嫁到长途,也已经去世,外甥女好像嫁到洞岙"。"他以前经常在我家附近弄堂口聊天,讲抗日故事。具体故事我们也讲不来,就记得说谁被抓了,有些很紧张的情形,就像抗日电视剧里的一模一样。他人很幽默,经常跟我们开玩笑","记得他讲过大概1960年,叫陈志芳的省高级人民法院院长来看他过,问他有什么困难,他说没有,饭什么也集体在吃。他这个人也没享受国家待遇,很识相的,很和善"。

张阿水(音),生卒不详,童家园人,张富忠之父。平常省吃俭用,急公好义,乐善好施,对周边邻居非常照顾。自己靠吃"涨饭"(头天饭烧好后不吃等第二天涨了再吃)、吃咸笋(特别咸,能下饭)省钱买了一些地,土改时因为没分给3个儿子而被评上地主。外山头舒国忠的母亲临死前还在念叨他的好,有一年过年没米,上他家借米非常慷慨。

周秀文，生卒不详，毛洋周人，旅美华侨，关心家乡公益事业，1993年捐资6万元修建毛洋周路，由周国钧董其事。原拟再出资修理周氏宗祠，因各种原因而未达成。现工化营路边立有修路碑记。

延伸链接

看定海先贤王修植的家世

胡瑞琪

在学者顾廷龙编辑的《清代硃卷集成》中，有1890年中进士的定海先贤王修植的硃卷一份。按明清两代的科举考试，为了防止考官营私舞弊，会有专人对考生以墨笔撰写的试卷用朱笔进行誊抄，去考生姓名而存编号，供考官阅卷。这种卷子就称为硃卷。还有一种也称之为硃卷的，是考生在科举考中以后，把自己的考卷誊写刊印赠人的，这种硃卷与前述由专人誊抄的硃卷不同之处在于考生会把自己的姓名履历及家世、受业等情况录于卷中。王修植的这份硃卷就是属于这一种。因此，这份硃卷成为研究王修植家世的原始资料。

一

在王修植硃卷中，是这样描述王莹瑜的：考讳莹瑜，字子美，布政司理问衔，捕盗阵亡。恩恤云骑尉世职，袭次完嗣，给予恩骑尉，世袭罔替。敕赠文林郎翰林院庶吉士加一级。

王修植的父亲王莹瑜（按硃卷的记载，王修植的生父是王莹如，他是过继给王莹瑜做儿子的），因为捕盗而死，清廷恩恤其为云骑尉。按照清代世职承袭制度，云骑尉是有限制的，只能世袭一次，完了之后，换成恩骑尉，这就没有限制了，可以一直世袭下去，故曰"世袭罔替"。云骑尉，是五品衔，而恩骑尉，则是七品衔。虽然这只是清朝廷的赏赐封号，并无实职，但根据清例，无论五品衔的云骑尉还是七品衔的恩骑尉，都是有俸禄可得的。既有俸禄，也就不可能很穷了。那么，王莹瑜捕的是什么盗呢？《左宗棠全集》一书给出了答案。

同治二年五月十二日（1863年6月27日）时任浙江巡抚的左宗棠有"请将捕盗身

亡之王莹瑜议恤片"云,据代理镇海县知县顾德恒禀称:局绅布理问衔王莹瑜驾坐轮船,在洋巡缉,十月初十日至白山洋面,瞭见盗船三只。开炮轰击,各盗弃船登岸。王莹瑜拢岸追剿,中枪身死。当获犯二名。十三四日,江苏布理问王莹葆又驾轮船赴白山搜捕,斩获首级二颗,生擒盗犯八名……除饬将盗犯等九名立予斩枭外,布理问衔王莹瑜应请饬部照例议恤。

原来,王莹瑜是在同治元年十月初十日(1862年12月1日)于白山洋面追击盗船时中枪身死的。这个盗,却不是一般的海盗,而是太平天国的太平军。

二

咸丰十一年(1861)八月间,太平天国忠王李秀成率太平军20余万从江西进浙江,攻陷常山以后,分兵攻衢州、处州、温州、台州,一时气势如虹,势如破竹,很快就攻到了宁波城下。时署宁绍台道的张景渠、护提督陈世章固守宁波,皆伤而逃至定海。为防太平军攻打定海,定海同知刘国观向民众筹捐,供粮饷给张景渠等人的兵马,使他们留在定海共同备战。

同治元年二月丙子(1862年3月23日),太平军附天侯王义钧率兵从芦花浦登陆,寻找当地人为向导,并于次日在猫头浦登岸,进攻定海,但遭到了定海守军和民团的顽强抵抗。太平军惨败而退。这个"上海绅"王莹葆,字硕园,在王修植硃卷里是"运同衔,部选同知,赏戴蓝翎",在左宗棠议恤片里则是"江苏布理问"。他是王修植的胞叔。

定海之战后,张景渠等人率师于四月初七日(5月5日)奔赴镇海,要去收复失地了。张景渠那班人马一开拔,定海城内就只有原来的驻军了。为了防止太平军再犯定海,同时也为了保护出洋船只,头顶布政司理问衔的王莹瑜,也就经常跟船在海上巡弋了。王莹瑜战死之后,清廷根据左宗棠的"议恤片"交部照例议恤,恩恤云骑尉。过继给王莹瑜做儿子的王修植就是因此而得以兼袭云骑尉的。

三

在有关太平天国的史料中,我们也能看到王莹葆、王莹森的身影。在张景渠之后署宁绍台道的史致谔于"同治二年五月初六日禀左宗棠"的禀文中说:盖护洋实属利薮,百弊丛生,惟由官绅公举殷实绅董承办,尚可商民相安。即如定海袁镇,上年与镇海绅士王莹森、王莹葆争护出洋船只,当经职道阻止。

王莹森,字培珊,江苏候补知府,是王修植的胞伯。史致谔在禀文里说,护洋要由官绅公举殷实绅董承办,才可以使商民相安。因此时任定海总兵的袁君荣要与王莹森、王莹葆争护出洋船只,被他给阻止了。估计在史致谔的想法,为了商民免起纠纷,护洋应该要由民间的士绅来承办,而王莹森、王莹葆是够得上殷实绅董的,袁君荣身为定海总兵,怎么好意思跟他们抢生意做呢?只是不明白为什么史致谔的禀文称他们是镇海绅而非定海绅。实际上,确切一点地说,王莹森、王莹葆应该都是上海士绅了。王莹森很早就在上海开了一家森盛珊记丝栈(又称王珊记丝栈),而经手打理的则是王莹葆。这就与《定海厅志》称王莹葆为"上海绅"相吻合。而且,王莹森、王莹葆的官衔都与江苏有关,而当时的上海又属于江苏管辖。可以断定他们的官都是在上海发展以后才获得的。

还需要指出一点的是,无论是王莹瑜、王莹森,还是王莹葆,从王修植砿卷里的记载来看,他们实际上都没有做过正式的官,他们头上的官衔,极可能都是用钱捐来的。这应该也是《定海厅志》编撰者、署宁绍台道的史致谔等人在说到他们时都只称之为"绅"的原因。

四

王修植生于咸丰庚申年(1860),他的生父是王莹如。王莹如字琢斋,自号后野人。汪康年《汪穰卿笔记》中说:"余闻宁波王苑生太史言,其尊翁于道光间,历居要幕,于当世事颇留意,私有撰述,顾秘之不肯出也。"可见王修植的这个亲生父亲倒与他的几个兄弟不同,是实打实地从过政的,虽然他这个"历居要幕"有点类似当年在胡宗宪幕下的徐渭、沈明臣、茅坤、郑若曾等人的情况。

根据王修植砿卷的记载,王莹如的著作颇丰,有《止止山房辑棷》4卷、《诗集》4卷、《通鉴札记》8卷、《止止山房私议》4卷、《华夷交涉见闻录》4卷。能够在道咸同光年间的多事之秋如此安然地写下诸多作品的王莹如,要没有一点经济实力做后盾,估计是不太可能的。而王修植曾受学于定海景行书院、杭州诂经精舍,那可不是没钱也能够进的学堂。因此,翁源昌曾有专文著述王修植"家境殷实,书香门第"是有道理的。

或许有人会说,既然王修植已经过继给王莹瑜了,就和王莹如没关系了。但是请注意王修植砿卷里记载的,在王修植中进士被钦点翰林院庶吉士以后,被清廷敕封文林郎翰林院庶吉士的可不仅仅只有王莹瑜,同时也有王莹如。可见他们的父子关系仍然是存在的。同时,在王修植的成长过程中,他的胞叔王莹葆也是出了大力的。在砵卷里,王修植的庭训就是由王莹葆来完成的。庭训之意,以今天的语境,就是家教,通常是指父亲对儿子的教育。

五

根据王修植砵卷,他的发妻为夏氏,夏允成之女,名不详;续娶洪氏,名桂香,洪廷安之女。王修植考中进士前生有一女,名联璋。王修植去世后,严复在给让三(即张美翊)的信中说:定海菀嫂与海儿常有信来,但道度日不易。此"海儿"若是指王修植的儿子,则当在其考中进士以后的某年所生,因此砵卷中未曾记载。

至于王家的世居地,砵卷上的记载是:"世居定海城中近圣坊,别业皋洩庄。"这与舟山文史界普遍认为王修植是定海皋泄人还是有出入的。近圣坊在何处呢?据《定海厅志》卷二十六记载,近圣坊在"今学所从入。乾隆间知县庄纶渭立书其阴曰:芹香"。其具体方位尚有待考证,但显然,确实就是在定海城中。但是,既然世居定海城中,为什么又要去乡下买房子呢?或者,是不是可以这样理解:原来王家实际上是住在皋泄的,后来在定海城里买了房,住到城里去了,皋泄的老房子这才成了"别业"?只是即使如此理解,有一点也还是需要加以肯定的,那就是1890年王修植中进士的时候,他家在定海城里已经有住房了,而且是已历经多代,否则就有违"世居"之意了。

编者按:此文发表于2015年10月11日的《舟山晚报》,作者利用各种文献对王修植的家世进行了详尽的分析,是舟山研究王修植的相关文章中比较可靠的一篇。

第二节　先进人物

朱再杨(1927～2021)，皋泄朱家人，1950年舟山解放，他从农委委员、村里民兵队副队长、互助组组长开始，后来先后担任过皋泄乡农村信用合作社副主任、主任；1963年9月至1968年4月，担任皋泄人民公社管理委员会社长；1962年4月至1966年7月任皋泄公社党委副书记；1966年8月至1968年4月担任皋泄公社党委书记；1973年任洋岙人民公社党委副书记，一直到1983年退休。1952年皋泄成立农村信用社，帮助解决了农村、农民经济上的需要，加快发展了农业合作化；1972年4月兴建点灯湾水库，他勇于担当、勇于作为，积极发动群众投身于水库建设；1973年，到洋岙公社担任党委副书记，一干就是10年，直到退休，在任时造水库、通河流、修碶门，建设了不少水利项目，红卫水库就是其中之一。

袁忠成(1915～1993)，皋泄下袁人，贫农出身，初识字，1953年加入中国共产党，1954年任初级社社长，1958年起任新建大队大队长，1970年11月担任革命领导小组组长，1972～1976年任新建大队大队长。在职期间一直坚持在兴修水利第一线，为农村建设和农业生产的发展做出了可喜业绩。1993年4月，因病逝世，享年78岁。

朱友土(1920～2013)，皋泄朱家人，贫农出身，初小文化，1954年加入中国共产党，1956～1968年任新建大队党支部书记。1951年参加土地改革工作，后参加组建互助组、农业生产合作社等农村基层组织建设，积极开展修建贾施岙水库等兴修水利工程，为改变农村的落后面貌做出了一定的业绩。2013年2月，因病治疗无效而逝，享年93岁。

朱明龙(1927～2013)，皋泄张夹岙人，贫农出身，初小文化，1953年加入中国共产党，同年任皋岭乡乡长，1956年担任皋泄乡乡长，1957年调任长白乡任乡长，在长白整整工作了近20年，后调任盘峙乡担任党委书记，最后在城关农场担任书记后退休。自农村土地改革开始，在农渔村历经了各项运动，为农渔村的经济建设做出了一定的贡献。2013年1月，因病医治无效逝世，享年86岁。

袁汉江(1929～1987)，皋泄上袁人，贫农出身，初小文化，1958年加入中国共产党，1968～1975年间担任新建大队党支部书记。在职期间，重修了病险的贾施岙水库,组织修建本村最大的庙后庄水库,兴办新建陶器厂,组建副业队,为农村基本建设和发展集体经济取得了一定成绩。1987年12月,因病逝世,终年58岁。

袁万忠(1933～1981),皋泄下袁人,贫农出身,初识字,1956年加入中国共产党。曾任村治保主任、民兵连长之职。1965年3月在全区第一次民兵比武大会中荣获"神枪手"称号,并奖赠五六式半自动步枪一枝,成为全体民兵学习的榜样。1981年12月因患肺病,医治无效而逝世,年仅48岁。

张杏梅,1935年12月出生,潮面村人,曾用名张杏妹,嫁入富强村竺家,曾任富强村党支部委员,山林队妇女队长、畜牧场场长,在平凡的岗位上做出突出贡献,1983年获得全国"三八红旗手"荣誉。

夏阿银(1938～1993),皋泄夏家人,贫农出身,初小文化。1972年加入中国共产党,1970年担任革命领导小组副组长,1972年担任民兵连长,1976年任新建大队大队长、党支部副书记,1984年底担任党支部书记。参加工作以来能以身作则,敢挑重担,充分体现了一名共产党员的本色。1993年9月,因患肝癌,医治无效逝世,终年55岁。

朱大阔(1942～2020),皋泄朱家人,1964年任皋洩公社新建大队共青团支部书记,其间共青团工作开展得有声有色。1974～1980任新建村副书记,1986～1988年任皋洩村书记,是原皋洩村改革开放后做出重要贡献的一任书记。1986年在他的主持下开始引进食用菌良种和先进栽培技术,全村养菇户发展到40余家,成了全县有名的"平菇村"。1987年2月,皋洩村幼儿园开园,7月成立皋洩杨梅协会,10月以皋洩工程队为基础组建成立皋洩建筑工程公司,同时成立皋洩第二砖瓦厂。当年,周根年等村民从象山引入两三千株草莓苗,试种草莓成功,并开始大面积推广;皋洩乡富强橘场在市首届早熟柑橘品质评比会获三等奖;为早日启动东皋岭隧道建设,奔走于市、区各有关部门。1988年大面积组织推广草莓苗种植,组建成立了皋洩食用菌协会。在任村书记期间,因争取市、区有关部门打东皋岭隧道之事,投入不少精力,时任皋洩乡党委书记吴甫仁曾对此予以肯定。

周国钧,毛洋周人,1937年出生,1956年在初级社当会计,1958～1977年任富强大队党支部副书记,1971年任富强山林队队长,以育苗为突破口带领山林队成为全舟山典型,1977年调到市林科院,1979年任皋洩公社副主任,1980年任皋洩公社主任,1984年任皋洩乡副乡长,1990年任皋洩乡人大主席,1992年任白泉镇人大常委会主任,1997年退休后响应组织号召回任富强村党支部书记,对改变富强村面貌发挥较大作用。在皋洩乡和白泉镇工作期间兼任科协主席,对促进皋洩乡、白泉镇,尤其是皋泄片区的农林科学发展起到较大的作用。

朱明权,1938年出生,皋泄夹山里人,高小毕业,先后担任农业初级社宣传委员、大队治保副主任、皋洩人民公社新建村团支部书记、定海大炼钢时期厂部团委副书记等职。1958年12月参军,其间被评为技术能手,1963年退伍,退役后担任村团支部书记。1964年到白泉人民公社负责文化工作和业余文化,其间负责组织识字班、文化站、皋洩业余中学等工作。1984年起担任皋洩乡乡镇政法办副主任,负责治保、民事调解工作。1991~1993年担任皋洩村书记,任职期间培养了朱缀绒等接班人,并推进发展了"宫宝文旦""皋泄香柚"。

舒瑞宽,1964年时任富强大队大队长,任职期间扁担不离肩,锄头不离手,始终保持了劳动人民的本色。1963年闻家岙水库发现管漏,他马上潜到3丈多深的水库底堵漏,保障了人民生命财产安全。不但劳动处处带头,还处处为队里节约开支,到县里、公社里开会,也常常拎着一只冷饭包。

朱应德,皋泄朱家人,1945年1月出生,1963年下半年起在皋岭小学任教,1969年下半年起在新建大队担任会计、团支部书记、党支部委员、副书记、书记,1984年8月调任皋岭乡企办任会计辅导员、企办副主任,1992年任白泉镇企办审计员、会计服务站站长至退休。长期耕耘在乡村文艺阵地上,从事民间乡土文艺创作50余年,大小作品500余篇,编撰完成《古今皋泄》,本志有专文介绍。

周信阳(养),富强村人,1983~1989年任村主要领导,并兼任村植保员的工作。1992年5月,他自筹资金开办了农技知识咨询和农资供应服务站,无偿为群众提供技术咨询,默默地为村民做出新的奉献。1996年创办定海富强塑料再生造粒厂。

舒宽宏,1938年3月出生,1991~1995年任富强村党支部书记。1958年参军入伍,在部队期间多次获得荣誉,施工打坑道时所带班被评为"五好班"。1964年退伍回村,担任村民兵连长。后牵头组织兴办了皋洩第二砖瓦厂,又被抽调创办乡机械厂和再生塑料厂。1991年后担任村党支部书记,通过办好村办砖窑厂,还清了村集体的历史欠债,修建了村办公用房,使村里面貌得到较大提升。

朱缀绒(1950~2001),皋泄村人,初中文化。早在上学期间就被评为"雷锋式优秀少先队员""三好学生"。1971年起参加村里工作。1974年4月加入中国共产党。1976年当选村妇女主任。1993~2001年任皋洩村党支部书记。1998年当选定海区人大常委。她任劳任怨,埋头苦干,为改变村民的生育观,付出了大量精力和心血,使皋洩村于1997年被省计生协会评为"村计划生育百佳协会",2002年她获得浙江省第二届马寅初人口奖特别荣誉奖。为开拓村民致富财路,积极开发皋泄香柚,几年内建成上千亩香柚基地,在1998年浙江省名特优新产品展销会上,皋泄香柚荣获银奖。1996年皋洩村开创流转承包土地的先河,使几十户农户成为蔬菜专业户,每户年产值达数万元,高的达到10多万元,不但解决了抛荒问题,而且取得了可喜的经济效益和社会效益。修渠道、固水库、造机耕路,引进钢质蔬菜大棚,争取建立市一线蔬菜基地。皋洩村被市政府命名为"菜篮子"工程先进集体、"一线蔬菜基地示范村"。全面硬化村道,改善村民生产生活环境,坚持不懈地向各级领导要求打通东皋岭隧道,经过十年奔波终成结果,2000年隧道工程终于开工。为动员村民配合征地和房屋拆迁,她日夜辛劳,又带头为隧道工程捐款,全村共集资38万余元,促使东皋岭隧道于2002年顺利通车。朱缀绒心系群众、无私奉献、勇于开拓、艰苦奋斗、清正廉洁、鞠躬尽瘁的精神不但得到村民的爱戴,还受到各级政府的嘉奖。1995年被评为舟山市十大杰出女性,历年来被评为区市省优秀共产党员。2001年10月18日,在为规划村香柚基地时不幸殉职,年仅51岁。2002年浙江省委追授她为"一心为民的模范村党支部书记"荣誉称号,全国妇女联合会追授她为"全国三八红旗手"。因白泉镇编撰有《一心为民的模范村党支部书记——朱缀绒》等资料,本志不再做详细介绍。

朱应棠,原为定海区皋洩工程队的技术员,1987年在象山亲戚家见到草莓味美、营养高、效益佳,就大胆引进新品种进行试种。他主动拜师学艺,投资搭起全乡第一只草莓种植塑料大棚,在依靠科技知识摸索出一条海岛草莓培育之路的同时,毫无保留地向全村农户传授草莓种植经验。先后被评为省科技星火带头人、区科技示范户、镇青年致富标兵。

延伸链接

路通、村美、人富,20年过去,"缀绒书记"的心愿已实现

李巧凤

提起东皋岭隧道,定海白泉皋泄村的人,总会不由得想起当年的"缀绒书记"。一条隧道打通了一个村的致富路,到如今,缀绒书记已经殉职20年了,但是村民们忆起她,依然经常是热泪盈眶,而她从前期盼的"路通、村美、人富"的心愿,如今也终于实现。

前几天,"追光·沿着红色足迹出发"大型融媒体新闻行动采访组来到了定海白泉皋泄村,重访当年东皋岭隧道建成的始末。

20年前,她把51岁的生命献给了山村

皋泄村位于本岛中部,在东皋岭隧道打通前,皋泄村处于偏僻的山旮中。一座东皋岭,将皋泄村和定海城区阻断分隔。

虽然只有一岭之隔,但交通不便严重制约了皋泄村经济的发展。这一状况,持续到了2002年10月1日东皋岭隧道通车,从此329国道穿村而过,不仅便利了皋泄村居民的出行,也促进了村里经济发展,从此村民们走上了一条致富之路。

朱缀绒是皋泄村原党支部书记,她是皋泄村本地人,先后担任皋泄村妇代会主任、党支部委员、计划生育服务员,1993年起担任村党支部书记。2001年10月18日,她为村里规划水果基地时,不幸遭遇车祸,以身殉职,把51岁的生命献给了生她养她的山村。

朱缀绒当村支书9年,从来没有为自己报销一分钱,没为家人谋一份工作,她去世时,留下了7万多元来不及还清的债务。

打通东皋岭隧道,就是朱缀绒在职期间一直努力的一件大事。

资料记载,皋泄村通往山外原本只有一条羊肠小道,为尽快解决交通问题,朱缀绒带领干部群众苦战4个月,建成一条贯穿全村连接公路的沥青路;接着又四处奔走,筹划打通东皋岭隧道,自己带头捐款,带领村党支部委员会和村委员会成员千方百计为隧道工程筹集资金38万元。工程开工后,需要拆迁25幢房屋、征用40余亩土地,牵涉到近百户人家,朱缀绒一家一户做工作,为打通隧道创造条件。

为隧道,她奔走呼吁10多年不放弃

沿着329国道白泉皋泄段,路边公交车站牌显示,村民们可以搭乘55路、57路、551路、5号高峰快线公交车,经过东皋岭隧道,直达定海公交东站或舟山汽车客运中心。

朱云业是朱缀绒书记在职时并肩奋斗的同事,曾任皋泄村委会主任,现在他已退休5年了。他是东皋岭隧道建成的见证者,也是最了解朱缀绒为了东皋岭隧道所做的努力的人。

在这次追光行动采访中,朱云业陪同记者来到329国道、东皋岭隧道外。他说,1987年朱缀绒当选为定海区人大代表,自那以后,她就为建东皋岭隧道开始了长达10多年的奔走呼吁,从未放弃。当时,白泉镇有一份《关于白泉至定海城东开挖隧道》的议案,议案提到,当时白泉、干览、北蝉及普陀展茅4个乡镇的村民坐车前往定

海城区，只能走白泉—定海公路，中途要绕道三官堂、洋岙才能到达，总里程13公里；若能打通东皋岭隧道，将改变本岛东北部交通滞后的状况，缩短白泉至定海的交通路程。

"假如隧道打通，我们皋泄村因为离定海城区最近，将成为最直接受益的地方，当时我们村里有2000多人。"朱云业说。

2000年，市政府将打通东皋岭隧道项目列为重点工程。至今，朱云业清楚记得当年隧道开工的具体日期："2000年10月20日施工队伍进场，10月27日发出开山第一炮。那时，我和缀绒书记天天到工程现场查看，她说看着心里高兴。"

筹资金，她一趟一趟做村民工作

问起当年朱缀绒如何筹款如何做村民工作，朱云业说："缀绒书记和我商量，虽然议案向上提了，我们村里自己也要想办法筹集资金，要拿出决心和姿态来。"

皋泄村村委会最后决定在村里筹款，以摊派的方式，村民们每人出300元，并随后在村民中间进行动员。

朱云业说："当时，村民们打隧道的呼声很高，大多数人都表示支持，但也有个别人不同意。有的村民说，这个隧道现在不用打，过了10年、20年国家也会来打的。缀绒书记说，社会在发展在前进，这个是肯定的，但是这个隧道，前10年打和后10年打，产生的效益不一样，现在早一点打通，年纪大的人都可以享受到，也可以早点为村里带来经济效益。"

"要想富，先做路。为了让村民们都同意，缀绒书记一趟趟到村民家里做工作，一趟不行两趟，两趟不成三趟。有句话说，功到自然成，铁棒磨成针，最后隧道工程筹集到了38万元的资金。"朱云业说。

路通了，村民们也走上了一条致富路

朱缀绒去世时，东皋岭隧道仅差最后40米就打通了。"当时隧道打到了东湾那里的出口，山坡开始变下坡，打过去石头没有了，变成了泥土，一挖就坍塌，我们要把泥土挖掉运走，再用钢筋固定，才能完成最后的工程。很遗憾，缀绒书记没能亲眼看到隧道通车。后来隧道通车那天，我们捧着她的照片，让她亲眼看看奔走了10多年的隧道终于通车了，那天村民们也都自发来了，排起了很长的队伍，陪缀绒书记走这一程。"

东皋岭隧道通车后,白泉至定海城区的路程缩短了6公里。如今的皋泄村,村民们经营蔬菜果木销售、五匠务工,生活一年比一年好。

袁瑞忠是皋泄村的香柚种植大户,他的儿子袁军经营着香柚合作社,每一年,他们都把村民们的香柚、杨梅收购,销往全国各地。袁瑞忠说:"去年我种的香柚产值有10多万元,今年等到10月1日第一批香柚又可以卖了,平时还有旅游团来我们村采摘游玩。"

袁瑞忠种植香柚已有近30年,他至今记得香柚如何在皋泄"落户","1991年我们村开始培育香柚,1994年缀绒当书记的第二年,村委会认为香柚是我们农户致富的好门路,开始在家家户户大批扩种"。

到如今,皋泄香柚早已声名在外,曾在省名特优农产品评比中获银奖,1998年和2001年又获省优质农产品银奖,2003年通过省级绿色农产品认证,2004年和2005年获浙江省农博会银奖。皋泄香柚多年来在市场上十分畅销,成为当地农业经济一大支柱产业,也是定海区重点扶持发展的农业骨干产业之一。

近几年来,皋泄村在上级党委、政府的领导下,扎实有效地推进新农村建设工作的全面落实,促进了全村工农业经济协调可持续发展,先后获得全国造林绿化千佳村、省级文明村、省级全面小康建设示范村、省级文化教育基地等荣誉。

如今的皋泄村,也是市级"菜篮子"工程基地,有市一线蔬菜商品基地1000亩,二线1300亩(其中无公害蔬菜基地850亩),钢质大棚335套,开发有皋泄香柚优质高效示范基地1215亩;优质皋泄晚稻杨梅基地1000亩;建设有皋泄村筑梦空间青年创业基地,致力于打造百姓身边的网创孵化器、舟山特色农产品就业创业服务基地。另外,朱缀绒先进事迹陈列馆在今年上半年重建,今年6月作为省级红色教育基地,即将开馆。

编者按:此文发表于2021年6月16日的《舟山晚报》。

延伸链接

"入党是件光荣得不得了的事"

——听91岁老人朱有土讲述当年的故事

陈 瑜

91岁的朱有土老人,说到入党那天的场景,略有模糊,但依然难掩那份激动。

"入党是件光荣得不得了的事"

2011年6月28日,定海白泉镇皋泄村的一个农家院落里。

一位高瘦的老人,架着眼镜,挂着拐杖,安详地坐在一棵柿子树下,脚边躺着一条大黄狗。"你问我入党是哪一天啊,这个我真不记得了,我只记得是解放军来舟山赶走国民党那会。"老人扯着嗓门,大声对记者说,"是解放军带着我入的党,之后还带我参加土地革命,兴修水利,我还去过很多城市。"

这位老人叫朱有土,1920年12月出生在白泉皋泄,1950年加入中国共产党,党龄61年。老人的长子朱文斌提醒记者,老人双耳失聪,跟他说话,得贴着耳朵喊。

从朱有土记事起,家里就没有农田,全家靠着给人种地营生,每天有了上顿就怕没下顿。"1950年,解放军来了,把国民党从舟山赶出去了,还带我参加了土地革命,让我入党。当时入党的只有两三人,我觉得那是件光荣得不得了的事情。"朱有土说起入党,情绪有点激动,"我也写过入党申请书,填了很多表格,宣誓也肯定是有的,总之那时候大家都知道,共产党来了,好日子就来了,人人都想入党。现在人太老了,脑袋不好使了,很多细节也不记得了。"老人边说边拍拍自己的头。

在猪圈里躲过抓壮丁

"我爹也算读过三年书,算是有点文化的,我想可能因为这一点,让我爹先入党了。"老人的长子朱文斌也已六十开外,他这样推测父亲入党的原因。不过朱文斌说,父亲入党的前提是躲过了国民党的抓捕。

朱有土的小女儿接过话茬:"同村被抓去了很多人,阿拉阿爹就常跟我们说那件事情。那时候后院有个猪圈,养了两头猪。当时国民党正在村里到处抓人,我阿爹就躲进猪圈,先是在身上涂满臭泥和猪屎,趴在地上,再铺上一层很脏的稻草,然后在稻草上放些猪食,让猪围着我阿爹,就这么躲过了搜查的。"

朱有土愣愣地听着,完全不知我们谈话的内容,他用手指了指耳朵,然后摇摇头。看老人这样,记者凑近去将猪圈的故事大致说了一下,老人乐了,"当时出来浑身都是臭的,还被猪鼻子在脸上拱了好几次。"他说,还有很多人是躲在山上的,"壮丁们躲在山上,妇女们则在躲藏处附近号啕大哭,搜捕的人听到哭声就认为人已经抓走了,就没再去搜。"

柿子树下忆土改

"入党后我们就开展土地革命了。"说到这里，朱有土的思绪清晰了很多，"因为我识字，又是党员，就被选为村书记，在土地革命的时候做了很多统计工作。""我名字就叫朱有土，无非是希望家里能有自己的土地。"一说起土地，老人记忆的闸门被开启了，"当时我们先是发动群众，然后划分阶级成分，把农民按耕种土地的多少，分为富农、中农、贫下中农、贫农和雇农，统计人数，然后没收了地主的土地，再分给没有土地的人，最后还要每天开会复查总结。"

老人说，那时候白天干活晚上开会，所有人都在为分到土地而高兴。"不过白天干活太累，晚上开会就有不少人中途溜回家，时常被我抓到。"朱有土说，那段日子虽然很辛苦，但做的都是农民自己的事情。

农村院里，儿孙绕膝度余生

"1960年以后，我爹因在'大跃进'中表现很好，被评为劳动模范，还去杭州开大会，受过表彰。"朱文斌说，老人从杭州带了一张奖状回来，家人一直珍藏了10多年，直到20世纪70年代，他小妹上学后，这张奖状就失踪了。

老人说，"大跃进"那会，全民大炼钢，他的眼睛就是大炼钢那会受损的，现在一只已经失明，耳朵则是被盐卤灼伤的。"那时候觉得，有土地种，有钢铁炼，日子是很好了，不过跟现在那就没得比了，现在过的生活，在我们年轻那会简直是想也想不到的。"

如今老人四世同堂，曾孙都22岁了。朱文斌说，这几年老人耳朵听不见了，话也说得少了，前些年，光讲忆苦思甜都能讲好几个小时，很多事情老人已经唠叨了无数次。

编者按:此文发表于2011年7月1日的《舟山晚报》，以此文缅怀老一辈农村共产党员的光荣与贡献。

延伸链接

张杏妹先进事迹

富强大队党支部

张杏妹,富强大队党支部委员兼妇女主任。在"四人帮"横行的日子,凡抓生产的,被诬蔑成唯生产力论,听党的话,踏踏实实工作的,说你是绵羊,总是帽子满天飞,棍子遍地打。张杏妹先后担任过生产队长、山林队长和畜牧场场长,连续被评为县、公社和大队先进集体和先进个人。

1965年入党,1934年生,1951年17岁嫁到竺阿开家,并当生产队妇女主任,1974年当山林队长。到了山林队,首先从杉木的培育管理着手,带领社员挑垃圾上山岗,给杉木普遍施上土杂肥,发动妇女挑氨水浇杉木,使唐高岭大片杉树苗迅速成材。发展山林队的多种经营,套种西瓜、番薯、玉米等作物。山林队果木有西瓜、杨梅、桃子等,制定规章制度防止乱吃乱采,早抓苗头,工作做在先,形成了良好的风气。1976年,大队为了发展集体牧场,决定由她负责大队的牧场工作。半年来,新造猪舍28间,母猪从原来的7只发展到22只,肉猪30只,公猪1只。主动向县商业局挂钩,在大队特色人工授精技术人员专门进行培训,使猪种纯壮。大队牧场积极给社员供应人工授精的小猪,深受群众欢迎,1980年为调动在牧场社员的积极性,搞"三定一奖"责任制,一年总收入9000元,上交大队利润1000元。1973年7月,婆婆不幸跌倒骨折,每隔几天要到洋岙医院治疗一次,来回20余里,婆婆不习惯坐汽车,杏妹每次用小板车拉着婆婆去定海。阿开在生产队当了20多年的经济保管员,"文化大革命"期间,队里赌博盛行,有的社员赌博输了就向阿开去借集体钞票,阿开坚决不同意,个别社员就骂,杏妹对阿开予以坚决支持。1979年,社员推荐阿开当生产队长,阿开不接受,杏妹予以开导动员,队长当了2年,生产队连续被评为公社先进集体。

1975年,大队规划改造山林,决心在冬春完成400亩杉木基地建设,支部指派杏妹担任山林队长。上山的第一天,她就背起5斤重的镐锄,带头开山,不管晴天雨天,早出晚归,连续40多天,按时完成了开山任务。紧接着是运肥上山,300米高的大岙岗,仅不到20人男女劳力,要把几百吨垃圾挑上岗去,连续奋战30余天。全大队有几十万斤杨梅,分布在各个山岙,杏妹同志加强教育引导和规章管理。1977年发展养猪,向各生产队抽调14名男女社员,开发基地10余亩,作为饲料基地。利用山岙池塘,养萍种草,大力推广青饲料,克服了饲料不足的困难,大队牧场从35头发展到60余头。1973年冬,生产队搞年终分配,该队有不少工匠,没有按照大队副业政策交钱记工,其女婿也是其中之一,她召开社员大会,提出严肃批评,根据各人不同工种,实事求是,逐个落实,纠正不正之风。

在贮藏番薯种问题上,她坚定执行党支部决定,带头推广用坑道贮藏越冬的先进经验,部分群众认为挖坑道费工费力,劳力不够,她坚定决心顺利挖通坑道,越冬成功率达95%以上,不但满足本队的种植需要,还可供应其他兄弟小队。1977年,她初进畜牧场,发现个别社员乱吃场内东西,她不留情面提出批评,敢于斗争,并制定制度禁止。从1973年来,年年被评为先进集体和先进个人,多次出席过社、县的先进代表会议,1976年10月又被推选为大队党支部委员,工作虽然忙,她还是见缝插针参加生产劳动,每年实际出勤超过300天,是大队党支部委员中出勤最多的一个。

编者按:此文是当时富强大队党支部为张杏梅同志总结的先进事迹材料之一,张杏梅同志曾被评为"全国三八红旗手",曾用名张杏妹。

第三节 其他人物

陈英苗,毛底陈人,原任市农林局副局长。

袁才秀,下袁人,原舟山市机械工业局总公司党委书记。

王钢伟,皋岭下人,浙江省舟山第一海运公司高级工程师。

朱应立,朱家人,中国船舶工业总公司第七二五研究所高级工程师。

张天德,富强人,原定海区教委教研室中学高级教师。

马定三,毛底陈打支岙人,原定海城东小学高级教师。

陈伟兴,原皋洩中学毕业,分别获得了 MBA 和 EMBA 双硕士学位,在房地产行业大展拳脚,亲手创立了上海晟地集团,秉承"取之社会,回报社会"的理念,热心教育与慈善事业,捐助希望小学,捐款抗击"非典",他设立的"陈伟兴教育基金会"已经让数百家乡的学子获得了奖励和救助。

潘伟民,原皋洩二中高中毕业,在香港创立华艺装饰工程公司,产品远销东南亚。

胡海平,原皋洩初中毕业,于1996年1月加盟杉杉集团,担任副总裁,2006年4月,担任杉杉企业总部执行总裁,成为中国500强企业之一的年轻CEO。

施卫明,皋洩中学高中毕业,在高等教育的路上越战越勇,已成为中科院南京土壤研究所研究员,博士生导师,1992年起享受国务院特殊津贴。

江建军,纽约州立大学经济学博士。

陈良刚,复旦大学计算机系博士。

张引军,在美国获得气象环保博士学位。

王依民,厦门大学文学硕士、博士。

舒江南,瑞典斯德哥尔摩大学结构化学系博士。

唐伟业,1965年10月25日生,小岙人,中共党员,大学学历,现任常州市城市建设(集团)有限公司副总经理、常州市市政工程协会副会长。

陈军意,富强陈家人,中化兴中石油转运(舟山)有限公司财务总监,高级会计师。

王文斌,1984年在白泉龙舌路创建定海通讯元件厂,随着企业的不断发展壮大,于2001年成立了浙江省盛发电器有限公司。

袁巍,下袁人,2003年7月创办普陀旅游食品有限公司,经过10年的发展,形成了以"普陀山"商标为核心的系列产品。

王涛,庙后庄人,于1992年开始创业,2003年创建舟山市三峰工程机械有限公司。

朱伟光,朱家人,1995年创办舟山市明悦船舶燃料有限公司,2007年与他人合伙创办舟山海兴远洋渔业有限公司。

朱云军,2001年创办舟山市定海金阳电气设备厂,2008年在位于舟山市新港工业园区白泉镇新民淡水坑4号新建厂房,成立舟山市神舟电气有限公司。

延伸链接

王家卫:"舟山永远是我的故乡"

姚碧波

人物简历

王家卫,香港著名电影导演。1958年7月17日出生于上海。出道作品为电影《旺角卡门》。其作品带有强烈的个人风格,凭借着极端风格化的视觉影像、富有后现代意味的表述方式和对都市人群精神气质的敏锐把握,成功地建构了一种独特的"王家卫式"的电影美学。1997年执导的电影《春光乍泄》,获得戛纳国际电影节最佳导演奖,成为首位获此殊荣的华人导演。2006年,王家卫又成为首位担任戛纳国际电影节评委会主席的华人。

《一代宗师》上映成为热门话题,只因电影海报上写着:导演王家卫。这个名字,意味着无限可能,同时意味着无数不确定性。王家卫耗时8年完成的这部电影,观众看完后的口碑两极分化,爱它者赞它眼角眉梢还是那种王家卫的风情,失望者则不能接受王家卫这次讲述故事的完整性和通俗性。在角色设置上也颇有争议,章子怡饰演的角色"宫二"抢尽风头,梁朝伟饰演的"叶问"简直变成了陪衬。

王家卫的唯美精神,以及意念化的组接方式,连同他那神秘的黑色墨镜,已经成为华语片历史的传奇。这位在西方人眼中的最佳中国导演,祖籍舟山。他曾至少3次来过舟山。这里,随着记者的寻访一起来看看他的家世吧。

王家卫2008年的回乡祭祖探亲之行

上周六晚上,我接到在市政协工作的朋友来电,告知《一代宗师》的导演王家卫祖籍舟山。2008年3月王家卫来故乡祭祖探亲时,《舟山日报》曾刊发过消息。他叫我顺藤摸瓜,写写王家卫的家世,因为此前没有人写过。周一上午,我一到单位,便从报社新闻采编系统中找到了这篇配有照片的320多字的消息稿。标题《王家卫昨故乡祭祖探亲》,刊发时间2008年3月23日,作者朱红英。

朱红英不是本报记者,经多方查找,得知她在舟山市档案局工作。我与朱红英取得联系。她告知,当时她是受单位管门岗的蒋师傅邀请,跟随王家卫回乡祭祖探亲。她还说,王家卫跟蒋师傅是亲戚,是表兄弟关系。当我赶到市档案局时,蒋师傅不在,便直接找到了朱红英。"时间过去了近5年,有些记忆开始模糊了。"在与我的聊天中,她开始回忆起王家卫的那次舟山之行。

2008年3月22日,王家卫与其姐姐、姐夫一行3人来定海祭祖探亲。"当时是蒋师傅打电话给我的,说王家卫是他的亲戚,王家卫的爷爷是定海人,坟在定海,这次回乡祭祖探亲叫我去给他们拍拍照片。"朱红英说,那天下午,她就和单位的驾驶员一起,跟随王家卫一行在定海探亲,到长岗山祭祖。

在朱红英的印象中,王家卫几乎每一次出镜都会戴着一副黑色墨镜,这也让大家对其真容产生了极大的好奇。而这次王家卫回乡,没有戴墨镜,而是全程都戴着透明的眼镜,让她看到了真容。"近距离接触王家卫,感觉他是一位热情、随和的文化人,显得十分儒雅。"朱红英说,"他为人也很低调,说不要惊动当地的媒体记者。后来我还是忍不住向日报投了篇稿子。""我是王家卫的粉丝,他的《旺角卡门》《重庆森林》《2046》等电影,我都看过,尤其是《花样年华》给我留下了非常深刻的印象。"当时,朱红英就跟王家卫讲他的电影,王家卫也会跟她做些交流。"觉得挺聊得来的。他没有一点大导演的架子,还在我女儿和小姑子叫我带去的本子、影碟上签了名。"

朱红英还好奇地问王家卫:"你每次用两三年、三四年的时间去拍一部电影,会不会饿死?"印象中王家卫回答的大意是:他不是不食人间烟火,而是对自己作品要求很高。王家卫告诉朱红英,他曾两次到过舟山,一次是5岁那年,随父亲来定海探亲;一次是为拍摄《东邪西毒》来普陀山选景。那两次返乡都给他留下了深刻记忆。他说,他的父亲在世时经常提起舟山,并经常跟他说要重修祖坟。尽管王家卫不是在舟山出生与长大的,但其父辈对舟山的浓浓乡情早已烙在他的心中。王家卫说:"舟山永远是我的故乡。"这让朱红英听了很感动。

这次《一代宗师》上映后,朱红英又去看了。她觉得看王家卫的电影有一种亲近感。觉得画面还是那样的美,但就是有些太文艺了,可能会对票房有影响。

王家卫的爷爷是定海人,父亲出生在上海

一天内连续三次跑市档案局,终于见到了朱红英口中的蒋师傅。第一、二次去时,门岗没有人,只见桌上放着几张报纸,其中一张是摊开着的,一副老花镜压在标题为《〈一代宗师〉引热议 观众口碑两极化》的文章上。

蒋师傅很热情,对我连续跑三趟说不好意思。他说:"今天刚好有点事,到外头办事去了。"在门岗一坐下,围绕着王家卫,以及他的家世,蒋师傅便和我聊开了。蒋师傅说,他叫蒋阿毛,今年66岁。他的外公和王家卫的阿爷是两兄弟。他外公为老大,叫王钱利,生了他母亲一人;王家卫阿爷排老二,叫王道利,生了王家卫父亲一人。他们住在定海长岗山上的长岗山村,当时分东长岗、西长岗等3个生产队,共有91户人家,而王姓的只有他们一家。这个村在1983年搬迁下山。此是后话。

蒋阿毛说,以前听他母亲讲起过,他的外公和小外公(王道利)最早是住在定海白泉皋泄的皋岭下。是逃婚?是避仇?还是什么原因让他们两兄弟搬迁到长岗山上来居住,现在不得而知了。当时,他们两兄弟就在东长岗的龙头坑用石头和茅草搭起了两间草屋,以务农为生。进城卖柴,要半夜三更打着灯,挑着柴担下山来。山脚下的水稻田,稻谷收割晒干后,要挑到山上去,等要吃了需要碾米时再挑下山,米碾好了又要挑上山。有时一天这样上山下山要走好几趟。生产和生活都很艰苦。

迫于生计,王道利20来岁就到上海去闯荡,给一家外国人开的公司管门。外国人比较信任他,但他身体不是很好,有病。现在想想应该得的是癌症。到后来,管门连座位都没法坐稳了,只得回定海来养病。当时他刚从上海回来,手头稍微有些钱,又在草屋的下面盖了3间瓦屋。没过几年他就去世了。"小外公过世时很年轻,那座坟是1933年建造的。"蒋阿毛说。

王家卫的父亲出生在上海,名叫王德衍。20岁不到,就到上海一家西餐厅去当服务员。后来到货船上去做国际海员,随着货船满世界跑。王家卫的母亲是上海朱家角人,名叫高雯珍,和王德衍结婚后,生有两儿一女。大儿子叫王家庆(出生在香港,五六岁时被母亲带到上海);二女儿叫王家柱(后来嫁给了著名漫画家张乐平的四儿子,现住在上海);王家卫排第三,1958年在上海出生,从小在外婆家里养着。

蒋阿毛说,起初舅妈(高雯珍)在上海第一灯泡厂上班,那时舅舅(王德衍)已在香港。王家卫5岁时就跟着他的母亲移民香港。他是在香港读书的。1980年,王家卫在香港理工大学经济管理专业毕业,后到香港无线电视台工作,做过编导。

蒋阿毛一家和王德衍一家一直有书信往来,包括"文革"期间。由于通信的关系,蒋阿毛记住了舅舅一家在香港的地址:九龙尖沙咀金马伦道35A。但至今他没去过香港。

蒋阿毛说,1985年王家卫结婚时,还寄来过结婚照,他的老婆叫陈以靳。这个女人对王家卫来说,太重要了。两个人认识的时候,王家卫刚大学毕业,而陈以靳已经在香港无线电视TVB做电视节目监制了。王家卫到香港无线电视台工作也是陈以靳引路的。婚后,王家卫想拍一部反映边缘人的影片,陈以靳知道后说要做他的出品人,并利用自己多年来的资源积累,开始东奔西走,为他张罗一切,劝说电影公司老板投资,物色香港第一流的人才为王家卫做班底,终于使王家卫导演的处女作《旺角卡门》获得巨大成功。此后,凡是王家卫拍的电影,陈以靳都是出品人。

"舅舅1989年初夏时还来过定海,当时想第二年春节再来,可回到香港后生病,1991年就去世了。"蒋阿毛说,"当时我母亲收到信,看到舅舅过世的消息后还哭了。"

王家卫三次来舟山时留给亲戚的印象

王家卫第一次来舟山,蒋阿毛说,是在1963年,王家卫只有5岁,而当时他已经17岁了。王家卫一家到长岗山村去看了一下老屋和祖坟后,就住在他家。他家在当时的洋岙乡(现为城东街道)胜利村,当时还是农村,周边都是水稻田,路也是泥泞一片。当时他家住的是破旧的瓦屋,没什么吃的,也没啥好招待客人。

蒋阿毛记得很清楚,舅妈喜欢看电影,在上海看电影时会经常带着王家卫一起去看。到了定海后,王家卫每天就跟着母亲到半露亭那里的电影院(现拆掉了)去看电影。当时王家卫虽然只有5岁大,但长得很结实。每次蒋阿毛背着他去看电影,总觉得挺重的。来定海住了一星期,每天都要去看电影。后来王家卫到了香港后,他们居住的房子附近有家电影院,是外国人开的,母亲几乎每天都带他去看电影。"王家卫后来能成为电影导演,可能跟他从小喜欢看电影有关。"蒋阿毛说。

王家卫第二次来舟山,是为拍摄《东邪西毒》来普陀山选景,时间应该在1994年前。蒋阿毛说,当时王家卫也没跟他们联系,所有在定海的亲戚都不知道。可能他忙于拍电影。

而王家卫与蒋阿毛等在定海的亲戚第二次见面时,已经是2008年了,这时离他第一次来定海已经相隔45年。"半世纪分别后重逢。"这是王家卫写给蒋阿毛的话，也道出了他当时的心情。他跟蒋阿毛等定海亲戚很亲切，没有丝毫的生疏感。一见面，还跟几个兄弟拥抱了一下。他讲着带有香港口音的普通话，还给每家亲戚带了一箱香港产的白酒。

蒋阿毛说，那天，王家卫和他姐姐、姐夫一行3人，是中午11时30分才到定海的。他们是从上海自己开车过来的，到嘉兴时，刚好杭州湾大桥有雾封桥，只好绕道杭州，车开到宁波白峰码头后，下车乘船过来的。中午在他弟弟家吃过饭，亲戚们叙旧后，上山去坟头祭祖的。当时长岗山上坟的路上乱草疯长，老屋也是荒芜一片。还是他带的路，摸上去的。当时，王家卫看到爷爷的坟墓，眼睛红红的。他不时地摸摸墓碑，还给坟头添了新土。他没有看到过爷爷，只能以这种方式寄托哀思。

王家卫此行的目的，是想重修祖坟，他要完成父亲的愿望。王家卫提出想在清明时修坟，但蒋阿毛等定海亲戚认为，舟山人修坟一般会选择在冬至时节比较合适，最后就定在2008年冬至时修坟，并当场委托给一位亲戚，把两位爷爷（包括王钱利）的坟修好。

蒋阿毛说，祭拜完祖坟，王家卫在他家吃了晚饭后，晚上8时多便离开舟山回上海。当时蒋阿毛的女婿开车一直把王家卫他们3人送到白峰码头。此后他一直关注着王家卫的电影。这次《一代宗师》上映后，他就去看了两遍。还打算再去看一遍。"《一代宗师》比《2046》拍得好。""王家卫的酒量很好，那天中午喝的是五粮液，有半斤左右；晚上喝的是舟山老酒，有两瓶。"蒋阿毛说，"可惜那天他的老婆和儿子没有一起过来。他儿子今年也有19岁了。希望他们一家人今后能一起来舟山。"

祖坟修好后，王家卫有没有再来过舟山，蒋阿毛说，好像还来过一次，大概在2009年1月底，具体他不大清楚。但在发稿前，我还没有采访到知情者。这就像王家卫出镜时戴着的黑色墨镜，给他的回乡之行增添了神秘的色彩。

编者按：此文发表于2013年1月18日《舟山日报·望潮周刊》第8版。由庄洪辉先生提供线索，经本课题组再次采访和分析，确定王家卫先生的祖父由皋泄村迁出，具体地点经考证可能为庙后庄。

延伸链接

田埂旁的白衣天使

金春玲　童信之

在定海白泉镇皋泄社区的3900余居民中,有一大半人认识朱国权。

村里几乎所有的小孩子都怕朱国权,因为去他那儿就得打针吃药。

朱国权的诊所是舟山第一家由村级卫生站改制而来的社区卫生服务站。

朱国权的名片很有特色,头衔是全科医生,特别注明"汽车免费接送"病人。

"孩子快不认识我了"

冬日的下午,皋泄社区卫生服务站内进出的人不少,其中大多数是来看病买药的,还有一些是来找朱国权聊天的。

在一个地方当了16年乡村医生,出门抬头碰到的尽是熟人。16年来,朱国权的生活轨迹几乎锁定在卫生服务站和病人家之间。自从2003年新的社区卫生服务站落成后,他索性就住在那里,每天连家都不回了。

说起来,朱国权的家离卫生服务站并不远,步行也就15分钟,可他就像被绳子拴住了似的,说不清隔多久才回家一趟。

"村里一大半的人都认识我,只有我的孩子快要不认识我了。"朱国权苦笑着说,"不是我不愿意回家,可服务站只有两个医生一个护士,一天24小时,病人随时随地会找上门来,实在离不开啊。"

翻开一沓沓的记事本,朱国权的日程排得满满的,单是每周固定的出诊就在10次以上,还有每周4天的下乡巡诊,以及随时突发的病例。在他的随访名单中,有200余名高血压患者、20余名糖尿病患者以及10余名精神病患者,这些病人都需要他随时照顾。

逢年过节病人特多

朱国权是土生土长的皋泄人,1991年开始就在当地从事乡村医生工作。"我干这一行其实是受我父亲影响。父亲在村里当了一辈子赤脚医生,从20世纪50年代就开始行医。我21岁那年从学校毕业后,就接了父亲的班。"

最初的村医疗站,只是两间破破烂烂的民房,也没啥设备。繁重的日常工作和艰苦的环境,对一个二十出头的小伙子来说都是一种考验。但朱国权坚持着,勤勤恳恳,不计名利,一年365天,几乎都能见他奔走在乡间小路上。村民有病他随叫随到,不管是烈日炎炎的夏天,还是寒风刺骨的冬天。

朱国权肩负着社区村民常见病、多发病的诊治任务,疫情报告、健康教育、预防保健等农村公共卫生工作任务。与大医院里的医生不同,乡村医生没有上下班的概念,随时随地都要准备着为乡亲服务。

对于他来说,吃饭的时候、睡得正香的午夜,接到急诊电话是平常事,每次,他都会背起药箱立即出发。特别是在冬季,山村里年老体弱的村民生病,一个电话,他总是从暖烘烘的被窝里爬起,急匆匆地赶到病人家里,检查用药之后,还得留下来观察观察,有时回家往往就是深更半夜。

"说来也奇怪,逢年过节、刮风下雨时,突发病人还特别多。"

朱国权开玩笑说。2004年大年三十的晚上,朱国权好容易盼到全家团聚,正在吃年夜饭,村民王某突发性腹痛,家人焦急地来到服务站,请求出诊。朱国权立即放下筷子,背起药箱来到病人家里。经检查,王某被诊断为急性阑尾炎,需要紧急手术,考虑到病人发病急,病情较重,朱国权亲自把病人送到定海四一三医院。帮助病人安排妥当,自己才起身回家,病人经手术后转危为安,几天后康复出院。

社区医生也能起死回生

有人说,社区医生看不了大病,可在朱国权手中,硬是有病人起死回生。朱国权回忆说:"那件事说来也凑巧。大概是6年前吧,村里一个30多岁的汉子遭遇车祸,颅脑外伤,被送到定海某医院。经过一番抢救后,医生说:这人不行了,趁着还没断气,赶紧回家料理后事吧。"

"30多岁的汉子正是家里的顶梁柱,虽然送回家中后,连丧服都准备好了,但家属不甘心,叫我去看看。我到了他们家,发现伤者还有呼吸和心跳,我的直觉断定,这个人还能救活。于是我帮他们联系了舟山医院,送去后又进行了一番抢救,这个重伤者竟然奇迹般地活了过来。直到现在,这人还活得好好的。"

"这件事,使我真正体会到做医生的责任重大,只要病人还有一线希望,我们就不该轻言放弃,毕竟生命不能儿戏,医生也要对得起自己的良心。"朱国权说。

这几年,朱国权有多次从死神手中将病人的生命抢了回来。2005年8月的一天,村民陈某在从定海回家的途中,遭遇车祸,家属急匆匆将其抬到服务站。朱国权发现病人情势危急,面色苍白,脉搏微弱,很可能是脾脏破裂,造成出血性休克。朱国权当机立断,自己驾车将病人送到定海四一三医院。经急诊输血、手术抢救,病人得以转危为安。

由于乡村出入不便,2003年,朱国权专门考了驾照,并花8万多元钱买了辆汽车,免费接送病人。"我买车并不是为了摆阔,只是觉得抢救生命即使快上一秒也是必要的。"朱国权说。

医者父母心

医者父母心,朱国权医生对待病人的关爱,在皋泄社区里有口皆碑。

村里有一些困难群众,有些时候来看病没有现钱,要赊账。朱医生心里是有数的,对这些村民,朱国权每次都会痛快地答应:"没关系,啥时有钱啥时还吧。"

为村民垫付医药费或免费诊治,这对朱国权来说是平常事。2002年,村里有一位陈姓孤老,膀胱造瘘手术后,长期躺在床上,行动不便。每星期两次,朱国权都是定期上门服务,为其冲洗、消炎治疗,不收分文。

老人家徒四壁,没有钱,曾多次不好意思地向朱医生说,以后不要再为他上门来了,朱医生坦诚地对老人说:"大伯呀,没钱也得治病,没关系,我免费给你看病,你是村民,为村里人服务,这是我的本职工作。"此后,朱医生一直主动为老人上门服务,直至病人逝世,为其无偿服务长达5年多时间。

像这样的例子,还有很多。每年朱国权为村民免费诊治费用及医药费1万余元,近三年来,累计5万余元。在开展党员联系群众活动中,他主动与社区里10余名贫困户家庭结对,经常到结对户家里走访,村民朱某的女儿患精神病,生活困难,他一面为其女儿治病,一面向社区反映,及时将其纳入低保户。21岁的村民袁某是无业青年,因其父亲去世,精神上受到打击,朱医生上门和其进行思想交流,心理疏导,鼓励其重建生活的信心,树立勇气,并帮助其找到合适的工作。

"如今更不能走了"

虽然日常工作繁重,但朱国权依然没有放弃在业务上刻苦钻研,除了参加各种培训之外,他一有空就钻研医学书籍,在他办公桌上堆放着很多中西医书籍。通过自学,他取得了乡村执业助理医师证书。他采用的电子针灸、中草药穴位注射等中西结合治疗各种关节病、肢体偏瘫,在当地有不小的名气,更让不少瘫痪患者重新站立了起来。

2004年,住在村里的台胞袁某患慢性关节炎多年,先后在台湾及上海等地跑了很多家医院治疗,没见效果。而在朱国权的卫生服务站,经过一段时间的精心治疗,他的症状显著好转。病人感激地说:"想不到朱医生的医术比大医院的医生还高明。"

这几年,朱国权也有多次到白泉镇卫生院及其他更大的医院工作的机会,但他都放弃了。"到大医院工作确实不错,但我在这里当医生这么多年,心里实在放不下这些村民。另外,假如我走了,新来的医生恐怕连患者的家都找不到。"朱国权说。

3年前,朱国权自筹了30余万元资金,修缮了卫生服务站的房子,添置了必要的诊疗设备。"有了这份'家业',如今我可更不能走了。"朱国权笑着说。

编者按:此文发表于2007年2月11日的《舟山晚报》。

延伸链接

皋泄村去台人物名录

序号	姓名	性别	出生	原住址
1	魏银松	男	1920年	魏家
2	魏永泰	男	1928年	魏家
3	魏阿许	男	1929年	魏家
4	魏曾云	男	1914年	魏家
5	周正世	男	1928年	毛洋周
6	周翠花	女	1928年	毛洋周
7	周冬兰	女	1915年	毛洋周
8	周新龙	男	1924年	毛洋周
9	周傲琪	男	1915年	毛洋周
10	周贵生	男	1920年	毛洋周
11	周国汉	男	1926年	毛洋周
12	周阿助	男	1916年	毛洋周

序号	姓名	性别	出生	原住址
13	周银根	男	1928年	毛洋周
14	周阿有	男	1922年	毛洋周
15	林永康	男	1921年	洞桥头
16	陈尧弟	男	1910年	皋泄高坟头
17	陈云定	男	1917年	皋泄高坟头
18	陈孝初	男	1931年	毛底陈
19	陈阿盆	男	1928年	毛底陈
20	陈信芳	男	1928年	毛底陈
21	陈观定	男	1921年	毛底陈
22	陈连元	男	1928年	毛底陈
23	陈吉芝	女	1921年	毛底陈
24	陈如宝	男	—	毛底陈
25	陈毛头	男	1929年	毛底陈
26	陈忠行	男	1924年	毛底陈
27	陈忠开	男	1921年	毛底陈
28	陈杏女	女	1924年	毛底陈
29	张三德	男	1932年	黄泥坎
30	张瑞银	男	1932年	黄泥坎
31	庄友法	男	1925年	皋泄村
32	庄阿丹	男	1928年	庙后庄
33	庄阿友	男	1927年	庙后庄
34	庄立世	男	1927年	庙后庄
35	庄智宝	男	1933年	庙后庄
36	庄汉江	男	1932年	庙后庄
37	庄章芝	男	1931年	庙后庄
38	庄杏金	女	1932年	庙后庄
39	庄安茹	男	1925年	庙后庄
40	庄茂王	男	1925年	庙后庄

序号	姓名	性别	出生	原住址
41	朱世泽	男	1917年	朱家
42	朱明光	男	1929年	朱家
43	朱银宝	男	1927年	朱家
44	朱世木	男	1921年	朱家
45	朱惠庆	男	1923年	朱家
46	朱道冲	男	1934年	朱家
47	朱荣根	男	1923年	朱家
48	王秀登	男	1932年	高岭下
49	王杏云	男	1924年	高岭下
50	王恒如	男	1929年	高岭下
51	王良坤	男	1923年	高岭下
52	王良军	男	1930年	高岭下
53	王方品	男	1926年	弄口王
54	王小昌	男	—	弄口王
55	王安兴	男	1927年	弄口王
56	袁汉扬	男	1928年	上袁
57	袁财宝	男	1924年	上袁
58	袁信才	男	1927年	上袁
59	袁阿衣	男	1928年	上袁
60	袁小年	男	1930年	上袁

备注:据北京中国文联出版社2007年第1版《定海旅台人物录》。

第十章　文化教育

第一节　基础教育

古代自元朝开始鼓励社学,元世祖至元二十三年(1286)朝廷正式下诏规定设置社学,进而推及全国,"诸县所属村疃五十家为一社,择年高晓农事者立为社长……每社立学校一,择通晓经书者为学师,农隙使子弟入学",从现有的元代《大德昌国州志》看,舟山在此时并没有此类的社学。明洪武建国沿袭元制,令各府、州、县皆立社学,但舟山因为连县级政权都被废除,所以也未见施行。清统治时期,清世祖于顺治九年(1652)、清圣祖于康熙九年(1670)皆明令"每乡置社学一区,择其文义通晓、行谊谨厚者,补充社师,免其差役,量给廪饩养赡",皋泄在此时才有了教育机构。直到清乾隆二十二年(1757),方才有弄口村民王成贵创办"三峰书屋",三峰书屋以三峰山(今称笔架山)为名,"山势耸突,如天外飞来",聘请慈溪慈城的贡士冯元焘(号义斋)执教。冯先生治学严谨,任教期间曾作一篇《三峰书屋记》,勉励弟子"以有形之三峰,历尔无形之三峰,而学之所成,庶登峰造极",所教弟子王德明在清乾隆年间考取郡庠生,后王氏族中兴起好学之风,连续5代子孙有12人取得功名,并有2人考取岁进士。私塾教材以《三字经》《神童诗》《百家姓》等为启蒙教材。王氏族内子弟入学者多于他姓和附近村落。

古代上学是非常花钱的,供养一个读书人更是举全族之力才能办到,古代供养一个读书人到底需要多少钱?"三代之积"。一个读书人不从事生产劳动,只消耗粮食,然后还需要文房四宝、先生报酬、书籍讲义、文人交往、赶考路费等,所以只有等到完成原始积累之后,才有财力资助儿孙读书。如果没有能够得到一官半职,那么读书的费效比就很差,所以后期以务农为主的皋泄村人只能满足于子弟开蒙识字。清末废科举兴学堂后的1924年,时任皋洩乡乡长的村民朱宝峰出资1000元银洋,与王海利、王菏生等筹资购地,在皋泄村皋岭下修建私立"启蒙学校",同时向乡民集资存入白鹤庙,每年由庙提息120元,做小学常年经费。这样,村民稍有财力者均能送孩子入学开蒙,文化水平明显高于附近其他村庄。

启蒙学校的入学儿童包括原皋洩、和平、富强、弄口等村,初办时只有2个班级3个教师,教师也基本上由本村成长的担任,如朱明权的父亲就曾于1934年前担任过教职,后因生计问题到上海去做了船工。到20世纪40年代末,班级逐渐增加,设置成复式2班6个年级,4个教师,近百名学生。新中国成立后,启蒙学校改名为皋岭小学,由私立转为公办,经费列入县政府财政预算。设立了2班4级,有语文、数学、音乐、体育等课程,五至六年级转入皋洩乡中心小学就读。

皋洩中心小学校址原设在潮面村大莱庙,1935年2月由范世杰创办,有1个班,30余名学生,1名教师。1941年易名为"皋洩乡中心国民学校",1942年迁至和平村舒家大祖堂内,1944年7月,迁回原址。1946年3月,皋洩、白泉两乡合并,校名改为"白洩乡第二中心国民学校",校长孙文继,时有5个班,150余名学生,6至8名教师。1947年6月,复名"皋洩乡中心国民学校"。

1951年下半年,校址迁入皋泄毛洋周唐梓庙内,易名为"皋泄乡中心小学",校长卓祥贵,有6个班,200余名学生,8名教师。1954年,更名为"白泉区第三中心小学"。1961年上半年,更名为"皋洩公社中心小学",时有6个班,250余名学生,10名教师。当地驻军的孩子也一同入学求学。据庙后庄1948年出生的庄谦盛回忆,因为离家远,庙后庄、新建的孩子入学积极性明显下降,"我们三年级时,学校学生坐不下了,到毛洋周小学去读。我四年级时,家里饭没得吃了,每天回家,我妈给我剩了一点,实在吃不饱。我就想'如果我一直在家的话,饭有多一碗可以吃',我就决定不去读书了。后来毛洋周中心小学的何老师来叫我上学,我也坚决不去了"。1968年下半年,随着中心小学入学儿童的不断增加,撤销中心小学体制,新建大队皋岭下五至六年级的学生又退回本村求学,为此在皋岭小学校舍旁竹园内新建了2个教室,达到"学校办在家门口,让贫下中农子女就近入学"的政策要求。1983年,鉴于历经半个世纪,皋岭小学已相当破旧简陋,原教室设置又不符合教学要求,原皋洩村与定海县教育局共同出资,拆除了原大礼堂房屋,建成了三层楼的新校舍,并改名为皋洩小学,当时设6班6级,教师9名,学生达220多人。

1968年下半年,在唐梓庙的"皋洩公社中心小学"更名为"富强小学",主要接收本村学生。1970年冬,集资1万元,拆唐梓庙旧料兴建576平方米新校舍。1978年5月,与皋洩公社中学合建"皋洩公社中心学校",1983年8月,中小学分设,称"皋洩公社中心小学",严开智任校长,有7个班,293名学生,16名教师。1987年,定为皋洩中心小学,同年,在学校建立中共支部。同年9月,区、乡人民政府和村集资5万元,兴建793平方米三层教学大楼,次年12月竣工使用,学校设有实验室、仪器室、音乐室、体育卫生室、师生膳厅等,皋洩小学停办,并入中心小学。

学校以全面贯彻党的教育方针,提高教育质量为中心,1980~1990年,培养小学毕业生526名;1986、1987年被中共定海县委、县人民政府命名为"文明单位";1984、

1985、1988年荣获省"体育达标先进学校"称号;1987~1988年,有3名教师被评为市"优秀班主任";1987年被评为市"体育达标先进学校";少先队于1985年荣获省"少先队活动先进集体"称号,1989年再获市"少先队基础建设红旗大队"称号;1989年学生王方鹏获全国"好儿童""全国学赖宁先进队员"称号;1990年舒芬萍老师获"全国学赖宁活动优秀指导教师"称号。

自从"计划生育"国策的全面深入实行,各村村民的生育观念发生了变化,生育率逐年减少,每年的入学儿童也随之减少。过去新生招40名以上,后来每年还不到20名。1994年,皋泄中心小学办5个班,学生170人,教师8人。为充分利用教育资源提高小学教育质量,区教育局在2003年决定撤销皋泄中心小学,在校学生全部转入白泉中心学校求读。

1958年,为适应农业合作化的需要,遵照"面向农村、支援农业、为'三大革命运动'(阶级斗争、生产斗争、科学实验)服务,为农村培养各种技术人才"的办学宗旨,4月起,定海办起农业中学,招收高小毕业生,开设语文、算术(包括珠算)、农业知识、政治等课,皋泄乡有2所农业中学,其中一所与皋泄中心小学合办。由于农业中学发展过快,办学条件与师资质量都无法保证,1961年初,贯彻中共中央批转中央文教小组《关于一九六一年和今后一个时期文化教育工作安排的报告》精神,"节约劳动力,支援农业生产","农村十六岁以上的学生占农村全部劳动力的比例,应控制在2%左右",对农业中学进行全面调整,皋泄乡农业中学予以停办。1963年,随着国民经济形势的好转,根据农业生产发展的需要,浙江省教育厅于9月份召开有关农业中学问题座谈会,讨论农业中学发展问题,会后发布《关于发展和提高农业中学的意见》和《浙江省农业中学工作条例(草案)》,皋泄公社又办起了农业中学,"文化大革命"期间,改为全日制普通中学,是为皋泄初级中学前身。

皋泄初级中学创建于1964年3月,地址在万寿村神仙庙,招学生32人,时原皋泄公社文管会负责人朱明权任学校负责人,首任教师朱圣鼋,初名为"皋泄公社农业中学",学生实行半农半读,是年秋,招2个班改全日制学校,负责人厉贤波。1968年9月,学校迁和平村庙山头高庙内,招2个班,学生140人,有教师5人。1968年2月学校解体,师生分散到爱国、万寿、潮面、新建、富强5个大队村小求学。1970年提出"初中不出队,高中不出社",小学内纷纷附设初中班,是年9月,富强小学(原唐梓庙)内设皋泄一中,时设3个班,学生100余人,教师6人;在万寿村神仙庙设皋泄二中,招2个班(后转毛竹山全家),学生80余人,教师4人。1971年撤神仙庙建皋泄二中新校舍,于次年完工。1974年,一中在新建(皋泄)礼堂创办"五·七"高中班,招皋泄、菏花、洞岙等公社学生70余名(1979年停办,集中归并到白泉中学高中部)。

1975年,一中在弄口塔山脚下新建770平方米的二层教学楼,1976年2月,一中迁入新校舍,同年9月二中初三段并入。1980年8月,皋泄一中、二中合并为皋泄中学,原二中设分部。1983年8月,中小学体制分设,一中易名"定海县皋泄乡初级中学",二中为分部。1985年建900平方米三层教学楼,次年春撤销分部,1987年定名皋泄初级中学。学校建有理化实验室、图书阅览室,藏书6000余册,建水泥球场2个,200米环形跑道操场1个,学校占地面积6403平方米,建筑面积2300平方米。1989年,率先实行九年制义务教育,并实行初三年级分流制,对不准备升学的学生除学习语文、数学、政治等基础学科外,分班学习实用技术,加强农(职)业技术教育。1994年共设11个班,学生512人,教职工38人,内有专任教师28人,其中大专以上毕业的23人,党员5人。2001年7月皋泄初级中学完成自己的历史使命,并入白泉初级中学。

皋泄初级中学虽只经历了37个春华秋实,但却硕果累累,影响广大,在定海东乡片的老百姓中曾有"买菜去白泉,读书到皋泄"的说法。1987~1990年,有3名学生获省级初中数学竞赛三等奖。1988年,被中共定海区委、区人民政府授予"文明学校"称号,1990年,获市中学生物理竞赛农村组团体优胜奖,同年,被市教委评为1982~1989年初中数学竞赛优胜学校团体第二名。连续多年创初中六科会考合格率全区第一,曾是市唯一的学科竞赛优秀学校,连续几年有多名学生在国家级奥林匹克学科竞赛中获奖,曾经是舟山市农村唯一的省教科研实验基地。培养出了许多对国家有用的人才,如著名慈善家、晟地集团总裁陈伟兴,参与运载火箭研究、导弹火箭专家、取得四项博士学位的张益波,中央电视台经济频道客座嘉宾、杉杉集团执行总裁胡海平,香港花艺公司总裁潘伟明,取得国务院特殊津贴、博士生导师施卫明,曾经担任过北京大学学生会主席、北京市十大杰出青年、瑞典斯德哥尔摩中国留学生主席的舒南江,浙江省审计厅副厅长谢永刚,来必堡总裁严建军,国家一级注册建筑师、铁道部第三设计研究院党委书记陈国舫等众多优秀学子。据《朱氏宗谱》,20世纪60年代,朱氏第十一世朱应立成为村里第一位大学生。

皋泄初级中学撤并后,原校舍于2001年6月筹建舟山市千荷实验学校,该校由舟山市人民政府主办,舟山市教育局主管,学校理事会对学校进行助学和督学。"千荷"名字取自郭沫若《访普陀山作》中诗句"乘风破浪到普陀,舟山群岛半千荷",隐含舟山市的别名。学校招收全市家庭经济收入在最低生活保障线以下的适龄正常少年儿童,免收学生的学杂费、书簿费、校服费、用餐费、住宿费等一切直接费用,是全国第一所全免费寄宿制义务教育学校。学校拥有多媒体教室、电脑室、实验室、舞蹈室等学习场所,食堂、寝室、浴室等生活场所,以及田径场、篮球场、体育活动室、室外健身区等活动场所。多年来,学校连续获得全市"社会最满意学校""文明单位""综治安全先进单位""卫生先进单位"等荣誉称号。2004年8月3日《光明日报》头版头条报道了千荷学校,2006年4月4日中央四套《走遍中国》栏目介绍了千荷学校,2007年6月1日中央一套《东方时空》栏目介绍了千荷学校,另外《人民日报》、《浙江日报》、浙江电视台、《教育信息报》以及舟山市多家媒体都争相报道过学校的创建与发展、学生的健康成长情况等,该校是一所在全市、全省乃至全国都著名的、具有深远意义和影响的窗口学校。

2011年,随着国家全面支持贫困生政策的实施,千荷实验学校完成了历史使命,原校区不再开办全日制教育,更名为舟山市中小学素质教育实践学校。该校于2011年底成功申报为全国首批20家"全国示范性综合实践基地",2014年底开始进入试运行阶段,根据市教育局安排接待市本级三至八年级中小学生进行综合实践活动,并承担市本级职高、高中的禁毒防艾教育工作。建有室内综合实践区、综合训练区、室外劳动实践区和生活区,全面打造具有群岛新区海洋特色,集前瞻性、实验性、示范性于一体的综合实践基地。截至2021年底,学校有专任教师22人,高级职称教师11人,持高校户外课程师资、国家攀岩指导员、国际特种搜救教练、水上安全培训师资、现场应急救护培训师、茶艺师、拓展培训师等各类证书47张。学校充分整合社会资源,与政府职能部门共建教育基地,建成气象科普教育基地、环保教育基地、禁毒教育基地、红十字会教育基地、普法大课堂等,研发相关课程,承担社会责任,实现了环保教育、禁毒教育、安全教育、法制教育的课程化、主题化、普及化,为促进青少年全面发展做出了积极贡献,取得了显著成效,先后获得省科普教育基地、省生态文明教育基地、省绿色学校、省"六五"普法先进、省级教育装备规范管理示范素质教育实践基地、省防震减灾科普教育基地、省中小学生研学实践教育营地、省中小学生劳动实践教育基地、市文明单位等荣誉称号。

除中小学外,皋泄村还于人民公社化初期,借用新建大队民居兴办过一所幼儿园,入园幼儿40余人,一年后停办。据庙后庄庄谦盛的妻子唐万珍回忆,"1960年,那时候办大食堂,大人们都在大队里干活,吃食堂饭的,不能在家照顾小孩,所以村里办起了托儿所和幼儿园。托儿所办在庙后庄祖堂,有10多个小孩,都是3岁以下的孩子,最小的只有四五个月。幼儿园办在部队汽车修理所,就是现在的新皋泄村委办公点","幼儿园只办了一届,一年多,我出去后没多久,几个月后幼儿园也办不下去,解散了。我妈妈把7岁的我和妹妹一起送去的,我妹妹比我小3岁。那时候去的学生里面我算最大了,再大一点他们也不能去的。我7岁进去到8岁走出,我对8岁那时印象很深的","幼儿园里小孩蛮多的,总要超50个,统共一个班,我记得弄口的小孩顶多。我们的课程就是学习'上、下'这些,还有唱歌、跳舞,'1234'也教的。

后来小孩越来越多,我们排排坐在'火柜'(床)旁边,都排不过来了,后来老师字也不教了,就教我们唱唱歌、跳跳舞、做做游戏","我们幼儿园吃的饭是村里集体大食堂里大人们每天送来的,大米饭,菜由幼儿园买来,阿婆烧的,有虾,有带鱼,吃得很好的,男孩女孩分两边吃。当时大人们都是吃不饱的,在大食堂都是喝稀粥的。当时说不能饿小孩,我们都是吃干的蒸米饭,后来偶尔吃粥,最后所有吃的都供应不上了,就解散了","幼儿园的老师是3个未婚大姑娘老师。陈素娟和庄惠娣都是庙后庄人,庄惠娣是党员,后来嫁到弄口,一直当妇女主任。还有一个叫王彩珠,是弄口人。还有两个生活老师,一个阿婆是弄口人,就是王志华的妈妈,当时50多岁,负责烧饭,还有一个嬷嬷,叫倪英,当时30多岁,帮帮忙,烧饭、洗澡,洗完澡吃完晚饭后我们就回家了。后来还来过一个中年妇女老师,是部队家属,中途退出了"。

后于1987年2月,在原皋泄村村干部的大力支持和皋泄小学的热情帮助下,又开办过皋泄乡皋泄村幼儿园。1989年,原皋泄村利用办公用房办起了幼儿园2个班,有教师2名,入园幼儿40余人,后迁址到部队空营房,1992年后停办,幼儿都并入白泉幼儿园。

延伸链接

办学一定要贯彻阶级路线

——我两次办半耕半读小学的一点体会

定海皋泄公社皋岭小学教师　王汉斌

今年3月,我接受学校党组织的指示,先后两次到皋泄公社新建大队苏家地区办学。在这两次办学过程中,我深刻地体会到:办学和做其他工作一样,都要依靠党,依靠广大贫下中农,否则将一事无成。

苏家地区是由6个生产队组成的,地区比较偏僻,大多数社员的子女没有上学读过书。我一了解这个情况以后,心里很高兴,想:像这样的地区办学一定很受欢迎。谁知,办学的结果完全出乎我的意料。我每天上门访问,串连动员,20天过去了,入学报名的人还只有13个。心里就不免埋怨这地区落后。后来,虽然勉强开学了,可是不久,读书的学生越来越少,最后只剩下了3个人,我终于失去了信心,第一次办学失败了。

回到学校,党组织要我好好总结教训,找找原因。我思前想后,找不出答案。这时,党组织又一次指示我学习上级有关创办半耕半读小学的指示和报纸上介绍的有关办学经验。通过学习,我终于明白了:农村办学和其他工作一样,要依靠党,广泛发动贫下中农社员,征求他们对办学的意见。第一次失败的原因不就在这里吗?于是,我第二次去到了苏家地区。这次,我改变了工作方法,先向党支部汇报了办学方案,在党支部的支持下,先后召开贫下中农代表会,广泛征求贫下中农对办学的意见。原来,他们热情很高,就是办的学校还没有办到他们的心上。贫农张金木说:"旧社会我们穷人饭也吃不饱,哪里还想读书?今天,党把学校办到我们家门口,这是毛主席对我们穷人子弟的关怀,可就是上课时间和我们对不上口。"经过讨论,大家献计献策,对如何办好半耕半读的小学,提出了不少建设性的意见,还当场报了名。这一事实,深深教育了我:办学一定要依靠党的领导!

为了贫下中农的后代

皋泄公社新建大队耕读小学教师 朱应国

去年9月,我们大队办起了一所耕读小学,党支部决定我担任耕读小学教师。起初,我认为当耕读小学教师出息不大,每天与不懂事的小孩子打交道,再加上自己教育工作生疏,一定教不好。但又想,既然党支部叫我去,我应该无条件地服从,应该听党话,就这样,我当上了耕读小学教师。

开始工作没几天,这批孩子真吵足了,上课有笑有说,个别的甚至会跑出教室外,下课那更不用讲了,学生的学习成绩也可想而知。有人就说:"应国,像你一个初中毕业生,找些其他工作做做多好呀!何必做这项'三勿像'的工作呢?"也有人说:"应国,教师是难当的,还是老老实实做农民吧!"母亲对我做这项工作也很不满意。看到学生教不好,听到学生家长冷言冷语,再加上家庭阻挡,当时我心里确是难受极了,也曾经想躺倒不干。正当我思想上最苦恼的时候,我想起了领导的多次教导:当耕读小学教师也同样是干革命,耕读小学有广阔前途,大有可为,教好贫下中农的后代,是无上光荣的。想到这些,我对搞好耕读小学的决心就大了,信心也足了。平时,在业务上虚心向全日制教师学习,经常到全日制小学去听课,以提高自己业务水平。同时,我也加强了家庭访问,及时向家长汇报其子女在校情况,与家长配合共同教好学生。

由于自己爱上了这项工作,有办好耕读小学的决心,不知怎的,慢慢地,学生也听话了,课堂纪律也一天比一天好。家长们看到耕读小学办得好,都主动地将自己子女送到学校来,现在全校从13个学生增加到21个,学生的学习成绩也有了显著的提高。看到这一切,我心里有说不出的高兴。

编者按:此两文分别发表于1964年10月29日和1965年2月19日的《舟山日报》,较全面地反映了这一时期农村耕读小学创办的不易。

延伸链接

从唐梓庙走出去的"朦胧派"诗人

孙武军

1971年的夏秋之际,王叔叔带着14岁的我走在定海昌国路上。砂石路沙沙响,我们走到了一堵青砖灰泥的高墙旁。

当时,父亲在毛洋周的定海守备区任职。在一座破庙里的皋洩中小学昏暗的教室里读了一年初中后,我眼睛近视了。不知是不是这个原因,父亲想让我回定海读书,就托了认识的王叔叔帮忙,他曾是全军射击标兵。王叔叔要带我进这座高墙内,说这里是定海二中,可是我不肯进去,因为我听说这里是舟山师范学校。我从小就有两个不愿,一不愿当医生,二不愿当老师。王叔叔无奈之下,只好又带我往前走到舟山中学。当时已经开学上课了,就安排我插班,又安排好宿舍。

1979年的早春,我又来到了定海昌国路上的这座高墙旁,这时我22岁了。我从舟山中学高中毕业后,经历了三年插队,两年乡邮员,在1978年参加高考,被浙江师范学院舟山分校录取,学校正在这座高墙里。

高考时我不知天高地厚,第一志愿填的是北京大学。虽然心高,但毕竟天赋有限,底子太薄。我初中只读了一年半,高中两年。虽说成绩一直很好,可那时一会停课,一会学工,一会学农,一会摘橡子,没学到多少知识。记得我在舟山中学初二,1972年的元旦时写了一首长诗叫《迎新年舞红旗》。福态善相的语文老师尤伯翔拿着这首诗找我,说你这诗可以不分行,连起来叫散文诗。我惊讶,原来还有散文诗这种东西啊!这首散文诗套红发表在舟山中学的校刊上,是我发表的第一首诗。

如是今天,我想我一定能考上北大的。当时,我的物理、化学一窍不通,老师讲课时我只感觉声音在耳朵外面转啊转,就是进不去耳朵里面。但是,我高中毕业时,物理和化学成绩都是95分。

那时,我在临城邮电支局当乡邮员,每天骑辆邮绿色的永久牌加重自行车,在老碶头、阵吞、洞吞、高峰一带送信。送信之余就是在潮湿阴暗的小室中读诗、写诗。累了就看趴在窗户上的壁虎。

1978年1月，我的两首诗在正式文学刊物《杭州文艺》上发表了，平生第一次拿了9元钱的稿费。我想我不读大学也可以写诗，高尔基、杰克·伦敦都没有读过大学。但是，我高二时的语文老师谢之勃给我写信，他和尤伯翔老师一样，都曾是舟山名师，那时已经退休回到家乡余姚陆埠。他一笔一画地写信劝我参加高考，他那谆谆的字语丝丝颤抖着。谢老师很瘦，患肺气肿，给我们上课时是坐着的，站不住。当时我还奇怪，那时很少见老师上课有坐着的。错过了1977年恢复高考后的首届高考，第二年，我在临城庄家庙的一所中学里参加了高考。没读过多少书，更没条件好好复习，结果只考进了浙江师范学院舟山分校。

拿到录取通知后，忘了是不是痛哭过一场。但我还是去了，是知识的魅力，是对学习的渴望，是读书的氛围，让我抛却那一点虚荣心，走进这个不太像理想中的大学的地方。在那座砖瓦木板的楼上，旧木地板的吱吱咚咚中，开始了我三年的高校生涯。

仿佛有一种如清风廓天般的魔力，一旦坐进教室，面对老师，面对知识，什么学校好坏，早已不在意了。正是这所学校，给了我生命中最美好的岁月。我遇到了方牧老师这样一批恩师，遇到一些好同学，遇到了中国思想解放运动的大好时机。五千年中国，这是一道最为重要而鲜明的分水岭，中国正在史无前例地突破沉重的封闭与禁锢，走向开放的世界，未来一片光明灿烂！而我的学校，就架在这道分水岭上，无论它如何简陋，如何渺小，它都意义非凡。而坐在这座校园里的我，也无上荣耀地加入了这个伟大的时代。我努力读书，关注社会，开始形成自己独立之思考、自由之人格。我充满理想，激情澎湃，创办油印学生文学刊物，发疯般地写诗。那时，鱼龙混杂泥沙俱下地几乎是每天一首，没写就觉得这一天白活了。一个伟大时代，会在一个人的身上显示出它标志性的细节，那就是纯真，就是激情，就是理想。

1980年的4月，《诗刊》"新人新作小辑"中发表了我的《回忆与思考》和《让我们笑》两首诗。3个月后的一天，我放学时在校门卫处意外拿到《诗刊》的一封信，通知我去北京参加第一届青春诗会。手中这张薄薄的纸，刹那间像心脏加速器，加得我的心都快跳出胸膛了！学校也为我高兴。领导特地对我说，你是学生中第一个能出差报销的。

我来到北京，和顾城、舒婷、江河、梁小斌、徐敬亚、王小妮、叶延滨、杨牧、高伐林、张学梦等17位青年诗人一起，聆听艾青、田间、臧克家、李瑛、黄永玉、袁可嘉等前辈大师的教诲，互相学习讨论诗艺，阅读抄录许多从不知道的各国名诗，日夜思考创作。我成为朦胧诗一代的诗人，加入了崛起的诗群。1980年的"青春诗会"是我生命中第一个里程碑。我不知道,这座里程碑是永远地矗立在北京虎坊路15号《诗刊》社的那个开满金合欢花的院子里,还是矗立在定海浙师院舟山分校的这座校园中。这座校园,是这个里程碑的一片地基。

从北京回到学校后,学校特地安排我给同学们汇报了我在北京的情况。会上我没有讲一个小故事。我在青春诗会结束后,和新疆的杨牧兄结伴,从北京一路南下,过南京、无锡、苏州、上海、杭州,见了许多诗友。在南京去卫岗的前线歌舞团见到诗人贺东久,他与任红举合写的歌词《中国,中国,鲜红的太阳永不落》,差点成为中华人民共和国国歌的歌词。他见我就说,我没想到舟山居然会出一位诗人!他的爱人以前是舟山380医院的医生,他知道舟山。舟山就是这样出了一位诗人,而且,培养出这位诗人的,是舟山历史上第一个文科的大学。

1981年毕业后,我留校中文系任教。还是二楼的那间木地板的教室,我只是换了一个位置,从听课的座位走上了讲台。人生就是这般奇妙,当年我不肯进去的地方,竟放置了我如此难舍的情缘。我教的第一届学生里又出来了一位诗人。第一天下课,郑复友就拿着他的一叠诗走上来给我。我读了之后对他说,你先把句子写通了再说。不想一年之后,他不但把句子写通了,而且写出来的还是很成熟的激情饱满、想象充沛的诗句。后来他成为舟山知名的诗人,写出《洛华岛》这样的好诗,也参加了《诗刊》的诗会。之后,浙江师范学院舟山分校就改成了舟山师范专科学校。

1986年,一位瘦瘦的轻声细语的年轻人来到学校找我,说他是水产学院的学生,也写诗,叫叶德荣,阿德。他的哲学课老师叫任群杰,很有思想。他想让我到水院去见见他的老师。我就去了。见到群杰后,我们一见如故,相谈甚欢。阿德就住在他宿舍里,房间狭小,俩人"白鸽笼",一上一下。现在还有这样的师生吗?群杰是岱山高亭人,水院1977级的,毕业后留校。他本来的专业是捕捞,但他喜欢哲学,后到浙江大学进修哲学,参加过中国新时期改革开放历史中著名的莫干山会议。他约我一起去朱家尖考察,想和当地政府一起策划开发朱家尖。我们就和当时的朱家尖区区长王依欣一行考察了朱家尖全岛。回来后,我写了长篇考察记《处女岛》,在《舟山日报》上连载,这可能是最早全面介绍朱家尖的文章。

我和水院的交集,还有一次就是我们舟山师专教师篮球队和水院教师队比赛。我从小打篮球,在舟中高一时曾是舟山地区中学生篮球队队员,参加过全省比赛。那次两校教师的球赛我校大败,毕竟对手是水产学院,人才济济。

前年,在宁波美术馆的一次二人画展上,碰到其中一位画家叫柴小华,是宁波大学的。我见他面熟,他也说见过我。原来他就是水产学院的,后来到宁波清水浦的水院分院,和宁波大学合并了。我仿佛想起,见他面熟,是因为他当年就是水院教师篮球队的。另一位画家林海勇是我朋友,以前也在舟山师专。我调到宁波师院后不久,他也因为爱人在宁波调到了宁波,现在宁波城市学院。他爱人是舟山师专1988级中文系的,是我学生。

1992年秋天,我离开了读书、教书13年的舟山师专,留下了我的青春岁月,我的燃情岁月,我的诗歌岁月。虽然直至今天,这些人生中最为珍贵的事物在我身心中不会消失,但是,那毕竟与往事不同了。

我们留恋往事,我们怀念往事,我们甚至会将往事当成是我们的美好前生,这究竟是为什么?这真的是往事无比美好吗?还是我们对自己生命的珍视?是不是因为我们灵魂的珍贵,那些曾经善待过我们的时空,就成为我们总想回去的地方?在我离开舟山师专6年后,师专与水产学院合并了,成为新的浙江海洋学院。我从师专到水产学院,完成了一个圆满的轮回——也许它们前生就是在一起的。

今天,真的就是今天,2016年1月9日,我才知道,我14岁时不肯进去的那座高墙,我22岁时毅然走了进去的地方,竟是宋淳熙十六年(1189)建成的定海县学旧址。我曾和同学在校内的古池石桥边留过一张影,今天才知道那就是古学宫的泮池。已经忘了为什么,当年在里面读书时竟会不知道此处风水的来历。827年人魂牵萦,827年文脉不绝,这里有着多么深厚而宏大的人文精神啊!也许正是这种精神,悄悄地涓涓滴滴注入了我生命的血脉,使我的感情如此丰满,使我的思想如此坚韧,使我如此地怀念舟山,怀念我的学校。

编者按:此文于2017年6月5日发布于浙江海洋学院校友网,标题为编者所加。作者孙武军又名孙军章,男,1957年10月生于定海白泉,曾参加北京《诗刊》社第一届青春诗会,被认为"朦胧诗"代表诗人之一,1981年加入中国作家协会,现任宁波广电集团编导,一级文学编辑,宁波市作协诗歌创委会副主任,主创的电视文学作品14次获国家级政府奖。此文虽然提及皋泄中学的内容不多,但反映了一个时代学子所经历的变迁。

延伸链接

默默耕耘三十载　只为桃李竞相开

唐美珍

我出生于1941年,是土生土长的皋泄人,一个普普通通的乡村人民教师,而今已是耄耋老人,正安享晚年之乐。前些日子,接到村里电话,让我谈谈一个乡村教师的点点滴滴,不由得盘点起如梭岁月人生的酸甜苦辣。自1967年进入皋泄新建小学任教以来,后撤并为皋泄中心小学,至1997年退休,我扎根农村整整三十载,虽没有取得辉煌的成绩,但时时处处以教师的职业道德要求自己,怀着一颗赤诚的心,默默无闻地奉献着,把自己毕生的精力奉献于家乡的教育事业。曾多次获得乡级、校级先进、优秀辅导员称号,市教委授予我"三十年教龄纪念""教师之家"匾额,教育部与人力资源和社会保障部授予我"乡村学校从教三十年"的荣誉证书。往事历历在目,至今无怨无悔。

一、诲人不倦,用爱心感召每一颗童心

"师爱"是师德的灵魂,爱心成就教育。从事教育工作30年,我一直站在教育工作的前沿,年年担任班主任,兼少先队中队辅导员,肩负着"教书育人"的职责使命。我十分注重了解、关心和爱护学生,把爱的阳光洒向事业、洒向学生。爱学生胜于爱自己的子女,毫无保留地倾注在一届又一届的学生身上,贯穿在整个教学生涯之中,用爱的感情去打开学生的心灵大门,感召每一颗童心。

我把"动之以情、导之以行、晓之以理、持之以恒"作为关爱学生的座右铭。抓好优等生,培植领头雁;体贴后进生,培养他们的自信心、自尊心、自强心,不让后进生成为掉队的孤雁。

记得1983年有个顽皮的部队子弟从中心学校转入我校,校长把他插到我班。这个学生打人骂人是家常便饭,调皮捣蛋是拿手好戏,上课不听讲,下课欺负人。父亲虽为副团长,管得住一团的兵,即使再严厉也管不好顽皮的孩子。记得他转入我班时,他母亲慎重地说出了心里话,"不求儿子成绩好,只求儿子不违法,做父母的就心满意足了"。插班后,尽管他常常把班级搞得乱哄哄,但我没有视他为班级的累赘,尽量抽时间与他谈话,语重心长、诲人不倦地告诉他学习的重要性和做人的道理,希望他长大后成为对社会有用之人。当我发现这孩子虽然顽皮,但仗义好为,富有正义感,我就因人施教,扬长避短,以慈母之心来感召顽童之情。我在上课时,紧紧抓住他的闪光点,哪怕是一点点也不放过,表扬他、启发他、引导他,发挥他的学习积极性。一个多月后,我发觉他变了,学习抓紧了,作业也能自觉完成,成绩渐渐提高了,而且同学之间相处得也很好。他父亲每次碰到我,总停下来跟我说个不停,那高兴的劲儿比他带好一个团还带劲。家长高兴,我更高兴,更加无微不至地重视、关心他。功夫不负有心人,两年后他考进了定海中学,毕业后被分配到舟山纺织厂工作。有一次,他见到我动情地说:"谢谢您当年的教诲,老师您放心,我在厂工作是优秀红旗手。"他很自豪,我也为他高兴,并鼓励他再接再厉,继续取得更好成绩。现在每逢教师节,微信问候的总有他,我感到这是最好的回报。

让每个乡村孩子都有书读,不辍学,是党的教育事业所要求的,也是我教育工作的职责之一。30年来,我乐此不疲留住有辍学动向的学生,劝说已经辍学的孩子返校,这样的事例举不胜举。

记得有个三年级学生,因贪玩不爱学习,老师无法教他,家长也没有办法,辍学在家。第二年,当我教完六年级毕业班,接了新的四年级班时,被停学学生的那个学生家长知道后,就来学校恳求,希望我帮助他儿子重返学校读书。于是,我对学生家长说:"学校的大门是为广大人民群众子弟敞开,倘如校长同意,我会接受的。"校长见我这个班主任是这个态度,自然同意了。的确,这个学生是老大难,旧心未改,再加上在家闲散了一学期多,更贪玩,作业不完成、上课做小动作不算,还影响别人,常常成为班级的"定时炸弹"。"对学生一份宽容胜过十分责备",我想既然接受了这个学生,不能让他在我手里再辍学。于是,我下决心在他身上多花精力教育他、指导他、关心他,采取"多表扬,少批评,不歧视"的方式,多与家长联系,发现有点滴进步就表扬他、鼓励他,激发他学习的信心,以真情唤童心。经过一段时间的耐心教诲,他改观了很多,一直把书读完。现在他已是一位正式建筑工程师了,成为一名能为社会做贡献的人了。有时偶尔碰面时他总还要说:"老师,多亏你关心我,这多读的几年书改变了我的一生。"尽管这句话我不知听了多少遍,但很欣慰,说明他在心里还牢记着我。

我想,作为一名普通的乡村教师,教育好每个学生,让每一个家乡学生都能学到更多的知识,是我最大的欣慰和收获。

二、润物无声,以奉献垒成无助孩子的温暖港湾

"捧着一颗心来,不带半根草去",人们把教师喻为红烛,燃烧自己照亮别人,只讲付出不计回报。我所任教的30年,正是皋泄村从交通落后、信息闭塞的乡村,走向物质富裕、生活小康的过程。

50年前家境贫乏的村民还很多,孩子们也时常受冻挨饿。从教30年,我恪守教师职业道德,视每一位学生如亲生,不歧视贫穷学生、邋遢学生,甚至残疾学生,尽自己最大努力,以春风化雨、润物无声的无私奉献精神,对他们生活上照顾,心灵上开导,为他们营造温馨的港湾,撑起安全的保护伞。这里我举例一二。

一条"毛巾裤"。记得有一年冬天,本班一学生因家里没厚衣,只穿一条单裤来上课,而且很短。这么冷的天,我担心他冻伤生病。那时,买布需要布票,可我家里没有多余的布票为他买布做裤子。可这么冷的天,孩子怎么受得了,总不能让他穿单裤过冬吧。于是我买来了两条蓝条子大毛巾,自己亲手为他做了一条"毛巾裤",让他穿上过冬。

帮孩子除虱子。记得有个女同学因家里没有妈妈,生活上无人关心。她的头上一度长满了虱子,而且很大很多,同学们歧视她,排挤她,避而远之,让她逐渐变成班级里的边缘人。我知道后,十分痛心,就买来药水,自己帮她洗头治虱子。同时,我深知治病也要治心。我找机会把其他学生叫过来,教育他们要爱护同学,帮助弱者。一段时间后,她头上的虱子总算除掉了,她又重新融入班级,与同学们一起玩耍了。

温暖孤独的童心。我班有个学生父母离婚,母亲改嫁,家庭失去温暖。幼小的心灵深遭摧残,他性格粗野,极不合群。为改变他粗野孤独的童心,我生活上对他倍加爱护,处处关心。因他常常没吃早饭来学校,我就从为他准备早餐入手,让他吃饱再去上课,感受母亲般的温暖。同时,我从学习上时时引导,教育他为人处世的道理,让他真正"亲其师""信其道"。辛苦的付出总有回报。两年时间,他学习大有进步,对人也有礼貌了。孩子进步了,他父亲两次登门道谢。

对孩子们生活上关心照顾,精神上安慰,教学上用心,是我30年从教生涯的必备之课,因而也赢得了学生信任、家长尊重、学校放心、社会认可。学生眼睛发炎,耳朵发炎,我在药店买药为他们治病。早上个别学生空着肚子来上学,我总是买些早点,送给他们吃。个别学生不肯穿打补丁的棉衣,我就教育他们生活上要艰苦朴素。我坚持正面诱导,为学生增添正能量,鼓励他们要努力学好知识,长大了去建设祖国,为社会创造财富。我坚守"一把钥匙开一把锁",潜移默化地当好"人类灵魂的工程师"。

三、任劳任怨,把兢兢业业写进人生履历

教书育人是教师的职责。在这30年的教育生涯,我热爱党的教育事业,对工作认真负责,及时完成领导分配的各项任务。关心学生的学习与生活,及时掌握学生的学习情况、思想品德、个性爱好、家庭状况,任劳任怨,兢兢业业。

教学上精益求精。"让每一位学生在我的课堂上都有所收获"是我事业追求的目标。30年来,我所任教的是四至六年级段,我又是班主任,特别是毕业班那一年,任务重,责任大。每学期开学初,我便着手按照教学大纲和学校要求制订各学科教学

计划,熟悉教材,认真备课,做到节节备好课,课课有教案,即使是教过的课文也一丝不苟地当作新教材来备课,做到常教常新。精心设计各课板书和练习题,引导学生提出问题、解答问题,以满足学生的求知欲望。有时因忙于学校事务,作文本总是带到家里批改,虽说占用了休息时间,但完成了工作,心里更踏实了。

注重与家长配合教育。坚持每学期家访一次,了解学生家庭状况,争取家长配合。有一次放学后去家访时,当我走到他们家门口时,他刚巧把洗脚水倒出来泼到了我的脚上,两脚裤腿都湿淋淋的。家长见状不好意思,连忙道歉,我也没什么,只觉得家访顺利完成了,心里感到欣慰。

我经常教育学生在校做个好学生,在社会上做个好儿童,在家做个好孩子。利用晨会课,讲读小学生守则,帮助他们养成遵守则、行守则的好习惯。讲简单的政治时事,讲古人苦学成才的精神,讲文化科学技术的重要性,进行爱国主义、英雄模范人物教育等。每周进行一次班队活动,每两周开一次班干部会议,若是毕业班学期还加开一次毕业班家长座谈会。在班内设立了队角,开设一月一次的队报、班报。刊登学习园地,记录好人好事,弘扬社会正气,增强团结氛围,把正能量传递给每一位学生。

我爱校如家,把集体利益放在第一位。学校让我负责后勤工作,我管的账目年年做到日清月结,及时上报。平时注意节约用钱,精打细算,积少成多。为改善教育条件,帮助学校新增了风琴、电子琴、爬杆用的水泥柱子等教学用具,以及其他设备等。即使代管村办幼儿园的事务工作再忙,我也从不厌烦。

作为教师,我总是严以律己,宽以待人,处处做学生的表率。想到的总是学生,有时身体不舒服也坚持到校上课。执教30年,年年出全勤,获得校全勤奖。即使在父亲病重的几年里,我也未请过一天假,总是利用休息时间替父亲治病求医,从不因家里有事而影响学生的学习。

一分耕耘,一分收获。30年的教学生涯,不求惊天动地,但也硕果累累。我任教的每届毕业班在乡统考时成绩总排在前三名,合格率达到100%。1979届毕业班合格检查名列前茅,1983届毕业班全乡第二,1984年度全乡年级段合格率检查第一。常常获得乡"星火中队""读书读报先进集体"等荣誉称号。更让我自豪的是,辛勤的耕作换来了桃李遍天下。我们学校毕业的学子们,经过深造,人才辈出,有的成了企业家、商业老板、建筑工程师、汽车驾驶、会计、医生、教师、教授、公务员、领导干部等,活跃在社会的各个角落、各条战线上。但他们都会尊敬地叫我一声"唐老师"。

四、传承优良家风，发挥"老有所为"的余热

　　"学高为师，德高为范"，30余年的教坛生涯让我感悟"阳光下最崇高的职业"的责任心、使命感，也形成了我们家庭良好的家教、家风。在我的教育和影响下，我家3个女儿也在20世纪80年代陆续考上了师范学校，成为光荣的人民教师。而今，也有30多年的教龄，桃李满天下。1996年9月，市教育委员会、市教育工会、市人民教育基金会授予我家"教师之家'的荣誉称号。1996年1月被解放街道评为1995年度五好家庭。2004年获解放街道创建的"学习型示范家庭"称号，获定海区"文明家庭"创建活动协调小组的"教师世家"证书。在良好的家风熏陶下，我的三个外甥均学业有成，三个都考入了舟山中学，高中毕业后，都考入了重点大学，其中一个去国外留学，现已在国外工作。另两个外甥都考入了上海复旦大学，现在分别为复旦大学和瑞典卡罗林斯卡医学院在读博士。

　　我在1997年退休后，怀着劳有所乐、老有所学、老有所为的情操，在街道、居委、教师退协、老年大学积极参加各项活动。任居民组长20多年，热心为居民服务，帮社区合唱队演出钢琴伴奏。我还担任西园片退休教师组长10多年，其间，我热情为退休教师服务，常在教退迎新年活动中，登台演出，活跃气氛，与退休教师一起跳舞、打腰鼓、舞剑、演越剧等。自2011年6月起，我还兼任了老年大学班长，帮助班主任老师开学报名，收费，办理登记手续，开好班级联欢会，写好班级总结，等等，经常忙得不亦乐乎，直至疫情停课为止。

　　以上是我作为一名退休乡村教师的人生感悟，我总觉得自己的付出是微薄的，党和人民给我的荣誉却是厚重的。在这有生之年，我将珍藏30年乡村教师的人生积累，享受天伦之乐，安度晚年。

　　编者按：此文是由浙江国际海运职业技术学院讲师王静飞老师在2022年4月采访整理的皋泄村唐美珍老师的采访稿。

延伸链接

建设一支良好的教师队伍,是搞好教书育人工作的关键

定海区皋洩中学

教育之本在于教师。努力建设一支思想政治、业务素质都优良的教师队伍,特别是青年教师队伍,始终是教育事业的根本,是教书育人、造就社会主义接班人的关键。在这方面我们的做法和体会是这样的:

第一,确立全员意识,真心实意地依靠全体教职工,尤其是瞄准广大青年教师的力量,是我们思考问题、制订计划乃至办好学校的着眼点。

因为无论是从数量上讲(青年人占75%以上),还是从知识结构上说(他们都是近几年毕业的大专生),或是从教学现状上说(历史已叫他们挑起了初中教学的大梁),都是无可非议的。他们中的绝大多数是有强烈的事业心和历史责任感,蕴藏着极大的教书育人的积极性。他们是学校的生气、活力、希望之所在,学校一切工作的开展都有赖于青年教师这一决定因素作用的发挥。由于端正了认识,明确了学校管理的主方向,经过几年努力,我们硬是在这批年轻人中带出了一支较理想的班主任队伍和教学骨干队伍。

第二,认真管理,精心施工,努力形成一个团结、和谐、愉悦、竞争的工作氛围,为建设一支优良的青年教师队伍创设必需的育人环境。

为能如此,这几年我们的具体做法是:

(1)每每有青年人分配来校,我们第一步工作的指导思想是尽快帮助他们树立终身为师、热爱教育事业的志向。这些年轻人来自各自的学校、不同的家庭,从一向受教育的学生,走上教书育人的讲台,自然有美好的理想、博大的追求,也不乏对社会各消极面的种种想法和成见。为此,我们抓住第一次谈话,介绍我们的学校,介绍一些老教师在农村工作终身的实际,及以后经常的个别接触等机会,让他们了解学校的过去和现在,了解我们的学生,让他们懂得这里是多么需要他们,真正让他们感到自己到来的价值和在这里工作的意义。从而使他们爱上我们这个学校,爱上这里的每一位学生,安心在这里工作,使他们有个好的开端。这样经过几年工作,逐步形成一个人人乐意在皋洩上班,个个高兴为皋洩奉献的局面。

（2）帮助理顺教师间的关系，创设一个团结、和谐、愉悦的氛围。一个学校，众多的教师在一起，难免会出现些摩擦、争论、矛盾。一遇这种情况，我们坚持用疏导的方法，总是诚心劝诫："我们来自四面八方，都是为了工作才来皋浒的，到皋浒中学是来工作的。"这中间虽无什么大道理，但因它朴素、实际而管用，能被大多数青年人所理解和接受。在"为工作而来"和"来工作"声中夷平了误会，消化了摩擦。大家的关系是融洽的，工作心情是舒畅的。

（3）对青年人多一点理解和信任，用人所长。公正待人，公平处事，是我们建设这支队伍的又一方面。善于发现教师们的特长和闪光点，理解和同情他们的难处，及时肯定他们工作中的成绩，这比什么都重要。我们以为一个教师，特别是一位涉足工作岗位不久的年轻人，如果他的长处能被发现并得到应用，做出的点滴成绩能被领导和同志们肯定和承认，工作上、生活中的困难能得到领导的理解和同情，他们的个性和爱好能受到尊重，这对他们来说是莫大的慰藉和鼓励，它所产生的热效应是一般的物质奖励所无法替代的。这几年，由于我们努力地这样做了，从而博得了广大青年教师的信任，极大地激发了他们的工作热情。他们由衷地感到学校是个温暖的天地，因此也同心同德地搞教书育人工作。

如有些教师利用节假日做家访工作。有些教师带病工作，甚至有盐水吊一半而拔出针头赶来上课的，有个女教师做产期间还时常惦记班上几位调皮学生，还写信给校长，提教育建议，写信给后进生，鼓励他们争气，不要掉队，等等。还有些青年人由衷地说："放假没趣，还是开学到学校来工作好。"可见他们已爱上了皋浒中学这块乐土。

第三，三结合的评估、考核办法，也是培养和建设一支良好教师队伍所必需的。

年轻人的进取心理，还得靠我们正确的引导和严格要求。这几年我们摸索出一条三结合的教师教育教学工作和班主任工作评估办法。即在每学期末，我们将教师教书育人和班主任工作的方方面面，分成几大块，划成四个等级印成表册，由各班学生代表、全体教师和校委会成员这三方人员独立思考，评估选项，打分评等级。经过几年的实践和不断完善，这样评估有一定科学性。它对改进教师工作态度和教育方法，激发他们进取心和促进他们正确处理人际关系等都起了促进作用，且可操作性也强，已被我校教师所接受。大家都在团结、和谐、愉悦的工作环境中，展开人与人、组与组、班与班之间健康向上的竞争。

第四，建设一个良好的教师群体，还靠我们不懈地努力建设一个团结的、能决策的、有一定指挥力的领导班子去带领，靠领导班子一班人的师德规范去影响。

我们认为，有目的地、自然地形成一个以校长为核心的学校领导班子，不仅是可行的,更是必要的。否则,工作中的意见分歧就难以集中,一班人的步调就难以统一,各人的职责也难以落实,更谈不上通过他们去团结和带领全体教师。而领导成员,特别是校长的良好师德规范的言行,更是影响全体尤其是年轻教师的重要代表。这几年,由于我们严以律己,宽以待人,坚持原则,处事公平,学校领导班子是有号召力和凝聚力的,学校的整体工作是稳而有序的。

总之,建设一支优良的教师队伍,是我们学校管理工作的初衷,是抓好教书育人工作的根本。当然,这方面工作是无止境的。我们也还未抓好,这就有待于我们在今后的工作中,做进一步的探索和提高。

编者按:本文是1992年8月在舟山市学校德育工作会议上的交流材料,由原皋泄中学校长张振伟提供。

第二节　成人教育

成人教育,曾被称为工农教育,又称业余教育。

1949年,首届中国人民政治协商会议制定的具有临时宪法性质的《共同纲领》明确提出"要加强对劳动者的业余教育和在职干部教育"。1950年,政务院(即后来的国务院)发布指示,确定把工农教育列为国家教育工作的重点。针对当时文盲占人口总数80%以上的严重状况,同年9月,中央人民政府发出了"开展识字教育,逐步减少文盲"的号召。1951年,皋洩乡成立冬学委员会,各村都兴办冬学,利用冬季农忙休闲期,开展扫盲识字运动。要求在3年内学会1000字,达到粗具读、写、算的能力。1953年,又推行速成识字法,无论是参加人数还是参加的热情程度,妇女更显积极。1956年后,配合农业合作化运动,继续推动村里扫盲。1958年,采取"农闲多学,农忙少学,大忙放假,忙后复课"办法,开展突击扫盲运动,脱盲要求识字1500个,学会简单珠算,村中文盲大幅下降。1963年,村里再次开办了夜校,由村校老师负责教学。直到1973年,在学习天津小靳庄经验时,又办起了政治夜校。通过20多年的扫盲教育,除部分老年人外,村民基本上都达到了扫盲的要求,掌握了一定的文化知识。皋泄村因为当地驻军多,村民经常和来自五湖四海的部队战士一起交流,"彩色普通话"的水平明显高于其他村庄。

自1978年中国进入现代化建设新时期以来,成人教育迅速恢复,蓬勃发展,皋洩乡政府以乡科协为主要载体,积极向村民提供科技兴农方面的培训。随着农业经济的发展,对文化科学技术的需求越来越多,村民们一有机会就如饥似渴地学科技知识,并应用于生产。1979年,区科委推广种蘑菇,乡科协牵头办推广班,世代务农的朱春水等村民积极参训并获得收益,当年的采访稿中,朱春水说出了大家的心声:"党的政策好,只要勤劳,泥土也会变成金。在村里,我总是比别人早走一步,倒不是说我比别人聪明,我想,社会在发展,知识与技术也是不断更新的,现在科技部门无偿送技术给阿拉,现在不学,啥辰光去学,不要一步错落,步步错落。1982年,我从乡菌种站引种平菇,后来又养银耳,效益都不错。村里有900亩蔬菜基地,刚刚推广大棚的时候,我就购置了3只,种惯了露天蔬菜,一下子适应不了大棚种植的要求,我就去听课,什么温度、湿度,都是边学边掌握的,现在我种的蔬菜,反季节销售,收入不错。"1984年,原皋泄村有3户农家养平菇,由于经济效益明显,很多村民通过培训开始栽培,到1986年发展到40余家,该村成了全县有名的"平菇村"。1986年10月,乡科协还组织养菇专业户一行8人赴杭州考察,学习当地食用菌产供销"一条龙"经验。1988年1月,村里还成立皋泄食用菌协会。1987年周根年等村民从象山引入草莓试种成功后,定海区科委、科协直接将培训班办到了皋泄乡,编印了国内最新的草莓栽培技术资料,既请农艺师,也请周根年等有三年种草莓历史的农户上讲台介绍经验。1990年9月,区科委请来省农科院朱振林老师,在村中心小学给富强、皋泄两村农民教草莓种植技术,教室内外挤满了人。1991年。富强村正式建立成人文化技术学校,办起各种专业户、科技示范户、农业科技辅导班。同年,富强村成人学校和定海区科委联合,创办农业大学函授果木班,58名学员全部结业。1992年,富强村投资21000多元,新建了全市第一家村级科技活动室,面积50平方米,配置崭新桌椅,书橱上放满科技书籍,后又相继开展了早稻春播育秧、食用菌养殖和生猪饲养等农业科技培训班。2000年前后,原皋泄村也开办了成人学校,朱缀绒书记亲自出任校长,通过广播、夜校等形式,积极推广大棚蔬菜、香柚等农业栽培技术,出现了父子同堂学、夫妻共磋商的动人景象。一时间,各村成人教育蔚然成风,富强村、皋泄村都成了定海区科技星火示范村,草莓种植户朱应棠还被共青团省委、省科委命名表彰为省青年"星火"带头人,"科技是第一生产力"深入人心。

2010年后,随着互联网信息技术的普及和网络购物、直播购物的普及,皋泄村又在定海团区委、白泉镇政府的支持下,积极组建了"皋泄村网创服务驿站"。2015年10月30日上午,定海团区委联合白泉镇人民政府在白泉镇皋泄村经济合作社举行"网创服务月"启动仪式,宣告皋泄村网创服务驿站正式启用。朱文军任驿站经理。驿站设在皋泄社区办公楼的一楼,把100平方米的场地分5个区域,办公区、洽谈区、展示区、便民区和孵化区。政府引导、团委主抓、社区主体的项目化运作的综合一体式网创服务平台,从而搭建城市与农村的互通桥梁,为广大农户和消费者提供舒适、生态、个性化的服务,成为舟山第一家"网络驿站"。在"网络驿站"的基础上,2020年,青年优秀创业导师苏明英、庄浩带领青年党支部的青年人才,打造"青年筑梦空间"平台,建设创新与创业结合、线上与线下结合的工作空间、网络空间、社交空间和资源共享空间,为青年创业者提供免费入驻、项目孵化、瓶颈解析、技术指导、应用推广等"一站式"服务,成人教育的形式和对象发生了重大变化,不断吸引着在外打工青年返乡创业,营造了良好的社会效应。

延伸链接

勤能生"金",果蔬兴村

——皋泄村农民技术员金正飞采访录

一、从打铁匠、协管员到蔬菜种植能手

我1957年出生,65周岁,今年1月份刚刚退休。因为对村里工作比较了解,所以退休后还时常做点事情。父母已经去世10多年了。我有两个儿子,大儿子初中毕业,后来到舟山卫校读书,毕业后当医生,现在是新城卫生院责任医生站长、市红十字会一级讲师。大儿子生了一儿一女,大孙子在四川成都专科学校读书,小孙女在白泉读幼儿园。小儿子当兵,退伍后国家分配工作,现在在金塘农业银行当副行长,平时工作很忙,生了一个女儿在南海读初中。老婆王伟飞年轻时曾参加过定海区文宣队,小品、京剧、越剧都会表演,18岁时到定海舟山剧院排练整整一个月,表演京剧《沙家浜》,宣传军民鱼水情。

我在村里出生长大。金家有族人80左右,居住在皋泄村。皋泄祖辈据说也是从慈溪搬来的,在清朝时跟朱家、王家等一起过来。因为人少,我们没有家谱族谱。我8岁就读于新建小学,有些地方可能因读音关系,把"新建"写成了"胜建",这其实是错误的。新建小学后来有个优秀教师唐美珍。我读的时候她还没来,后来她教过我儿子。当时班级人数少,大概有13个人,上课时我们五年级跟六年级合在一起。我初中就读于皋泄中学,只读了1年。

不读书后,就回来在生产队干活,后来到村里铁铺打铁,做了几年,手艺比较好,然后带徒弟。1984年后,生产队不开铁匠铺了,我就自己开铁匠店。主要打农具,我打完铁,老婆去卖,生意挺好的,收入也不错,当时泥水匠就2元6角一天,我20多元一天,还带了3个徒弟。

我1994年参与村里工作,半日打铁,半日到村里去工作。先负责文书出纳,后来还负责治安管理,负责了20多年,一直到现在。我当时担任的是治保主任职务,主要管村里的民事纠纷,化解村里的不安定因素。第一块我负责土地宅基地纠纷,不能出现吵架打架现象;第二块老年人抚养问题,因为村里生活比较困难,老年人子

女抚养费等,也要及时调解好;第三块是刑满释放人员,村里要负责教育改造,及时汇报;第四块法律法规宣传,要求公民遵纪守法。我记得刚负责这个工作的时候,村里有两户人家吵架,造房子筑墙影响前面房子采光,两边互不相让,打得头破血流,结下了冤仇。这种情况,村里就要去处理。农村里治安处理也要讲究方法,如果是急事,就要及时处理,但有些事情,需要有一个冷却的过程,让双方头脑都冷静一下。我先听他们自己讲述事情,然后告诉他们:我要调查一下,谁先动手,伤势轻重,都要讲清楚。过了一星期后,我都弄清楚了,他们也有点冷静了,再去处理,效果比较好。2002年,我被评为优秀人民调解员。3个村合并以后,我担任二支部书记。一支部书记是苏明英。现在退休了,二支部书记一直当着。

1994年,缀绒书记想让村里经济发展起来,首先要发展蔬菜基地。当时城市扩大,周围的土地都被征用了。我们这边隔了一座山,土地方面就是很好的机会。我们就向市政府申请蔬菜基地。我和缀绒书记商量了后,就开始写申请报告,讲述我们有什么土地资源,怎样发展效益。市政府马上批准了。开始搞蔬菜基地,首先要有技术,当时市农林局派了两个人到杭州去学习。一个是我,另外一个是朱信伟。去了好几次,有大棚蔬菜培训、无公害蔬菜培训,杭州那边比较先进,我们还去绍兴等地参观。回来后我开始实验种蔬菜。先买了第一个大棚,花了1500元左右,政府补贴1/3。我用先进技术先种出来,村民看了后觉得好,就向我来学习技术。缀绒书记说为村民提供“一条龙”服务,从种子提供、技术指导到采购销售,村里都会负责好,让老百姓真正得到实惠,所以老百姓对缀绒书记感情很深。

二、果蔬种植技术探索之路

在杭州学习技术以后,买了大棚,我开始果蔬种植实践探索。第一季先种了茄子。当时在整个舟山市大棚种茄子是没有的,我种的第一季茄子叫杭茄一号,是市农林局从杭州农科院拿来的,他们的新品种拿来都叫我来试种。种子拿来以后,10月开始育苗,育苗长高以后,保温很重要,外面温度比较低,结冰,大棚里保温,如果不知道这个差别是种不出的。大棚里有逆差温度,比外面还要冷,像冰箱一样,外面结霜,里面凝成露水,所以大棚里面还要用薄膜盖着,还有地膜、小拱棚。一般需要四层膜,大棚、中棚、小棚、地膜,才能种出来,否则蔬菜要冻死。10月种子种下去,半个月后出苗,幼苗慢慢长大,大概11月底,一棵一棵移开,否则苗聚集得太密,不容易生长。经过两个月后,大概1月底,开始保温,温度不能低于10℃。2月,地面温度也慢慢升高,可以移苗出去。第一棚杭茄一号种出来以后,特别好,卖了5000多元,菜场都早已预订,不用个人去卖。这个茄子呈紫色,不像现在茄子颜色偏黑,味道特别好。这个品种在整个舟山市推广,怎么种法,怎么施肥,怎么除虫,我都有记录。

接下来种番茄。番茄种得也特别好,整整齐齐一排,颜色也漂亮。番茄种子也是从农林局拿来的,品种颜色是粉红色,不像现在都是大红色。这个品种当时舟山人很喜欢。每个番茄半斤左右,最轻也有三四两一只,那时大家都喜欢大番茄。除了茄子、番茄,还种过长蒲,品种都是我选来的,然后农林局去进来。1996年分土地,外洋土地如果分的话,一户一户分得很少。村里实行土地流转,擅长种蔬菜的可以去租土地,比如租一亩两亩,就可以成片地种植蔬菜,蔬菜基地就慢慢形成了,租金大概四五百元一亩,比较便宜,村里把收来的租金再分给村民。

种文旦也是如此,先要去学习听课,怎么种怎么嫁接。说起皋泄文旦,很有名,原来那株文旦叫宝川文旦,宝川是庙后庄的村民,他哥哥从南洋带来几株苗,种在院子的角落里。几株苗都死了,最后只剩下一株文旦,这文旦树现在还在,只不过已经比较老化衰败了。这个文旦很贵,5毛一只,一般老百姓买不起,都是卖给驻在毛洋周的八二炮连部队。老百姓看到这个文旦很好,就想去剪一枝苗嫁接起来。宝川的这株文旦是个宝贝,他老婆管得很紧,一般不允许其他人来剪枝。当时卫生服务站有个赤脚医生,叫朱昌甡,给她看病。然后趁这个机会剪了几枝,开始嫁接,慢慢地就越来越多,宫宝文旦就是这样发展起来的。当时村里嫁接得比较好的有朱国文、朱文斌、袁瑞忠,是从余姚请来老师傅教会他们的。我们还开发了一个苗圃。后来缀绒书记为了大量种植文旦,便给村里每人发两棵,种在坡地、庭院。在宝川老婆死后,这棵文旦树也归了村里,嫁接种植更快发展起来。当时村里种植文旦树200亩。文旦育苗一般在2月底。嫁接后第二年2月就可以种了。先挖穴,大概80厘米宽高的一个正方体,下面铺上有机肥,然后填土种植。定时浇水,混合尿素,每100斤水3两尿素。还要除虫,第一季生虫5月15日,第二季7月15日,第三季9月15日,三个季节要抓牢。还要定时疏果,不能让它随意长太多。较大的树一般长100多个。三四月开花,5月结出小果,11月采果。第一年是初果,味道不太好,三年后结出的果才是正果。从1993年开始,到1998年,我们已经开发了1000亩左右。开始三年产量不高,后来产量就上去了,文旦质量很重要,所以很需要种植技术。

当时我管技术这一块,又要忙蔬菜种植,如引进新品种,引进大棚薄膜,又要忙文旦,都是在1995年、1996年,同时发展。当时村里有个叫朱方运的,生了两个女儿,小孩读书负担比较重,种露天蔬菜的话赚不来钱,我建议他种大棚蔬菜。叫他先买两个大棚,明年再买两个。我教他怎么种植。第一年先种番茄,中间番茄出了毛病。他慌忙打电话给我。我一看原来是番茄缩水了,地太干了,水分营养跟不上,所以就蔫了。我建议他赶快浇水,番茄已经长了一段时间,再不浇水这一季番茄就完了。在我的指导下,番茄终于又有生机了。我告诉他一定要注意观察,大棚里雨水淋不进,作物要吸收水分,所以及时浇水很重要。这一年他种大棚蔬菜丰收了,卖了2万多元。我也随时去指导他。

我这个人喜欢动脑子。过年的时候莴笋很贵,我就琢磨着怎样把莴笋种好。10月份开始培育秧苗,11月底种下去,温差较大,很容易出问题。我把地膜都铺好,水汽就不会挥发出去。然后增加夜温,地膜一铺,根系温度就高,生长得就快。这一季莴笋种得好,我卖了5元一棵。村民很羡慕,第二年纷纷学我的技术种莴笋。这些种植技术都是我自己摸索出来的。种萝卜也要铺地膜,地温高了问题就少了,种出的萝卜大,三四月份萝卜卖2元一斤,一只萝卜有五六斤,钱就赚来了。我有两个大棚,后来还种长蒲。长蒲喜欢淡肥,先要摸准它的脾气,我种的长蒲产量比较大,每天都可以摘,摘不完。其他人都来参观,说我这个长蒲真会长啊。第二年他们种的时候,我把技术传授给他们,怎么施肥,怎么浇水,产量比原来高了很多,所以种蔬菜技术非常重要。种黄瓜也是如此,采摘一定要管理好,其他人黄瓜只采摘了一个月,我种的黄瓜可以采摘三个月。原因是大棚里种蔬菜,观察管理照顾很重要,气候湿度都会影响,一个疏忽就容易生病,如白粉病、灰霉病、角斑病等,一生病生长寿命就短。还有种番茄,有单秆整枝和两秆整枝。单秆整枝前期量大,长得早,结果快,价格高。如果注重长期产量,就选择两秆整枝。种香柚,容易生这几个病,烟霉病、红蜘蛛和蚧虫病。蚧虫病不除掉,肯定要生烟霉病,有些人看树枝没什么问题,就不打除虫药,后续问题就来了。一定要抓住这三季(5月15日、7月15日、9月15日)除虫,特别是前面两季。我是助理技师,后来年纪大了没去评级,但是我们技术是受到肯定的,市政府专家参观我们蔬菜基地,感叹道:可以跟上海浦东蔬菜基地媲美了。所以,要想发展高效益,一定要弄出特色来。经验从失败中来,要思考为什么失败,怎么把它种好。比如我种草莓失败了,大棚里用尿素,氨气偏高,把草莓熏死了,但把种草莓的经验教训用到种长蒲上,就成功了。

我负责村里技术,为了更好地掌握农业技术,我积极去考取相关技术证书。比较早的有种子经营人员培训考试合格证(2001年)和林业种苗生产贮藏保管上岗证书(2002年)。2002年,村里开发苗圃,文件有规定,企业产品卖出去的时候自己必须鉴定好,自己需要有检验人员,于是我参加农林局组织的技术培训,大概一星期,然后考试,我考了85分以上,取得了林业种苗质量检验证书。后来我们把文旦苗卖到余姚泗门去,预先都要到市农林局报备,经过海关、码头,都要检查证书。2004年,我因为多次参加杭州等地组织培训,又负责村里大量果蔬种植事宜,所以获得了农民技术员证书。2006年,我又取得了农产品经纪人证书。当时市区供销合作社要求,村里或个人要进行产品贩卖,需要农产品经纪人证书,我有这个证书,全国运输蔬菜进行买卖都可以。2011年,在成为农民技术员六七年以后,又因为参与皋泄香柚标准化规划制定、皋泄文旦柠檬苦素提炼课题等,所以又有资格考取了农民助理技师。

从1996年开始,我们村开始参加农博会。有浙江省农博会,我杭州就去了四次;有上海世界博览会,全国性的,去参加了两次。1998年,接到市农林局通知后,我开始准备参选果品,选择质量好的文旦,准备20箱,大概五六吨,装上车。农林局负责人王浙海、苗世军带着我和村里另外一个人出发了。展销会在11月底,一般4天时间,现场人山人海。我们迅速摆开摊位,剥好文旦,插好牙签,让别人试吃,主要推广产品,然后卖出去,文旦当时卖6元一个,2.5斤重,价钱由农林局和我商量定下来,影响扩大了,价格也上去了。展览后,还要进行评比,我们香柚味道好、质量好,但是种植地域太小,所以评了银奖。像晚稻杨梅,种植面积广,整个舟山都在种,就评了金奖。参加省农博会的,除了皋泄香柚,还有长白毛蟹、白泉白鹅,有时候他们自己不去,叫我把产品带去展览。

还有杨梅擂台赛,是定海区组织的,比赛地点在后岙或白泉广场,我们也参加了好几次。评比标准一是杨梅颗粒大小,二是杨梅糖度。2018年我们参加杨梅擂台赛,就按照这个要求挑选杨梅,准备五颗优质杨梅,其中最大最好的一颗用于参加比赛,其他四颗预备着。我记得那颗大杨梅有18.4克,获得单果重第一名、甜度第二名的好成绩。一下子吸引了很多人,都到我这里来打听晚稻杨梅,大大提高了销售数量。

因为皋泄果蔬种植比较好,从1994年开始,舟山电视台基本上每年都会来村里采访,如大棚蔬菜、文旦、晚稻杨梅,而且一年最起码采访六七次。我作为技术人员,一般都由我接受采访,所以这些年上镜头也比较多,讲得也比较多。2016年,文旦季节时候,无线舟山汪大姐节目来采访,采访前几天,受极寒天气影响,温度比较低,有些文旦都冻掉了,但是味道却很好,所以他们针对种植技术来采访。我提到了"提纯复壮"计划,提高土壤肥力,让香柚抽出新枝,焕发新生命。

三、讲述朱缀绒果蔬兴村事迹

皋泄村发展大棚蔬菜、种植香柚,果蔬兴村,离不开缀绒书记的付出。2021年,朱缀绒纪念馆重建后,经常接待一批又一批的人员来参观,为此,村里安排了一系列的项目内容。按照白泉镇政府党委要求,在参观完朱缀绒纪念馆后,让我讲述朱缀绒的事迹。我主要讲果蔬种植发展这一块,15分钟左右,演讲题目是《追忆我心中的好书记朱缀绒》,内容都是我跟朱缀绒书记共事时的情景。因为比较熟悉,演讲稿很快就完成了,分为三部分:一是发展"一优二高"农业,走以菜兴村之路;二是开展"节地更新"开发香柚产业,做好"山"字文章;三是提高果蔬种植水平,依靠科技兴农。演讲从去年2021年开始,大概讲了有五六十场,今年5、6月份就讲了20多场。每次讲的时候,想起缀绒书记的言行,总是会出眼泪,都是亲身看到听到经历过,虽然讲了很多次,有时候情绪还是克制不住,心里很感动、很难受。下面听的人也是一片肃静,有处级干部,有嵊泗的、岱山的,都给他们讲过。《舟山日报》一个女的听完,跟我说:朱缀绒纪念馆打造得太好了,在舟山找不到更好的。2021年开始,情景剧《我们的好书记》也开始排练演出。皋泄村一直以来有文宣队,朱应德先生会编剧,创作过小品《瞒工资》《送月饼》,我在文宣队属于乐队里的,二胡、板胡都会拉。白泉镇政府和区政府商量后要排个情景剧,体现缀绒书记现实生活,方言和普通话结合。需要10个演员,选演员的时候,也有难度,年轻的让村里青年党员参加,我肯定要参与,还动员我老婆也参加。我说:"缀绒书记为村里做了这么多,现在我们要把她的事迹表演出来,这个工作要把它做好。"我老婆一听,说:"缀绒书记的事情,我义不容辞要参加。"她原来也在文宣队经常参加表演,有基础。文化馆老师给我们把关,看到我说,这个演员不错。镇政府也派出导演来排练。我们首先要解决台词问题,每天晚上聚在一起背台词排练,排练一个月余后,开始登台表演,我记得第一场演出是在2021年6月28日。每天多的时候演三四场,上个月演了五六十场。来看过的人都感动得流下眼泪,许多人来参观时一定要看这个话剧。看完有人到我面前说:你们演得太好了,跟中央电视台可以比了。我们纪念馆安排的内容是,先让讲解员从大厅门口习近平总书记题词讲起,带团队参观纪念馆,大概20多分钟;观看20多年前,舟山市党建拍摄的关于缀绒书记工作、为民服务的视频,大概15分钟;情景剧表演,15分钟;我演讲朱缀绒事迹,13分钟;老干部口述追忆缀绒书记;然后我教他们唱红歌《我们共产党人好比种子》;最后他们重温宣誓、拍照等自由活动。一个过程下来,最多的时候我要出场3次,演讲、表演、教红歌。虽然比较忙,但想想可以宣传我们缀绒书记的事迹,宣传我们皋泄村,也是很骄傲的。

编者按:此文是由浙江国际海运职业技术学院讲师王静飞于2022年6月29日、7月5日两次面对面采访金正飞所形成的记录稿。

第三节　群众文化

有乡村的地方就有乡村文化,过去的乡村文化生活主要都是和宗族、生产结合的活动,比较著名的是白鹤庙庙会和崇圣宫迎神赛会。

庙会源自白泉的泄潭老龙在大旱之年经民众求雨后显灵普降甘霖。后来成为民间游艺娱乐与祭祀祈福融为一体的盛会,以崇圣宫迎神赛会规模最大,叫"迎白会",又叫"白社",俗称"三月半会",从3月10～17日共举行7天。皋泄等六大庄、136会社、64条社龙、数万名群众演员参加。皋洩朱家的常安会、皋洩毛底陈的长福会和延庆会、皋洩弄口王的永庆会都会参加出会活动,进行舞狮表演。会社由抬阁、鼓阁、龙灯、高跷等组成,前面旗锣开道,铁统、炮仗沿路轰鸣。朱家的常安会,有一班鼓阁吹打乐队,把大小锣、鼓挂放在鼓阁上敲打,其余吹笛的、拉琴的人跟在鼓阁后面演奏,曾多次参加"三月半会"等崇圣宫迎神赛会,到马岙、干览等乡村巡游。

白鹤庙庙会也在东乡比较有名,庙会期间,有俗称"小戏文"的木偶戏、越剧的前身"的笃班"等表演。"小戏文"一般由2～3人操作,内容为越剧唱本。过去在婚娶、寿庆时会请小戏班在自己家中演出。还有就是还愿戏,有时会在庙里演出。越剧戏一般会在该庙菩萨生日前几天开始,都会请外地越剧团演出,时间短的3～5天,长的达10多天。由于各庙演出日期不在同一时间,一些越剧迷都会赶去各庙观看。庙会期间大人小孩也跟随游行,许多人会始终跟随直至散会。但赛会经常引发村、族械斗,同时也有许多不良习俗,如引诱赌博等活动,故在新中国成立前已被禁止。

新中国成立后,为了配合土地改革、农业合作化和农村社会主义教育,各地遵照毛泽东和党中央的指示精神,广泛开展开会诉苦讲家史村史"算细账""忆苦思甜""典型思想讨论"等活动,大致内容都是依靠动员农民结合自身生活实际,主动发声来营造群体情感,进而引导农民以集体的、阶级的观点去认识社会历史,理解并贯彻党的政策。1955年皋洩村民组建了一班农村剧团,主要演出越剧,有《大唐会》《梁祝》及《九斤姑娘》等剧目。不仅逢年过节在本村演出,还被邀请到长岗山等外乡村演出,同时还出席舟山地区文艺会演。因当时皋洩村群文活动比较活跃,为此在1960年,浙江省歌舞团、南京管弦乐团前来村里采风、演出。1958年,在全国掀起一场声势浩大的"民歌运动",意在动员农民自发挖掘乃至创作民歌来彰显英雄气概,进行自我教育和自我鼓舞。20世纪50～60年代,在"缩小三大差别""反修防修""培养革命接班人"等政治话语背景下,工农商学兵等"各条战线"纷纷总结先进经验、树立先进典型,广泛开展学习、竞赛,掀起了"比学赶帮"的热潮。"文化大革命"期间,各村建立了文艺宣传队,内容有宣传时政,表扬先进人物等,表演形式有相声、"三句半"表演唱、"瀚洲走书"等。虽然演出场次较少,但也很受群众欢迎。当时的新建大队组建了一支文艺宣传队,开始表演歌舞及自编自演节目,内容主要有宣传"农业学大寨"的小戏"大坝新歌",学习雷锋精神的走书"好人",歌颂英雄人物的走书开篇"英雄蔡永祥"等。文艺宣传队几乎每年春节都会给本村群众演出一场文艺节目,同时还到乡内各村调演,而且还被邀请到白泉金星、洋岙勤俭大队等外乡村演出。1975年该队排演的京剧《沙家浜》的折子戏《军民鱼水情》,在舟山剧院参加了地区文艺汇演。村里还会请人来唱新闻,俗称"唱蓬蓬",演唱者一般是盲人,一人演唱,乐器是一只小鼓,一面小锣,一只小笃板,说唱内容都是一些传奇故事或地方新闻,以小段新闻趣事开场,每当春节、农闲时,每个自然村都会有人组织邀请艺人说唱,一般都会唱上十天半个月,附近群众也会赶去听唱。20世纪70年代已失传。

早在20世纪50年代初,在本村老百姓家中住着不少驻军部队。每当贾施岙大操场放露天电影时,村民都纷纷赶去看电影,如今70岁以上的老人还清楚地记得当时放映《鸡毛信》黑白电影。因为是第一次看电影,村民们都觉得非常神奇。后来部队驻毛洋周营房时,每当周末都会放电影,村民们不怕路远,也会跑过去看。1955年,皋洩公社建立了电影放映队,巡回到各大队放映,群众看电影的机会多了。有的村民在婚嫁、建房喜庆时,也会出资请放映员上门放映电影。20世纪90年代初,农村中家庭电视机数量逐渐增加,看电影的兴趣渐渐冷淡了,虽然还有放映队下村放电影,但是看的人却非常少了。

改革开放后,1982年,皋洩设文化站,负责指导乡村群众文化工作,组织业余文艺创作和业余文艺会演。1992年6月,白泉、皋洩文化站合并,站内2名事业干部负责。皋洩村文化生活较为丰富,积极组织文艺团体,进行文艺演出。这一时期,最著名的当数白泉振兴会、定海杨梅节等活动。1992年10月1日举行"白泉振兴会",是新中国成立以来规模最大、参加人数最多的一次群众性文化活动。这次旨在弘扬民族文化、振兴白泉经济的民间文艺表演,有14个单位、800多名群众演员参加,有高跷、白泉锣鼓、舞龙、舞船、跳蚤舞、蚌壳舞、腰鼓、秧歌、抬阁、花灯、彩车等50多个游艺节目。皋洩村组织的鼓阁乐队也参加振兴会游行活动。"振兴会"队伍从镇政府门口出发,沿着定西公路朝东南游行,至富强村毛洋周返回。全程观摩群众达5万多人次。1993年7月3～5日,定海区在白泉举办首届杨梅节,慕名赶来参加的海内外宾客有2200余人,冒雨到爱国村踏山赏梅,群众跳着跳蚤舞,扭着喜庆秧歌,舞着神龙夹道欢迎。皋洩村排练的《采梅舞》也参加了这次杨梅节演出活动。在杨梅节期间,有13家国家级和省、市、区级新闻单位记者前来采访。20世纪80年代后期,开展老年人健身活动,主要有太极拳、太极剑、象棋等活动。90年代后,群众体育广泛开展,先后举办全镇性篮球赛、乒乓赛、象棋赛、钓鱼赛、桥牌赛以及妇女运动会、教工运动会等。

21世纪后,在市文化局的倡导下,兴起"文化走亲""淘文化""卡拉OK大赛"等活动,"广场舞""春晚"也从城市走进乡村。2016年1月25日,临近新年,市社会组织服务中心的千手公益爱心联盟为皋泄社区举办一场特别的年会,共有10个公益组织参加。居民们理发、量血压、讨春联、免费拍照、玩游戏赢奖品。晚上,驻地73235部队、舟山青年越剧团等都表演了精彩的歌舞节目,让社区居民看了一场私人定制版的春晚。这样的综合性社区年会活动,当时在舟山还是首次。与其他文艺团体经常同台亮相的有皋泄村业余演出队,在朱应德、朱寅昌的发起下,朱缀绒书记支持下,1993年后,皋洩村在原有文艺宣传骨干的基础上,以老年协会为主组建了一支20多人的老年文艺演出队。1994年1月,村里拨出资金购置了一批乐器、服装、道具,村里许多已过不惑之年的昔日的文艺积极分子重新披挂上阵,踊跃参加演出队,其中有5对夫妇还"夫唱妇随",双双进了演出队。自编自导自演的《采梅舞》《阿拉旧村变新庄》《瞒工资》《送月饼》等节目多次参加镇、区、市比赛和演出,不仅丰富了村民的业余文化生活,而且有效促进了隧道工程、计划生育、乡村新风等具体工作。当时任村党支部书记的朱缀绒说,目前,村民的精神文化生活很充实,村里社会治安明显好转,也没有人搞封建迷信活动,老年文艺演出队在这方面做出了很大的贡献。皋泄村的腰鼓队从2006年起也经常到各社区进行巡回演出,2009年还参加了区老年协会举办的特色文艺演出。

为了提高农村居民的文化生活质量,满足村民跳舞娱乐和健身锻炼的需求,自2006年以来,在各自然村共修建了6处小型文化广场,并安置了健身器材。2019年征用1000平方米土地,投入约38万元在夹山路口新建了一条"传家训 润新风"新时代文明风景线及集休闲为一体的"皋泄新风公园",内建有新风亭和景观小品若干,充分挖掘、整理朱氏家风家训,对皋泄村文明家庭进行亮相,对新时代文明实践活动进行展示。近年来,在上级支持下,又兴工建设了文化礼堂,包括文化长廊、大礼堂、公民素质讲习所、朱缀绒事迹陈列室、农家书屋等设施。文化礼堂陆续举行过党的十九大精神和市区全会精神的宣讲活动、戏剧表演,以及"我们的村晚"系列节庆文化活动,成为当地村民开展文化活动的首选场地。2020年5月、2021年4月镇党委两次共投资430万元改造提升朱缀绒先进事迹陈列馆,全力推进"一心为民好支书"省级党员干部教育基地的建设,采用沉浸式情景剧、实物展陈、好支书经验解读、实地走访等多种形式,全方位学习先进事迹和群众工作经验,见证历届村书记一茬接着一茬干后的美丽村庄变化,已累计接待各级党组织及社会各界人士3万余人次。

乡村文化振兴是乡村振兴的铸魂工程,发挥着基础性、引领性作用。要想以满足群众文化需求为目标,盘活基层文化娱乐活动发展,号召群众主动发展适合自己的且健康的文化娱乐活动方式,让广大群众参与进来,丰富群众的日常文化生活,还有许多的事情要做。

延伸链接

朱应德:耕耘乡村文化50多载

翁源昌

柿树湾是皋泄新建村里的一个老地名,朱应德生长于斯,今年73岁,村里人称他为"秀才",在当地那是一种很高的荣誉。四邻八乡不少人也都晓得新建有个会编戏、写诗的大能人朱应德。朱应德从事民间乡土文艺创作50余年,大小作品500余篇。近日,笔者走进柿树湾朱应德的家,与这位"秀才"有了一次难得的交流。

编导演"一把手"

朱应德家的客厅陈设简洁,文化味却非常浓。东西墙上用镜框裱装的两幅文字,皆为他自己所书写。

一幅为"清正安乐"四个大字,是朱应德70寿辰自勉。另一幅《皋岭赋》是他于两年前所作,笔法苍劲古拙,600余字,句式长短相间,参差错落,既有韵有声,又平易晓畅,灵活自如。皋岭历史地理、人文自然、生态环境、能工巧匠、幸福生活,尽在笔下。

1964年,村里办起了"耕读小学",2个班级4个年级,实行半耕半读半日班,大队动员朱应德任教师。于是,朱应德和另一位老师承担起全部的教学工作。

"文革"开始后,当时大队缺少会计,朱应德成了大队会计,兼负责团支部文艺宣传队。从此,他耕耘在乡村文艺阵地上。

据朱应德介绍,20世纪六七十年代,农村生活物资条件虽十分匮乏,但文艺活动还是蛮丰富。每年的"三八"妇女节、国庆节及过年前农闲时光,镇里乡里都要组织演出。

宣传队排演节目都在晚上进行,虽没有任何报酬,但全体成员踊跃参加。朱应德不仅当编剧,还是导演、化妆师、琴手,有时还要登台演出。他在编写剧本的同时,整台戏的演出过程已在他心中完完整整地演了一遍。

节目形式多样"接地气"

宣传队条件有限,朱应德起初的创作以表演唱为主,自编自演。后来,他不断翻新创作,对当地农民喜欢的民间艺术形式都有所涉及,且好多都得心应手,很有艺术水准。20世纪六七十年代,县里、乡镇会演,新建大队宣传队一直是主要演出队伍。

翻开定海区文联、定海区作家协会编印的《朱应德作品选》,内有快板、表演唱、戏剧、相声、小品、诗歌等文艺体裁,快板还分方言快板、天津快板,表演唱又有说唱、三句半、舞蹈唱词、歌舞唱词等,戏剧既有本地传统的翁洲走书,还有江南流行的越剧联唱等。

朱应德的创作形式多样,内容贴近农村生活生产,宣传好人好事、当地先进事迹,很接地气,深受农民们喜欢。

1965年11月,朱应德编写的相声《好队长》,写的就是村里人人都夸的队里好管家朱明川队长。1966年12月,他用舟山传统走书形式编排了《歌唱英雄蔡永祥》,庆元旦时演出。

近10多年来,农村文化生活日益丰富多彩,朱应德创作的文艺作品依然深受群众欢迎,在"文化下乡""道地民星"等群众性文艺演出活动中,时常可见朱应德编排的节目。

对于自己生活的皋泄村庄的变化,朱应德更是格外重视宣传。2001年东皋岭隧道贯通,皋泄经济发展,百姓出行生活进入一个质的发展阶段,他以此为题材创作了不少作品。例如相声《思源促进》和小品《瞒工资》,反映了村民为使东皋岭隧道如期开通捐款出力之事。

潜心耕耘乡土文化

50多年来,朱应德还写了不少诗文,宣传记录家乡的发展变化。2009年,他创作的《皋泄村庄地名组诗》,形象生动地描述了庙后庄、朱家、夹山里、柿树湾、殷家岙等16个村庄地名。

朱应德还和诗人白马为家乡创作了村歌《皋泄之歌》。为挖掘保存皋泄文化遗产,他又不顾年老体弱,翻山越岭,探查古迹,为后人留下了《白鹤庙传记》《藏经寺传记》《日照寺历史记载考证》等文史资料。

去年,为配合村里文化礼堂建设,朱应德自告奋勇,收集资料,实地调查,历时4个月整理编撰了一本《古今皋泄》,全书分10章42节,全面反映了皋泄村550年来社会变革,包含村貌变化、经济兴衰、山川古迹、风土人情等方面内容。可以说,它是白泉镇农村经济社会发展的一个缩影。

朱应德,一个朴实的乡村文化使者。

皋泄村文艺演出队部分获奖节目

年份	文 艺 活 动 摘 要	剧 目	奖 项
1995	白泉镇首届文化周文艺比赛	京剧《沙家浜》	演出三等奖
1997	白泉镇迎香港回归暨杨梅节大型文化活动	舞蹈《特产舞》	优秀演出奖
1997	定海区乡镇文艺创作节目调演	表演唱《双梅赞》	创作奖
1998	白泉镇庆改革开放廿周年	相声《两个婚礼》	演出优胜奖
1999	白泉镇庆国庆文艺会演	表演唱《旧村变新庄》	演出优胜奖
2001	白泉镇舟山杨梅节暨民俗文化演出	舞蹈《采茶舞》	演出二等奖
2002	定海区业余文艺创作征文	小品《种树》	创作二等奖
2005	定海区业余文艺创作调演	小品《送月饼》	创作一等奖 演出三等奖
2005	舟山市第二届渔农村文艺调演	小品《送月饼》	创作二等奖

编者按:此文发表于2017年8月11日的《舟山晚报》。

第十一章 乡风民俗

第一节　人生礼俗

人生礼俗指的是人生的礼仪习俗，即婚丧、祭祀、交往等各种场合的礼节。传统的礼俗内容有如生育、婚姻、丧葬、生日风俗等，它们调节着人们的生活节奏。在此基础上，延伸家庭、家族、乡村和社会习俗文化，包括血缘关系、地缘关系和业缘关系等诸多方面。

皋泄村的人生礼俗与舟山、宁波的大部分地区并没有什么明显不同，反而与海岛渔村不尽相同，更多地传承着中国农村的乡风。

在新生儿即将出生之时，夫家要及时告知娘家，娘家须做婴儿衣物（襁褓），待产期将近送往婿家，谓"送催生衣"。女子做产期称"生姆娘"，娘家要送面条、红糖、肉、鱼、蛋、鸡等物，供生姆娘补养身体，借以丰盈奶水，谓"送生姆羹"，又称"挈糖面"。除娘家外，姑妈、舅母、姨娘等至亲好友也多送"生姆羹"。婴儿出生喂的第一口奶叫"开口奶"，这开口奶马虎不得，不能由母乳来喂，须向别的产妇去讨要。因为新生儿一天到晚离不开床，所以在婴儿出生后三日时要祭"床公床婆"，希冀得到"床公床婆"的持续照顾关怀，祭"床公床婆"时要有"相谅盏"，即盛一酒盅米饭，上面放一撮黄糖，待祭毕"床公床婆"后分送给四周邻居家的小孩食用，请各位小朋友今后不要欺负小弟弟小妹妹。孩子出生满一个月时，要举办"满月酒"，此时外婆家要来送礼，送的是虎头鞋、狗头帽、银项圈、银手镯、银锁片等含有吉祥意味的衣帽和饰物，其中还有一样不可缺少的礼物是用彩线编织而成的"长命线"，这是祝愿婴儿吉祥如意、长命百岁的，外婆要亲自送来将它挂在外孙（女）胸前。当婴孩出生满两个月，这时可以开始出门访亲，探望的第一家亲戚就是外婆家，去时要在鼻梁上抹一点锅灰，把鼻子抹得黑黑的，叫"黑鼻头管望外婆"以避邪，意为将容貌搞得丑陋，免得途中被野鬼看上而将魂魄摄走。当婴孩的食量逐渐增大，除了喂奶、糕糊、米汤之外，可以吃一些鱼、肉之类荤腥，以增加营养，婴孩第一次尝荤腥叫"开荤"。"开荤"的食物必须是公鹅头上红色的冠瘤。这东西不能食，只是象征性地取一点点来抹于婴孩唇间即可。为什么要吃这东西呢？说是日后孩子不幸跌跤，会像鹅一样将头高高昂起，不致使脸面受到损伤。

待婴孩长至周岁时如走路还很困难,父母会扶孩子站在门槛上,用一条绳子将孩子的两只脚缠住,然后拿把刀把绳子砍断,这就叫"割脚绷"。意思是斩了纠缠在孩子脚上的绳索,让孩子顺利开步,学会走路。婴儿满周岁要行"抓周儿"礼,一般人家在家里铺设一块地方,放置书本、笔、墨、纸、砚、印章、钱币、账册、首饰、花朵、胭脂、吃食、玩具等,大人将小孩抱来,令其端坐,不予任何诱导,任其挑选,以此来测卜其志趣、前途和将要从事的职业。在孩子成长期间如遇到病痛,民间又有种种消灾弭祸的习俗。如孩子夜啼,将一张写有"天皇皇,地皇皇,小儿啼哭在娘房,过路君子读一遍,一夜睡到大天亮"的红纸条贴于路边墙头或茅厕墙上,贴时不能让人过眼,否则就不灵了。婴幼儿容易受到惊吓而致病,俗称"魂灵吓出"。魂灵吓出就得将它喊回来。喊魂灵的方法有多种,有请"灶君菩萨"的,也有请"扫帚婆婆"的,其实都是家人对孩子的爱。孩子体弱多病,或遇到被鸟屎淋头等不祥之事,就会让孩子向周围街坊邻居挨家挨户去讨"百家米"或讨"百家饭",所谓"百家"不一定是一百家,走上数十家每家讨一点即可,意思是孩子受到众人的庇护就会强健无灾。

待到长大成人之后,婚姻便是人生中的终身大事,旧时从订婚到结婚,有一整套烦琐的程序。在没有实行结婚登记规定之前,男女双方确定婚约后,就要举行"下定"仪式,由男方择日用幢篮担将鱼肉、糕糖等及聘礼送到女方家中,男女双方各请自家亲友长辈们办一席酒宴,以示确定婚约。在结婚前一个月或更早些,男方会亲自到亲戚家向长辈分"送帖子",当面进行邀请,以示尊重长辈。女方出嫁前,其娘舅家会给外甥女送一些菜肴称"待嫁",其他亲友会送一些日用品。结婚时再送贺礼称"送嫁"。女方办酒正席二餐,头晚上称"开面酒",出嫁日中午称"上轿酒"。男方则一般都办三天酒席,正酒二席,第一天夜酒称"猪肝花油",下半夜要进行祝福供天地祖宗并演木偶戏等以"飨戏",第二天为挑嫁妆、迎新娘、拜堂、祭祖(拜全堂羹饭)、"见大小"、吃结婚酒、贺郎、吵房。在第三天夜里还要进行"请帮衬",除全体帮忙人参加外,一些主要亲戚也在被邀之列。婚后第二日中午前,男方须送礼物往馈娘家,称送"望娘盘"。第三天女家兄弟持新娘婚前穿过衣服和盛有针、线、剪刀、尺子的"家堂篮",来看望新出嫁的姐妹,称"安心"。是日,新娘亲下厨房象征性上厨做菜,以款待兄弟。然后新娘在新郎陪同下回娘家,称"回门"。回门有三天后,也有一月后,旧俗规定,凡未"回门"之前,新娘不得单独回娘家。过去在结婚前三年,还要在端午、重阳及年夜三节"挑节",在最后一次"挑节"时将结婚"择日书"同时送去,以告知女方结婚的日子。

随着时代变迁,婚礼中许多烦琐名目逐渐消失。民国初年,流行"新婚礼",也称"文明结婚",结婚时不拜天地,只向伟人行鞠躬礼,新娘不穿凤冠霞帔而改穿时装礼服。中华人民共和国成立后,通过宣传、贯彻新《婚姻法》,提倡自由恋爱,冲破"父母之命、媒妁之言"封建婚俗。近几十年来,兴集体婚礼和旅行结婚,以及新郎亲往女家迎娶,新娘不坐彩轿而以车代步,拜堂不跪拜而以鞠躬礼代之。1964年2月5日,新建大队团员朱文斌与袁如妹结婚,则是"破天荒"地来了一次"特殊的团日活动",是与时代最相称的一次"移风易俗"之举。现在新人结婚一般都要请婚介公司策划安排,但无非也是在传统与现代之间自行选择。

过去家境稍富裕人家要在30岁、50岁、60岁、70岁、80岁做寿,俗称"做生",30岁为半甲子,一般50岁开始"做生",60岁称"大寿",70、80岁尤甚。旧俗有"四十不做生,做九不做十",因"四"与"死"谐音,"十"与"蚀"谐音,不吉利。故60岁寿辰提前于59岁举行。做寿排场视家境贫富而异,旧时有"穷好日(结婚),富做生"之说。父母寿诞,已出嫁女儿要挑寿担,其他亲友也送寿礼祝贺,寿礼厚薄视送礼人经济条件而别,有送"四色",有送"八色","四色"含高(糕)、祝(寿烛)、寿(寿面)、桃(寿桃馒头)。"八色"则另加玉(猪肉)、堂(红糖)、富(烤麸)、贵(桂圆)。殷富大户还送寿联、寿轴。穷苦人家送3~5斤寿面、馒头。新中国成立后,此俗一度泯灭,近年又风行,且排场更大,寿担花费上千元,甚至用钱币代替寿担,阔气者还做戏、放电影庆贺。待父(母)66岁,女儿还需买肉切成66块,煮熟送父(母)吃,以祝健康长寿。古有"六十六,阎罗大王请吃肉"之说,以为父(母)吃过女儿送的66块肉,就可不受"阎罗大王"之邀,此俗今仍盛行。旧时,舟山人还有个特殊习俗,一般是年过花甲就要造坟、做棺材,美其名曰"造寿坟""夹寿材",做寿材的时间又多选在农历六月十二日,传说这天是彭祖诞辰,彭祖寿命长,舟山人以为在这一天"夹寿材"可得长寿,故有"六月十二夹寿材"之说,老年人看着自己的寿材放着就觉得后面的日子安心了。三年自然灾害期间,曾有一些老人为了让家人度过灾荒,用自己的寿材换粮食,这就更是难能可贵了。

人过世时,丧礼又是一个非常隆重而烦琐的过程。首先要给逝者剃头、梳妆、洗浴,换穿"过老衣",即寿衣。同时派人到当地庙里去烧香禀告,把床上垫铺的稻草、席子及一双草鞋打包后,抬到指定的路边烧毁,称"烧毡包"。然后将尸体移到灵堂或祖堂,称"移尸"。请来念经婆进行念经陪夜,子孙们则开始守灵,次日派人到主要亲戚家报丧,俗称"报讣音",主亲则会购置"重被"及祭品前来奔丧。死者至亲都穿白戴麻,手腕、项颈系细麻绳,脚穿白鞋,鞋后跟缝有寸许宽红布。出殡日,全身着白,儿子俗称"孝子"(孝,音读耗,下同),穿"斩衰"(麻制丧服,下沿毛边),披麻饰(苴缏),腰系草绳,头戴白帽,上套草绳制"三梁冠",手握孝杖棒,同辈亲人服"齐衰"(麻衣下沿缝边),孙辈戴白帽,年幼者戴黄帽,中嵌小红布,上套"双梁冠";女儿及其他至亲女眷穿白衣,戴"孝斗",同族亲人穿白布衣冠;疏者亲友仅戴白帽。现多臂佩黑纱,或胸佩白纸花代之。旧时,只是有钱人家才做道场,如今随着村民经济条件的改善,此项活动开始盛行。道场由七人组合的念伴操作,搭高桌,摆地摊,并有各种供品,白天以念经、"拜忏"为主,子孙们要进行多次跪拜。晚上以"采花""放焰口"为主。"采花"时,由七个念伴轮番演唱,曲调以越剧为主,还有各种小调,内容也可以任意编唱。一般人家只做一整天,如果做三天三夜道场的,还要进行"开塔"活动。所谓"开塔",就是用竹片扎成宝塔形,外面糊上黄纸,四周插满蜡烛。开始后,鞭炮、炮仗声经久不息,一人扮作身穿袈裟,手拿禅杖的法师,一人扮作太子边演边放炮仗,二人围绕宝塔游转,据传是表演"木连救母"的典故。出殡时,其子媳及晚辈亲属均身穿孝服,手持孝杖棒在灵堂内围绕棺材或骨灰盒进行"转材"活动。在送葬正式开始前,到路上还要进行"叫杠",叫杠人是受过专门训练的,采用口述表白的形式,内容相当广泛,有祝福主人家兴旺发达的,宣扬祖国新貌的,讲述社会上奇趣新闻及送丧中应注意事项等,时间根据叫杠人能发挥的口才而定,长短不限。出殡正式开始时,前面由敲"出丧锣"的和扛"引魂幡"的开道,随后是花圈,接着是吹打乐队,其后是捧灵牌的(一般由大女婿担任),再后面就是抬棺木的。实行火化后,也有儿子捧骨灰盒的。后面送葬队伍中,前面是死者的亲属,其余亲友在后面跟送。出殡到中度时,还会在人多的地方进行"路祭",路祭由念伴司仪进行。子孙仍进行跪拜,有的还要请人哭灵。到墓地后进行入墓安葬,俗称"进阁"。死后每隔七天要做羹饭祭祀,连做七次,称"做七",在做"五七"时主要亲戚都会参加。到死后一百天时再进行祭祀,称作"百日",以后则以周年祭祀。除头周年和三周年,主亲还要到来外,其余则由家人自行纪念。

人生一世,算起来很长,从人生礼俗来看,也不过这么几件事,所以一年年、一天天都不能空过。

延伸链接

崭新的婚礼

王福元

2月5日,定海县皋泄公社新建大队共青团支部的全体团员,在团员朱文斌家里过了一个很有意义的团日活动。

团支部为什么要选择在朱文斌家里过团日呢?说起来,事情可新鲜呢!原来,这天是团员朱文斌与姑娘袁如妹结婚的大喜日子。

朱文斌和袁如妹是同一个大队里两个贫农的儿女。几年来,在党团组织的教育下,他俩思想觉悟不断提高,是一对关心集体、劳动积极的好社员。相识两年来,他们相敬相爱,共同学习。今年,他们决定结婚,两人说定要做移风易俗的带头人,女方一不讨聘金,二不要嫁妆。在结婚时做到一不坐轿子,二不拜堂,三不大办酒席,四不收人情钱,五不敬神拜佛,六不请总管,七不叫帮手,八不见礼,九贺郎不唱黄色调。然而话一出口,却遭到了如妹父母和双方亲友的反对。有的社员说:"抬老婆,一生可有几次?不坐轿,不拜堂,太勿体面了。"有的社员干脆对如妹的父母说:"如妹是个括括叫的大姑娘,不坐轿,不办酒,又不是第二次的'女人'。"如妹的母亲也对如妹说:"轿子不坐,将来人家要说你是走上门的。"像大浪打进了小船一样,如妹的心左右摇晃了。正当这个时候,大队的党、团支部得知了这个消息,党团支部认为这绝不是这对青年的私事,而是关系到移风易俗的大事。每年都有青年结姻,搞好了这一对的新式结婚,就可以为今后更多的青年结婚树立样板,党支部决定抓住这个样板不放。首先是开展宣传,大力颂扬这件新事,另外又派专人教育朱文斌和袁如妹的父母。父母亲的思想也慢慢搞通了。破旧是说定的了,但是光破不立,今后的旧风俗仍然要传染的。团支部就自告奋勇承担立新这个样板的任务,决定组织团员青年在他俩结婚的晚上到新郎家过一个热热闹闹的团日,这样既能代替过去的旧贺郎,又能教育更多的青年人。

2月5日,久雨初晴,新娘袁如妹胸挂大红花,在团支部组织的乐队陪送下,嘻嘻笑笑地走向新郎之家……优美的乐曲驱除了旧俗,更感染了全村的群众。堂屋里、院子里挤满了喜笑颜开的人群,有的是来贺喜的,更多的人是来欣赏这个崭新的婚礼的。婚礼是按团支部事先讨论的计划进行的。团支部书记朱大阔和民兵连长朱寅昌是主婚人,当新郎新娘在主婚人的指挥下向毛主席像、向父母、向客人见礼时,乐队又一次奏起了《社员都是向阳花》《梅花三弄》等动人的曲调。接着是贺郎,这里再不是什么"早生贵子跳龙门"之类的封建贺郎词了,而全是崭新的内容:有读国内外大好形势新闻的,有谈队里先进事迹的,有谈争取生产大丰收的;也有唱歌的、跳舞的,有说笑话的,有拉琴的……60多个节目热气腾腾,简直成了一次社会主义的文娱晚会了。

婚礼快要结束了,崭新的婚礼给人们带来了什么?满面春光的新郎新娘说:"今后我们一定要听党的话搞好集体生产,来报答大家的关怀。"来看热闹的,来贺喜的人说:"这个婚礼比起老法结婚要热闹多了,今后我们儿女的喜事也要这么办!"客人的赞扬更乐坏了朱文斌的父母亲,这两位老人笑得合不拢嘴,父亲说:"我们家祖宗几代也没有办过这么热闹的喜事!"母亲说:"这全靠毛主席领导好。"来过团日的团员和青年们说:"喜糖是甜的,可是使我们感觉更甜的是我们的时代。"是啊!党和毛主席给青年人创造了一个多么美好的时代!愿青年人永远做移风易俗的开路先锋。

编者按:此文发表于1964年3月19日的《舟山日报》,当天日报还加了一段标题为"愿青年人做移风易俗的带头人!"的《编报人的话》:

在婚姻问题上,也存在着新风与旧俗的斗争。旧的习惯,旧的风俗在某些老年人的思想上占有重要的地位。他们认为,一个人结婚办喜事,一生只有一次,应该搞得热闹些,坐花轿、办酒席是少不了的,好像不是这样,就不成样子,不体面。这些旧的风俗习惯也传给了某些青年。但是有觉悟的青年人就不主张这一套,她们不愿坐花轿,主张以新的形式来代替旧的婚礼。

新的不立,旧的就破不了。在这方面,共青团的组织就必须为青年人做主,帮助他们出主意,组织既节约又热闹、既生动活泼又富有教育意义的新形式,来代替过时的、庸俗的旧婚礼。新建大队团支部在这方面已经做出了样子,值得大家学习。

愿青年人都能做移风易俗的带头人!

延伸链接

特殊年代的珍贵爱情
——皋泄村朱明权、夏文花夫妇采访整理

我爷爷是农民,他这一代土地还蛮多的,大约有20亩土地。我父亲的名字叫朱善後,他是1963年73虚岁去世的。他们两兄弟三姐妹,亲弟叫朱善耐。日本人占领舟山,1945年快退出时,我叔叔在碶门小学旁边开过小店。我是见过日本兵的,那时8岁读小学了,记得当时日本兵到我家里来抓鸡、抢鸡蛋,吓死了。

我父亲性格直爽,上过皋洩私塾,农民出身,但没有做过农民。我出生以后(1938年),记得他是开小店的,是问堂叔借的两间房。小时候听父亲讲过,之前他在上海来来回回做生意,做栲果生意(野山里采栲树、梧桐树果,锅里烧出浆水,通过加工之后就是咖啡色染料,可以染布或用于雨衣、雨伞染色等,过去渔民都穿咖啡色的大襟布衫,用直攀纽扣,这种衣服在大锅里用栲桐树皮煮烤过,很是经久耐用)。父

亲主要是收栲桐树果下来,然后到定海讨木帆船出去,把货卖到上海。船没有风的时候要靠摇橹行驶,大概一星期才到上海。他还做过茶叶生意,具体记不清了。后来他见当时村里有三四十个小孩子,大的都有十几岁了,都没有地方上学,就办起了私塾,私塾地点就在朱家借堂叔家房子,主要教孩子们读《千字文》和《三字经》等。这是1940年以前的事了。大概教了三四年,就到上海船厂当船工去了,到1948年回来,算是退休了,毕竟60岁左右了,再加上当时上海面临解放,要打仗了。

我有两个妈妈,大妈妈过世之后,有了小妈妈。我和姐是小妈妈生的,我哥哥是大妈妈生的。大妈妈是富强村毛底陈比较好的家庭出身,也不是贫富农那样很苦的。小妈妈是北蝉何家的,贫下中农,现在他们家人都没有了。

我书读得不多,只读到高小毕业,新中国成立后读的高小,读了6年。1950年高小毕业之后13岁就务农了,务农后直接参加初级社,估计有十八九岁时在初级社里当了委员。生产管理由生产队长负责,我们年轻人就搞一些宣传。到高级社了,5个社都并拢了,成立一整个大队了,我就当了治保副主任,那时候我20岁。到1958年人民公社成立以后,我当了2年左右皋洩村团支部书记。当时号召"全民炼钢",我按要求带了队里32个人到定海飞机场附近去炼钢铁。32个人都是40岁左右的农民,从青年到壮年,上面有规定的。我们那班人啊,运煤渣,弄煤,浇铁,到定海码头卸货之后去运煤渣,30多个人运了半个月。当时小高炉有些建造起来了就烧高炉去了,三班倒,我上班是晚上,上8个小时。后来厂长叫我去厂部报到,当了厂里的团委副书记,开始搞后勤、管青年、管宣传,做了不到4个月,到1958年12月份我就参军了。

报名参军,我是带头去的。厂里领导不让我去,说"你搞得有一定小水平,领导都比较熟悉了,你还是不要去参军"。那怎么办呢?只能听领导的,就没去。后来部队人招不够,有些人体质不合格,再叫我去。那时当兵也要有条件,家庭要有正劳力,家庭劳动力是你的父亲,那就可以,如果唯一劳动力是你自己的话,不能当兵,所以我要积极参加当兵。我去参军当兵父亲根本就不知道,第二天早上我衣服穿好棉毛裤带好要出发了,我父亲听同乡的工人带信才追来定海,我父亲说:"总要说一声吧,我又不是不让你去,我让你去。"

我当的是本地兵,当时舟山部队多,我们陆军一般都在本地,新兵连在白泉鸭蛋岭,后来当通信兵在毛洋周。在部队期间我因为有文化又肯吃苦训练,当上了技术能手,人家3年退伍,我又留队1年。

1962年,我申请要结婚,部队调查时,知道了对象家里有海外关系。部队首长一定要我留队,团长、政委都做工作说可以给我提干,但说现在的对象有海外关系,成分不好,要拒绝,重新再找,让我重新考虑婚事。我没有动摇。最后领导说那你再留队1年，负责"传帮带"。所以我们结婚是在1962年，我还在部队里时结婚的。我第二天要结婚了，当天晚上还在搞技术交流和军校教育。一般来说明天要结婚了，今天要挑嫁妆啊，要到女方家里去了，可副司令不让我回去，还让我在白泉搞技术交流，到晚上10点钟，守备区司令部专门派了小车送我到家里。

我妻子叫夏文花，本村人，生在贫下中农家庭，有一兄三姐，我们是自由恋爱。我们小时候读书时就认识，后来我在村里当团支书，团员开会时，她作为团员来开会，就进一步认识了。那是1956年左右，她在村里当出纳会计。当兵前，我想自己到了适婚年龄，看看周围适婚女青年中就觉得对她比较有好感。当兵之后，就试探性给她写信，没想到她马上回信了，说明她也有意。一来一回，半年以后，关系稳定下来。关系定了之后，我叫上要好的两男青年去了他家，她父母就也知道了我们的恋爱关系。

我最难忘的一件事，就是她学自行车的时候，摔伤了手臂，那时我在部队也不在她身边，她就叫土医生看看，结果没有好都肿起来了。后来在定海碰到两个宁波女人到舟山买笋，说宁波陆银华伤科最好了，建议她去看。她和那两个女人约好，第二天到定海码头，就在宁波陆银华医院开刀，住院住了一个月。我都不知道这个事情，部队也不能随便外出，后来才知道。她写信来告诉我，说我们分开算了，你再去找一个好女人，我的手已经残疾了。我想起当时邻居也说，谈恋爱出这种事情太不吉利了，他给我另外说媒去。我考虑到，她处于最困难时期，要是分手，那良心上是过不去的。再说她提分手，就是主动为我考虑，我更不能分手了。我当即就下定决心要定她了，这是我人生中较难忘的事，也是我应有的品格，否则对女方太伤害了。此后，我们就进一步确定了关系。

我老婆夏文花的哥哥，叫夏和利，1954年左右经跑船的姐夫介绍去香港跑船，然后他老婆也接去了香港。1986年他儿子夏阿登，以前在村里当会计，带着孙子、孙女也出去了，定居香港。这个海外关系就影响了我们的结婚政审。如果留在部队我肯定就提干了，提干其实是我自己不同意的，宁愿不提干，也不愿辜负了对象。恋爱时碰到困难、突破困难还能在一起，现在想来就是很珍贵的感情。

现在我们两个儿子一个女儿都在外面工作。大儿子在宁波农业银行做过农业分行主任，小儿子在定海民爆公司，女儿原来在白泉镇搞档案工作，现在也退休了。我们夫妻俩就守在这老家，享受这来之不易的幸福生活。

编者按：此文根据浙江国际海运职业技术学院讲师何丽丽、吴海霞于2022年4月16日、6月27日对朱明权的采访稿部分内容整理。朱明权的经历比较丰富，家庭情况及其婚姻经历是特殊年代的一个缩影。

第二节　岁时风俗

岁时节令,也称为岁时、岁事、时节、时令等,是人们的社会生活中约定俗成的一种集体性习俗活动。各种岁时风俗活动的产生,显示了我们祖先对自然运动规律的认识与把握,探究其根源,即是人们祈望五谷丰登、人畜两旺、岁岁平安。

春节,它是中国传统的新年,是我们中国人一年中最重大的节日。更确切地说,春节是一个节期,从旧年的腊月过到新年的正月。在这样一个俗称"过年"的时间段里,各种习俗纷纷登场亮相,充满着浓浓的"年"味。正月初一这天,大家很早就要起来开门,迎接财神。早点开门的意思是让新一年的财神进自己家,怕晚了财神进别人家了。开门后,在灶神前点燃香烛,放上一杯茶水和水果、糕点等供品。初一早上,小孩子也起得很早。他们穿着新衣服,腰里系着沿身布襕,口袋里装着父母给的压岁钱,兴高采烈地到各家各户拜年,口里不断喊着"阿公新年好""阿婆新年好"……每户都备有礼物相送,一般有炒蚕豆、花生、番薯片等。如果有小糖、柑橘,则小孩们喜欢得如获至宝。此习俗在20世纪70年代前还较盛行,如今已基本消失了。正月初一的早餐,一般以素食为主,以年糕、汤圆为主食,意谓年年高、团团圆圆。有加黄糖的汤年糕,俗称"涨缸汤",也有加入浆板(酒酿)的汤年糕,还有吃浆板汤圆的习惯,包含了"年""高""糖"等吉利字,希望生活像糖一样甜,一年比一年高,一年比一年好。初一早上,还要上山去祖宗坟墓前祭奠,俗称"拜坟头岁",以示对逝者的思念和孝敬。亲属上山到祖宗坟头祭奠,需背上锄头畚箕,带好供品,供品多为水果、糕点。到坟头摆好供品,点上香烛祈祷几句,一般是"请祖宗大人,保佑合家平安"等。祭奠完毕,在坟头上洒上土,打扫坟墓周围的杂草。之后外甥等来娘舅家拜岁时,也会到外公外婆坟墓上去祭奠。旧俗,正月初一不拜岁,初二开始到亲友家拜岁。拜岁顺序:先拜外公外婆、爷爷奶奶,再拜舅舅舅母、阿姑姨爹……总之按辈分大小、亲疏关系而定。旧时走亲拜岁的礼品比较简单,一般都是红枣、黑枣包头,桂圆算是最好的了。如今的拜岁包头却是五花八门,有送烟酒的,各种补品的,有的干脆将现金给老人们。小孩们在走亲时,会得到各位长辈发给的红包(压岁钱),解放初只有几角钱,后来增至几元,如今的红包最低的也有一两百元了。接下来就是拜回岁,一般同辈人都要拜回岁,这就是礼尚往来吧。财神在春节期间是比较忙碌的,初一到初五要连着跑两趟。传说正月初五是财神菩萨生日,因此,这一天人们起得特别早,请进财神供奉。每当正月初五要祭供财神,桌子用八仙桌,香烛在上首,香炉下压着"财神尊神之位"的纸"祃",祭品是肉、鱼、糕饼、果子等,用"三茶六杯酒递三巡"礼。供完后,将"经箔""祃"烧化。初五以后,走亲访友渐渐稀疏,最迟到元宵也要结束了。

一到正月初十和十五,老年妇女就成群结队入庙烧香,合掌礼拜。正月十四,又去各桥头伏拜,插香烛于桥边。所拜的庙或桥必满十处,俗称"烧十庙、走十桥"。正月十三,一般家中要做"上灯羹饭",祭祀亡故祖宗;正月十八,再做"落灯羹饭"。正月十四,家家户户都煮"菜米粥"。粥里不仅有米,还要加上蔬菜、红枣、肉块、豆腐、花生等十种或十种以上食物,意谓大吉大利和十全十美。正月十四晚上,还要在火缸里煨年糕吃。晚饭后,有小孩的人家,多要煨年糕,谓"煨蛇头"。传说吃了"煨蛇头",这一年就不会踩着蛇,家里也不会发生火灾。旧时,正月十五那天,有和尚到每户灶神菩萨前去上香,祷祝住户团团圆圆、平平安安。主人在灶上放些零钱作为酬劳。春节期间,有的人家出钱请戏班来本地各寺院庙宇做庙戏,因寺庙的戏台正对着大殿供奉的菩萨神灵,因此又称"菩萨戏"。

过年期间除了各种习俗和活动之外,还讲究各种忌讳和礼俗约定。正月初一不能动用扫帚,否则会扫走运气、破财。假使非要扫地不可,须从外头扫到里边。到今天许多地方还保存着这一习俗,除夕前扫除干净,大年初一不动扫帚,不倒垃圾,备一大桶盛废水,当日不外泼。新年里也不可以打碎家具,打碎了是破产的预兆,得赶快说声"岁(碎)岁平安"或"落地开花,富贵荣华"。大年初二,出嫁的女儿回娘家,要夫婿同行,所以俗称"迎婿日"。这一天,回娘家的女儿必须携带一些礼品和红包,分给娘家的小孩,并且在娘家吃午饭,但必须在晚饭前赶回婆家。在过去,一家人也会选择这一天拍张全家福。大年初三又称赤狗日,与"赤口"同音,通常人们不会外出拜年,传说这天容易与人发生口角争执。不过这个习俗早已过时,因为现在人们难得春节团聚,对此已经淡化许多。大年初四是接财神的日子,过去,老板想将某人"炒鱿鱼",这天就不请他来拜神,对方也就心知肚明,自个收拾走人。还有传说,灶王爷这天要来查户口,因此也不宜远出。正月初五俗称破五,要"赶五穷",包括"智穷、学穷、文穷、命穷、交穷"。人们黎明即起,放鞭炮,打扫卫生。鞭炮从里往外放,边放边往门外走。说是将一切不吉利的东西轰将出去。大年初六,商店酒楼才正式开张营业,而且要大放鞭炮,不亚于除夕的境况。传说这一天最受欢迎的是当年满12岁的男孩,因为12是6的2倍,这叫六六大顺。这一天,每家每户要把节日积存的垃圾扔出去,这叫送穷鬼。大年初七是人日,即人的生日。根据《占书》记载,由初一开始,上天创造万物的次序是"一鸡二狗、三猪四羊、五牛六马、七人八谷",所以大年初七就是人日。大年初八是谷日,传说是谷子的生日,也叫顺星节,传说是诸星下界的日子,天空星斗出得最全,如果这天天气晴朗,则预示这一年稻谷丰收,天阴则年歉。大年初九,民间习俗是玉皇大帝的诞辰,要举行盛大的祭天活动。大年初十是石头的生日,这一天凡磨、碾等石制工具都不能动,甚至要祭祀石头。正月十一是"子婿日",是岳父宴请女婿的日子。初九庆祝"天公生日"剩下的食物,除了在初十吃了一天外,还剩下很多,所以娘家不必再破费,就利用这些剩下的美食招待女婿及女儿,民歌称为"十一请子婿"。过了正月十一,人们开始准备庆祝元宵佳节,从正月十二开始选购灯笼,搭盖灯棚。

　　每年农历的正月十五日,春节刚过,迎来的就是中国的传统节日——元宵节。正月是农历的元月,古人称夜为"宵",所以称正月十五为元宵节。正月十五是一年中第一个月圆之夜,也是一元复始,大地回春的夜晚,人们对此加以庆祝,也是庆贺新春的延续。元宵节又被称为"上元节"。 按中国民间的传统,在这天上皓月高悬的夜晚,人们要点起彩灯万盏,以示庆贺。出门赏月、燃灯放焰、喜猜灯谜、共吃元宵,合家团聚、同庆佳节,其乐融融。元宵节也称灯节,又称"摆灯祭",正月十三为"上灯",至十八"落灯"。此时,家家户户要制作小型的鱼灯、虾灯、蟹灯、花篮灯等;大户人家或寺庙方制作大、中型马灯,船灯、龙灯等;商店、渔行、协会等还把彩灯高挂门口。正月十三白天,各寺庙在神像前摆放好"三牲"或"五牲"、荤菜、素菜、糕类、果品等供品。晚上,居民将各种花灯点上蜡烛,列队赴当地寺庙聚会,在神像前参拜祈祷消灾纳福。此时,寺庙里还要将收藏的古董、书画、文物、珠宝等器玩摆出来供神,彻夜不息,这就是所谓的"摆灯祭",以十四那天为最盛。定海城区的东管庙、内外太保庙,都要开放娘娘、菩萨房间,供人游览。"猜灯谜"又称"打灯谜",是元宵节的一项活动。旧时,有好事者准备各种奖品,把谜语写在纸条上,贴在五光十色的彩灯上供人猜。传统的元宵灯会,不仅有各商铺、人家的灯彩展出,又有各种文艺演出,俗称"元宵出会"。出会时,首先是各类精致的花灯巡游,由专人进行舞动;其后是各类节目,如舞龙、舞狮、跑旱船、踩高跷、马灯舞等。

　　过了元宵之后就是清明,清明节又称踏青节、行清节、三月节、祭祖节等,节期在仲春与暮春之交。清明节既是自然节气点,也是传统节日。扫墓祭祖与踏青郊游是清明节的两大礼俗主题,长久以来,清明节已成为一个与祭祀、娱乐、农事相关的综合性节日,其间的习俗,也体现出综合性的特点。每年清明节前后三天,人们会到自己祖坟上祭祀,俗称"上坟"。祭奠时,出于对先人的尊重怀念之情,人们皆先剪除杂草,修整陵木,搬土培坟,所以称之为扫墓。继而,点香烧烛,摆螺蛳、青饼、条子糕、菜肴等供品,老式的家长率全家老小下跪磕头,新式的行鞠躬礼。祭礼毕,于坟顶加土、插竹幡,挂纸铜钿,撒米饭、蛳螺等物,谓"上坟"。焚烧纸钱及冥钱,给围观上坟的小孩分"麻糍钱"(麻糍即青饼,其形状有圆形的,也有菱形的)。上坟后,回家还要做"清明羹饭"。这里值得一提的是:旧时上坟时供品有一个特色,许多菜肴系凉菜与凉拌菜,还有清明特色点心——青饼、条子糕皆可冷食,由此可以看出,寒食节的习俗虽早已式微,但它的精神仍保留在清明的食俗上,历久不衰。此外,民间还有一个习俗,清明节这一天,城郊及渔农村居民妇女头插菜花、青蒿,门插柳,俗话云:"清明戴花,来世有妈;清明戴枝青,来世有亲人;清明插杨柳,来世有娘舅。"

立夏是一年二十四节气中的第七个节气,过了这一天,标志着春天已经过去,夏天已经来临,农家忙于耕作,渔民忙于鱼汛,渔农业生产大忙季节开始了。立夏时,舟山人有特殊的过节风俗。旧时,这天中午,家家户户都要做立夏羹饭(祭祖)。立夏的另一项活动是"称人"。旧时磅秤尚未流行,立夏中午吃过饭都要举行"称人"。称人均用大秤,秤纽用粗绳悬于走廊梁上,受称人拉住秤钩,双足悬空,由司秤人移动秤锤,报告重量。妇女、孩子手力不够,就在秤钩上用绳子悬一椅子,人坐在椅子上,双手拉着绳子称。按旧俗,除立夏外,平时不能称人,只有猪猡才可随时称重量。要知自己轻重肥瘦,唯在立夏才能得知。另外,小孩子有一项活动——碰蛋。立夏前一天晚上,家里用茶叶加茴香、桂皮煮好鸡蛋或鸭蛋,第二天分给孩子吃,据说"立夏吃个蛋,力气长一万"。这天,孩子带着茶叶蛋上学,课间休息相互用蛋抵碰,先破蛋壳者为输,赢者可对输者刮一个鼻子,或轻轻打一下手心等。

端午节是中国最古老的民俗大节,集拜神祭祖、祈福辟邪、欢庆娱乐和饮食于一体。家家户户门悬菖蒲、蕲艾(俗称蒲剑、艾旗);用菖蒲根剪成人形,串以彩线,佩于儿童身上。制香囊放于箱笼中,或挂儿童胸前;妇女用蛋壳画儿童跨虎图,俗称"蛋壳老虎",挂于床沿,借以祛邪;配制雄黄酒饮服及喷洒内外,驱邪消毒。用彩线扎成圆形辫子,系于儿童手腕(男左女右),叫"缠手绳""长命绳""端午绳",直至七月初七剪去,用雄黄酒在婴儿额上写"王"字,谓可避邪。端午节家家裹粽子,做乌馒头、团子等,祭祀祖宗,或馈赠亲友。新中国成立后,民间开展的活动越来越丰富,有挂艾草、佩香囊、食粽子、做羹饭、赛龙舟、放风筝等。

七月初七女儿节,传说每年农历七月初七是牛郎织女一年中唯一能相聚的日子。此节最早在《夏小正》中有记载,汉时《古诗十九首》中有各种描写。唐、宋后在七月初七就有各种活动,如乞富、乞寿、乞子、乞聪明(据宋陈元靓《岁时广记》等)。人们大多把七月初七称七夕节,亦称乞巧节、女儿节、小儿节、双七节、香桥会等,在舟山称女儿节。舟山人大多来自内陆各地,因此就形成了这一天特有的习俗。

七月半俗称"鬼节""中元节",旧时七月半前后数日在村口设坛,请僧道打醮放焰口,沿途高挂天灯,在溪沟放水灯,敬送神祇,驱逐野鬼,以保水陆平安。是日,家家做羹饭祭祖先。七月三十日家家烧纸钱、插地香送鬼。新中国成立后,放焰口泯灭,做七月半羹饭和插地香仍行。

农历八月初八,老年妇女结队还会去八个寺院烧香拜佛,俗称"赶八寺",应"八字"谐音(意为人之命运),有"今世多烧八寺香,下世嫁个富贵郎"之谚,赶八寺者视万寿寺乃必到之寺。

中秋节,又称拜月节。中秋节自古便有祭月、赏月、吃月饼、玩花灯、赏桂花、饮桂花酒等民俗,流传至今,经久不息。中秋节以月之圆兆人之团圆,为寄托思念故乡,思念亲人之情,祈盼丰收、幸福,成为丰富多彩、弥足珍贵的文化遗产。

重阳节,农历九月初九,二九相重,称为"重九",民间在该日有登高的风俗,所以重阳节又称"登高节",还有重九节、茱萸、菊花节等说法。民间有插茱萸、赏秋、赏菊、登高、踏秋等活动。由于九月初九"九九"谐音是"久久",有长久之意,所以常在此日祭祖与推行敬老活动。重阳节与除、清、盂三节也是中国传统节日里祭祖的四大节日。2012年12月28日,法律明确每年农历九月初九为老年节。

腊月初八"腊八杂八粥":旧时,舟山农村有个风俗,每到腊月初八,家家户户要煮一锅粗杂粮混合的粥,全家老小都喝上一碗。农民称它为"腊月杂八粥"。为什么要吃一碗"腊月杂八粥"?各地传说不一。第一种说法与佛教仪俗有关。传说,农历十二月初八是佛腊日,是释迦牟尼佛彻悟得道的日子。古时候,每逢这一天,各寺院都要诵经纪念,以各种香谷、果实煮粥供佛,称为"腊八粥"。佛教仪俗中还有一个"布施行善"的规矩,每年腊月初八佛门弟子要用各种粗细杂粮熬大锅"杂八粥",布施十方游僧和饥寒贫民,以行善积德,后来,这种风俗渐渐传到民间。第二种说法是吃"腊月杂八粥"与祭灶神有关。传说,"腊八"与"祭灶"都是农历十二月的两大节令。灶神每年腊月廿四要上天奏本,向玉帝禀报农家行为。农家于初八就熬好一锅"杂八粥",先盛一碗供于灶神前,一面向灶神示意自己克勤克俭,祈求来年生活富裕;一面让灶神吃了这黏糊糊的杂八粥,"上天奏好事,下界保平安",在玉帝面前少说农家坏话。腊八粥的原料,可多可少。小户人家用大米、小米、江米(即糯米)、红小豆、豇豆、红枣熬一锅粥,颇为甜香可口。昔日豪门大户若煮腊八粥,讲究起来可就无尽无休了。除上述几种普通原料以外,还要增添珍珠米、薏仁米、菱角皮、鸡头米、赤豆、绿豆、豌豆、芸豆、莲子、花生仁、松子仁、榛子仁、核桃仁、白果、栗子、桂圆肉、荔枝肉、红枣、金丝蜜枣、青梅、瓜条、橘饼、金糕条、梨干、桃脯、苹果脯、蜜饯温朴、蜜饯海棠，再加上瓜子仁、炒芝麻、青红丝、红白糖等等，加上外用果料，几乎有上百种之多。

舟山民谣说："廿三祭祭灶，廿四掸掸尘，廿五廿六搡点心，廿七廿八不回就是过年人。"依照传统风俗，农历腊月二十三日叫作"小年"。之所以如此称呼，因为再过几天，作为"大年"的春节就要来临了。因此，也可以说"小年"是"大年"的前奏或序曲吧！廿三祭灶的传统在舟山历来流行，许多家庭都会在厨房留出一个位置供奉灶君，贴上灶君像，两旁贴上"上天言好事，下界保平安"的对联，祭灶便是厨房一年中最重要的日子。灶王爷自上一年的除夕以来就一直留在家中，以保护和监察一家；到了腊月廿三，灶王爷便要上天，向玉帝禀报家家户户的好坏善恶，玉帝根据灶王爷的汇报，再将这一家在新的一年中应该得到的吉凶祸福交于灶君之手。因此，各方百姓家家户户都会在这天给灶王爷供上好吃的食品，寄望于灶王爷向玉帝多多美言，恩泽凡世。祭灶时，要放些祭灶果、水果之类的，放上两杯茶和两碗饭，点上香、蜡烛就可以了。祭灶果是一种老幼皆宜的糕点，由芝麻枣、红白球配上油果、黑白交切糖、芝麻脚骨糖、寸金糖、白麻片、冻米糖组成。芝麻枣：大概是祭灶果的原型，用糯米炸成，里面呈蜂窝状，外面裹有芝麻。红球、白球：由糯米粉油炸而成，个头大大的，里面是空心的，用可食用色素染成红白色，取"金银满堂"寓意。藕丝糖：在麦芽糖之外滚上一层白芝麻，形似黄澄澄的金条。黑白交切：俗称"脚骨糖"，寓意"脚骨健健过"。洋钱饼：一个个小圆饼裹满白芝麻，形似一枚枚铜钱。这些糕点，有共同的特点，就是重油重糖，又甜又黏，寓意粘住灶王的嘴，不要乱说话，要多多美言。也有讲究一点的人家，祭灶的东西比较多，那就要在灶君前面摆一张小桌子，第一排点上香、蜡烛，第二排放上祭灶果，也可以放些花生、水果、糕点之类的，第三排放5盆蔬菜，蔬菜可以清炒或做羹。这个蔬菜放好后，上面还要放一小撮金针菇，金针菇上面再放发好的黑木耳。除了放这些，还有三茶（只放茶叶）六酒，五小碗饭。舟山大多数人家祭灶的时候还会放一些经和金箔折的元宝。灶君要去汇报，交通工具自然少不了，所以还要将用草扎的草马或纸折的纸马，放在灶门口，也可以放在桌子上或者桌子下。可不能怠慢了这匹马，因此还要给马儿准备一小碗水，一小撮稻草，还有一小盆炒熟的黄豆。祭灶开始的时候要祈福一下，快结束的时候也要，中途的话可以随意，结束后把老的灶君像、灶君旁边的对联、金箔折的元宝、经、草（纸）马都要烧掉。但是，给马准备的水、稻草、黄豆等要放着，等到第二天早上再拿掉。灶君向玉帝禀报完毕，自然还要再回来，所以，我们要在大年三十的时候把灶君请回来。怎么再把灶君请回来呢？到了大年三十晚上，在灶头贴上新的灶君像、对联，然后放一盆整条的年糕，一碗"年羹"（将年糕切片或块，和芋艿、萝卜一起煮），把灶君请回来。

除了农历腊月廿三祭灶,在定海,八月初三灶君的生日,也是要祭灶的。

祭完灶就可以谢年了,如果谢年是在下午进行,做羹饭一般就在晚上,也可以第二天做。谢年是祭拜菩萨,做羹饭是做给自己祖宗享用的,这个次序绝对不能颠倒,至于做法,和其他羹饭一样。"有钿吃钿,廿八谢年。"谢年是中国传统岁时节令中重要的一项民间习俗,也是非物质文化遗产中的一个组成部分。舟山人谢年,除感谢天地神明保佑,还祈求来年风调雨顺、五谷丰登。一般从农历十二月廿四开始到廿八,不过有的人家也有到廿九、三十的,所以要在农历十二月廿四之前把家里都打扫干净了,干干净净地迎接新年。

除夕为岁末的最后一天夜晚,又称大年夜、除夕夜、除夜等,是除旧布新、阖家团圆、祭祀祖先的日子。岁除之日,民间尤为重视,家家户户忙忙碌碌或清扫庭舍,贴春联、贴福字、贴窗花,增加喜庆气氛。除夕最重要的是吃年夜饭,人们无论在什么地方,都千方百计赶回家吃这顿团圆饭。菜肴丰富,有鸡、鱼、肉各种美食。吃完饭,燃放烟花爆竹,爆竹声声除旧岁,然后守岁、看春晚,在爆竹声中迎接新的一年。

第三节　生产习俗

"百里不同风,千里不同俗",不同地区都有自己的乡风民俗。"风"因自然环境而形成,有的逐渐消失,有的依然盛行,体现"俗"受社会文化制约而展现。风俗是一个地区文化的传承,也是祖先生活痕迹的遗留,是民众日常自然自觉的习惯养成,也是群体约定俗成的向心行动。生产习俗、生活习俗、人生礼俗、岁时风俗,可以说贯穿每个人的一生。很多乡风习俗充满生活意趣,这个区域这个村落各个时期的村情风貌、人生百态,又体现文化内涵。皋泄村因为是纯农村,所以其生产习俗基本都与农林业生产密切相关。

旧时,立春日,农家都要挂春牛图。每年春牛图各不相同,有牛倌手拉绳子牵着耕牛走,意谓当年农时季节迟,耕牛较空闲;有牛倌手提竹鞭在耕牛后面赶,意谓当年农时季节紧,耕牛特别忙;有牛倌骑在牛背上吹笛,意谓当年风调雨顺,年成特别好;等等。春牛图除预卜一年农业丰歉外,主要是标出一年生产季节和潮水涨落时辰,是旧时一种简便的农事挂历。在耕牛转让时,买主要带牛绳将旧牛绳换下,叫作"断索",表示买卖双方均不得反悔。

晚稻杨梅是皋泄的果木特产,也是旧时村民的重要经济来源,每当水果成熟时,果农习惯在山间地头搭草棚以看管,闲人进入果园,吃一点不计较,但不准拿,故有"吃勿论,拿勿肯"的说法。上山吃杨梅前要先嚼几片树叶子,以防碎舌、酸牙。如果木不长果子,主人在大年三十的夜晚会去鞭打树根,催其多生,所谓"会生勿会生,年三十夜打"。如李树不结果,就在树上挂一只破草鞋,人执鞭抽打草鞋,打一鞭问一声:"侬会生勿会生?"一人在旁应道:"明年会生了,明年会生了!"以此谶祈丰收。如今科技知识普及,此类习俗渐泯。

正月初一早晨,很多人都早早去庵堂寺院拜菩萨,俗称"拜菩萨岁"。大家都在菩萨前点燃香烛、磕头,祈求菩萨保佑全家顺利发财,风调雨顺,五谷丰登,六畜兴旺。休息到初五,农民开始下地干活,商店开门营业,俗称"初五开假"。新中国成立后,国家规定初一至初三为法定假日,现在规定初一至初七为春节假期。正月十四夜,在舟山各地,兴抬"三姑"(即屙缸、水缸、井潭姑娘)。"三姑"必须要由未婚姑娘去抬,且要点香与素菜、饭、茶等供奉,抬来后即闭门,选两名姑娘对扛筲箕,用半截骨针在沙盘上划字,卜年景丰歉,流年顺逆。结束后要将"姑娘"送回原处。

清明后浸秧子谷,农民俗称"秧子落缸(桶)"。在秧子桶上放一张红纸,压一把镰刀,寓意镇邪。新中国成立后,此俗不多见。旧时农家插秧,因自己劳力不够,常请邻居或亲友帮工,插秧结束要请吃酒饭,表示感谢,俗称"打散"。有"种田不打散,三亩割拢吃一餐"之谣。农业合作化期间此俗废,20世纪80年代土地实行承包后,此俗又兴,以示敬重农忙帮工,尽量给予款待。

旧时遇久旱,农民习惯请龙求雨,由地保或村族长者为首,聚集村民,扎一草龙,备带三牲福礼,执水幡(青竹棒上挂纸幡),抬着"龙亭",到高大山龙潭或泄潭旁进行供祭,将龙潭中首先出现之鱼、虾、蛇、蛙等水族,捕得其一,作为"龙王"替身,盛于钵盂,放入龙亭,抬回供奉,待下雨后送回潭中。如请"龙"仍不下雨,便将"龙王"暴晒于烈日下,俗称"烤龙王"。新中国成立后,提倡科学,兴修水利,基本解决久旱不雨灾荒,此俗乃绝。

农民造屋,是件大事,先请风水先生择地定向,破土、定磉、上梁皆需择吉日良辰。上栋时,先在栋梁两边挂红布,中贴横批,两头各挂内盛谷物种子麻袋1只,栋柱上贴绿或蓝色楹联,木匠师傅将房梁安上,遂抛下麻袋,主人子女等在下面接着,意为"传宗(种)接代(袋)"。此时最喜下雨,以应"及时下雨,生活富裕"之兆。上梁毕,要办酒宴请亲友及各作工匠,俗称"办竖屋酒",并馈送馒头,俗称"分竖屋馒头"。过去竖屋酒都在上梁之日举办,如今则在房子建筑基本完成后,才另择吉日举办,并举行上梁祝福仪式,媳妇娘家要挑一担竖屋团。其他主亲都会送礼祝贺,礼金高低不等,一般都在几千元。如果购置商品房,则改为进屋酒。造屋时,四周邻居在各自屋上挂红布或插红旗,意谓避免"风水"被造房户独占,此俗虽属迷信,但仍沿袭至今。砖工建房上门枋时,要宰杀公鸡,将鸡血淋门口,叫作"祭门神",并口念祭词"鸡血淋到东,恭贺东家添儿孙;鸡血淋到西,恭贺东家多添丁",众人互相呼应,以求吉利。木工供奉"鲁班师傅",最忌讳清晨有人坐其工具凳,意为坐冷板凳,即无生意可做。

除以上重要的生产习俗、人生礼俗、岁时风俗外,生活中还有一些约定俗成的情况,也比较受重视,表达人们希望无病无灾、一生顺遂的良好心愿。如当路倒药渣,将中药渣倒在路上,任人践踏,意求病速愈。传说古时某人久病不愈,张果老(神话中八仙之一)骑驴经过,无意踢翻药罐,该病人即痊愈。人闻此奇,即沿袭成俗,吃完中药故意将药渣倒于路上。此习虽影响环境卫生,但至今不止。如包乡土,乡民出远门或往国外谋生,旧时多用红布(纸)包一撮泥土带着,一示不忘故乡,二防出外水土不服,祈求消灾除病。今人作为爱故乡、爱祖国之象征而沿用。

　　新中国成立前,村内居民的住房都是以泥石墙为主,连砖木结构也很少,有些户还用小竹当屋栓,一些用房小屋还有少数草房。新中国成立后,直到20世纪60年代,居民新建住房较少,大部分农户还只能是修旧补漏。到70年代末80年代初,曾掀起一阵新建住房的高潮。当时修建的住房,一般都是以砖木结构为主,有些开始自己浇制钢筋水泥梁,代替木料桁条,只有几户建造楼房的,才使用钢筋混凝土浇一道圈梁,用水泥多孔板做楼板。而墙面抹灰用水泥沙灰的也不多,大多数全利用当地黄泥沙和石灰抹面,因此质量较差。由于当时居民造房,所有小工都靠亲友邻舍帮忙,只支付每天2.4元师傅工资,因此造价较低,每平方米不会超过50元。该段时间所建住房还是以平房为主,只有三五户居民开始建造二层楼房。90年代以后所建住房,村民才开始讲究质量。新建住房,则以钢筋混凝土结构的二层楼房为主,墙面上开始用马赛克贴面,并用铝合金做门窗,不但重视质量,而且讲究外貌美观。此时的造价以三底二面为例,都在5万~6万元,最高也不会超过10万元。21世纪以来,村民建房时,逐步增强了预防地震意识,所以建房质量要求越来越高,当然,建房成本也随之越高。特别是最近三四年间,随着居民收入的较快提高,又掀起拆旧房盖新楼新高潮,全村每年审批建房户都在六七十户以上,2013年曾多达150多户。如今村民所建的住房,绝大多数都是农村别墅楼样式,每幢造价在30万元以上。

　　过去,农村中有"新三年,旧三年,缝缝补补又三年"之说,这并非虚言,事实就是如此。在未实行计划生育的年代里,一家三兄四弟也很经常,多子女的农村贫困家庭中,解决子女温饱已经很不容易,要添置新衣服,只能老大优先,轮到老小只好穿改了又补的旧衣服。不但衣服都有补丁,就连一双布鞋,也会修补几次。为此在喜庆做客时,有人因自己没有好的衣服,只得向别人借用。20世纪60年代前,居民穿的基本上都是自做布衣衫裤,只有少数人到裁缝店定做衣服。当时流行制服系卡其布料的"列宁装"和"中山装",后又有的确良及灯芯绒衣服。80年代开始流行化纤、涤纶及呢毛制服。90年代后,农户请人缝制衣服的逐渐减少,兴起购买成衣,如夹克衫、西装、羊毛衫、羽绒衣等。如今居民所有穿戴的服饰,大都在成衣商店购置。过去干农活时都穿草鞋,后来改穿解放鞋,如今穿的是运动鞋,有的甚至是皮鞋。遇到下雨天,则穿套鞋或高靴,过去的襄衣、笠帽已成为难找的古董了。

　　新中国成立前,农户中的生活用品以木制为主,有大眠床、踏床橱、衣橱、椿凳柜、房桌凳、幢箱橱、开门箱、闷头箱、被柜、八仙桌、提桶、果桶以及大小脚桶。有钱人家还有白骨嵌的七弯凉床、搁几、茶几、红木椅子。一般农户并不齐全,困难的家庭买不起大眠床,只得睡搁铺。新中国成立后,随着农户生活提高,以及生活用品更新,一些老家具逐渐被转换和淘汰。1970年起逐渐使用搪瓷、铝制品。自行车、缝纫机、收音机及自鸣钟开始进入农家。1980年后,使用了塑料用品,开始购置部分电器设备,如电风扇、录音机、电冰箱、黑白电视机等。房内改用三门大橱、席梦思床、写字台、沙发等。1990年后,室内开始装潢,置设组合式家具,彩电、冰箱、洗衣机、电话机进入了普通农家。21世纪后,农户更加重视室内装潢,客堂装置大屏幕彩电、组合式沙发,并摆放花草。手机替代了电话机,电动车替代了自行车,多数农户开始购置私家车,安装了家用电脑,通上了网络。

劳动生产是村民重要的日常活动,在漫长的生产过程中,人们慢慢摸索出一些生产方式,并赋予一定的礼俗意义。这些生产习俗的产生,往往表达人们美好的希望,以便更好地完成生产。旧时有不少生产习俗带有封建迷信色彩,新中国成立后由于农民群众文化水平、科学知识的提高,已不再沿用,但在这些变迁中祖辈的创业不易值得铭记。

延伸链接

王玲仙和她的"养老院"

洪 伟

正当王玲仙在厨房里准备10多个人的饭菜时,丈夫舒阿国一边抱着孩子玩游戏,还时不时地照看一下周围的老人们,院子里传来一阵子"呵呵……"的憨笑声。

王玲仙的家是个家庭式的福利院。用王玲仙的话说,住在这里的人,都是一些特殊的人,有的甚至不知道自己是谁。他们和王玲仙非亲非故,但是王玲仙于他们却胜似亲人。

王玲仙的家庭式福利院说大不大,说小不小。几百平方米农房里住着老老少少10多个人,其中有两个小孩,与福利院相比,显得小了点。

自从2006年在政府的关心下,办起了家庭式福利院,收容了这些"特别"的老老少少后,这个原本沉寂的家庭就热闹了。王玲仙夫妻俩也开始了忙忙碌碌的看护生活。

一扇上锁的铁门

难得碰到王玲仙外出,周二的上午却让记者赶上了。

在定海区白泉镇皋泄社区富强村里,社区舒书记说,王玲仙是个爽气的人,也是个善良的人。

舒书记帮记者联系了王玲仙,她说她上午不在家,不知道下午回不回来。舒书记给记者指了路,记者决定先去看一看。

这是一个偏僻的小山坳,乘公交车在毛洋周桥头站下车后,再一直往南走,一条窄小的水泥路一直通往山脚。

正在地里浇菜的一位村民指着王玲仙的家说:"喏,那就是她家,她可是个会吃苦的人啊,住她那里的也都是些蛮可怜的人。"村民说的可怜是指那些人生活基本不能自理。

这里的农民是出了名的勤劳,村民主要经济收入来自蔬菜种植。沿路,记者看到一幢幢的农村小别墅盖起来了,可王玲仙家的房子还是一座相对老式的两层式的楼房,东南朝向,由于附近的村民家都朝西南,所以显得和别家有点不一样。

大概又走了10多分钟,就到了王玲仙家门口,可是记者发现铁门紧闭,还加了道链条锁,里面也没有声音。记者想想家里没有主人,就没有进去。

一张张呆滞的脸

第二次去王玲仙的家,是当天下午,记者联系了王玲仙之后,她说刚好回到家。

由于熟门熟路,记者直接到了她家。王玲仙是个热情的人,她利索地打开了铁门的两道锁后,让记者进去。里面是几百平方米的道地,从屋子里探出了三四张略显呆滞而又漠然的脸。

王玲仙赶忙搬了一张藤椅给记者坐,正坐在屋檐下的一位长眉老人,则起身示意王玲仙坐下。老人面无表情,说着含糊不清的普通话。王玲仙说,这位老人看起来80多岁了,但是不知道自己是哪里人,甚至不知道自己叫什么。

长眉老人在王玲仙丈夫舒阿国的搀扶下坐到了里间看电视去了。舒阿国出来后,笑着对记者说:"阿拉这里住的都是这样的人。"

记者四处察看了一下这个福利院,楼下三间房间内,错落地放着几张床,尽管简陋却非常整洁。靠西边的一间房子里,床上还躺着两位老人,看到有生人来,眼睛木木地看着记者,并无言语。

一次次深夜的惊醒

靠西边的一位老人要起床了,王玲仙掀开窗帘后,进去料理。

透过窗帘,记者看到一张惨白的脸,一个女人一动不动地躺在床上。舒阿国说,这位中年妇女是从长白乡送来的,好好的一个女人,因为吸毒过量,瘫痪了。现在每月由政府出资1000多元作为护理费用,还给医药费,过年时还会安排专人过来看望慰问。不过最近情况不是很好,身体越来越虚弱了,怕是熬不长了。说话间,王玲仙的眼里流露的是一种同情与悲哀。

王玲仙说,像她这样躺在床上还好,定时地去看看,不会有什么意外。最怕的是那些老年人,患有老年痴呆症,有时半夜三更起来,冷不防地拉住你的脚,用怪异的表情看着你,几乎能把你吓得半死;有时半夜不睡觉,走来走去,一次次把人惊醒。去年还有两个老人,喜欢乱穿衣服,拿了别人的衣服都往自己身上穿,一件一件地往上套,穿得严严实实,两个人还要相互争吵。

还有的老年人,有时会把屎捏在手里,抹在鞋底,像粉刷一样,一层一层地往地上、墙上抹。

终日面对这样一群时时出状况的痴呆老人,脏、累、苦自不必说。但是王玲仙夫妇必须和他们吃住在一起,其间的艰辛劳苦可以想象。

可王玲仙说,老年人得了老年痴呆症,就该像小孩一样照看着、哄着。他们需要安抚,需要你顺着他们的意思,慢慢让他们安静,让他们信任你。

一遍遍地做着饭菜

王玲仙笑着说:"阿拉有几个老人嘴巴很挑剔,有的晚上不吃一粒饭,要吃年糕,有的要吃包子,有的要吃面条。"因此,王玲仙做每顿饭前心里都得有个底,分批做给他们吃。

王玲仙家的厨房在靠东北的偏间,厨房的门上也挂着铁链条。每次她煮好饭凉着的时候,总会用链条锁上厨房门。"有几个老年人喜欢到厨房里乱翻东西,万一把滚烫的汤喝了,那就不得了。"

王玲仙打开冰箱,拿出早上买来的豆腐,记者看到,冰箱里有鱼肉、蔬菜、鸡蛋,还有一大包面条。她说,这些都是老人们日常的饮食,都是每天骑着电瓶车上菜场新鲜买回来的。老人们一星期吃两次肉，很多蔬菜是自己家种的。

除了平时的饭菜，还有零食。老人们的家人有时候带零食过来了，其他老人就要眼馋了，所以零食我们也随时给准备的。

不一会工夫，一锅青菜豆腐汤做好了，王玲仙分别盛了6碗。接着又开始做青菜煮年糕。

拦着铁丝网的围墙

王玲仙指着围墙上半米高的铁丝网说，打算再加高一点。曾在市第二人民医院做过3年护理工作的她，知道这些老人，有时候情绪不正常了就会乱走，除了不让他们随意走出大门之外，还得注意他们平时的举动。

一个看起来60多岁的老人，正穿着灰色的休闲衫，拿着碰碰球和另一个老年人互相玩耍。他不知道自己的名字，王玲仙只能亲切地叫着："老头、老头，你没有他玩得好。"老人只是傻乎乎地笑。

舒阿国说："这两个人平时闲不住，总是在院子里走来走去，走累了休息会再继续走，不到天黑不肯停下来。"

王玲仙随手从厨房里拿出一个柚子，切开后分给他们吃。这些老人倒也爱干净，用手接着散落的柚子肉，拿着剥下的柚子皮扔掉，地上依然干干净净。

别看这些老人面无表情、神情呆滞，他们的心里其实也是蛮热情的。"福利院里还有两个孩子，他们有时候总是要去抱，还会推着推车照看孩子。"按规定是不能让他接近孩子的，怕吓着孩子。可一个不注意，他们就抱着了，哄着孩子玩，孩子也呵呵地笑，弄得旁边的老人也一起笑。

王玲仙说，这些老人有些是福利院送来的，有些是他们的家人送来的。有几个老人住在这里都已经好几年了，只怕这里将是他们人生的最后一站了，活到这样的年纪，都不容易。

我们老了也需要人照顾

从邻居的口中得知，王玲仙夫妇都已是50多岁的人了，夫妻俩膝下没有子女。

记者没有当面询问她的家庭情况。王玲仙隐约地提及侄子，她说，昨晚侄子打电话来了，说是空一点的时候，来帮他们搭个雨棚，下雨天下面可以晾晒衣服。旁边还有两口大水缸，王玲仙说，这里的水是从书记家引下来的，社区的干部也都一直很照顾他们。

王玲仙说,现在每位护理对象收取的费用是每月1000元左右,还有医药费,虽然辛苦,但靠自己双手赚来的钱用得也安心。

王玲仙说,我们两夫妻的年纪也会大的,我们老了也需要人照顾。以前丈夫舒阿国在定海踩三轮车,现在也一起帮忙照看这些老人孩子,夫妻俩共同的语言还是围绕着这些老人和孩子,他们把自己所有的感情都倾注在了这个或许在城市里并不起眼的家庭福利院上。

舒阿国抱着孩子,王玲仙唤着:"阿国、阿国。"孩子也跟着"阿国、阿国"地喊。旁边,几位老人还是"呵呵……"地憨笑着。

编者按:此文发表于2009年10月23日的《舟山晚报》。

第十二章 历史遗存

第一节　风物遗迹

　　日照禅寺,位于东皋岭墩。初名东皋岭庵,历史悠远。清康熙《定海县志》有载:
"东皋岭庵,城东北十里。"是定海通往皋泄、白泉古驿道上的一处驿站,供村民进城
和回村歇脚之用,后亭内供奉佛像,也成了拜奉佛祖之庵。清光绪《定海厅志》载为
"日照庵"。据编撰于清朝的皋洩《王氏宗谱》记载:"东皋岭罕有胜景流至于后……
岭上有古刹一座,高出云表。当天红日初升,与该庵宇相映射,金碧炫耀,不下灵鹫。
此东皋岭庵由易名日照庵也。"可见当时已十分有名,香火旺盛。据朱应德回忆,清
末时可能是先建寺后建凉亭,三间凉亭建在日照寺正南前,与寺院的墙门只相距一
条落水沟,凉亭正中一间为穿屋,是进入寺院的唯一通道,相当于寺院的门廊。清末
因山林纠纷,寺院遭毁,香火一度中断。根据现年90岁的白发老翁回忆,早在他还
是孩童时,就知道有一位七八十岁的白发老僧居住在寺中,俗称"毛头"法师。后由
另一位法师接任,但法号不详,接下来是俗称"带头发和尚"接任,在新中国成立前由
定洪法师主持,解放初由慧开法师主持,最后一位法师系明信和尚,他在"文化大革
命"后期因病而逝世。明信和尚过世之后,寺中无人管理维修,当时有人认为这样一
座古刹毁于一旦,甚感可惜。由于时值"文革"期间未敢提出去修复,直到1996年
初,随着市内部分名胜寺院的不断修复,附近一些老年人相约提出修复该寺的建议,
并自愿组成了筹建小组。经四处奔走,得到了海外侨胞舒洪锡、陈观富等人捐款资
助,同时也得到了周边(皋洩、弄口、东湾、长岗山、鸭蛋岭)五村群众的大力支持,大
家纷纷出钱出力,边筹资边修建,最终建成三间大殿、十间厢房,将日照寺恢复成原
貌。简易的山门上书"日照禅院"四字,由于禅院夹峙于城区与皋泄之间,城乡两地
善男信女进香祈愿络绎不绝,名气极盛。2002年7月,日照禅寺批准为开放寺院,由
僧人释安斌接任监院。自2003年始,释安斌率众向海内外四处募化筹资1000余万
元,决定重建日照禅寺。保留原庵,并在西侧开拓新寺基,先后新建大雄宝殿、天王
殿、水陆堂、东西厢房,有效保护了自然环境。大雄宝殿供奉香樟木雕释迦牟尼佛
像、药师佛和阿弥陀佛,佛像各高4.8米。天王殿内供奉弥勒佛和韦驮菩萨,四大天
王的木雕像也即将安装。全寺占地面积1.3万余平方米,建筑面积4900多平方米。

禅寺的一期工程已经完成,至今仍缺少的是山门以及门额。幸而原庵山门上已有"日照禅院"四字,让信众能够认出这座著名的禅寺。

藏经寺,位于皋泄村西北宋平岗上,相传始建于宋朝。本村王家编于乾隆五十五年(1790)的《王氏宗谱》中记述:宋平岗上平坦,隐隐有阶址状,即所谓老庵基也。据传宋平岗上所建庵堂,原有尼姑主住。后该佛地被和尚看中,故有和尚与尼姑斗法比武之说,终因和尚取胜获得此庵,而尼姑搬迁到山脚下另建庵宇,即今称千姑湾处。藏经寺因舟山居民多次徙迁,庵宇也曾几度废弃。而庵基尚在,所以后人改称宋平岗为老庵基岗。后藏经寺亦曾多次修复并有碑文记载,原有三块碑文,仅一块尚存。据清光绪二十八年(1902)的修寺碑文所述,该寺择新寺基修建,大概距废弃的老藏经庵基百米处,由朱安利、张成荣等人负责。寺中住持是湖州府灵峰寺印帝大和尚剃徒显道禅师。当时修建的寺院有三间大殿和若干厢房。此后人们则称该岗为藏经寺岗,一岗三名一直沿用至今。藏经寺一直到新中国成立初仍保留完整无损,在20世纪60年代才被人为拆除,到90年代由朱明族等人开始修路筹建,后由朱伟协带头捐资修建,并得到海外侨胞的捐助。在广大村民纷纷出钱出力大力支持下,建成三间大雄宝殿及若干厢房,再次修复了藏经寺。

老庵基遗址,地处皋泄宋平岗上,即为原藏经庵殿基。相传修建于宋朝的藏经庵,初时只有几间茅屋,后才建成庵宇。由于舟山居民多次被遣迁,所以庵宇也被废弃,只剩庵基遗迹。据《王氏宗谱》记述:"宋平岗上平坦,隐隐有阶址状,即所谓老庵基也。"早在清乾隆五十五年(1790),就已成遗址,可见原庵确已废弃久远。至后于清光绪二十八年(1902),在距老庵基百米之上,重建了藏经禅寺。

尼姑庵遗址,据《王氏宗谱》中记述:"从老庵基延岗数折而下为尼姑湾,湾内庵虽久废。"由此可见湾内曾有尼姑庵,而且直到新中国成立后,还能看到一些残墙痕迹。由于没有其他记载资料可查,已无法了解该庵的兴衰状况,而根据后人称该湾为千姑湾,想必该庵的规模也不会过小。如今湾内已成村民住宅区,岙里还修建了泗洲灵威庙。

白鹤庙,位于皋泄村庙后庄,黄虎岗下,始建于明朝思宗(崇祯)七年(1634),至今已经有400多年历史。在清乾隆十四年(1749)戊午二月时,古庙又进行了一次大修。到嘉庆八年(1803),由当时庄王朱袁四大姓弟子出资,于当年三月开始将白鹤庙进行重建,建成前有大殿,后有佛殿的二殿四檐新庙宇,并于翌年二月十九日正式建成开光。1939年乙卯五月初八,侵华日军下乡掠夺时,将白鹤庙全部毁坏。到1942年时,皋洩、弄口二村民众,再次发起重建白鹤庙,并参照原唐梓庙式样进行修建。由于资金不足,当时只修成五间大殿。到1947年才续建了左右偏房和前排门房,并搭起一座戏台,于次年戊子九月初九正式建成开光。新中国成立后,白鹤庙被当地驻军一直居住到1983年,其间一座戏台被拆,其余庙宇尚保持完整。后因皋洩小学迁建,又借庙求学。直到1985年,当地民众为保护本地历史古迹,纷纷出资出力,开始将白鹤庙进行维修。于次年春又重建了一座戏台,终于将白鹤庙全部修复。现在的白鹤庙占地面积1273平方米,存前大殿、戏台、正大殿、后屋及左右厢房等,保留完整,是当地重要的宗教信仰场所,具有一定的文物保护价值。每年农历十一月十六时,为该庙菩萨诞辰纪念日。在此期间,庙管会都会组织一次庙会活动,最多时有近千人参加。为此庙会也成为皋洩、弄口两村民众的一次大型佛教文化活动。举办庙会之前,庙管会就会送发请帖告知村民,凡自愿参加庙会活动的民众都会准时参加,并会送上一份贺礼(实为自助餐金),多少不论,一般都在一二百元,当然也不乏送几千元的乐助者。而庙里也准备了一份礼品回赠。为了办好庙会活动,庙管会专门召集农村厨师及几十人的义务服务人员,并准备了近百桌用膳食品,同时还邀请好庙会戏的演出班子,以保障庙会活动的圆满成功。庙会活动的首日,白鹤庙周边的信女们,天刚亮,就都会自动前来庙里开始进行"拜忏"等诵经活动,上百人的念经声回旋于整座庙宇之中,让人更有威严肃穆之感。"拜生"祈福是庙会的主要活动之一,在大殿正中的供桌上,摆放着猪、鹅、鸡肉及鱼蛋等七盘供品,俗称"七牲",还有五盆水果及糕饼等供品,焚香秉烛后,鼓乐齐鸣,开始"拜生",先有庙中柱首祈福跪拜,祝福国家繁荣昌盛,百姓生活幸福安康。随后,参会民众依次参拜祝贺。礼毕,全体参会人员参加聚餐活动。下午开始观看庙会戏活动。首日庙会戏一般由庙里出资演出。之后,都是村民自愿出资演出,大部分都是村民的还愿戏,有演一场的,也有演多场的。每天日夜两场的戏文,一直会演5~7天,多时会达10多天。由于戏文演出的场次多少不一致,所以每年的庙会期都不相同,戏文演出结束之日,就是庙会活动完成之时。

万寿庵,位于富强唐皋岭墩,始建于北宋建隆年间(960～963)。清康熙《定海县志》只记其庵名,光绪《定海厅志》和民国《定海县志》也只记很简单的几个字:"万寿庵,在唐鉴岭上。"据传,万寿庵是当地一户竺姓兄妹所建,哥名万年,妹名小芳,兄妹俩非常崇信佛教。父母亡后兄长变卖田产,在钱洞岭建了一个"永福寺",自己出家为僧。其妹也不甘落后,把分给自己的住房改为庵堂,随兄长的寺名,将庵堂称作"永福庵",自己削发当了尼姑。宋治平元年(1064),永福寺赐额万寿寺,永福庵也随之更名为万寿庵。明洪武年间大内迁,庵被废弃。正德年间,万寿庵移址唐皋岭重建。清顺治十八年(1661),岛民再度内迁,万寿庵再度废弃。康熙二十二年(1683)开海禁,时万寿庵已废圮多年,由一位和尚重修后成为寺院。1938年当家僧开银等挂单普陀山,由女尼惟觉接任,寺院复改为女众居住。时有大殿三间,常住田、山地各18亩。20世纪60年代,万寿庵尼众离散,大殿、厢房改作他用。改革开放后,尼净光和广大护法居士积极筹资,重建大雄宝殿、三圣殿、金刚殿、东西厢房、斋堂等建筑。1992年7月,定海区人民政府批准为保留寺院。2011年,投入800余万元新建法堂,供奉生漆夹纻工艺三圣佛像。万寿庵环境幽雅,四周林木茂盛,空气清新,无污染,甚宜人居。历任住持均无疾而终。尼师惟觉(1874~1969)96岁圆寂,继任尼师净光(1910~2003)94岁往生。现任监院安慧,更具开拓精神,在前几任监院打下的基础上,不断扩展庵院面积,大兴土木,不但建造了天王殿、圆通宝殿、山门楼、经堂、厢房,并且拆除原大雄宝殿重新建造,庵院有水榭亭台、曲院回廊,花草茂盛,简直就像一座花园。全庵占地面积1.2万平方米,建筑面积2300余平方米。它的山门格调是"牌楼式"的,以大平面的方式有意挡住内部建筑,香客或者游人来到庵前,进入山门,步步深入,有"柳暗花明又一村"感觉,是定海不多的仍以女尼为主的禅庵。

定香庵,清康熙《定海县志》无载,光绪《定海厅志》只载"在茅洋周",应为清代中期所建,于2009年由村民集资在原址重建。据村民回忆,原址范围较大,现仅恢复三间大殿,入口仍存有古树若干。从发展源流分析,此庵应从原驿路茶亭发展而来,新中国成立前后曾入住有尼姑。据原村书记舒宽宏说,日军占据舟山时,"我七八岁那年,日本人从定海那边过来,村里晚稻收割季节,我跟大人割稻回来时,村里房子在烧,有哭声。村里有四个人重伤,一个被打死,都是普通老百姓。问游击队事情,没人说。一个尼姑,被用火烧,然后日本人放火烧了房子"。

唐梓庙,位于富强,始建于清乾隆五十二年(1787),但很多乡民认为初建于明崇祯年间,是富强村的民间信仰中心。在清末光绪《定海厅志》中,另有"老唐梓庙""唐梓庙"之分,"唐梓庙,营山下,乾隆间建","老唐梓庙,距新庙百余步,明万历间建。或作唐子庙"。"老唐梓庙"在村民记忆中已经不详,"唐梓庙"则从牛头山脚到蛤巴山多度迁址,1935年由范世杰建皋泄第二中心小学,1951年改为皋泄中心小学。后庙被拆作小学校舍,庙基改建为富强大队礼堂。新庙是利用旧庙基周围废地重建,还不到20年,但里面戏台四根柱子下的石墩还是原来的。这四个石墩,前面一对和后面一对并不一样,这里还有个故事。传说建庙时,为了体现各村都出力,毛洋周人和毛底陈人分别要制作一对石墩,并约定谁做得好就放在前面。两村人各自叫来石匠,制作过程被严格保密,立柱子那天,两村人把石头盖上红布抬到庙里,结果毛底陈人赢了,他们的石墩也就放在了前面。唐梓庙还有旗杆一对,据说是咸丰元年(1851)周凤言中武举后竖的。唐梓庙庙名的含义,至今不可考。朱绪曾《昌国典咏》倒有一首《皋泄岙》诗:"东湖田接管家洋,唐梓湾泥好插秧。"先有唐梓湾地名还是先有唐梓庙庙名,也无可考证。字典中"梓"常用有三种意思:一是梓树(桑梓),二是代表制作木器的人(梓人),三是雕版印刷的木板(付梓)。梓树大多分布在长江以北,舟山不多见,因此后两种解释的可能性比较大,有可能这座庙是为了纪念一位木匠,也可能是当地发现过印刻着一些奇闻轶事的木板,不过这都是猜想。也有人从戏剧《打金枝》中听到唐皇对皇后称呼"梓童"联想到此庙名的由来,也是缺少依据的。梓童非唐皇后的专称,那里也从未出过唐朝的皇后。看来,要真正了解其本意,还需进一步研究与考证。

"卖柴秀才",据皋泄村袁家岙老人们传说,袁氏族中曾出了一个卖柴秀才。该青年因家中贫寒,根本无读书求知的机会,除了在自己开垦的土地上种粮糊口外,就是到山上砍些柴草,挑到定海城里去叫卖以补生计。当时舟山经常有海盗到定海城抢劫,每当此时城门就会紧闭。有一天,卖柴郎又去城里卖柴,刚到城门口就见许多人向城内逃跑,口中不停地喊着"强盗来了"。当他挑着柴担走进城门时,却无人来关城门,他就放下柴担,壮着胆跑回去将城门赶快关上,从而使城内百姓避免了一场灾难。知县知道此事后,为此就赏了他一个秀才的名号。据皋岭下王家《王氏宗谱》中记述:"从白岩墙稍折而东,其下即为袁家岙,岙小而曲,至今袁氏犹居之,相传国初时,周侯圣化巡农至此,与袁氏祖秀才廷臣谈论竟日,依依不忍去,意亦有足多者乎。"经查《袁氏宗谱》,袁廷臣系袁氏第四代孙,生于雍正元年(1723),在乾隆初年,正值年轻后生,可能这个故事的原型并非虚传。

"大树公公",在毛洋周水库下,村落中间潺潺流淌的小溪边,一条紧挨水泥村道的边上,还有一棵粗大、两人都抱不过来的枫杨,根深叶茂,一条碗口大的树根居然长到六七米远的小桥下。这棵树是几代村民保护下来的。在枫杨对面的村道边,有村民于近年自发为古树建的"千年古树福禄堂"。当地村民对小孩有一条规定,不许爬"大树公公"。2021年,定海区人民政府为这棵古树挂上牌子,方便人们了解古树名称和特征,也为了提醒人们敬畏自然,保护生态。

塌岭,为贾施岙通往白泉金林的便道,在竹箭岗西,岭脊海拔133米,两边分别建有贾施岙水库和金林水库,现在其下已经通施工便道。

黄虎岗,源于明清时期此地曾经有黄虎出现。据定海白泉镇皋洩《王氏宗谱》跋中有王亦赋作的《东皋岭下小记》介绍,黄虎岗是舟山本岛记载有虎出没的山岗。据《定海厅志·列女传》记载,康熙年间,皋洩村朱士凤妻舒氏,18岁守寡,抚养继子。定海初展,有虎患,其继子上山打柴,在归家途中被虎咬伤,舒氏嚼涂蛄,敷其创伤。乡里人赞曰:"侄子打老虎,伯母嚼涂蛄。舒氏孝敬女,朱家贞节妇。"据村里老者说,皋泄村确实发生过虎伤人事件。这些记载和山下民众的说法,是否确有其事,尚待进一步考证,但登临黄虎岗山顶,确有一览众山小的气概。

竹箭岗,因山顶长有淡竹而得名,在黄虎岗东。清光绪《定海厅志》称竹尖岗。海拔291.1米,山有双峰,北峰尖,南峰圆。山势陡峻,土层瘠薄,多裸岩,现有东西快速路穿越的"竹箭岗"隧道。

青龙山,位于白鹤庙东首,故称"青龙"。青龙山现主要位于和平村内,只部分为弄口所有。1958年,和平村在此山挖掘筛出黑褐色土肥几百担,据当时老人讲述:这座山是镇压"妖邪"的,"山愈高愈能避邪",因此规定凡是每户人家的灶泥、瓦片灰和一切垃圾都必须倒在此山,但山上的草木、泥土都不准削掘,违者轻的要办酒向村众道歉,重的则拉上衙门大吃官司。20世纪80年代在此地发现一处自五代到北宋时期的古窑址,窑址中堆放有古代耳壶、瓶、罐、碟、碗等器物,在距该窑址150米处的90厘米深处出土一坛唐"开元通宝"钱,重约6.75公斤,坛内除个别几枚唐肃宗"乾元重宝"钱外,其余均为"开元通宝"钱。古窑址占地面积相当大,瓷片、陶片从山脚到坡顶,几乎遍及整个山坡,2017年东西快速路施工时再次揭露大面积堆积物遗址,同时发现了一座窑厂的较完整基址。

笔架山,在青龙山南,因形似笔架而得名。清光绪《定海厅志》称黄泥山,与当地黄泥坎的地名相印证,山土为红壤,厚度中等。以其顶有三峰,《王氏宗谱》称三峰山,最高点海拔105.4米。此山为皋泄村内唯一的独立山峰。

乌贼山咀,清光绪《定海厅志》在其旁标有"乌石山桥",可能原称乌石山。又有庙山头,那么这列山脉可能称庙山。

冷潭,在弄口外,距乌贼山咀50米处,有一只面积为200平方米左右的大水潭,系地下水涌出口,所以就是在炎夏酷暑时,流水还是很冷,故而称为冷潭。该水潭常年蓄水在780立方米左右,潭水亢旱不干,为此冷潭曾是亢旱时农田灌溉的主要水源。后被自来水厂征用,建成水站。

佛肚脐岗,在前(钱)洞岭北,得名未详。

前(钱)洞岭,清康熙《定海县志》、光绪《定海厅志》均载有岭名,为过去富强通往万寿主通道。宣统二年(1910)建"万寿亭",并立"万寿亭记"碑,现亭、碑已毁,在财神殿内有"万寿亭记"碑复制品。碑文:

> 万寿亭记。清光绪戊戌桂月十七日,舟山西厢之商旅贩十一人,于六井经此道入沈家门渔港营生,以菜米兑鱼货返乡,口渴腹饥,遂在此垒石作灶,引泉炊食,众聚十余者,自此水食无忧也。众商喜赞此有食之地,可议修一亭,以避风雨。一蒋茂庆者愿自荐为首,众商拥其首柱,余柱之姓十

人，合为慷捐财资。时逢仲秋，奠基建亭，是晚，首柱偶见一白发长者，笑对其曰："吾乃土地圣君，专事尔等涉途安泰，行商顺为也。"言毕拂尘而退。首柱惊诧醒之，心此梦甚称神，为而奇也，告之于众。众柱皆感土地点化，遂建一亭二廊，东奉土地公婆圣君，西供喜禄文武财神，遂将原嬉称饭有可食之意，正名为万寿亭也，时于今恐后人辜于先贤，毋忘乃翁之初衷，特勒石铭文，以勉后人惜而珍之也。清宣统二年辛亥菊月勒。

沈公岭，旁有大夳岗，位于皋泄村与临城街道三官堂村交界处，西北—东南走向，岭脊海拔169米，清康熙《定海县志》载有岭名。

唐高岭，位于皋泄村与临城街道三官堂村交界处，南北走向，岭脊海拔73米，通有公路，为舟山南北主要通道之一。清康熙《定海县志》、光绪《定海厅志》均称为"唐鉴岭"。

老鹰岩，位于富强村毛洋周，据村民讲，村后的山中间突出位置的岩石，看上去酷似展翅飞翔的老鹰，老鹰岩因而得名，地名至少有几百年。过去老鹰岩一带老鹰不少，村民饲养的小鸡等家禽，经常受到老鹰的侵袭。但从"大跃进"年代开始，在相当长时间里，周围山上的树砍光了，山下可以开垦的地方都变成了田地，生态环境受到了较大破坏，老鹰也很少光顾了。随着生态保护的重视，昔日不见的老鹰又开始在这一带飞翔。之所以老鹰越来越多，应该与当地不断改善的生态环境有关。海拔248.7米，峰顶呈三角形锥状，为洋夳山东部主峰之一。

大尖头岗，介于长岗山与毛洋周之间，为洋夳山主峰，海拔302.3米，山势陡峻，以峰顶尖耸得名，北坡植被较茂，南坡稀疏。

长岗山，又有东长岗山之称，自东皋岭而往南为火龙岗，南北延伸，以山脊平缓绵长得名。清康熙《定海县志》载："县东北十二里，县治之青龙。"最高点海拔214米，山岗谷地原有城东街道长岗山村，现已并入紫竹社区。长岗山历来有皋泄山林，现山上建设有长岗山森林公园，并有"东海云廊"经过。富强毛底陈有一山路翻越长岗山，岭巅建有一茶亭和土地庙。

狮子岩，在皋岭水库南侧，原有一块巨石，形似狮头。有诗云："岩草卷如毛，岩口张欲吼。狡兔来山中，一顾定惊之。"可见较为逼真。可惜在部队建造营房时，因开挖块石而被毁。

椅子石，据清时岁进士王亦赋记述："湾口有大石，上坳而平，可坐可倚，即俗所称椅子岩者是也。"此石在皋岭梅花湾口，与狮子岩同时因被取石而毁。

象鼻山，位于东皋岭隧道向东100米处，因半山腰上伸出一块长石，形似白象鼻子,故称此山为象鼻山,如今尚在。

白岩墙,地处本村上袁南面高山岗上,古书中有记载:"其南有白岩墙者,突起于半峰之间,雪立千尺,相叠如屏,亦颇为奇观。"此石系本村山上所露的最大一块岩石,从远处望去,如两块巨石相叠,高达10余米,在阳光照耀下,好像一堵白色的高墙,故称此岗为白岩墙岗。

响水岩,位处皋岭下千姑湾西边的山腰间。有诗云:"岩际落响水,潺潺自古今。"如今,每逢暴雨天,在很远的地方就能看到一帘瀑布自上而下,其冲击的水声当然非常之响,故称为响水岩。

胡孙坑,位于日照庵后附近,《王氏宗谱》记载:"胡孙坑者,或谓坑中向多胡孙故名,或谓坑中石状似胡孙,故即以胡孙名其坑,其说不一,要之其山之奇石固足多也。"

木龙桥,原为本村有名的古桥。在皋岭下老屋西边溪坑上有一座桥梁,因年久,桥旁的古木树根蟠桥而过,游若蟠龙。有诗云:"种树旁溪桥,桥古树亦老。蟠根入桥梁,亘若游龙娇。"此桥在新中国成立前修公路时,被改建成钢砼桥。

在宋平岗顶有一口千年古井,历来系藏经寺僧人饮用水源。该井深不到一米,但不管暴雨天或干旱年,井水始终保持一定的水位,从未发现枯干。该井在距藏经寺不到30米处。

登科井,在后山周小山塘上首。据毛洋周周氏族人传说,井水清冽甘甜,"挹之不损,停之不溢,莫察其源,动而愈出。信润下而德施,壮邑移以不改"。清乾隆四十五年(1780),邑庠生献潇公偕二子至后山拜见宗老,遥望犹如凤凰展翅一般的东皋岭山脉地貌,叹为观止。到东皋岭西南后山,见山溪边有口水井,取水解渴,饮罢精神大振,连声叹道:好山好水!如此觅龙察砂之地,周氏定将蟾宫折桂。果不其然,其长子嘉棣高中乾隆乙卯(1795)恩科举人,次子嘉穗登乾隆戊申科(1788)武举。故远近乡民、士子常至此汲水为饮,以求功成名就。2018年戊戌壬戌,白泉繁强人、舟山王家大院餐饮管理有限公司董事长王良红,在原井上方开山凿井,名之为登科井。

此外,在民间族谱中尚留下不少地名,有的与现在所称相同,有些可能已经湮灭在历史长河之中。《袁氏家谱》载,贾施岙畚斗下、袁家岙、张本岙、老杨山、袁家门口等;《王氏宗谱》载,尼姑湾、祖坟山、高岭山、翁家山头、孟家山、范家山头、下底圆、张蒲岙、费家园等;《庄氏宗谱》载,庄家山、梅基(奇)岙、梅基岙马鞍山、梅基岙外风洞、梅基岙乌石岩、白虎山、蓬湾、蓬湾黄泥路岗、蓬湾后井登、长冲山、柿树岗、蓬湾柿树山岗、朱家外屋门口、张蒲岙、张葛岙、庙前山、东陇山、西边龙舌、蔡葛岙、到其周(园)、毛竹山、竹山岗等。

第二节　谱牒选辑

　　文明社会伊始,面对严酷的自然及社会的生存斗争,家族只能以较小的规模存在,有独立生存能力的子孙逐渐脱离父族另立宗族。宗族亦称家族。族,指父系单系亲属集团,即以一成年男性为中心(称宗子或族长),按照父子相承的继嗣原则上溯下延,这是宗族的主线。主线旁有若干支线,支线排列的次序根据与主线之间的血缘关系的远近而决定。族内有家,因此族又是家庭的联合体。家之父受制于族之宗子,即所谓"父,至尊也","大宗,尊之统也"。宗族是一单系结构,其世系是按男性而非由男女两性共同排列的。宗族中的所有女性都是男性的附庸,所谓"妇女有三从之义,无专门之道"。

　　农村地区的村落,多为以一个姓氏为主集中居住,大的宗族居住地形成村庄或集镇,很多地名源自宗族聚落,以宗族姓氏形成的相应地名,皋泄村因为没有大型的拆迁,基本仍旧以宗族聚居的自然村落为主。同宗不同祖的特殊现象存在于毛洋周刘周氏,清乾隆时毛洋周两兄弟从鄞县来舟山,其中之一在勾山芦花的碶头附近落户发族,而另一人落户毛洋周,与后山周相依托。毛洋周周氏奉行"阴刘阳周"之说,以刘伯温为祖先,据说是为了避难而依了海禁时未迁走的后山周姓。

　　宗谱,又称族谱、祠谱、家谱等,通称谱书,记载某一姓氏宗族渊源、动迁、定居和该氏代表人物之科举功名、官衔爵位、社会活动,以及历次修谱情况。清至民国,民间各姓氏族修编宗谱蔚然成风,社会上留存谱书为数甚多。新中国成立后,因受"左"的影响,对谱书不予重视,保管不善,多有散失,尤其在"文化大革命"中,谱书被视为"四旧",大部被毁。现存宗谱非常珍贵,不仅是一个家族的渊源,也是当地社会人文发展的可贵史料,对考证民居变迁、人口繁衍、历史人物等都有重要作用。

　　宗谱在卷首一般皆有谱序,俗称"谱头",大多概叙本族世系创始发源、分支流脉、动迁定居、丁口繁衍、兴衰起落和氏族先人科举功名等。多数谱序为嗣孙撰写,也有请名流宿儒、达官要人执笔的。有的宗谱设地形图篇章,附先人画像、宗祠位置、祖先墓域、匾额牌坊、后裔居处等图。有的图形篇详载旧时地名、河道、碶闸位置,对考证已鲜为人知之古地名、古河道,都有很好的参考价值。

多数宗谱设有族规一章,所载族规、宗训、房约、家范,颇似当前民间所订乡规民约。由于历史原因,内容自不出于君臣父子、三纲五常之类,然也有不少告诫裔孙孝父母、亲兄弟、谨择配、慎交友、勤本职、节开支、守法纪、戒游荡,敦促后代克勤克俭、诚读诗书、循规蹈矩、安分守己等较为健康之格言文字。若干部分至今尚可作为制定乡规民约时之参考。

宗谱中有一部分设艺文和铭传篇,多系历史名人之作。艺文内容主要歌颂氏族源远流长、丁口兴旺、男耕女织、人勤地沃、先人科举甲第、为官公正廉洁、后裔知书识礼、孝悌忠信等。铭传对其氏族重要人物之生平事迹、传序、墓志、碑文等均有记载,不失为上乘纪实文学史料。

宗谱编修与收藏情况简介如下:

皋岭王氏宗谱

清乾隆五十五年(1790)由紫峰侯绍游始修,咸丰八年(1858)由王万金重修,光绪十三年(1887)再修,为宣纸书写一册。谱序载:祖籍宁郡小溪(镇海五里牌),始祖于明成化三年(1467)迁居定北东湖,寻赘于东皋岭宋平岗下殷姓,即寓居于斯。后称为老屋王氏。清初被徙往大陆,颠沛流离,死亡相继,康熙朝展复后回归故居,哀鸿虽集,散失甚多。弄口王氏排行虽异,实同一族,在"成"字辈迁居弄口。现定居东皋岭下王氏339人,占全村总人口的17%,传至"甲"字辈,已19代。谱藏王秀度处。

王氏宗谱序

万物本乎天,人本于祖,而祖孙遞衍,奕叶相承,代远年湮,久而渐替,使不有谱以联属之,不几数典而忘其祖乎。故天子玉牒,庶人家谱,虽贵贱不同,而其所当随时纂辑,以联棣鄂棠华之谊者,未尝有异也。况王氏之谱,尤不容不亟为修纂者。盖王氏相传明季时,其始祖仲约公,自镇邑来定,入赘东皋岭下殷姓,即禹居于斯,相衍已十世矣。中间曰国初起遗,颠沛流离,死亡相继。展复以来,衷鸿虽集,而失散甚多,其大房支派,从居王家㘭者,固至今杳无踪迹,即三二两房其前代讳字生卒,亦多不可稽,是图籍论亡,而修整无人,故凋残剥蚀,以至于斯也。吾友望沂先生,与余同肄业成均,昆季三人,俱胶庠俊彦,为王氏一门文献所系,因体厥考学明先生遗意,慨然以启后承先为己任,搜罗散佚,博采遗文,循其宗派,别其本支,绘成血线,联贯分明,统会三房,著成一谱,编辑既成。奉稿示余,余见其记载同详,始崇行义。曰既往以续将来。次叙条现,即尊祖以兼睦族。其余志生卒,则必稽其年岁,志塚墓则必书其山向,志所娶则必详其氏族,志呼适则必载其里居。至若甫功公之耄年被溺,必备叙其漂泊之由,使后裔知流离播迁之苦。王邢氏之妙龄守志,必详载其旌表之文。俾后人知鼓励风化之源,尤有关于报本追源及名教纲常之所系。捧读之余,不觉深为叹赏,知其所以继承先志而垂裕后昆者,意甚深也。自兹以往贤后嗣,更随时而缉续之,则相继无穷。王氏数百年之统绪,殆即为名山不朽之传乎!敬承雅爱,不揣谫陋,特草此以弁于简首。

时在乾隆五十五年岁次庚戌嘉平月上浣榖旦,紫峰侯绍游顿首拜撰

《王氏宗谱》重辑序

谱系之设,所以联宗族也,而亦所以明人伦。谱系不立,则世远年湮,支分派别,而族属之远近亲疏戚,无由而稽矣,且大小尊卑,散而难纪,族长无据,而族中或有乖舛之人,虽欲正之,乌得而正之。此谱系之所以宜亟立也。我王氏之在舟山,由来已远。世居东皋岭下,曾祖成孝公,安于祖基,而曾伯祖成贵公,以岭下为地不广,因卜宅于三峰山下衕口。百余年来,继继绳绳,子姓繁衍,盖需谱系久矣。先伯望沂公,曾有志于此,乃求序于明经侯道南先生,排行以文字为首,而其间多故,因略述其概,辍而未就。时衕口族伯嘉贤公、齐贤公等亦有志于此,但以金字为排行之首,而德字辈以下,或以贤为行,或以邦为行,与余岭下以文字为首,而德字下以名为行者不合。亦以多故,未遑卒事,甚可惜也。今族口名寿为族长,虽躬耕力穑,而颇好礼义,欲余与侄稼堂,共成此事。余谓谱系之设,所以联宗族,亦所以明人伦也,爰汇前此所述,录后此所上,不足者补之,不轨者外之。至于排行之不同而同,亦只可仍旧而已。

事竣,为序其始终如此。

时在咸丰八年岁次戊午榖旦,十世孙万全敬撰

——录自皋泄《王氏宗谱》(光绪重修)

《王氏宗谱》序

(原文标题《序》,编者为说明序言出处而加注)

昔人重水木之谊,因设为家谱以联一本之情。族之有谱,诚要矣哉。吾王氏自明季从镇邑五里牌,迁居于此,迄今凡二百年矣。因国初起遣,图籍飘零,以致前代生卒讳字多不可稽。展复以来,蒙国家休养之恩,生齿日繁,虽聚族可庆,而家乘阙如,仅有各家羹饭小本,以自识其祖父之讳忌而已,则服属渐疏,纷赜而无统纪,亦何以敦水木而重本源哉?曩时儒父学明府君在日,常咨访宗老,纂辑旧闻,冀彚成一谱以垂诸奕禩,无何蓄年捐逝,有志未逮,饮恨以终。儒自终丧以后,日夜兢兢,希图竟成此事,以上承先志,下示来裔,因遍求各家之志述,博采故老之传闻,一一备书,揭

其源委,而又以大房支派,明季徒居王家乔者,被遣未复,欲往别邑他州,访其归者,录其谱系,统汇成编,使派之别者综归一源,支之分者同归一本焉,讵意求之十数年,而终无所得,遂不得已姑且口之,以待踊增补,而仅据现在所存二三两房之聚族于斯者,细加考订,绘成血线之图,联一十世为一脉,综数十家为一编,志其讳字生卒,详其娶配塚墓,至间有佚事可录,名爵可纪者,即叙于行间,虽未能纤悉周详,备举无遗,而因支识本,因流溯源,已可得其大概,且续述排行,开载简首,使昭穆不致紊乱,会议条规,附志编中,俾子孙有所恪守,庶几水木之谊可敦,一本之情可协,而凤昔承先启后之志,亦堪稍慰焉。至于缺者补之,断者续之,使云礽奕叶,永相传记于无穷,斯又后人之责也夫。

当在乾隆五十五年岁次庚戌季秋月中澣谷旦,嗣孙名儒熏沐谨志

——录自皋洩《王氏宗谱》(光绪重修)

五凤堂朱氏宗谱

1924年姚子维修编,宣纸书写,全一册。2012年朱明权等人发起,由朱应德续修,宣纸书写,全一册。宗谱首序载:"溯朱氏本古祖在凤阳,大明开国太祖也,至明末时,吾徽祖公移居宁波瓦爿滩,建立太庙,人丁繁衍,至清二世康熙年间,吾始祖公'三'字辈受难迁定。"朱氏始居地即为朱家,后扩居至夹山、张夹岙、富强等处。本村朱氏均系同族,现定居本村朱氏441人,占本村总人口的22%,传至"世"字辈已14代。谱藏朱明权处。

朱氏宗谱首序

溯朱氏本古祖,在凤阳大明开国太祖也,至明末时,吾微祖公移居宁波瓦爿滩邨,建立太庙,人丁繁衍至清朝康熙年间,吾始祖公受难迁定,不知宁波祖基是何房分,亦无所考。始祖讳微公传下六房至皋洩庄白鹤庙界居焉,建祀堂于高岭下,坐乾向巽兼亥己分金,至今子孙繁衍,不急为纂修宗谱,将愈允愈。

——姚子维 整纂 1924年

朱氏宗谱续序

谓水有源,木有本,子孙则源于祖,人生在世当毋忘本源,否则何颜立于人世。据本族宗谱首序记述:朱氏本古祖在凤阳大明开国太祖也,至明末时,吾微祖公移居宁波瓦爿滩邨,建立太庙,而后本族始祖公为避难,移居定海东皋岭下,自始祖公至今,已有三百五十年左右,其间虽历尽沧桑,然有祖宗之庇荫,后代子孙炽盛,今已蕃

衍至十四世,记入本谱在世族人达六百四十余口之众。

东皋岭下朱家系本族始居宅地,而后人口不断兴旺,聚居地逐代扩展,今分居在隔山、张夹岙、柿树湾、塘坊里等村落,也有在富强村外王定居者,更有到外地谋生而定居于上海、杭州及宁波等城市,尚有几户定居于香港、台湾。早在清朝晚期,宗梦公下代移居至杭州巴士门外,艮三门小杨树庙界;世淼公下代移居湖州孙凉湖;宗毫公下代移居宁波下步张,今均无音讯。

本族朱氏宗谱,重修于1924年,由北蝉姚子维先生编纂,后于1941年曾予补记。而后七十余年间,所有生息者、婚嫁者,均未记入宗谱,如今再补修尚为不晚,否则久而久之,必将造成世系不明,亲疏难辨,后代孙辈何以寻根究源,孰非前功尽弃焉。今逢盛世之年,当值续修宗谱之时,既不失历代先祖之所望,亦不被后世子孙之所责,此乃吾等应尽之重任,然为功德无量也。

本次续谱修编之中,凡尚在世者皆记述于本谱,此前双方均已过亡者,一般均在前谱中记录,为利于前谱同续谱相连接,凡在本谱新立户者,皆注明系某某之子,即为寻根究源之方便。

延七十余年间,由朱氏族大人众变迁繁杂,修谱精力财力甚大,幸喜族中诸辈子孙皆有共识,愿人均出资修谱,吾等受族人荐托修谱,自知学识浅薄,然为不负众望,当以尽心尽责而为之。谨望朱氏后代子孙,兹将本族宗谱继而续之,永葆族中长幼有序,尊卑有定,凡我宗亲咸知孰亲孰长,而不失本源之道也。

十一世孙 朱应德 敬撰 二〇一二年

皋泄村袁氏宗谱

1936年袁瑞昌修编,宣纸书写,全一册,谱载:"原有之谱前清道光年间遭匪徒之难遗失。"原祖籍慈邑,始祖世显公生于清顺治十四年(1657),来定海后,"就皋洩东皋岭下辟草莱而居,躬身耕牧,克勤克俭,历数十寒暑,振兴基业"。今主要聚居皋泄村,袁氏首居地为本村上袁岙里,后扩居至下袁、糖坊、皋岭。本村袁氏均系同族,共445人,占本村总人口的22%。传至"明"字辈,已15代。谱藏袁瑞忠处。

袁氏宗谱序

万物本于天,人本于祖,而祖孙邅衍,奕叶相承,代远年湮,久而渐替,使不有谱以联属之,不几数典而忘其祖乎。故天子玉牒,庶人家谱,虽贵贱不同,而其所当随当纂辑,以联棣鄂棠华之谊者,未尝有异也。且夫善作者,又贵善守善始者又贵善终。孔子论武王周公之孝,而曰善继人之志,善述人事者也。凡事如此,即宗谱亦何独不然。兹族中耆老传说,吾袁氏原有之谱,前清道光年间,遭匪徒之难,颠沛流离遗佚谱,而无稽,诚后嗣不善守之,咎亦不善终之过也。

始祖世显公,自兹邑来定,就皋泄东高岭下,辟草柴而居,躬自耕牧,克勤克俭,历数十寒暑,振兴基业。嗣子三,长讳宏道,次讳宏毅,三讳宏宽,厥后为孟仲季三家。孟乔迁定之衙头,仲绍箕裘世居白岩山下,惟季乏嗣。迄今传世十余叶,以年计之凡三百载,既无文献之足征,又鲜家乘之流传,恐出齿日繁,伦序不免或紊爱,重辑宗谱,广为搜讨,则长幼次序井井有条,如木有本,如水有源,人人祝其视长其长,情甚渥义甚巨也。帷撮其概略校纂或有讹误采访,或未周密,尚希继起者,复行修改因为之序。

时在民国廿五年岁次丙子菊月,发起人:瑞昌、昌泰、桂芳

全城堂庄氏宗谱

1926年由姚子维修编,宣纸书写,全一册。1995年由庄茂业续修,宣纸书写,全一册。谱序:"溯庄氏本大夫第之后,祖居宁波镇海县,江南小江邨庄氏西祀堂分此。"始祖在明朝时居定海,清初被徙,展复后于顺治年间由"宰"字辈迁回故居。始居地皋泄村庄姓均为同族。今传至"喜"字辈,已传18代,现居本村庄氏144人,占全村总人口的7%。谱藏庄忠彪处。

庄氏宗谱首序

溯庄氏本大夫第之后,祖居宁波镇海县江东小江邨,庄氏西祀堂分此,不知庄氏是何房分,亦无所考,大约自迁复之后,是顺治年间迁定,始祖讳微公传下几房至皋洩庄居焉,建祠堂于高岭下白鹤庙后,坐落土名西边龙舌,坐亥向已兼乾巽分金,至今子孙繁衍,不急为纂修宗谱,将愈允愈。

庄氏宗谱重序

古者姓以合其同氏,以至其别。故书称锡姓,礼严辨姓。左氏言因生赐姓,胙土命氏或邑或官或以字。自王侯贵胄而外,乃一天子之士,诸侯之大夫,莫不因赐为族,若春秋有世本,列国有公子谱,司马迁为世家为年表,别嫌明微统同辨巽,此后世谱牒之权与也。照非祖而祖之,是诬祖也,是祖而不祖之,是忘祖也,诬忘其祖者,不孝莫大焉,固家之有谱,得究源溯流,报本迈姓者,固极重也,不丞为纂修之,不特生配死葬后将罔稽,即迁徙居处,几于湮没无传,是余等之过也,是岁民国乙丑年,宗房等共议于公堂,遂欣然有造谱之一举,命予为序,共襄厥成。自是庄氏之子孙,观是

图,谈是谱,由五世而至十世,由十世而至百世,而不相视,如途人者,岂不徒是谱之作也哉,爰亟举古今谱举之源流并序其事之缘起,以免庄氏之后其出世珍之毋忽。

子维 姚道坤 整纂 民国十五年杏月良氏

弄口四明槎潭百忍堂张氏宗谱

原谱系树德堂编,南明孝谨堂镌,已失传。现谱系百忍堂支派,清嘉庆九年(1804)张大绪等修,宣纸书写,全1册。谱载:清康熙间"大"字辈上三代从四明槎潭迁入,主要聚居弄口村。今传至"圣"字辈,已15代,谱藏弄口张贤才处。

富强存本堂周氏宗谱

清嘉庆十三年(1808)王文谟始修,咸丰十一年(1861)、光绪十年(1884)、三十年及1931年均有续编或增补,宣纸书写,共5册,现存最后1册。据谱载,清乾隆间"廷"字辈由鄞县姜山迁入,主要聚居在富强村茅洋周。现传至"士"字辈,已11代。始居地富强村周姓均同族,人口已繁衍至336人,占全村总人口16%。据族人言:周氏原姓刘,祖先避难于此改姓周,新中国成立前周姓人死后墓碑上仍镌刘姓,故有"阴刘阳周"之说。谱藏富强周国忠处。

和平舒氏宗谱

清康熙四十二年(1703),邑庠生二十五世孙舒友良始修,乾隆二十五年(1760)定海县候选儒学训导、进士赵民望再修。清丙午年(道光二十六年或光绪三十二年)重修,宣纸书写,原谱似有上下两册,现存上册。谱序载:始祖于明洪武间由奉化迁居舟山,清初起遣,里舍化为灰烬。康熙二十三年(1684)展复舟山,先人乃得重返故土。谱内附有宗祠图、祖坟图及经魁匾、旌节坊、孝节匾等记载,称:"始祖复仁公(源字辈)从奉化舒家乡后良街迁入皋浊杳河禊头里,披荆斩棘,辟田园,垦山场,而于水利尤为急务,其诸永远世业皆遗后嗣,以莫大之利所宜恪守,共保遗业。"水利有:"冷潭,在乌石山横上田畈中,周围数十丈,有水自底上溢,久旱不竭,凡舒氏子孙皆得取以灌田,潭外环田八分零。"今主要聚居和平、富强、潮面、大支、和合村。现传至"扬(桴)"字辈,已22代。全镇舒姓均为同族,人口已繁衍至1170人,始居地和平村655人,占全村总人口41%。谱存和平村舒其通处。

第三节 历史文选

清康熙《定海县志》中的"皋泄岙图说"

自叠石而来,屹起东皋岭,为此地发脉祖。西折而黄虎岗,又折而万壁山、苦竹岭,中有皋泄焉。此岙之所有名也。距城仅十五里,西南界甬东,南界吴榭,北至董公桥,则与白泉田洋接界矣。他岙皆近海,各有涂荡,惟此岙环山,四山之水俱流入白泉浦,故地窄而田稀。止有河碶头、管家洋一带,稍称丰腴。若茅地陈及寺岙前后之田,皆苦硗瘠地,则地利之入逊于於他岙可知矣。泄岙之顶为龙堂岭,岭有龙潭,祷雨辄应。

备注:清代"皋泄"地名所指的范围,相当于原皋泄乡。

清《昌国典咏》中的"皋泄岙"

《宝庆四明志》:泄潭在东北三十六里。潭据山腰,深浅不可测。《大德昌国州志》:泄潭(详泄潭)、东湖(《定海县志》),县东北三十里,河溪头之东(绪曾按:在白泉之东也。)祝家。(《定海县志》:竺家山,县东北十五里。奇峰陡立数十丈,一名祝家尖,一作祝家。)又云高大山潭龙潭,父老相传有白龙乘云而下,双睛注地,遂成龙渊,卷石勺水,旱叹不竭。有青蜥蜴常现潭上,遇旱则祷焉。(《定海县志》:泄潭,县东北三十五里。高大山潭,县境三十里。)今皆在此岙。又有河碶头、管家洋、董家桥、唐梓庙、分壁、万壁、长岗、龙堂诸山、万寿寺。

东湖田接管家洋,唐梓湾泥好插秧。

雷雨竺家尖上过,争吹龙笛拜龙堂。

——摘自清道光年间朱绪曾《昌国典咏》

《定海乡土教科书》中的"皋泄"

由白泉而南,东至龙堂岭界北墠,东南至泄岭、万石岭界吴榭,西南至东皋、唐鉴、沈公、寺岭界甬东,距城仅十余里,皋洩庄也。龙堂岭北之洩潭(有龙王宫,金龙寺)有水南流,屈西历大横桥,北纳龙堂孙水,西南会深坑、寺岙、分水突诸水,径东湖,历广心、积善、念母诸桥,有唐鉴、东皋诸岭水合流,历大河桥,出平水碶,东来会,出董公桥,入白泉之九曲河。庄内山多地狭,傍山之田屡被淫潦冲坏,唯东湖稍平广,田亦最腴,稼穑之利逊于他庄。杨梅、桃、李诸果品,岁入之资非他庄所能及。居民一千五百二十九户,其聚族处,东畔曰洩岙(有上中庙),龙堂(有许家庙、伏虎庵),龙舌岙(有大莱庙),潮面(有神仙庙),闻家岙,前洞岭(有万寿寺,产颇饶),蔡家岙。西畔曰小茅洋(王编修修植故里,有唐梓庙、定香庵),茅地陈,皋岭下,舒顾洋畈(上有菁莪庙、白鹤庵)。学堂设于万寿寺。

——摘自清光绪年间《定海乡土教科书》,王亨彦著

王氏三峰书屋记

慈水冯元素 号义斋

学必登峰造极,而后能与古圣为徒,不朽于天地。窃恨俗浮学华,如鸩毒之深入于人心骨髓,而不可救药。所传卑鄙陋习,皆足为大道之障。余随身所处,传圣贤遗训,苦口焦舌以喻之,而终少觉之者。然而,余心惓惓不自已也。

丁丑春,奉家大人命,出海关,过虎蹲,历蛟门,泛莲花洋,来馆于翁山皋岭王君成贵家,未至,即遥见三峰兀立,秀插碧天,心向往之。及至馆,而三峰昂藏,涌翠于其后,如三益友相随,瞻望不已。清明日,率弟子童冠数人,策杖登封,观海阔天空,风云开阖,心境廓然,洋洋洒洒,殊得古人舞雩忻水之乐,窃思兹乐也。斯三峰所启与,不然,逾丘陵偎累,去平地无复几,何悦目赏心哉。余于是睿然远思,而深有会夫教学之道也,即题此学堂曰三峰书屋。诸弟子尚莫解其义,有进而问者,余告之曰:子观斯三峰之矗立,亦知吾学中亦有斯三峰之夐绝者乎,今夫立心高者,以大道为志,以大圣为峁,倏然独远,卓立不群,岂非吾学中之一峰邪;制行高者,以后杰之才,体圣贤之道,志继往圣,开来学道,巍而德峻,是又非吾学中之一峰邪。今以有形之三峰,历尔无形之三峰,而学之所成,庶登峰造极,有以守先而待后,诸子闻之而心喜。复进而请曰:先生之言高矣,美矣!弟子辈夙沉迷俗学,未识进道,□方□先生启其端而详其目,余深嘉其志,即择历代诸大儒之训,吐为学视十六则,曰:首志道,主忠信,存畏敬,静体验,化气质,消习心,归大公,期二三子立心登峰也。曰:重敦伦,肃威仪,慎(善)应事,善接物,速改过,日迁善,期二三子制行登峰也。曰:勤受业,精诵读,正文体,期二三子学文登峰也。遵是说而循序渐进,勉勉勤勤,不自欺,不苟恕,超然远举,夐乎默行,安知不可尽获斯三峰奇秀,推而远揽泰山七十二峰之

精华也哉,山灵有知,当必默佑尔进志靡穷已,言毕,余心亦畅然乐甚。

特恐二三子近日初入道,志犹未宁,遇有务俗学以背圣贤,饰巧言以乱人志者,遂为其所易废于半途,终归下愚而不自觉,此余心所大惧也。

谨记数语于此,以儆二三子,果克专心斯学而不入他岐,庄敬日强,德宗业广,处为大儒,出为名臣,上继圣人,下济万世,垒垒轩天地,照耀此三峰,此余心之所深望也夫。

——录自皋洩《王氏宗谱》(光绪重修)

东皋岭下小记

王亦赋

东皋岭下乃吾祖父世居习熟之地也。考邑乘,东皋岭下罕有胜迹流示于后,今观其自岭首已至弄口,两面山川相逼,中仅容大路一条,以通城北来往,初无平旷之处,足以恣人游览,似乎其无可纪者也,而实不尽然。岭之上有古刹一座,高出云表,当夫红旭初升,与绀宇相映衬,金碧炫耀,不下灵鹫,以东皋岭庵所由易为日照庵也。由日照庵东南沿岗数折而下为梅花湾,向传梅花开时香盈涧谷,予祖父之墓在焉。湾口有大石,上坳而平,可坐可倚,即俗所称椅子岩者是也。岩之左为象鼻山,右为狮子岩,其势低昂相向,殊饶胜概,堪舆家往往奇之。自梅花湾稍下为费家园,与翁家园仅隔溪路数步,此二园者向亦多植梅花,四五月间,黄梅满树,望之如金丸累累,色香并绝,今虽尽垦为田,其景犹宛然在也。再下为干家湾,湾中界一溪,北多竹,其南有白岩墙者,突起于半峰之间,雪立千尺,相叠如屏,亦颇为奇观。从白岩墙稍折而东,其下即为袁家岙,岙小而曲,至今袁氏犹居之。相传国初时,周侯圣化巡农到此,与袁氏祖秀才廷臣谭论竟日,依依不忍去,意亦其有足多者乎。去袁家岙数十步外新屋基,吾王氏分支于此,亦一佳聚落也,今惜衰息矣。由新屋基迤逦至三峰山,山势耸突,如天外飞来,其下亦吾王氏分支处,即今所称弄口王者是也。

乾隆初年间,慈水贡士冯先生元焘,以博学笃行之儒,假馆于此,冯氏时以三峰书屋记以表之。其为奇胜之地可知也。由是从东南转而西北向上为白鹤庙。庙侧有枫木一株,大可数十围,秋晚霜浓万叶齐醉,斜阳照之,烂然与霞锦争明,真如司勋所云停车坐爱者也。由白鹤庙而上,越庄、朱两姓门口为经堂山,吾王氏好修者曾诵经于此,山下有柿树湾,父老谓当年霜叶争红之时,与白鹤庙枫木无异焉。柿树湾外为贾施岙,一村岙两姓,其如朱陈村相为嫁娶与否,固未可知。其岙里有铜石坑者,石黄如铜,亦一异也。由贾施岙而上为殷家岙,即吾祖父相继以居之地也。岙颇深,明嘉靖间多虎患,故其苧麻园外设弶御之,今犹名其地为老虎弶。逮吾祖父以来,虎患已息，由是树梅植竹，与东西两涧相映发，比视摩诘辋川，虽未知何似，要亦可云不俗矣。其前有石桥，桥畔古木盘根与桥梁相延而过，宛若卧龙，故今以木龙桥称之。其后有岗，名曰宋平，岗上平坦，隐隐有阶址状，盖即所谓老庵基也。从老庵基延岗数折而下为尼姑湾，湾内庵虽久废，其上有响水岩者，日夜潺潺不绝，临风听之，殊觉令人神爽。由是渐上与日照庵后相近则为胡孙坑矣，胡孙坑者，或谓坑中向多胡孙故名，或谓坑中石状似胡孙，故即以胡孙名其坑，其说不一，要之其山之奇石固足多也。

癸巳秋，家居无事，因思以祖先世居此地，为之后者，竟无所发挥，其负兹此山川者如何？其负吾祖先者又如何？爰就其自东南以至西北，就其名以相传之熟者，各系以诗而逻为之记。

——录自皋洩《王氏宗谱》（光绪重修）

藏经寺碑文

藏经寺，寺基名宋平冈，系皋洩庄木龙桥王氏土也。旧本有刹，兴废无考。光绪十年辛卯，和尚显道与山王弄募建，于此草创，觕旋将堕剥，于是皋泉甬在四庄，善信护法弟子特发虔诚，如出方兄兼行募化，鸠工庀材，聿观厥成。性然菩萨之安栖有所，无奈和尚之薪采无资，兹何本庄东皋岭下幸有王着来翁与其侄继生，情愿将自己之山，助入寺内。又有白泉庄鸭蛋岭下前呑张成增翁，亦情愿将自己之田助入。自助之田，只许寺内收花，无许和尚废卖，径将字号土名细则开列于后：皋字号，土名原始呑，山顶二则，上至冈，下至横路。泉字三千四百九十三号，土名粉田，丈田五分八厘三毛。泉字新田无号，土名田坑，丈田四分二厘五毛。泉字一百四十二号，土名新田寻山肯田一分零，与前并则。

光绪廿八年（1902）岁次壬寅宫三月中旬　何小林　洪明榆　成林　穀旦

湖州府孝峯县北呑，自灵峯寺帝印大和尚剃徒显道禅师发脉定海鸭蛋岭上宋平冈建造藏经寺。

住纳显道　朱安利　张成荣

备注：此碑文由课题组根据现存碑文拓纸后读出。

恭祝大壶范王母虞老太君六旬荣袋

古称妇有四德：妇德、妇言、妇容、妇工。然内言不出，言不可知也。无非无仪，酒食自议。容与工亦难知也。所可知者惟德而已。而德之可称述者，又莫过孝与慈两大端。

王母虞太君,出自金湖翁水名宗,历山遗胄,厥考应显公以忠厚传家,寿登大耋。

两蒙圣恩赐绢锦食肉,太君幼承父训,克孝於亲,年甫十三,即于归王姓,为故处士学明公配,侍巾帷房,才及一周,而太夫人仙游,惟太翁在堂,太君以弱龄当内治,亲操井田,躬执勤苦,奉事高堂,枣栗菫萱,皆无失职。岁时伏腊,克尽肫诚。季女司斋,闾里争羡,相夫以终乌养孝莫大焉。及一太翁既逝,学明公因屡试不售,绝意进取,寄志林泉以躬耕自乐,太君助之,共开产业,增置田园,其后年逮年四旬有三,而学明公不幸捐弃,遗大夫子三。长者尚在成童,少者犹未就傅,太君亲秉荻教,笃令攻书。平时抚育诸昆虽甚钟爱,总而教训严明,事事必循规矩,浇薄之风不使接于目,市巷之言不使闻于耳。皆令恪守贻谋,以绳其祖武而全其令名,迄今头角峥嵘。长君名儒先生,弱冠登黉序,既壮贡成均,六馆之英,咸推重焉。次君名佩先生,季君名仁先生,俱相继补博士弟子员,棠棣竞秀,华萼联芳,不减河东三凤,且唱和同声,埙篪协律,更有姜被遗风。

一门济美,裕后光前,皆太君玉成之力,代夫以贻燕翼,慈莫大焉。孝且慈如此,则其德之厚可知,而所以获福之由,即在其中。异时凤诰龙章,酬其教子成名之报者,不已指日可期乎。余自乙巳之春馆寓皋洩,与令嗣诸君朝夕相往来,熟闻懿德,雅慕徽音,平尝过访见金昆玉季,怡豫雍容,□萃桃李芳园,共叙天伦乐事,满户春风,实所希觏,其品行文章皆表表有丰骨,不趋晚近风,尤见所来之有。自兹因本月之二十九日为太君六旬初度,凡闾党姻戚皆欢呼请庆,余既与令嗣缔交,亦当共随诸亲登堂拜祝,遂不辞谫陋,敬举德之所可称述者而略陈其概,以为太君寿。

时在龙飞乾隆五十五年岁次庚戌季春月上瀚寿旦,眷晚生紫峰侯绍游顿首拜撰,玄孙毓泗谨书

——录自皋洩《王氏宗谱》(光绪重修)

日近斋诗钞小传

明经王亦赋先生,名理全,谱名圣裁,晚号悦甫,居城北之皋洩庄,离城十余里。幼颖悟,尝嬉戏于外,阅古庙墙上所画人物,一一记之,归即手自摹仿,傅色揣称,无不逼真,见者咸诧异焉。喜读书,其兄耐庵先生以诗文授之,辄领解,后受业于明经舒耿光先生,文思日进,又受业于孝廉杨镜山先生,才识更异。年未冠补博士弟子员。旋即食饩。其兄后二年亦入泮,与予同,后亦食饩,迨予补廪,偕其兄弟出保儒士,遂与之交。既而先生设教于东乡周槐庭先生家,与吾家相去约五里,予有时过访,谈论诗文甚相得也。越数年,又设教于岱山,因患头风,以致目疾而归。目竟坏,大展张愚溪茂才尊师重道,闻先生名,延致家塾,课其子伯镕(名钺)读书,每期所作

诗文令伯镕读,有不惬意处,殽入心通,斟酌其句,假手于伯镕,使之自为改易。次年伯镕即入泮,未几食饩。先生之令嗣葭塘(名稼堂)世侄,天资过人,年少游庠,如其父,今亦食饩。葭塘能文兼工诗,今年馆于敝族,兼香堂弟家,地与吾家相近,或面晤,或以手札往来,深相契也。日前手录日近斋遗诗赠予,予捧读之,见其呈兄耐庵先生诗缕缕述之,不一而足,予早岁闻其兄弟怡怡,今读其诗益信。丧明后所作,先生自名为暝坐吟草,中有遣怀诗一首,沉郁顿苍凉,令人浩叹。予於古今体诗,三十年前亦尝肄业,今见先生诗,爱而总评之,谓其不染尘氛,自饶秀韵,性灵格律兼而有之,如此诗才,而盲于目,日后刊以行世,自是有目共赏。忆予先业师(姓陈讳庆槐)借树山房诗钞续刻朱少仙先生题词,有"有诗未刻付佳儿"之句,今先生遗诗之刻,予之所望于葭塘者也。葭塘其勉之哉。

时在咸丰八年岁次戊午荷月上瀚之八日,后学湾南老人缪永亨撰

——录自皋泄《王氏宗谱》(光绪重修)

祭弟亦赋文

呜呼吾弟,游何其邃。晚遭目疾,他宄无虑,暝坐诵贯,尚永终誉。腹稿屡成,命徒代著,龙跳虎卧,鸾翔凤翥。制作大雅,扶轮远驭。天道难知,尽赴玉楼。文星忽坠,槐庭深忧。抱痛人琴,著述徒留。家失良友,更将何求。呜呼吾弟,善于修已。年少老成,才兼众技。诗文书画,倾心乡里。早入黉宫,英推槐市。皋泄壤小,仅成贡士。呜呼吾弟,今其已矣,内有子孙,外有生徒,言坊行表,群羡醇儒。仰若韩柳,尊若程朱。口过怨恶,一一皆无。月旦评定,贞士堪呼。如此至今,倏忽弃吾。呜呼吾弟,去年相谓,将别同气,孰知果然。曷胜歔吁,平当寝疾,忽卧忽起,今日寝疾,山颓相似,嗟予碌碌,奔走风尘,今丧吾弟,谁知苦辛,呜呼哀哉!来亨今晨。

——录自皋泄《王氏宗谱》(光绪重修)

庄邑尊(讳纶渭,字苇塘,号对樵)题赠邢氏孺人联语并匾额

匾额:

"松筠劲节"

对联:

抚藐孤,抚犹子,舐犊维均,思将黄口报黄泉,未遂淑媛之志;

遗孀媳,遗女孙,劳薪终独,守到白头完白璧,永为巾帼之型。

——录自清光绪《定海厅志》

廷煜公暨德配朱孺人传叙

　　王公讳名佩,字廷煜,号梅泉,予故友也,长予一岁,弱冠时同学于陈明经陈兰邨夫子,恬静端愨慧,终日危坐,不移寸步。慎交游,寡言笑,潜心笃志,自文章诗赋外,兼临古人法帖,塾友均重之。县府试屡置前列,惟院试不售,遂郁郁成疾。德配朱孺人,幽娴贞静,素有内助功,疾则侍汤药,衣不解带者累月。公卒不起,疾革对孺人泫然曰:"吾赍志以殁命也,毋过伤。惟吾不得事终老母,若当代吾事,善抚二子,命之学,俾各成其名斯,吾愿足矣。"孺人注额之。言毕而逝,时年二十有六。孺人一恸几绝,念及吾身为上下攸赖之身,则不敢过悲,奉盘匜进甘旨,事姑益谨。膝下遗孤,长万全六岁,次理全周岁,伶仃孤苦,赖孺饥食寒衣,维持调护,以迄成立。盖仰事俯畜厥功矣伟矣。而吾之重孺人者不止此,今夫学之衰也,力厚者不好学,力薄者不暇学,习俗类然,何况巾帼,以孺人家资微薄,何暇读书,为故有以务农劝者,孺人曰:"不然,力穑起家不过田舍翁耳,若读书成立,大可有功于一世,小亦训善于一乡,古人桑弧蓬矢,岂区区为口腹计哉!况夫君有志未逮伸,所望者惟二子,遗命在耳,敢或忘诸。"此孺人之识卓,而其志坚也。是以命两嗣君就外傅日诵经史,每自塾归,必亲为督课,不稍姑息。且谓僻处乡隅,无以广闻见,担簦释屦,遍觅名师,如明经舒耿光先生,孝廉杨镜山先生,皆其所从游者。而孺人茕茕一室,操井臼,躬纺织,簪蒿食藿,持门户者三十年,有自喻其苦而不可告人者。迨两嗣君联袂游庠,食廪饩各得馆金,以遂洁白之养,孺人可靥然一笑矣。然回忆数十年茹蘖饮冰,身受其苦,今日采芹食饩,夫君不得亲见其乐,有不觉涕泗(泪)横流,肝胆俱裂者,故年五十有九,双目俱坏,阅四载而逝世。

　　今者两嗣君皆功入成均,嗣登仕版,膺紫诰可拭目待焉。岁丁酉次嗣君馆吾堂弟家,询悉其详,并称其兄立品好学,有人所难及者,于以知二君受义方之教者深矣。予自丽州归里,笔墨久疏,欲述公与孺人之志梗概,有手不应心者,但念芸窗砥砺,如在目前,不禁悲公之志,重孺人之德,而喜两嗣君之品粹学优,为能无忝所生也。不揣谫陋而为之叙。

　　时在道光十有八年,岁次戊戌闰四月榖旦

　　七十有二岁研弟鄂堂周嘉棣拜撰

　　又联语:

　　努力芸窗,擅文名诗名书名,未获功名一生抱憾;

　　贞心冰阁,尽妇道妻道母道,而兼师道百世流芳。

为梅泉二兄暨德配朱孺人题

——录自皋洩《王氏宗谱》（光绪重修）

春日劝耕至各岙归途即事

清·知县周圣化

山海相跌荡，成此美邱壑。紫薇清昨梦，白泉欢今约。

花鸟纷送迎，烟霞妍寂寞。彭泽醉陶公，临川卧康乐。

我无昔人贤，敢为高寄托。孤城浮沧海，遐村带花落。

民生业在勤，有土宁虞薄。官府迫期近，薄书嫌束缚。

暂此惬幽寻，兹致故不恶。嫋峰头泉珠，玑迸错落濯。

濯涧中葩丹，青耀绰约造。化故无心一，化成橐龠领。

兹清淑趣口，尘撄亦稍却。行行近吏居，相随惟琴鹤。

——录自清光绪《定海厅志》

备注：皋洩村《王氏宗谱》载："相传国初时，周侯圣化，巡农到此，与袁氏祖秀才廷臣谭论竞日，依依不忍去。"

地名诗抄一组

清·邑人王修三

象鼻山

兹山缭而曲，唯象像其相。

一鼻倒卷之，宛乎有可想。

椅子岩

秃然古而怪，其中凹若椅。

樵夫饱饭后，惯向斜阳倚。

猢狲坑

绕坑觅猢狲，坑深唯有石。

石定猢狲化，坑是猢狲宅。

白岩墙

气象殊岩岩，白石复齿齿。

夫子数仞墙，瞻瞻应如是。

翁费家园

金谷石崇序，珠柱庚信赋。

今兹两姓园,空见斜阳度。

袁家岙

谷□襟荆榛,门狭夹松桧。

袁氏子若孙,至今犹未艾。

新屋基

此日蒿莱满,当年栋宇新。

少时来往熟,回首屡伤神。

日照庵

五色拥云端,曈昽照一庵。

老僧初睡起,揩眼岭头看。

尼姑湾

尼姑湾里住,湾在尼姑去。

尼姑去不返,空余半湾树。

殷家岙

今为王姓住,昔乃殷姓土。

未知殷姓前,谁作此山主。

老虎弶

履尾易言凶,伤汝诗所戒。

所以昔之人,往往识机械。

千家湾

松竹夹两山,一溪中系之。

湾中何所有,茅屋数间低。

响水岩

岩际落响水,潺潺自古今。

恨无善琴人,写作琴中谱。

木龙桥

种树旁溪桥,桥古树亦老。

盘根入桥梁,亘若游龙矫。

梅花湾

此湾绕梅花,飞花香满路。

花今觅无影,香入先人墓。

狮子岩

岩草拳如毛，岩口张欲吼。

狡兔来山中，一顾定惊逃。

三峰山

孰把金芙蓉，移向此间插。

王氏有三槐，森森相映发。

衕口王

一路艮为山，至此兑为口。

聚族恒于斯，是为王氏后。

白鹤庙

过家停车地，旁有枫树林。

年年霜叶下，红湿瓦□□。

柿树湾

听说秋风生，红叶飞如雨。

问谁好肄书，拾向经房聚。

宋平岗

北上宋平岗，岗平俨如砥。

欲觅老僧庐，剩有洗钵水。

村居杂兴

东皋一曲一山阿，试问烟村景若何。

绿埜观畔闲客少，白云深处老樵多。

竹交左右青森玉，涧合东西碧泻油。

就里吾家茆屋在，囊琴蜡屐待谁游。

香炉茗椀助心清，一穗油镫坐到明。

有客木龙桥上过，听予兄弟读书殸。

小窗一曲度熏风，转眼园林景不同。

随到黄梅无剩处，杨家果又满山红。

□棘篱边行迟客，豆花棚下坐唫诗。

树头一磬蝉殸起，正是山□□□时。

□雨茆檐湮罨云，黄昏闹煞小儿群。

草虫篱畔随儿捉，山果灯边索母分。

山中记取腊初回，暗里春光已逗梅。

绕屋未看千树放,横窗选遣一枝开。

——录自皋泄《王氏宗谱》(光绪重修)

皋泄村庄地名组诗

朱应德

庙后庄

庙后庄家为其名,路下居住王和陈。

盉里水库洁又清,子孙万代用不尽。

朱家

美女山下住朱姓,族大盉小向外引。

小山夹山同族人,糖坊树湾有同姓。

夹山里

相隔朱家一条岭,因此夹山为其名。

盉里盉外高坟头,皆为朱氏同宗亲。

小山里

小山盉里住陈姓,隔壁相邻毛底陈。

外盉居住朱家人,还有几户是周姓。

洞桥头

周氏居地低又平,每逢台风洪水侵。

迁往别处保太平,宅基高处几户剩。

糖坊(金家张家)

二溪为界居中心,金张地段难分清。

二姓居地当自明,树湾还有张和金。

张本盉

张本盉里住潘姓,如今全迁无人影。

香柚基地已成林,满盉花香飘过岭。

柿树湾

朱家搬来两家人,百年之间增十姓。

田埂小路已不见,水泥道上路灯明。

袁家

上袁下袁同族人,还有笆弄也同姓。

上下均无好居境,若要扩居别处寻。

贾施岙

相传岙里住两姓,清朝之时已不明。

水库建在岙中心,造福千秋利百姓。

苏家

翁家山下住苏姓,西边溪坑为界定。

后来迁入夏家人,要想扩居向东行。

千家湾(夏家)

千家湾内住夏姓,如今只有一家剩。

若问夏家多少人,上海香港去找寻。

殷家岙(老屋)

青山依旧绿如荫,岙外世居王家人。

古时设弶防虎患,今看岙里别墅新。

王家

王氏族大人丁兴,居遍整个上高岭。

清时办学得功名,今有缀绒巾帼英。

千姑湾

千姑湾曾庵堂兴,传称千姑来修行。

谁知何时佛缘尽,庵倒尼去无踪影。

半岭里

陈姓原来住半岭,挑箩夹担多艰辛。

搬到王家把居定,尚存一片残垣形。

皋岭赋

朱应德

东自弄口,西接定海,南北高山,形似长蛇。今古俗称东皋岭下。历史沿革,建制变幻。民国年间称六七两保,解放初期为六七两村。曾名新建,亦有差异。先时建社,后改大队。如今命名皋泄村焉。

山露奇观,岙藏胜迹。天外飞来笔架,山腰伸出象鼻。刀劈千尺白墙,雨落一度响泉。老虎山,猢狲坑,虎去狲散此系天意难违;狮子岩,椅子石,岩碎石飞实乃人为该责。文人遗笔《三峰书屋》,示先生惓惓之爱心;墨客留书《皋岭小记》,描村落处处之美景。暮鼓晨钟,东皋岭上观日照;善男信女,宋平岗顶览藏经。

岭虽不高,人杰地灵。孝悌俱敬,闻朱氏康宁,疗双亲割臂尽孝心。文章可嘉,传王家名佩,继五世求学得功名。"浙江神枪手"袁万忠南京称雄,"三八红旗手"朱缀绒全国闻名。浙江全面小康示范村,启显村庄之风华;全国造林绿化千佳村,更展山川之秀丽。地栽蔬菜,建本市绿色基地;山植香柚,评全省优质特产。渠道遍布,蓄水之库灌溉千亩良田;村道纵横,水泥之路通达百户农家。猪欢鸡鸣,已知畜牧之兴旺;獐蹦蛇遁,可见环境之和谐。能工巧匠,承筑幢幢高楼大厦;智商富贾,兴办家家商场工厂。爬岭山径,昔为五乡进城之小路;穿山隧道,兹成各处达舟之国道。

天奏改革之曲,地唱幸福之歌。山青瓦丽,绿树成荫。塘深肥鱼鳖游弋,溪清滋虾蟹戏斗。春临庭院,户户闻花草芳香;夏至梅林,人人品珍果醇甜。身佩手机,能传四海之音讯;家置彩电,可视五洲之风情。公交、私车,虽感交通之便捷;楼房、别墅,更觉居住之舒适。绫罗绸缎季季更换,鸡鸭鱼肉天天调剂。登高山赏海景,健旅双得;逛广场起舞步,康乐共享。疑似城镇之繁华,孰乃乡村之惬意。

延伸链接

去台国民党老兵游子萍皋泄寻亲记

王晓东

《谁能解开台湾老兵草图之谜》引起读者关注

上周五,本报社区新闻版刊登《谁能解开台湾老兵草图之谜》报道后,引来许多读者关注,纷纷提供草图所指的可能地址,指向圈主要有三处:皋泄弄口一带,城东的洞桥一带,临城的吴榭一带。也有人说是在干览一带。

对文史颇有研究、最先看到草图和老兵信件的中国人民银行舟山中心支行的林斌认为,老兵所绘的地点应该在皋泄弄口一带,信件中部分叙述可能有误。家住定海西关新村、今年85岁的李飞城老伯说,他年轻的时候,经常往来于定海和沈家门之间,对两地之间的几条通道很熟悉,定海和沈家门之间有三条通道:一条是从沿港路走,一条是从勾山、东荡里方向走,一条往毛竹山方向走。李老伯认为,最大的可能是从沈家门经毛竹山到白泉皋泄这条路。早在一年前,李老伯曾对国民党军在舟山兵力分布做过了解,获知52军主要分布在白泉皋泄一带。

家住城东街道洞桥陆家湾的李大妈说,报道中说的地方很像洞桥一带,而有些内容也"蛮像家中老人说过的"。她1973年结婚时,听嬷嬷老是唠叨"台湾怎么不解放,解放了就会有人来看我"之类的话。听邻居说,当年确实有老兵住在驼背老人家中,和嬷嬷家关系很好,而阿伯也确实是在上海的海运公司做工,离开的时候,老兵还送给嬷嬷家好多药品之类的东西。定海农林局的陈忠土写了满满三张信纸给市地名办。他认为,老兵所说的地址就在皋泄弄口黄泥坎舒家一带,老人所指的孤山叫黄泥山(又称笔架山),当时的舒家是皋洩第一保,乡公所在毛洋周。另外,可能是老兵记忆有误,将舒家说成了西村。

市地名办主任王建富根据读者提供的线索,做进一步调查,核查有关资料,等最后确定老人所说的地址,再去那里寻访当事人。昨晚,他把目前读者提供的寻找地址线索电话告知了在台湾的老人。老人非常感谢,他表示,等有了眉目,天气暖和一些时再到舟山寻亲。

《谁能解开台湾老兵草图之谜》谜底渐解

"台湾老兵说的驻防地就在皋泄,绝对没错,我当年就在皋洩乡公所工作,还差一点去了台湾。"今年86岁、家住定海昌洲花园12幢的乐祖阳老人见了记者,笑呵呵地说起那段历史。

时光回到58年前,舟山中学初中毕业的乐祖阳从小沙调到皋洩乡公所担任总干事一职,相当于现在的乡长助理。乡公所地点就在唐梓庙(地点在毛洋周下面)。后来,国民党部队来了,他们就搬出给部队住了。时年乐祖阳28岁,还未成家。老人记得,当年国民党部队大部分分散住在老百姓家里,警卫班住在乡公所,有七八条枪支。有一天,他们接到一个命令,不能让村庄的狗发出声音,三天后,他们得知蒋介石父子和宋美龄一行到过皋泄舒家。在国民党部队撤退前,52军24师的政工处干事悄声对他说:"你和我们一起去台湾吧。"乐想自己虽然吃的是国民党的饭,但没有血债,再说家有父母,怎么能说走就走呢。

舟山解放后,乐老伯所在乡公所的人都被抓起来,乡长等人被枪毙了,乐老伯则被判了刑,到杭州的一个劳改农场改造。直到20世纪70年代后期,乐老伯的历史问题才得以解决。刑满后,他继续在那里工作,直到退休后回到舟山。乐老伯终身未婚,一直与外甥住在一起,心态不错。

同样,老家定海皋泄的定海农林局干部陈忠土专门到皋泄弄口一带进行了调查。他说,老兵说的长生一家新中国成立后去了上海。不过,这里还有他们的亲戚。

市地名办主任王建富经过反复核实,也基本赞同台湾老兵所找的地方就皋泄弄口的说法。他打算把这个消息告诉在台湾的游子萍老人。

"这个梦我做了近60年"

台湾老兵昨第三次到白泉皋泄寻访,终于找到当年部队驻地,找到了当年干姐家的住址,尽管房子已倒塌,老人还是激动万分——

"就是这里,没错,就是这里。"昨天上午,来自台湾的八旬老兵游子萍先生,站在定海白泉镇皋泄弄口黄泥坎山脚下的一口水井边,情绪激动地对陪同的市地名办等人员说,近60年的梦终于圆了。

游子萍18岁那年,在老家成都还未读完高中就当兵了,出发时父母叮嘱他要常给家里写信,有空回家。然而,残酷的战争无法让他如愿。自从离家,直到随国民党部队从定海撤退去台湾,他再也没有见到父母。从成都出发到重庆,然后随国民党部队到南京,每到一个地方,他总要立即给家里写信,父母接到儿子的信也会很快回信。在舟山的4个月时间里,游子萍给家里写了三封信,家里回了两封信,游子萍没有收到第三封信就去了台湾。

尽管游子萍在舟山只待了4个月。然而,这成了他一生的牵挂。1950年的1月到5月,游子萍所在的国民党第52军25师73团人力运输连驻扎在白泉黄泥坎山脚下,他们的任务是带领民工上山砍树修筑工事。他和其他两名士兵就住在山脚下的干姐家里,干姐是嵊泗人,当年35岁左右,身边有一个10多岁的儿子。干姐很是同情游子萍的遭遇,并认他当干弟。每天早上,干姐叫醒他们,还为他们热饭、烧菜、洗衣服等,有空的时候,游子萍教他们唱歌。1950年5月24日晚上,部队突然接到紧急通知说要出发,游子萍以为部队要演练,他把装有10多封家信和在部队获得奖状的挎包交给干姐保管,他以为部队转一圈还会回来。谁知,当晚游子萍随部队摸黑上船去了台湾。

在刚到台湾的一个月里,游子萍因为思念故乡亲人常常失眠,不得不靠吃吗啡催眠。在申报兵籍时,21岁的游子萍想:自己就像没有根的浮萍。于是,他把自己的名字游之平改成了游子萍。直到20世纪80年代两岸"开禁"后,游子萍带着家人,终于踏上了故乡的土地,但父母早在60年代已过世。在父母坟墓前,游子萍哭喊道:"儿子不是不孝,是回不来家呀。"游子萍本想从成都转道到舟山寻访干姐,顺便把父母当年寄给他的书信拿回去,考虑到可能会引起麻烦,才打消了这个念头。

随着年龄的增大,游子萍怀旧的情绪越来越激烈。3年前,他只身来到定海寻找而无果。第二年,他又一人前来,查找无果,怅然返台。之后,他凭记忆绘制了一张当年部队驻地的草图,写信给市地名办,请求帮助。游子萍说:"我之所以来舟山寻找,一是希望找到干姐谢恩,不管怎么说,当年她照顾过我;二是希望找到当年家里寄给我的信件。"他告诉记者,近60年的第一个梦圆了,接下去希望能找到干姐或者她的后代,最好能找到那个挎包,读到父母的叮咛。说着,说着,满头白发的游子萍老泪纵横。

热心人多方寻找,台湾老兵终圆梦

"干姐,我来看你了。"还没说完,泪水夺眶而出,烧香、点蜡烛,在定海白泉皋泄弄口村祖堂,82岁的台湾老兵游子萍在干姐的儿子陪同下,祭拜干姐翁月仙。昨天,老人终于圆了近60年的梦。

昨天上午,在市地名办、定海台办领导及定海农林局干部陈忠土等热心人帮助下,一行人再次来到昨天本报报道的黄泥坎下的水井边周围人家了解情况。今年84岁的张承继老人眼不花、耳不聋,看到游子萍,居然还能认出他,"当年你还是个小后生,现在人变胖了"。

当老人一下子叫出游子萍所在连队的连长、副连长和游子萍的名字时,游子萍愣住了,激动地拉住张承继老人的手。老人对游子萍说:"当年还玩过你的手枪。"不过,游子萍已记不起这个细节。

游子萍和张承继与当年皋洩乡公所总干事一起,走到山脚下的水井边叙旧。游子萍说,他当年喝这口井水、洗刷4个月。毕竟快60年了,山的形状有所改变,水井口以前是圆的,现在变方了,因为山脚下修筑了水泥路,水井的位置变低了。但是头一天游子萍走到这里时还是很肯定,当年他们就住在水井边上山脚下的一排房子里。

张承继老人告诉游子萍,他家的邻居——游子萍的干姐早已过世,她的儿子也已70多岁,就在村口开小店。此时已是中午11点多,在村口小店,一位70多岁的老人正在吃饭,游子萍询问他妈妈的情况,拉住他的手说:"当年你还是小娃娃,还帮我到白泉十字街给四川家里寄信呢。"

今年75岁的老人名叫张珍珊,正是台湾老兵游子萍要找的干姐的儿子。张珍珊告诉游子萍,妈妈就生了他一个儿子,父亲在外面撑船,新中国成立前去了美国一直没有回来,母子相依为命。在他23岁那年,40多岁的母亲病死。张珍珊说,因为房子二次改造,游子萍委托妈妈保管的家信和奖状也不知去向。

昨天得知台湾老兵游子萍已找到干姐的消息后,村民们才恍然大悟。"哎呀,就是他家,他的妈妈翁月仙当年也是开小店的,在外面撑船的丈夫常带些东西回来,她就在家里开小店卖东西。"正所谓"踏破铁鞋无觅处,得来全不费工夫"。毕竟过去了快60年,加上游子萍只叫干姐,不知道干姐名字,所以寻找起来扑朔迷离也在情理之中。

昨天,游子萍要了张珍珊的联系地址,并掏出2000元钱塞给张珍珊,说钱带得不多。张珍珊不肯收下。"我还欠你妈妈3元(银元)钱,我是来还债的,我做梦都想还你妈妈的钱。"游子萍激动地说。

记者手记

这是一次不同寻常的寻访,所有了解此事的人,包括记者都深受感动,为台湾老兵的执着、为他心怀感恩之心所感动。在和我们的交流中,说到国家,说到战争,说到父母,说到干姐,老人几次感怀,几次落泪。

今天,三次寻访,终于圆梦的台湾老兵游子萍先生带着欣慰,带着众多热心人的情意,离开舟山去台湾。他说,以后还会来看望干姐的儿子一家。在和游子萍先生接触过程中,他向记者介绍了好多鲜为人知的故事,比如,国民党部队到舟山时没有蔬菜,后来从台湾运来,每个连队萝卜只分到两三斤,在舟山的4个月时间里,游子萍带着工人在附近的山上一直砍树修防御工事,山上的树砍完了,甚至砍老百姓院子里的风水树,还有修筑防御工事,500米以内不能建筑物体,为了省事,往往就一把火把老百姓的房子烧掉,"这引起老百姓的极大怨恨,这也是国民党必败的原因"。"国民党不要说是打仗,就是防卫战也引起民怨,"游子萍讲述战争的残酷,他几次说,"我们是一个国家,同是中华民族,两岸和平是人心所向。"

我们都是中国人。诚如老人所言,"我们是同一个国家,两岸再不能有战争"。这无论对国家,还是对人民,都是最大的福祉。

编者按:这4篇文章由记者王晓东分别于2008年2月20日、2008年2月27日、2009年10月14日、2009年10月16日发表在《舟山晚报》,游子萍到皋泄寻亲的故事反映的正如《记者手记》中所写,除此之外,也是皋泄村难得的历史见证。文题为编者所加。

主要参考资料

[1]〔宋〕张津纂修:《乾道四明图经》,《宋元方志丛刊》第5册影印清咸丰《宋元四明六志》本。

[2]《宝庆昌国县志》,《北京大学图书馆藏稀见方志丛刊》第131册影印清钞本,国家图书馆出版社,2013年。

[3]〔元〕冯福京修,郭荐纂:《大德昌国州图志》,中华书局编辑部编,《宋元方志丛刊》第6册,中华书局影印本,1990年。

[4]〔明〕天启《舟山志》,舟山市档案馆编《宋元明舟山古志》,据明嘉靖四十二年刻本点校,2007年。

[5]〔清〕康熙《定海县志》,舟山市档案局点校本,2006年。

[6]〔清〕光绪《定海厅志》,据光绪十年刊本影印,舟山市档案馆整理、舟山网上方志馆公布,http://fzg.zhoushan.gov.cn/shtml/120/index_1.shtml。

[7]民国《定海县志》,据民国13年铅印本影印,舟山市档案馆整理、舟山网上方志馆公布,http://fzg.zhoushan.gov.cn/shtml/120/index_1.shtml。

[8]〔南宋〕胡榘修,罗濬、方万里撰:《宝庆四明志》,《宋元浙江方志集成》,杭州出版社,2009年。

[9]〔清〕朱绪曾著,凌金祚点校注释:《昌国典咏》,舟山市档案局点校本,2006年。

[10]〔清〕王亨彦著:《定海乡土教科书》,舟山市档案馆影印,2016年。

[11]方长生编:《白泉镇志》,中国书籍出版社,1996年。

[12]张坚主编:《舟山民俗大观》,"舟山海洋文化丛书",远方出版社,1999年。

[13]定海区地名委员会办公室编:《舟山市定海区地名志》,1999年。

[14]方长生编著:《舟山民俗与民间文学研究》,中国文史出版社,2005年。

[15]朱应德编撰:《古今皋泄》,2016年。

[16]林剑彪、孙和军主编:《流韵白泉》,2017年。

[17]何雷书编著:《定海古今寺庙宫观》,"定海历史文化丛书"(之七),中国文史出版社,2008年。

[18]定海教育志编纂办公室:《定海教育志》,1994年。

[19]皋泄《王氏宗谱》(光绪重修)《朱氏宗谱》《袁氏宗谱》《全城堂庄氏宗谱》《弄口四明槎潭百忍堂张氏宗谱》《富强存本堂周氏宗谱》《和平舒氏宗谱》《五凤堂朱氏宗谱》《定海茅洋周氏续编》。

[20]定海区政协文史委编:《定海旅台人物录》(定海文史资料第五辑),中国文联出版社,2007年。

[21]浙江省舟山市政协文史和学习委员会编:《逝去的硝烟——赴台老兵访问实录》(舟山文史资料第十五辑),人民日报出版社,2012年。

[22]方胜华、程继红编:《晚清民国报刊舟山史料汇辑》,海洋出版社,2019年。

[23]定海年鉴编委会:《定海年鉴》,中国文史出版社。

[24]定海区政协文史委编:《定海印痕》(定海文史资料第八辑),中国文史出版社,2015年。

[25]赵伟:《解放初期上海典当业的管理与改造》,上海师范大学2008年硕士学位论文。

[26]宁波市新四军研究会编:《东海之子——王博平同志纪念文集》,宁波出版社,2002年。

[27]中共舟山市定海区委组织部:《中国共产党浙江省舟山市定海区组织史资料(1926—1987.12)》,人民日报社、新华社,1994年。

[28]舟山市档案学会:《〈申报〉舟山史料汇编》,舟山市档案馆,1990年一版一印。

[29]中共舟山市委党史工作委员会编:《中国共产党舟山历史大事记(1949年7月—1998年12月)》,当代中国出版社,1999年。

[30]舟山市史志办公室、舟山市新四军历史研究会:《一支我党领导的隐蔽武装——"保二"中队斗争史实集》,1996年。

[31]武汉地方志编纂委员会:《武汉市志》,武汉大学出版社,1991年。

[32]浙江省新四军历史研究会编著:《浙东抗日根据地史》,中央文献出版社,2014年。

[33]舟山市史志办公室:《舟山市抗战时期人口伤亡和财产损失调研成果汇编》,中共党史出版社,2010年。

[34]舟山市文化局、舟山市定海区文化局合编:《舟山市革命文化史料选编》,1992年。

[35]陈玲:《舟山撤退机密档案》,时英出版社,2015年。

[36]舟山市地方志编纂委员会:《舟山市志》,浙江人民出版社,1992年。

[37]定海区民政局:《定海县民政志》,1992年。

[38]方长生主编:《浙江省民间文学集成:舟山市歌谣谚语卷》,中国民间文艺出版社,1989年。

[39]《舟嵊守备区部队历史沿革大事记》,1992年。

编后记

　　一个人有一个人的经历,一个家族有一个家族的由来,一个村有一个村的发展,把这些经历、由来、发展记录下来,就是志。每个村庄都是一部历史,都有着自己独特的文化和品格,每个村庄的变迁,都印证着一个时代社会、历史发展的轨迹,在这个乡村快速变化的时代,编修村志全方位记录乡村状况以及乡村变化,可以让我们看到镇志、县志、市志中看不到的东西,更全面地展现村庄范围内的山川地貌、风土人情和历史人文,也为乡村的后来人"前有所稽,后有所鉴",让更多的人来关心、了解、热爱家乡和乡村。

　　皋泄村是舟山地区一个非常特殊的村落,与海岛其他渔农村有着天然的区别,历代以种植蔬菜供应定海城区为业,同时又有着晚稻杨梅、皋泄香柚等林间产出,虽然人均耕地面积极少,但仍通过一代代坚持不懈的耕作得以安居乐业。从现有的文字和传说来看,至少在明代成化年间就有先人在此繁衍,历经明清海禁而与现在的34个自然村村民一脉相沿。新中国成立后的皋泄人在党组织的领导下克勤克俭建设家园,涌现了"一心为民的模范村党支部书记"朱缀绒和"全国三八红旗手"张杏梅、"共青团十八大代表"优秀大学生村官苏明英等先进典型,逐步使皋泄村先后获得省级文明村、省级科普村、省级全面小康建设示范村、省级文化教育基地、省级美丽宜居示范村、省五星级文化礼堂、市级绿化示范村、市级党员联系群众先进单位、市级全面小康村、市级美丽海岛村、市级文明村、市级民主村等各种荣誉称号,随着"高铁时代"的到来,这一片田园之家将更深入地融入舟山的高质量发展和中华民族的伟大复兴进程之中。

　　为了追溯村庄的历史和传承优良传统,原皋泄村委在2016年3月商请出生、生长于此的乡村知识分子朱应德老先生编写了《古今皋泄》一书。2019年在全市社区村体制改革完善后,原皋泄、富强、弄口3村联村合建的皋泄社区改为皋泄行政村,2020年换届后的新一届村委再次把编撰村志提上了议事日程。因为我曾经于2003年在这个村内的舟山市千荷实验学校担任过校长、书记,紧紧依靠3个村和白泉镇、驻军的干部群众开展了一些工作,比较了解皋泄的情况,加之2021年接受白泉镇的委托整理朱缀绒书记的事迹,并为新馆的展陈开放做过课题研究,所以就主动请缨组建团队承接了这项工作。当然,最主要的动因还来自中国口述史研究的先驱之一、宁波大学钱茂伟教授的启发和鼓励,钱教授2021年4月应邀来我校作《口述史让公众与历史无缝接轨》专题讲座,赠送了新作《藕池村史》并鼓励我尽快开始口述史方面的尝试,我也希望能通过这么一个项目来进行实践和培育团队。

自2021年4月讨论技术路线、7月签订协议以来,我们团队的同志克服了语言、习惯、学科等方面的困难,30余次实地到村里的各个角落访问,深入与相关人群交流采访,到处收集与皋泄村相关的史料档案,不断讨论调整编写体例和写作方法,自今年6月终于确定了这本村志的特点。我们放弃了志书通常分门别类罗列的传统,而改以在章节分类的基础上通篇行文,这就使得本志更类似于史话,而在一定程度上增强了可读性。因为自20世纪60年代以来,皋泄村始终处于《舟山日报》《舟山晚报》的经常性报道范围,这在全市是非常难得的案例,我们就想以"延伸链接"的形式,把相关的一些精品典型文章和收集整理的宝贵资料编入其中,这使本志更像是一本乡土教科书。同时,随着采访的深入和如庄洪辉等本地热心人的参与,又尽可能地增加了一些对当地干部群众代表人物的口述采访内容,或以片段形式入正文以起佐证作用,或在保持完整性的基础上剪裁成文纳入"延伸链接",以使全书增加一些特殊年代、事件或人群的共同记忆。同时,在本志的《大事记》和各章节行文中,我们尽量把皋泄村放在特定历史时期和地域的背景之下加以审视,这样可能更有助于发挥村志的"存史、资治、育人"功能,也更有利于皋泄村能接触到本书的后人在更广阔的范围内了解和观察本村的历史,当然,这样的村志可能在全国也是绝无仅有的范例。

此次修志,从开始筹划到初步完成,历时仅一年,其间数易其稿,我们团队基本克服了外人修志的主要不利因素,也基本克服了原富强村、弄口村留存资料阙如的困难。我们要感谢村"两委"这个领导集体,感谢朱明权、周国钧、王富华、周利华、舒毛银、陈庆苗、王胜利、唐美珍、金正飞、王玲仙、朱云业、朱文斌、周雪军、史小国、庄逸、朱燕芬、庄若婷等干部群众的热情配合,感谢定海区档案馆、白泉镇领导所提供的方便与帮助,感谢在走访过程中为我们指路和讲述的每一个村民,感谢一直关注皋泄村发展的《舟山日报》《舟山晚报》的记者和通讯员们。我们特别要鸣谢的是朱应德先生,他所编撰的《古今皋泄》一书为我们提供了大量的基础材料和观察角度,本志中有许多文字直接来自该书。

修史修志,历来都是一个大工程,需要众人配合完成,以一人之力,想完成一段历史或记录一个村庄的前世今生,几乎难以做到。本课题组的成员孙峰研究员,长期从事舟山群岛文化研究,他整理提供了相关的文献,提出了许多宝贵的意见,为本志的顺利写作奠定了重要的基础;王静飞、何丽丽、陈琦、吴海霞、陆程盛老师承担了部分章节的初稿撰写,还不辞辛劳、不避困难地多次深入采访。同志们虽然承担了大量的资料整理和文字校对任务,但都能以保护文化、亲近乡村、锻炼自己等角度来自觉投入其中,这是让我深受感动的。

所谓以铜为镜,可以正衣冠;以古为镜,可以知兴替;以人为镜,可以明得失。随着岁月的侵蚀、年代的更替,有很多弥足珍贵的历史遗迹悄然消失在时间的长河中,虽然我们试图竭力而为,但由于资料短缺和自身能力所限,本志仍然在各个方面把我们的捉襟见肘和缺失偏差展露无遗,更有一些可歌可泣的人文逸事,及古老的传统文化瑰宝,未能成功地"打捞"出来。对于这些不足,望广大村民和关心爱护皋泄村的同志们能给以适当的谅解,更希望大家能将相关的不足和建议通过各种方式反馈给我们和村委,以便有机会加以补充完善。

村志的工作仅做了一半,今后还有许多工作可以做,比如在此基础上编撰一本《皋泄通谱》,为每个家族、每个家庭,都作出明晰的家族世系表。好在我所在的浙江国际海运职业技术学院已经将皋泄村作为师生的实践教育基地,与白泉镇达成了长期战略合作关系,如果能得到全体村民的信任和帮助,我们的团队将以更多样的方式参与皋泄村的建设和发展。

浙江国际海运职业技术学院群岛文化研究中心　夏志刚

2022年7月15日

▲毛洋周周氏宗祠

▲弄口王氏宗祠

▲朱氏宗祠

▲庙后庄庄氏宗祠

▲毛底陈陈氏宗祠

▲苏家宗祠

▲皋岭下旧民居

▲新村民居一角

▲白鹤庙

▲日照禅寺

▲定香庵

▲万寿禅寺

▲藏经寺

▲泗洲灵感庙

▲唐梓庙

▲财神殿

▲王修植故居

▲皋泄香柚母树

▲东皋岭古道

▲万寿亭碑

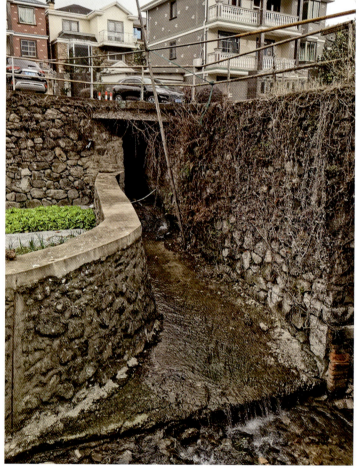

▲木龙桥遗址

▲毛洋周枫香

▲舟山王家大院餐饮管理有限公司

▲舟山市神舟电气有限公司

▲舟山顾氏骨伤医院／华康颐养院

▲浙江盛发电器有限公司

▲和粒粮油公司

▲舟山市三峰工程机械有限公司

图书在版编目(CIP)数据

日出东方丽海山:皋泄村志 / 夏志刚等编著. —
杭州:浙江工商大学出版社,2023.7
ISBN 978-7-5178-5509-5

Ⅰ. ①日… Ⅱ. ①夏… Ⅲ. ①村史—舟山 Ⅳ.
①K295.55

中国国家版本馆 CIP 数据核字(2023)第103923号

日出东方丽海山——皋泄村志

RICHU DONGFANG LI HAI SHAN——GAOXIECUN ZHI

夏志刚　王静飞　何丽丽　编著

责任编辑	张婷婷
责任校对	李远东
封面设计	朱嘉怡
责任印制	包建辉
出版发行	浙江工商大学出版社
	(杭州市教工路198号　邮政编码310012)
	(E-mail:zjgsupress@163.com)
	(网址:http://www.zjgsupress.com)
	电话:0571-88904980,88831806(传真)
排　　版	杭州朝曦图文设计有限公司
印　　刷	浙江海虹彩色印务有限公司
开　　本	787mm×1092mm　1/16
印　　张	22.75
字　　数	408千
版 印 次	2023年7月第1版　2023年7月第1次印刷
书　　号	ISBN 978-7-5178-5509-5
定　　价	88.00元